イタリア料理小辞典

まえがき

私が19歳で単身イタリアへ渡ったのが1965年。その頃の日本では、スパゲッティといえばナポリタン、ミートソース。マカロニといえばグラタン、サラダ。ピザ（ピッツァとは呼んでいなかった）はアメリカンスタイルで、タバスコと筒に入った粉チーズが添えられている、という時代。現在のようにイタリア産の食材などもありませんでした。

ローマでの生活がはじまり、朝の濃いエスプレッソに驚き、トマトソースの酸味にとまどい、ブラッドオレンジを見て腐っているのではないかと思ったり、とまどうばかりの毎日でした。ホテル学校に入り、やがて料理をすることになると、ズッキーニ、カルチョフィなどの野菜、モッツァレッラ、ゴルゴンゾーラなどのチーズ、出会うのはどれも初めて見る食材ばかりでした。

時が経ち、技術に自信を持ちはじめ、料理人として生活できるようになると、イタリア人とくらべて自分に足りないのは、19年間イタリア人として生きてきた彼らの経験だと考え、以来イタリア人に負けない知識、経験を積み重ねていくことで少しでも近づき、追い越すを、モットーにしてきました。

1969年に帰国し、イタリア料理店を営業するかたわら、その長年培ってきた知識、経験、そして情報などを、イタリア料理にたずさわる方、そしてこれから目指す人たちに伝えたい、何か形として残したいと思い、「イタリア料理教本」（上下巻）を上梓し、その後、2冊をまとめた新版も出すことができました。

その後数年を経て、この教本の中にもある重要な用語に新しい語句を加え、言葉の意味や料理の作り方、料理名の由来や方言など、イタリア料理を学ぶために、あるいは料理を作る上で、必要な知識や情報をまとめたハンディな用語辞典を作りたいと思い、この度実現することができました。この本もまた、多くの方々のお役に立てることを願っています。

最後に、この辞典の制作・出版にあたりご尽力いただいた皆様に、深く感謝いたします。

吉川 敏明

凡例

見出し語

・見出し語は太字で、伊和篇はアルファベット順に、和伊篇は素材別に五十音順に並べた．複数形で使用することの多い語については、複数形を見出し語とし、その語の後に（複）と表記した．また、単数・複数ともによく使われる語については、両方を見出し語とし、（単）（複）を表記した．（単）（複）の表記のない語は基本的にすべて単数形である．

・二語以上から成る重要な料理名や素材名、慣用句なども、独立した見出し語として扱った．

・成句については、核となる語を前に出しているものもある．例) cacciatora (alla 〜)．

・綴りの類似した同義語がある場合は、／で区切って列記した．

発音

目安となる発音を、[ ]内にカタカナで表記し、アクセントのある部分を太字で表記した．異なる発音が認められるものについては、／で区切って両方を表記した．

記号・略語

男	男性名詞（句）
女	女性名詞（句）
形	形容詞
副	副詞
過	過去分詞
現	現在分詞
前	前置詞
(仏)	フランス語
(英)	英語
(独)	ドイツ語
(露)	ロシア語
＝	同義語・類義語

⇒　　　参照

語義・用例

・ひとつの語であっても、大きく異なる意味については、①、②...と、分けて説明をした．また、単数形と複数形で別々に説明をしたほうがわかりやすい語については、それぞれを見出し語としている．

・料理にほとんど関係のない意味は省略している．

・見出し語の説明の中に、料理の作り方が含まれる場合は、料理 としてまとめている．また、見出し語自体が料理名で、かつ作り方がある場合は、作り方 として独立させた．

・用例中の「～」の部分には、見出し語が入る．

名詞の性と語尾変化

・イタリア語の名詞には男性名詞と女性名詞がある．単数形の語尾が -o の場合は男性名詞．語尾が -a の場合は女性名詞（例外あり）．語尾が -e の場合は男性名詞・女性名詞の両方がある．

・複数形は基本的に、単数形の語尾が -o の名詞は -i に、語尾が -a の名詞は -e に、-e の名詞は -i となる．注意が必要なものは、
男性単数→男性複数の、-io→-i、-co→-cho (ci)、-go→-ghi (gi)．女性単数→女性複数の、-ca→-che、-ga→-ghe、cia→-ce．
本書では、注意が必要なもののみ、（　）に表記した．

・単数形と複数形が同形のものは、（単複同形）と表記した．

形容詞の語尾変化

形容詞の語尾は、名詞の語尾変化とほぼ同じ規則にしたがって変化する．本書では、注意が必要なもののみ、（　）に語尾を表記した．また、変化をしないものについては（無変）と表記した．

Italiano ▶ Giapponese 7
伊 － 和 篇

Giapponese ▶ Italiano 285
和 － 伊 篇

Tagli di Carne 304
肉の部位

Vini DOCG 310
DOCG ワイン

デザイン・イラスト　矢内　里
編集　長澤 麻美

Italiano ▶ Giapponese

伊 － 和

A

abalone [アバローネ] 男 アワビ（スペイン語の abulon から）. = aliotide.

Abate [アバーテ] 男 pera（洋梨）の一品種名.

abba ardente [アッバ・アルデンテ] 女 グラッパのサルデーニャ方言名の一つ（「熱い水」という意味）. ＊Filu'e ferru の呼び名のほうが知られている.

abbacchio [アッバッキオ]（複-chi）男 乳飲み仔羊のラツィオ州、特にローマでの方言名. = agnellino da latte. 昔棒で叩いて (abbacchiare) 屠殺していたところからの名.

> 料理 ・*abbacchio brodettato.* （乳飲み仔羊のローマ風フリカッセ）浅鍋にオリーブ油を熱し、ぶつ切りにして塩、コショウをした仔羊肉を入れて炒める. 生ハムの細切り、玉ネギの薄切りを加え更に炒めていく. 玉ネギがしんなりしたら白ワインを振り、湯を加え蓋をして弱火で煮込んでいく. 肉がやわらかくなったら火からおろし、卵黄、レモン汁、パルミジャーノ、マジョーラム、パセリを混ぜ合わせたものを加え、手早くかき混ぜる.
> ・*abbacchio alla cacciatora.* （乳飲み仔羊のカッチャトーラ風〈猟師風〉）. = agnello alla cacciatora.（＊本来は abbacchio で作る）(⇒) agnello.

abbattimento [アッバッティメント] 男 屠殺.

abbattitore [アッバッティトーレ] 男 急速冷凍庫. 急速冷凍機. = ~ di temperatura.

abbinare [アッビナーレ] 動 合わせる、組み合わせる（ワインと料理などを）.

abbondante [アッボンダンテ] 形 多量の、たっぷりの. 分量などで~強.

abbrustolire [アッブルストリーレ] 動 グリル、グリドル、オーブンなどで、油脂をつけずに強火で焦げ目、焼き色をつける（ポレンタ、パンなど）. = abbruscare（おもに南部で）.

abburattare [アッブラッターレ] 動 小麦やトウモロコシなどをふるいにかけ、粉とフスマ、外皮に分ける.

abomaso [アボマーゾ] 男 赤センマイ、ギアラ（牛・仔牛などの第4胃）. 分類上トリッパに属さない. 腸などの内臓と同様に扱われている. 呼び名は francese、franciata、ricciolotta、riccia、lampredotto（トスカーナ方言）などいろいろある.

acagiù / acajù [アカジュー] 男 カシューナッツ. = noce d'acagiù、anacardio.

accendere [アッチェンデレ] 動 点火する、スイッチを入れる.

accia [アッチャ]（複-ce）女 セロリのカラブリア、シチリアでの方言名. acciu とも呼

ぶ. = sedano.

料理・*zuppa di accia.*（カラブリア風セロリのスープ）鍋に筋を取ったセロリ、サルシッチャ、水、塩を入れセロリがやわらかくなるまでゆでる．セロリ、サルシッチャを取り出し、ブロードを漉す．セロリは適当な大きさに切って鍋に戻し、火にかける．スープ皿にトーストしたパン、角切りのソプレッサータ、カーチョカヴァッロ、ほぐしたサルシッチャ、輪切りのゆで卵を入れ、熱々のブロードを注ぎ、ペコリーノを添える．

acciaio [アッチャイオ] 男 ステンレス．

acciarino [アッチャリーノ] / **acciaiolo** [アッチャイヨーロ] 男 スチール棒（ナイフ研ぎ用）．

acciughe（複）[アッチューゲ] / **acciuga**（単）[アッチューガ] 女 ヒシコイワシ．アンチョビー．おもにマリネー、オーブン焼き、フライなどの料理そして加工品にされる．= alici.
・*acciughe sotto sale.* 塩漬けのアンチョビー．
・*filetti di acciughe sott'olio.* アンチョビーフィレ．
・*pasta d'acciughe.* アンチョビーペースト．

accompagnare [アッコンパニャーレ] 動 添える（ソース、粉チーズ、付け合わせなど）．

accosciare [アッコッシャーレ] 動 家禽、野鳥類をひもでしばり成形する．

acerbo [アチェルボ] 形 野菜、果物、ワインが未熟成で酸味、苦みが強い．

aceto [アチェート] 男 酢、ヴィネガー．

aceto balsamico [アチェート・バルサミコ] 男 バルサミコ酢．エミリア地方のモデナ、レッジョ・エミリアで作られている酢．煮詰めたブドウ液、酢種を樽に入れ、順繰りに木質の違う小さな樽に移し替えながら熟成させるのが伝統的な作り方．桑、栗、トネリコ、樫、桜、ネズの木の樽が使われる．熟成期間12年以上および25年以上の2種類のD.O.P. 認定製品がある．その他に熟成期間が3年以下と以上の2種類のI.G.P. 製品がある．

acetosa [アチェトーザ / アチェトーサ] 女 スカンポ、オゼイユ（和名：酸葉〈すいば〉）．= erba brusca.

acetosella [アチェトゼッラ] 女 かたばみ．

acidulare [アチドゥラーレ] 動 おもに水にレモン汁、酢を少量加える（カルチョフィ、リンゴなどが黒ずまないように）．

acino [アーチノ] 男 ブドウの粒．= ~ d'uva.

acqua [アックワ] 女 水．
・*acqua minerale.* ミネラル・ウォーター．

▶ **affettatrice**

- *acqua fredda.* 冷水.
- *acqua calda.* 湯.
- *acqua bollente.* 熱湯.
- *acqua corrente.* 流水.
- *acqua salata.* 塩を加えた水.
- *acqua acidulata.* 酢またはレモンを加えた水.

acquacotta [アックワコッタ] 囡 トスカーナ州マレンマ地方およびラツィオ州トゥシャ地方で作られるスープ.
　作り方　鍋で玉ネギ、ニンニクを炒め、野菜、野草などと水を加えて煮込み、仕上げ直前に卵を割り入れる. トーストしたパンを器に入れてスープを注ぎ、ペコリーノを振る. ＊その他バッカラ、キノコなどを使ったヴァリエーションがある.

acquadelle (複) = (⇒) latterini (複).

acquapazza / acqua pazza [アックワ・パッツァ] 囡 アックア・パッツァ. カンパニア地方の魚料理名. もともとは漁師が船上で売りものにならない小魚で作った料理. 名前の由来には諸説あるが、昔は水で薄めたようなスープやワインをアックア・パッツァといっていたので、スープ仕立てにするのが本来の調理法.

acquasala [アックワサーラ] 囡 プーリア、バジリカータ地方のパンを使った料理. panzanella に似ている.

acquavite [アックワヴィーテ] 囡 ブドウの絞りかす以外の材料で蒸留された蒸留酒. イチゴ、洋梨、スモモ、モモ、ベリー類のものがあり、おもに北イタリアの山岳地方で作られる. 現在ブドウ果汁からも作られており、これは grappa と呼べないため acquavite d'uva と呼ばれている.

actinidia deliciosa [アクティニーディア・デリシオーザ] 囡 キウイフルーツの学名. kiwi が一般的に使われている名前.

adagiare [アダジャーレ] 動 慎重に置く (壊れやすいものを).

addensare [アッデンサーレ] 動 濃くする、濃度をつける (おもにスープ、ソースを煮詰めるか、片栗粉、コーンスターチ、野菜の裏漉しなどを加える).

addizionare [アッディッツィオナーレ] 動 加える、添加する.

affettare [アッフェッターレ] 動 スライスする.

affettatartufi [アッフェッタタルトゥーフィ] / **affettartufi** [アッフェッタルトゥーフィ] 男 トリュフをスライスする器具. トリュフ・スライサー.

affettato misto [アフェッタート・ミスト] 男 スライスしたサルーミ類の盛り合わせ. イタリアではメニューに antipasto all'Italiana (イタリア風前菜) で載っていることが多い. (⇒) antipasto.

affettatrice [アッフェッタトゥリーチェ] 囡 スライサー、ハム・スライサー.

affettauova [アッフェタウオーヴァ] (単複同形) 男 エッグ・カッター (輪切り用).

affettaverdure [アッフェタヴェルドゥーレ] (単複同形) 男 ハンドスライサー、マンドリン・スライサー、マンドリン・カッター. = mandolino.

affogare [アッフォガーレ] 動 ①卵をポシェする. ②多めの水気でフタをして弱火で煮る (類義語に annegare がある).

affogato [アッフォガート] 男 バニラ・アイスクリームにエスプレッソ・コーヒーをかけたデザート. その他、クリーム・ソーダなどのフロートものも指す. 過 形 おぼれた. ・*uovo affogato* ポーチド・エッグ、落とし卵.

affumicare [アッフミカーレ] 動 スモークする、燻製にする.

agar-agar [アガラガル] 男 寒天.

agghiotta [アッギオッタ] 女 もともとは東部シチリアの方言で、魚や野菜の煮込み料理を意味する言葉.

料理・*agghiotta di pesce spada*. ソテーしたカジキを玉ネギ、セロリ、グリーン・オリーブ、ケイパー、トマトで煮込んだ料理. 他にバッカラやストッカフィッソがよく使われる.

aggiungere [アッジュンジェレ] 動 加える.

aggiustare [アッジュスターレ] 動 味を調える (最終的に).

agliata [アリアータ] 女 この言葉はニンニクをきかせた料理によく使われる.

①リグーリアではニンニクベースのソースを指す. ワインヴィネガーで湿らせたパン、ニンニク、オリーブ油をクリーム状になるまですりつぶしたソース (パセリ、トウガラシを加えてもよい) で、ボッリート、バッカラ料理などに添えられる.

②サルデーニャではトマトベースの冷製ソースを指す. 刻んだニンニク、ポモドーリ・セッキ、トウガラシ、オリーブ油を鍋に入れ弱火で炒め、ワインヴィネガー、パッサータを加えて煮詰めたソースで、ゆでたタコ、魚や仔羊の足の料理に添えられる.

③ピエモンテにはニンニク風味のチーズペーストがある.

料理・*agliata verde monferrina*. [アリアータ・ヴェルデ・モンフェリーナ] (モンフェラート風チーズペースト〈ピエモンテ〉) 同量のトーマとリコッタをよく混ぜて、パセリ、ミント、セロリの葉、ニンニク、バジリコ、オリーブ油、レモンの汁とすりおろした皮をミキサーにかけたものを加えて混ぜ合わせ、皿に盛り、ガーリックトーストを添える. ＊チーズはトーマかリコッタ1種のみでも、またロビオーラを使ってもよい.

aglietto [アッリエット] 男 春先に出回る、ニンニクに似た風味をもつネギ属の多年草. 形はポロネギに似ている. 何種類かあるが、その一つにギョウジャニンニク (aglio serpentino) もある.

▶ **agnellotti**

aglio [アッリオ] (複-gli) 男 ニンニク．古代ローマ時代から使われていた食材で、早くからローマが統治していたプロヴァンスやスペインには、現在でもニンニクを使った料理が多い．イタリアでは中南部で多く使われ、異民族の多かった北部ではあまり使われていない．イタリアのニンニクは、1株に8〜14片の粒が入っており、日本のものにくらべて1片の粒が小さい．また、料理に使う量も日本より少ない．

aglio serpentino [アッリオ・セルペンティーノ] 男 ギョウジャニンニク．ネギ属の多年草．ニンニクに似た風味をもつ．

agnellino da latte [アニェッリーノ・ダ・ラッテ] 本来は生後3〜4週間の乳飲み仔羊だが、最近は5〜6週間のものが多い．脂身はなく肉の色はピンク色．＝ (⇒) abbacchio.

agnello [アニェッロ] 男 仔羊（生後3〜4ヵ月）．サルデーニャ、ラツィオ、アブルッツォ地方や南部の料理に多く使われ、春先、特に復活祭の食卓には欠かせない食材．(⇒) ovino.

料理・*agnello alla cacciatora.*（仔羊のカッチャトーラ風《猟師風》〈ラツィオ〉）仔羊の骨付きロース肉に塩、コショウをしてオリーブ油で焼き、ニンニク、ローズマリーのみじん切り、すりつぶしたアンチョビー、白ワイン、白ワインヴィネガー、スーゴ・ディ・カルネを加える．肉を盛り、ソースにパセリとオリーブ油を加え、よくかき混ぜてかける．＊本来はabbacchioで作る料理．

・*agnello brucialingua.*（仔羊のソテー ピリ辛風味〈アブルッツォ〉）仔羊の骨付きロース肉に塩、コショウをして小麦粉をまぶし、ニンニク、トウガラシ、ローズマリーを熱したフライパンに入れてソテーし、白ワイン、パセリを振る．

・*cosciotto d'agnello al forno alla molisana.*（仔羊もも肉のオーブン焼き モリーゼ風）仔羊もも肉に塩、コショウをし、みじん切りのセージ、ローズマリーにオリーブ油を加えたものをまぶしてオーブンで焼き、途中で白ワインを加える．玉ネギのフライを添える．

・*fricassea d'agnello con carciofi.*（仔羊とカルチョフィのフリカッセ〈リグーリア〉）角切りの仔羊肉に塩、コショウをし、オリーブ油を熱した鍋に入れてソテーする．白ワインを加え、蓋をして弱火で煮込み、肉がやわらかくなったら、下処理をして8等分に切り分けてゆでたカルチョフィを加える．肉とカルチョフィをいったん取り出し、卵黄、レモン汁、パセリ、マジョーラムを合わせて煮汁に加え、火からおろして手早くかき混ぜ、とろみがついたら肉とカルチョフィを戻して和える．

agnellone [アニェッローネ] 男 半年以上育成した仔羊．
agnellotti (複) [アニェッロッティ] ＝ (⇒) agnolotti.

agnoli（単）[アニョリ] / **agnolin**（複）[アニョリン] 男 トルテッリーニと同形の、ロンバルディア州マントヴァのパスタ.

agnolotti（複）[アニョロッティ] 男 詰め物パスタ．おもにピエモンテ地方での呼び名．= agnellotti.・*agnolotti del (al/col) plin* [アニョロッティ・デル（アル/コル）・プリン] ピエモンテ南部で作られるアニョロッティ．plin とはピエモンテ方言で「つまむ」という意味．詰め物のまわりの生地を両手の親指と人差し指でつまむように閉じるようすから．

料理・*agnolotti al burro e salvia.*（アニョロッティ セージ・バター風味〈ピエモンテ〉）サラダ油を熱したフライパンで、小さく切った仔牛肉、牛肉を炒め、焼き色がついたら玉ネギ、ニンジン、セロリのみじん切りを加え、しんなりするまで炒め、赤ワインを加えて煮詰める．トマトホール、ローリエを入れて更に煮詰め、塩、コショウで味を調える．これをフードプロセッサーにかけて鍋に移し、卵、パルミジャーノ、ナツメグを加え、弱火にかけて少し混ぜる．パスタに詰め、ゆでてパルミジャーノとセージ・バターをかける．

ago [アーゴ]（複-ghi）男 縫い針．・~ *da lardellare*、~ *lardatore.* ピケ針．

agone [アゴーネ] 男 アゴーン（ニシン科アロサ属）．イワシに似た淡水魚．北イタリアのコモ、マッジョーレ、ガルダ湖などに生息している．5月15日〜6月15日が禁漁期．

agresto [アグレスト] 男 未熟成なブドウの汁．形 酸っぱい．

・*salsa d'agresto.* トスカーナにルネッサンス以前からあるソース．未熟なブドウ汁にニンニク、クルミ、パン粉、パセリ、砂糖、塩、コショウを加えてミキサーにかけ、鍋に移してブロードを加え、弱火で温める．＊アーモンド、アンチョビーを加えてもよい．

agretti（複）[アグレッティ] 男 ①オカヒジキ（ローマ方言名）．= barba di frate. ②ガーデン・クレス（北部での呼び名）．= crescione inglese.

料理・*agretti saltati in padella.*（オカヒジキのガーリックソテー〈ラツィオ〉）フライパンにオリーブ油、つぶしたニンニク、トウガラシを入れてニンニクが色づくまで炒めたら取り出し、ゆでたオカヒジキを入れて炒め、塩をする．

agro [アグロ] 形 酸っぱい．男 酸味．酸味のある汁．

・*all'agro.* [アッラーグロ] レモン、オリーブ油で調味した（おもにゆで野菜）．

agrodolce [アグロドルチェ] 形 甘酸っぱい．男 甘酸っぱい味．

・*all'agrodolce.* [アッラグロドルチェ] 甘酢風味．

agrume [アグルーメ] 男 柑橘類．

aguglia [アグッリァ] 女 ダツ．ago [アーゴ/針] が語源．ヴェネトではそのままアーゴと呼ぶ．日本のサヨリもこの仲間に入る．

▶ **alloro**

aidos [アイードス] 男 = (⇒) malloreddus、gnocchetti sardi.

ala (単) [アーラ] / **ali** (複) [アーリ] 女 手羽.

alaccia [アラッチャ] (複-ce) 女 地中海南で獲れるカタボイワシ. 別名アフリカイワシ (sardella d'Africa) とも呼ばれている.

alalonga [アラロンガ] 女 alalunga のシチリア方言名.

alalunga [アラルンガ] (複-ghe) 女 ビン長マグロ. = tonno alalunga [トンノ・アラルンガ].

albicocca [アルビコッカ] (複-che) 女 アプリコット. 中国原産. ローマ時代は prunus armeniaca [プルヌス・アルメニアカ / アルメニアのスモモ] と呼ばれていたが、中世にアラブ人がイタリア各地に広めたので、アラブ語名の al-barquq [アルバルクク] から現在のアルビコッカという名前になった. 6～8月が旬. カンパニア州の生産量が多く全国の60％を占める.

alborella [アルボレッラ] 女 キュウリウオに似たワカサギ科の魚. ワカサギのようにフライにしたり、エスカベシュにして食べる.

albume [アルブーメ] 男 卵白. (⇒) uovo.

alchechengi [アルケケンジ] (単複同形) 男 食用ほおずき. pisalis とも呼ぶ.

alchermes / alkermes [アルケルメス] 男 鮮やかな赤色のリキュール. 語源はアラブ語の qirmiz [キルミズ] (緋色という意味). 16世紀にフィレンツェのサンタマリア・ノヴェッラの僧たちによって作られた. おもに菓子の風味づけに使われ、特にトスカーナのズッパ・イングレーゼには欠かせない. 着色料にエンジムシ (カイガラムシ / cocciniglia) が使われている.

alcool [アルコール] 男 アルコール.

alette (複) [アレッテ] 女 手羽肉. = ali.

alga [アルガ] (複-ghe) 女 海藻類. =～ di mare.

alici (複) [アリーチ] / **alice** (単) [アリーチェ] 女 ヒシコイワシ、カタクチイワシ、アンチョビー (おもにローマから南での呼び名). = acciughe.

aliotide [アリオーティデ] 女 アワビ. = abalone、orecchia di mare.

alivi (複) [アリーヴィ] 男 オリーブの実 (シチリア方言名) = (⇒) olive. · ***alivi cunzati.*** [アリーヴィ・クンツァーティ] グリーン・オリーブに香草やニンニク、トウガラシ、オリーブ油などを加えて作る自家製加工品 (シチリア).

alkermes = (⇒) alchermes.

allineare [アッリネアーレ] 動 一列に並べる.

allodola [アッロードラ] 女 ヒバリ. イタリア中南部では一年中、北部では春から夏にかけて見られる. 古代ローマ時代から飼育されている.

alloro [アッローロ] 男 ローリエ、ベイリーフ、月桂樹. = lauro. 料理のベースに

allungare ▶

なる香草で、特にソース、煮込み料理、マリネーなどには欠かせない．常葉なのでいつでも葉をとって使えるが、乾燥させたほうが香りが強くなる．

allungare [アッルンガーレ] 動 薄める（水、湯などで、ソース、スープ、酒、飲み物などを）．

alosa [アローザ] 女 アロサ．和名：ニシンダマシ．ニシン科アロサ属の魚の総称で、淡水魚の agone、海水魚の cheppia などがいる．

aluzzo [アルッツォ] 男 カマス（ナポリ方言名）．= luccio di mare.

alzagola = (⇒) alzavola.

alzare [アルツァーレ] 動 上げる、大きくする、高くする．

alzare il fuoco [アルツァーレ・イル・フオーコ] 強火にする、火力を強くする．

alzavola [アルツァヴォラ] / **alzagola** [アルツァゴラ] 女 体長40cm ほどの小鴨．

amalgamare [アマルガマーレ] 動 材料をよくかき混ぜる．

amarasca [アマラースカ]（複-sche）女 マラスカ種のチェリー．アマレーナ種のチェリーのヴェネト地方での呼び名．マラスキーノ酒、マラスキーノ・チェリーのシロップ漬けの原料になる．= marasca.

amarena [アマレーナ] 女 アマレーナ種のチェリー．ややつぶれたような形で色が濃い．酸味が強いのでほとんどがジャムの原料となる．中南部では visciola とも呼ばれている．

amaretti（複）[アマレッティ] 男 おもに北イタリアで作られるクッキー．アーモンドの粉、卵白、砂糖を使う．mandorla amara（ビターアーモンド）を少量加えることでこの名が付いた．そのまま食べる他、(⇒) bonet やパスタの詰め物などにも使われる．

Amaretto di Saronno [アマレット・ディ・サロンノ] アーモンドの香りがするリキュールだがアンズの核から作られている．ミラノの北、サロンノの町で最初に作られた．

amarettus（複）[アマレットゥス] 男 サルデーニャで作られるクッキー．アマレッティに似ている．

amaro [アマーロ] 形 苦い．

Amaro [アマーロ] 男 アマーロ（リキュールの一種）．イタリア各地にある．「苦い」という意味だが南部では甘いものが多い．

amarognolo [アマローニョロ] 形 苦い（好ましい苦さ）．ほろ苦い．

amatriciana（all' ~）[アッラマトゥリチャーナ] アマトリーチェ風．ラツィオ州北東部のアマトリーチェ発祥のパスタのソースに付けられた名称．アマトリーチェではグアンチャーレ、トウガラシ、白ワイン、トマトホールで作ったソースで、スパゲッティを使うのが伝統的．一方ローマでは1870年アマトリーチェから来た

家族がトラットリアを開き、パンチェッタを使ったソースにブカティーニを合わせたので、現在でもブカティーニを使う店が多い（⇒ bucatini）．玉ネギを加えたり、軽くニンニクを加えるアレンジをしたり、ペンネやリガトーニを使うこともある．またローマでは、多くの店のメニューに alla matriciana と表記されている．

ambedue [アンベドゥーエ]（無変）形 両面の、両方の．代 両方とも、両面とも．

amido [アーミド] 男 デンプン．・*amido di mais*. コーンスターチ．= maizena.

ammazzacaffè [アンマッツァカッフェ] 男「コーヒー殺し」という意味の言葉．食後のコーヒーのときに飲むグラッパ、リキュール類のこと．

ammollare [アンモッラーレ] 動 水気に浸けてやわらかくする（乾燥したもの、バッカラ、フンギ・セッキなどを）．

ammollicare [アンモッリカーレ] 動 パン粉（煎ったもの）を振りかけ、オーブン焼きにしたり、かき混ぜること．おもに南部でイワシなどの魚や野菜、パスタ料理などに多い．

ammollire [アンモッリーレ] 動 やわらかくする．

ammorbidire [アンモルビディーレ] 動 やわらかくする（バター、ラードなどを室温に戻したり、かき混ぜて）．= immorbidire.

ammuddicare [アンムッディカーレ] 動 =（⇒）ammollicare の南部の方言．

anacardio [アナカールディオ] 男 カシューナッツ．= noce d'anacardio.

analcolico [アナルコーリコ]（複男-ci、複女-che）形 アルコールを含まない．男 ノンアルコール飲料．

ananas [アナナス / アーナナス] 男 パイナップル．イタリアではスライスしてマラスキーノなどのリキュールと砂糖を少量かけて出したり、フルーツのマチェドニア、タルトの材料として使われる．ananasso [アナナッソ] とも呼ぶ．

ananas di mare [アナナス（アーナナス）・ディ・マーレ] マボヤ（ホヤ）．

anara [アーナラ] 女 鴨（ヴェネト方言）．・*anara col pien*. 詰め物をした鴨．

anatra [アーナトゥラ] / **anitra** [アーニトゥラ] 女 鴨．＊anatra のほうがよく使われている．anitra はどちらかというと昔の呼び方．・*anatra domestica*. 家鴨．・*anatra selvatica*. 野鴨．

　料理 ・*petto d'anatra con salsa peverada*.（鴨胸肉のロースト ペヴェラーダ・ソース風味〈ヴェネト〉）塩、コショウをした鴨肉をフライパンに入れて最初は弱火で、脂が出てきたら強火にして焼き色をつける．肉を裏返し、セージ、ローズマリーを入れて200℃のオーブンで焼く．途中で白ワインを加え、焼けたら肉は取り出して温めておく．焼き汁にサルサ・ペヴェラーダ（salsa peverada. ⇒ peverada）を加えてかき混ぜる．肉を薄切りにして器に盛り、ソースをかける．

anelletti ▶

・*petto d'anatra alla graticola.*（鴨胸肉のグリル〈エミリア＝ロマーニャ〉）鴨肉を、赤ワイン、オリーブ油、レモン汁、ローズマリー、セージ、タイム、エストラゴン、ニンニク、塩、コショウのマリネー液に半日〜1日漬け、グリル板で焼く（できれば炭火焼きがベスト）．肉を薄切りにして器に盛り、塩、粗挽きコショウを振り、パセリを散らす．

anelletti（複）［アネッレッティ］/ **anellini**（複）［アネッリーニ］ 男 リング状の小さなパスタ．おもにブロードの浮き身にする．

Anesone［アネゾーネ］男 アニスのリキュール．語源はスペイン語．

aneto［アネート］男 ディル．= finocchio bastardo.

angelica［アンジェーリカ］（複-che）女 アンゼリカ．和名：セイヨウトウキ（西洋当帰）．学名 angelica archangelica．セリ科の野菜．おもに製菓用に砂糖漬けにする．

Anghelu Ruju［アンゲル・ルーユ］男 カンノナウ（Cannonau. サルデーニャを代表するブドウの一品種）をオーク樽で熟成させた、ルビー色で甘口のサルデーニャ産デザートワイン．アルコール度数は18度．

anguilla［アングィッラ］女 ウナギ．ラテン語の anguis（へび）が語源．ヴェネトでは bisato、ローマでは ciriola と呼ぶ．おもだった養殖地はロマーニャ地方のコマッキオ、ローマ北方のボルセーナ、トラジメーノが有名．日本のウナギより大型で、皮をむいてぶつ切りにするのが伝統的だが、最近は日本の影響か開いて骨を取った状態で調理することが増えているようだ．現在でもクリスマス・イブの食卓にウナギ料理は欠かせない．特にローマから南では capitone という雌の大ウナギを好んで食べる．稚魚は cieche（複）．

料理 ・*anguilla marinata.*（ウナギのマリネー〈エミリア＝ロマーニャ〉）小麦粉をまぶして揚げたウナギを、玉ネギ、セロリ、ニンジン、ニンニク、オリーブ油、ローズマリー、セージ、白ワイン、赤ワインヴィネガー、ローリエ、粒コショウ、塩のマリネー液に漬ける．

・*anguilla in umido con piselli.*（ウナギとグリーンピースのトマト煮〈エミリア＝ロマーニャ〉）鍋に玉ネギ、ニンニク、オリーブ油を入れて炒め、ぶつ切りにして小麦粉をまぶして揚げたウナギを入れる．赤ワイン、トマトホールを加えて煮込み、最後にゆでたグリーンピースを加え、塩、コショウで味を調える．

anguria［アングーリア］女 スイカ．夏場に屋台で切り売りされる．シチリアにはスイカの冷菓がある．イタリアのおもな産地はラツィオ、プーリア．北ではエミリア、ロンバルディアの平野部．昔は楕円形のものが多かったが、丸形のもの、特に日本の品種が増えた．= cocomero.

anice［アーニチェ］男 アニス．地中海東部原産．ローマ時代は眼、胃、心臓の薬として、また、肉料理の香りづけに使われていた．今はおもに菓子、デザートやリ

キュールの原料として使われることが多い.
anice stellato [アーニチェ・ステッラート] 男 八角、スターアニス. サンブーカなどのリキュールに使われている.
anicini (複) [アニチーニ] 男 アニス風味のクッキー. サルデーニャのものが有名.
animali domestici (複) [アニマーリ・ドメスティチ] 男 家畜・家禽類の総称. = animali da cortile [アニマーリ・ダ・コルティーレ].
animella [アニメッラ] 女 胸腺肉. 仔牛、仔羊のみにある (成長とともになくなる). 仔牛のものは約500g、仔羊のものは約50g程度. 下処理、調理法は脳みそとほぼ同じ.
anitra = (⇒) anatra.
annegare [アンネガーレ] 動 = (⇒) affogare (②).
Annurca [アンヌルカ] 女 アンヌルカ種のリンゴ (I.G.P.). カンパニアが産地. 収穫後わらを敷いた上に並べ、2週間ほど毎日返しながら陽に当てて熟成させる. 冬から春に出回る.
anolini (複) [アノリーニ] 男 エミリア＝ロマーニャ州ピアチェンツァ、パルマで作られる詰め物パスタの呼び名. 形は円形および半月形が多い.
anteriore [アンテリオーレ] 形 前の. 前方にある. 牛、仔牛、豚、羊など四つ脚の動物の肉の場合は前部を指す. 後部は posteriore.
antiaderente [アンティアデレンテ] 男 テフロン加工. 形 焦げ付かない.
antipasto [アンティパスト] 男 前菜.
・*antipasto all'Italiana*. イタリア風前菜. ハム、サラミの盛り合わせにオリーブ、野菜やキノコの酢漬け、油漬けを添えたもの. = affettato misto.
・*antipasto caldo*. 温製前菜.
・*antipasto freddo*. 冷製前菜.
・*antipasto di mare*. 魚介類の前菜.
・*antipasto vegetariano*. 野菜のみの前菜.
aperitivo [アペリティーヴォ] 男 食前酒、アペリティフ.
Aperol [アペロール] 男 ピエモンテ州カナーレ (Canale) の Barbieri 社製の、ルバーブ、キナ、ゲンチアナ、オレンジ、エンジムシなどを原料とするリキュール. アルコール度数が11度と低いのが特徴. おもに食前酒としてソーダ割りにされたり、スプリッツに加えたりする.
apparecchio [アッパレッキオ] (複-chi) 男 器具、食器類.
appassire [アッパッスィーレ] 動 野菜を、焼き色をつけずに弱火で炒める.
appiattire [アッピアッティーレ] 動 肉叩きで叩いてのばす.
apribottiglie [アプリボッティッリエ] (単複同形) 男 栓抜き.

aprire [アプリーレ] 動 開く．

apriscatole [アプリスカートレ]（単複同形）男 缶切り．

arachide [アラーキデ] 女 ピーナッツ．= noccioline americane（複）．

aragosta [アラゴスタ] 女 伊勢エビ．サルデーニャが有名．nasse [ナッセ] という草で編んだかごを使った漁で獲る．ゆでたりグリルで食べる他パスタにも使われるが、漁獲量が少ないので大変高価である．= langusta（ヴェネト方言名）．

arancia [アランチャ]（複-ce）女 オレンジ．イタリアで食用として知られるようになったのは11世紀以後．アラブ人が栽培を始めたシチリアから北に広まり、ルネッサンス時代のフィレンツェでは鴨のオレンジソースが一世を風靡した．主産地は南部で、特にシチリア（70%）、カラブリア（20%）．他ではカンパニア、サルデーニャ、バジリカータなど．arancia bionda（普通のタイプ）は、春先から夏が旬．arancia sanguigna（ブラッド・オレンジ）は、秋から春までが旬．Tarocco、Moro、Sanguinelloの3品種は arancia rossa di sicilia として I.G.P. 認定．arancia amara（ビター・オレンジ）は、おもにマーマレードや皮の砂糖漬け、リキュールの材料として使われる．

arancini di riso（複）[アランチーニ・ディ・リーゾ] シチリア風米のコロッケ．パレルモなどのシチリア西部の地方では arancina（単）と女性形で呼ばれオレンジのように丸い形に．カターニアなどの東部の地方では arancino（単）と男性形で呼ばれエトナ山をイメージした円錐形に成形する．

　作り方　サフラン風味のリゾットに、鶏レバーと仔牛肉のトマトソース煮、ゆで卵を詰めて成形し、小麦粉、溶き卵、パン粉の順につけて揚げる．グリーンピース、モッツァレッラやカーチョカヴァッロなどのチーズを加えることもある．

arca di Noè [アルカ・ディ・ノエー] ノアノハコブネ貝．地中海、およびイベリア半島沿岸一帯に生息する二枚貝．形がノアの箱舟に似ている．mussolo とも呼ばれている他リグーリアでは zampa di vacca、トスカーナでは arsella pelosa、カンパニアでは spera、プーリアでは javatune、サルデーニャでは brazzoleddu と呼ばれる．

argentina [アルジェンティーナ] 女 カゴシマニギス属の魚．体型はイワシに似ている．体が銀色で目が大きいのが特徴．おもにフライにされる．

argnone [アルニョーネ] 男 腎臓の別称．=（⇒）rognone．

aringa [アリンガ]（複-ghe）女 ニシン．・**aringa rotonda** [アリンガ・ロトンダ]．ウルメイワシ．

arista [アリスタ] 女 / **arista di maiale** [アリスタ・ディ・マイアーレ] 豚ロース肉のロースト（トスカーナ）．料理名の由来には二つの説がある．一つは1430年フィレンツェでローマ教会とギリシャ正教会の集会があり、食事のときに出たこ

の豚の背肉料理に、ギリシャ正教会の司教たちが "Aristos, aristos"（素晴らしい、最高だという意味）と叫んだためという説．もう一つは1930年代の小説に "豚のAristaのオーブン焼き" という文章があるところからという説．

作り方 豚の骨付きロース肉の塊にニンニクとローズマリーを差し込んで塩、コショウをし、オリーブ油をかけてオーブンで焼く．

armelline（複）［アルメッリーネ］囡 アプリコット（アンズ）の核．

arnione［アルニオーネ］男 腎臓のトスカーナ方言．= (⇒) rognone.

aroma（単）［アローマ］/ **aromi**（複）［アローミ］男 ①芳香、香り、アロマ．②香料．③（複数形で）香草、香味野菜．

aromatizzare［アロマティッザーレ］動 香りをつける（ニンニクやスパイス、香草、酢などで．またはリキュールやワインなどで〈おもにデザート、フルーツ〉）．

arrabbiata（all' ~）［アッララッビアータ］アラビアータ（料理名）．ローマでトウガラシの辛みをきかせたペンネの料理名として使われる．1900年初頭、ローマのトラットリアでアマトリチャーナをアレンジした料理として作られた．パンチェッタ、ポルチーニ茸が入り、仕上げにペコリーノを加えるというもの．その後シンプルな現在の形（⇒ penne）になったが、ニンニクをつぶして使うことやペコリーノまたはパルミジャーノを加える習慣は残っている．またペンネは筋のないものが使われた．（* arrabbiato［アッラッビアート］過 形 怒った、カッカした．このペンネ料理自体が怒ったように辛い、食べると辛さで怒ったように顔が赤くなる．などの意味合いで使われた．）

arricciaburro［アリッチャブーロ］（単複同形）男 バターカーラー．

arrosticini（複）［アッロスティチーニ］男 羊肉の串焼き．20cm ほどの串（方言で li cippe）に1cm角に切った羊肉を串の半分ぐらいまで刺し、専用の焼き台に炭をおこし焼き鳥のように焼いたもの．野外でのイベントやパーティーで作られることが多い．最近はオステリアやワインバーなどのメニューに載ることも多く、串に刺した製品も出回っている．アブルッツォ地方発祥の料理だが、最近はラツィオをはじめ各地に広まっている．またヴァリエーションも増え、羊のレバー、鶏、七面鳥、豚肉などのものもある．

arrostire［アッロスティーレ］動 あぶり焼く、ローストする（肉を大串に刺して回しながら）．

arrosto［アッロースト］（形容詞は無変）形 ローストした．副 ローストで．男 ロースト．牛肉の場合は roast beef と英語で、またはイタリア語化した rosbif［ロスビフ］という呼び方をする場合が多い．

料理 ・ *arrosto morto di vitello alla casalese.*（仔牛のロースト カサーレ風〈ピエモンテ〉）．仔牛の塊肉をニンニクとともにオリーブ油で焼き付け、白ワイ

arrotolare ▶

ン、白ワインヴィネガー、アンチョビー、マスタードを加えて鍋でローストする．
・*arrosto ripieno.*（仔牛のロール・ロースト　エミリア風〈エミリア＝ロマーニャ〉）作り方はローマ風のロースト（vitello arrosto alla romana. ⇒vitello.）とほぼ同じだが、フリッタータにチーズを加えないなどの違いがある．

arrotolare [アッロトラーレ] 動 ロール状に巻く．

arselle（複）[アルセッレ] 女 ①フランスナミノコ貝（ナミノコ貝の一種）= telline. ②アサリ（リグーリア、サルデーニャ、トスカーナ方言名）．アサリに似た貝の（⇒）tartufo di mare の別称としても使われている．

artemisia [アルテミーズィア] 女 アルテミジア（ヨモギ科の香草類の総称）．ヨモギ科の香草類には assenzio（アブサンやヴェルモットの原料になる）、amarella（ニガヨモギ．同名のリキュールの原料）、dragoncello（エストラゴン）などがある．

articiocchi（複）[アルティチョッキ] / **articiochi**（複）[アルティチョーキ] 男 carciofi [カルチョーフィ] の方言名．articiocchi はピエモンテ方言．articiochi はヴェネト方言．

artificiale [アルティフィチャーレ] 形 人工の、人工的な．

arzedda [アルツェッダ] 女 ヨーロッパザル貝（cuore di mare）のサルデーニャ方言名．

arzilla [アルズィッラ] 女 エイのローマ方言名．= razza.

ascé [アッシェ] 男 アシェした肉、魚．仏語の hacher をイタリア語化した言葉．

asciuga insalata [アッシューガ・インサラータ] 女 野菜水切り器、サラダスピナー．= centrifuga per insalata.

asciugamano [アッシュガマーノ] 男 タオル、ふきん．

asciugare [アッシュガーレ] 動 水気を取る（布やペーパータオルで）．乾かす（天日、弱火のオーブンで）．

Ascolana [アスコラーナ] 女 マルケ産グリーン・オリーブの品種（アスコラーナ種）．

ascolane ripiene（複）[アスコラーネ・リピエーネ] 女 スタッフドオリーブのフライ．olive all'ascolana とも呼ばれている．（⇒）olive.

asiago [アズィアーゴ] 男 ヴェネト州産の牛乳製チーズ．D.O.P.

asino [アーズィノ / アーシノ] 男 ロバ．（⇒）equino.
　料理・*stracotto d'asino.*（ロバの赤ワイン煮）．（⇒）stracotto.

asparagi（複）[アスパーラジ] / **asparago**（単）[アスパーラゴ] 男 アスパラガス．3〜6月が旬の春野菜で、復活祭の料理に卵とともによく使われる．古代ローマでは薬用として栽培が始められた．カエサルがガリア遠征のおり、ミラノでアスパラガスを食べた話は有名．イタリアのアスパラガスは、大きく分けて3種の穂の色のものがある．イタリア各地で栽培されている緑色のタイプ．ヴェネト、フリウリの白

▶ aulivi

色のタイプ（特にバッサーノ産は D.O.P.）．ロンバルディア、リグーリアに多い紫色のタイプ．

料理・*asparagi alla milanese.*（アスパラガスのミラノ風〈ロンバルディア〉）．ゆでたグリーンアスパラガスにパルミジャーノと熱したバターをかけ、目玉焼きをのせる．

・(⇒) *sparasi e ovi*(*vovi*) *alla bassanese.*［スパラズィ・エ・オーヴィ（ヴォーヴィ）・アッラ・バッサネーセ］（アスパラガスのバッサーノ風〈ヴェネト〉）．半熟卵で作るソースをゆでた白アスパラガスにかける． ＊sparasi は asparagi のヴェネト方言名．

asparagi di Bath（複）［アスパーラジ・ディ・バトゥ］アスペルジュ・ソヴァージュ（仏）．アスパラガスと同じユリ科だが、属が違う野草の若芽．イタリアでも間違えて asparagi selvatici と呼ばれることがある．他に asparagi prussiani、latte di gallina dei pirenei などの呼び名がある．

asparagi di mare（複）［アスパーラジ・ディ・マーレ］シーアスパラガス、厚岸草（アッケシソウ）．(⇒) salicornia の別称．

asparagi selvatici（複）［アスパーラジ・セルヴァーティチ］**男** 自生している細いグリーンアスパラガス．春先に市場に出回る．asparagine とも呼ばれている．平野、森の中に自生しているものは asparagi selvatici di campo とも呼ばれている．中南部の料理ではこのアスパラガスがよく使われる．おもにパスタ、リゾット、スープ、フリッタータなどの料理に使われている．

asparagine（複）［アスパラジーネ］**女** asparagi selvatici の別称．また bruscandoli の別称でもあるので注意．

aspic［アスピック］（仏）**男** アスピック料理．

aspro［アスプロ］**形** 酸っぱい．

assaggiare［アッサッジャーレ］**動** 味を見る．試飲、試食する．

assaggini（複）［アッサッジーニ］**男** 少量の料理を数種サービスすること．およびそれらの料理．

astaco［アスタコ］（複-ci）**男** 本来はザリガニという意味だが、astice の別称として使われることもある．

astice［アスティチェ］**男** オマールエビ．

attaccare［アッタッカーレ］**動** 貼り付ける、くっつける（型に、または素材どうしを）．くっつく（パスタなどが）．

attorcere［アットルチェレ］**動** ねじる、ひねる、編む．

attrezzatura［アットゥレッツァトゥーラ］**女** 器具、設備一式．

aulivi（複）［アウリーヴィ］**男** オリーブの南部方言名．・*aulivi cunsati*（*cunzati*）．

aumentare ▶

グリーン・オリーブに香草やニンニク、トウガラシ、オリーブ油などを加えて作る自家製加工品．(⇒) olive.

aumentare [アウメンターレ] 動 増やす (材料の量や火力、加熱時間などを).

aurora (salsa ~) [(サルサ・)アウローラ] 囡 オーロラ・ソース．冷製はマヨネーズ、レモン汁、トマトソース (裏漉し)、生クリーム、ブランデーを混ぜて作る．温製はトマトソース (裏漉し)、生クリームで作る場合と、これにベシャメルを加える場合とがある．

Aurum [アウルム] 男 アブルッツォ産オレンジ風味のリキュール．おもに製菓用に使われる．

avemarie (複) [アーヴェマリーエ] 囡 指抜き形の小型ショートパスタ、ディタリーニ (⇒ ditalini) の小さめのもの．ロザリオ (カトリック教徒が持つじゅず) の粒に見立ててこう呼ばれる．ひとまわり大きいと paternostri と呼ばれる．

avena [アヴェーナ] 囡 カラス麦．

avocado [アヴォカード] (単複同形) 男 アヴォカド．

avvolgere [アッヴォルジェレ] 動 包む (網脂、パスタ、パイ生地などで．ラップフィルム、アルミ箔、紙、布などで).

azimo = (⇒) azzimo.

azuki [アズーキ / アズキ] 男 アズキ．fagioli azuki とも呼ぶ．

azzimo / azimo (pane ~) [(パーネ・)アッズィモ] ギリシャ語が語源で「イースト抜き」という意味のユダヤ料理の無発酵パン．(＊ azzimo 形 イーストを入れない．無発酵の).

B

babà [ババー] 男 ナポリの菓子．ラムシロップ風味でサバランに似ている．もとはポーランドの菓子で，1700年代ポーランド王がフランス宮廷で紹介し，ヨーロッパに広まった．

bacca [バッカ] (複-che) 女 本来はトマト、ブドウなど、皮や種があり水分が豊富な果実のことだが、一般的にはブルーベリー、スグリなどの粒の小さい果実を指す．・*bacca di ginepro* [バッカ・ディ・ジネープロ]．ネズの実．

bacalà [バカラッ] (単複同形) 男 干ダラ．頭と内臓を取り除いたタラを丸のまま干したもの．(⇒) stoccafisso のヴェネト、フリウリの方言名．

料理 ・*bacalà alla friulana.* (干ダラ〈ストッカフィッソ〉のフリウリ風) 戻して皮、骨を取り除いた干ダラに小麦粉をまぶし、オリーブ油でソテーし、アンチョビ、玉ネギ、ニンニク、チーズ、パセリ、牛乳、塩、コショウを加えてオーブンで焼く．

・*bacalà a la visentina.* (干ダラのヴィチェンツァ風〈ヴェネト〉) 戻して皮、骨を取り除いた干ダラに炒めた玉ネギ、アンチョビ、パセリを詰め、パルミジャーノを振って小麦粉をまぶし、オリーブ油と牛乳を加えて煮る．

・*bacalà mantecato.* (干ダラのマンテカート〈ヴェネト〉) 戻した干ダラを塩、レモン汁、ローリエを加えた湯でゆでる (ゆで湯を少量取りおく)．皮、骨を取り除き、ほぐしてフードプロセッサーに入れ、オリーブ油、ゆで湯を加えながら回し、塩、コショウで味を調える．できたて、または焼いたポレンタを添える．＊湯でなく牛乳でゆでる、ニンニク、アンチョビ、パセリを混ぜるなどのヴァリエーションがある．

baccalà [バッカラッ] (単複同形) 男 干ダラ．開いて塩漬けにしたタラを干したもの．15世紀ごろ、スペインに統治されていたイタリア南部に入ってきたといわれている．戻すときは水に浸けるが、流水なら1日、ときどき水を替えながらなら2～3日かかる．切り分けてから水に浸ければ時間を短縮できる．＊塩漬けしていないタラを丸のまま干したものは (⇒) stoccafisso, bacalà (ヴェネト、フリウリ方言)、merluzzo (ミラノ方言) と呼ばれる．

料理 ・*baccalà in potacchio.* (干ダラのマルケ風トマト煮) ＊… in potacchio は「水気の多い」という意味で、煮込み料理などを指す．❶玉ネギ、ニンニク、赤トウガラシをオリーブ油で炒める．❷戻した干ダラを切り分け、小麦粉をまぶしてオリーブ油でソテーして①に加え、すりつぶしたアンチョビ、ローズマリー、パセリを加え、白ワインを振る．トマトホールを加えて煮込み、塩で味を調える．

・*baccalà alla trasteverina.*（干ダラのトラステヴェレ風〈ラツィオ〉）戻して小麦粉をまぶして揚げた干ダラを、炒めたニンニク、玉ネギ、アンチョビー、レーズン、松の実、ケイパー、白ワイン、塩、コショウ、パセリ、レモン汁で作ったソースで和える．

・*baccalà alla lucana.*（干ダラのルカニア風〈バジリカータ〉）ペペローニの酢漬けとオリーブ油を合わせて熱し、戻してゆでた干ダラを入れて焼く．

baccelli（複）［バッチェッリ］男 ①一般的にはサヤインゲン、キヌサヤのようにサヤごと食べるものや、ソラ豆、エンドウ豆のようにサヤに入った状態で売られている生の豆（legumi freschi）を指す．他に豆のサヤ自体の呼び名でもある．②生食用の若いソラ豆（トスカーナ方言）．= fave novelle．（⇒）fave．

bacchette（複）［バッケッテ］女 箸．= bastoncini．

baci di dama（複）［バーチ・ディ・ダーマ］1893年、ピエモンテ南部のTortonaの町で生まれた菓子．今ではイタリア各地で作られている．二つの丸いクッキー（おもにアーモンド風味）でアプリコットジャムまたはチョコレートを挟んだものが多い．

bacinella［バチネッラ］女 / **bacino**［バチーノ］男 ボウル．

bacon［ベイケン／ベイコン］（単複同形）（英）男 ベーコン．= pancetta affumicata．

bagna caoda / bagna cauda［バーニャ・カウダ］女 バーニャ・カウダ．（⇒）fojòt という容器にオリーブ油、ニンニク、アンチョビーを合わせて熱し、このソースに野菜を浸しながら食べるピエモンテ料理．ピエモンテの方言で bagna はソース、caoda はイタリア語の calda（熱い、温かい）という意味になる（＊この地方の方言では o と書いて「ウ」と発音する場合が多く、bonet、caponet なども「ブネー」、「カプネー」と発音する）．この料理は秋の終りから冬にかけて食べる料理なので、原則としてその時季に採れる野菜を使う．本来は農民の料理なので、オリジナルのリチェッタではニンニクの量が多いが、レストランの前菜として出すのなら当然量を減らすべきである．

bagnare［バニャーレ］動 ワイン、ブロードなどの液体を加える．

bagnet［バニェットゥ］/ **bagnetto**［バニェット］男 ピエモンテの方言で、おもにオリーブ油をベースとしたソースのこと．

bagnet verd［バニェットゥ・ヴェルドゥ］/ **bagnetto verde**［バニェット・ヴェルデ］男 ピエモンテ地方のサルサ・ヴェルデ．= salsa verde（⇒ salsa．）．

作り方 ニンニク、塩漬けアンチョビー、パン粉、赤ワインヴィネガー、パセリ、オリーブ油、ケイパーをミキサーにかけ、塩、コショウ．好みでみじん切りのピクルス、ゆで卵を加える．

bagnet ross [バニェットゥ・ルス] / **bagnetto rosso** [バニェット・ロッソ] 男 ピエモンテ地方のサルサ・ロッサ．= salsa rossa．サルサ・ヴェルデ同様ボッリート・ミストに添えられることが多い．＊ピエモンテ地方では ross は「ルス」と発音する．
　作り方 鍋にトマトホール、ニンニク、香味野菜、ペペローニ、トウガラシ、オリーブ油を入れて煮込み、途中で塩、砂糖、赤ワインヴィネガーを加え味を調整する．裏漉して冷ます．

bagnetto = (⇒) bagnet.

bagnomaria [バーニョマリーア]（単複同形）男 湯煎、湯煎用の鍋．

bagoss [バゴッス] 男 ロンバルディア州ブレーシャ県バゴリーノ産の牛乳製チーズ．直径15 〜 20cm、高さ14cmで重さ約15kg．熟成期間3 〜 24ヵ月．若いものはテーブル・チーズとして、また焼いても食べられる．硬質のものはおろして料理に使われる．

baicoli veneziani（複）［バイーコリ・ヴェネツィアーニ］男 ヴェネツィア特産のビスコッティ．baicoli はヴェネツィア方言で「小さいスズキ」という意味．形が似ているところからの名．
　作り方 小麦粉、生イースト、バター、砂糖、水で練った生地を直径4cm、長さ25cmほどの円筒状にまとめ（この形が小さいスズキという名の由来）、発酵させてから焼き、冷めたら薄く切り分け、もう一度オーブンで焼く．＊このように二度（bis）焼いた（cotto）菓子を（⇒）biscotto と呼ぶようになった．

ballotta [バッロッタ] ゆで栗．= caldallessa.

balsamella [バルサメッラ] 女 ベシャメルソース．= besciamella.

balsamico [バルサミコ]（複男-ci、複女-che）形 芳香性の、香ばしい．・(⇒) *aceto balsamico*．バルサミコ酢．

balsamico bianco [バルサミコ・ビアンコ] 白ワインヴィネガーにブドウ果汁を加えた調味料で、正式名は condimento balsamico bianco．酸度が5％のため酢とは認められていないので、ホワイト（または白）バルサミコ酢とは呼べない．

bambù [バンブー] 男 竹．・*germoglio di bambù*．タケノコ．

bamia [バーミア] / **bammia** [バンミア] 女 オクラ．= gombo、okra.

banana [バナーナ] 女 バナナ．

banchetto [バンケット] 男 バンケット、宴会、パーティー．・*banchetto nuziale*．結婚披露宴．

bar [バール] 男 バール．語源は英語のバーであるが、営業形態は立ち飲みのコーヒーショップに近い．朝はエスプレッソ、カプチーノやクロワッサン．昼間はパニーノ、ピッツェッタなどの軽食にソフトドリンクやビール．夕方にはアペリティーヴォに

ストゥッツィキーノなどを提供している店が多い．中にはテーブル席もあるが店によっては料金が高くなる．パスティッチェリア、ジェラテリア、そしてたばこ屋などを兼業している店も多く、日常生活の中心的存在である．

barattolo [バラットロ] 男 広口の保存ビン（ガラスまたは陶製など）．最近はプラスティック製も多い．・*barattolo di latta* (*metallo*)．ブリキ（金属）缶．

barbabietola rossa [バルバビエートラ・ロッサ] 女 ビーツ、赤カブ．栽培地はおもに北イタリア．生でも市場に出回るが、加熱済みの缶詰、真空パックの製品も多い．

barbabietola da zucchero [バルバビエートラ・ダ・ズッケロ] ビート、テンサイ、サトウダイコン．

barba di becco [バルバ・ディ・ベッコ] 西洋ゴボウ、サルシフィ、バラモンジン．ピエモンテがおもな産地．= salsefica、scorzobianca．

barba di cappuccino [バルバ・ディ・カップチーノ] barba di frate の別称としても使われるが、本来はセリバオバコという野草の名前．= erba stella．

barba di frate [バルバ・ディ・フラーテ] オカヒジキ．「修道士のひげ」という意味．マルケでは roscani [ロスカーニ]、ロマーニャ地方では lischi [リスキ]、ローマでは agretti [アグレッティ] という．

barbaforte [バルバフォルテ] 男 西洋ワサビ．レフォール．= cren．

barbagliata = (⇒) barbajada．

barbaja [バルバーイヤ] 女 グアンチャーレのマルケ地方の方言名．= (⇒) guanciale．

barbajada [バルバヤーダ] / **barbagliata** [バルバリヤータ] 女 ミラノのカフェの主人ドメニコ・バルバーイヤ (Barbaja) が、湯で溶いたカカオの粉、ミルク、コーヒー、砂糖をホイッパーでよくかき混ぜてカップに入れ、ホイップクリームを浮かべて出した飲み物．トリノにもこれに似た飲み物で (⇒) bicerin がある．

barbiglio [バルビッリオ] (複-gli) 男 ①ヒメジ、コイ、ナマズなどの魚にあるひげ．②(⇒) bargiglio の同義語として使われることもある．

barbine (複) [バルビーネ] 女 フィノッキの葉の部分．barba（ひげ）に似ていることから．

barbo [バルボ] 男 バーベル．ニゴイに似た淡水魚．ひげがあるのが特徴．

barbotta [バルボッタ] 女 ルニジアーナ地方（リグーリア、エミリア、トスカーナの州境周辺一帯）で作られる、ポレンタ粉を使ったフォカッチャ．

barbozzo [バルボッツォ] 男 / **barbozza** [バルボッツァ] 女 グアンチャーレのウンブリア地方の方言名．= (⇒) guanciale．

barchetta [バルケッタ] 女 ①パイ生地で舟形に焼いたもの．詰め物をして前菜、菓子に使われる．②野菜（ズッキーニ、ジャガイモ、キュウリなど）を舟の形にして、

▶ **battuto**

詰め物をした料理．

bardana [バルダーナ] 囡 ゴボウの植物としての名称．野菜名としては radice di bardana と表記される (⇒) radice．

bardare [バルダーレ] 動 薄切りの背脂、ラルド、パンチェッタなどで覆う（おもに肉、家禽、ジビエ料理で）．

bargiglio [バルジッリオ] (複-gli) 男 七面鳥や雄鶏、キジなどの、ほほやくちばしの下にある赤い肉垂．

barista [バリスタ] (男複-i) 男 囡 バールのカウンター係．

barman [バールマン] 男 バーテンダー．

barone [バローネ] 男 仔羊、ウサギの背肉ともも肉が一緒になっている状態の部分名．仏語の baron からきている名前．

barzotto = (⇒) bazzotto．

basella [バゼッラ] 囡 ツルムラサキ．= spinacio rampicante．· ***basella alba***．茎が緑色のもの．· ***basella rubra***．茎が赤紫色のもの．

basilico [バズィリコ] 男 バジリコ．

bastardella [バスタルデッラ] 囡 金属製（銅、ステンレス）のボウル．両手の柄が付いているものが多い．おもに湯煎にかけながら使う．

bastoncino (単) [バストンチーノ] / **bastoncini** (複) [バストンチーニ] 男 ①棒状のもの．· *tagliare a bastoncino*．棒状に切る．②（複数形で）箸．= bacchette．

batate (複) [バターテ] 囡 サツマイモ．おもな産地はヴェネト、プーリア．片栗粉やアルコールの原料、飼料として使われる．食用として出回るのは少なかったが、最近料理の材料としても使われるようになっている．= patate americane、patate dolci．

batsoà [バトゥスア] 男 ゆでた豚足にパン粉づけして揚げる、ピエモンテの料理．料理名はフランス語の bas de soie [バ・ドゥ・ソア / 絹の靴下] から．
作り方 香味野菜、ワインヴィネガーを加えた水でゆでた豚足の骨を取り除いて切り分け、卵、パン粉の順につけて揚げる．

battere [バッテレ] 動 肉叩きで肉、タコなどを、木づちでストッカフィッソなどを叩く．

batteria da cucina [バッテリーア・ダ・クチーナ] 鍋類を中心とした調理用器具一式．

batticarne [バッティカルネ] (単複同形) 男 肉叩き．

battuto [バットゥート] 過 形 叩いた．男 ラルド、香味野菜を包丁で叩いてペースト状にしたもの．その他生ハム、パンチェッタを使うこともあり、いろいろなヴァ

bauletti ▶

リエーションがある．

bauletti（複）[バウレッティ] 男 詰め物パスタの呼び名の一つ．インヴォルティーニの料理にこの名前を使うこともあるが，1人前のポーションが1個のときは bauletto（単）になる．

bavarese［バヴァレーゼ / バヴァレーセ］男 ①ババロア．= crema bavarese. ②紅茶に牛乳やアルコールを加えた温かい飲み物．形 バイエルンの．

bavette（複）[バヴェッテ] 女 ジェノヴァ発祥のパスタで，リングィーネとほぼ同形だがやや幅広で薄いものが多い．

bazzotto［バッゾット］/ **barzotto**［バルゾット］形（卵のゆでぐあいが）半熟の．・*uovo bazzotto*. 半熟卵．

beccaccia［ベッカッチャ］（複-ce）女 山シギ．渡り鳥で，イタリアには秋に飛来し春までいる．becco（くちばし）が長いことからこの名が付いた．北部では gallinazza、arria、pizzacra、pola、中部では pizzarda、南部では arcera、favetta とも呼ばれる．

beccaccino［ベッカッチーノ］男 タシギ．山シギより小さい．北部では becanoto、sgnepa、中部では seneppia、南部では arcigghiola と呼ばれる．

beccafico［ベッカフィーコ］（複-chi）男 ヨーロッパ産ニワムシクイ．イタリアでは古代ローマ時代から食べられている野鳥．北部では pittafigh、sardagna、中部では gricciaiola、stropparella、南部では facetola とも呼ばれる．

Bellini［ベッリーニ］男 画家の Giovanni Bellini の名を冠したヴェネツィアのハリーズ・バーの名物カクテル．桃のジュースとプロセッコで作る．

Bel Paese［ベル・パエーゼ］男 ロンバルディア州 Galbani 社の牛乳製チーズ．クセのない軽い味でテーブル・チーズとして全国で親しまれている．ベル・パエーゼは同社の固有ブランド名．公式名称はイタリコ (⇒ italico).

ben［ベン］副 よく．= bene（後の語にかかわるときしばしば ben となる）．

ben cotto［ベン・コット］よく火を通した状態，ウエルダン．

ben colorito［ベン・コロリート］よく焼き色をつけた状態．

bensone［ベンソーネ］男 18世紀から、エミリア＝ロマーニャ州モデナで作られる楕円形のフォカッチャタイプの菓子．

　作り方 砂糖、バター、卵、牛乳、小麦粉、イーストを混ぜ、楕円形に成形し．発酵後焼く．ジャムやマーマレードなどを詰めることもある．またS字形やリング形に成形する場合もある．

benzone［ベンツォーネ］男 トスカーナ州の菓子．bensone に似ているがレーズン、フルーツの砂糖漬けを加え、円形のタルト型に入れて焼く．

bergamotta［ベルガモッタ］女 洋梨の一種（シトロンの香りがする）．おもに北イ

タリアで生産されている．

bergamotto [ベルガモット] 男 カラブリア（特にレッジョ周辺）特産の柑橘類の一種．おもにリキュール、エッセンスに加工されることが多かった．特に紅茶のアール・グレイの香りづけに使われていることは広く知られている．しかし最近は皮や果汁を菓子や料理に使うことが増えている．

berice rosso [ベリーチェ・ロッソ] 男 キンメダイ．

berlingozzo [ベルリンゴッツォ] 男 リング状の形をしたトスカーナ州ピストイアの菓子．カーニバルに食べられる．

besciamella (**salsa ~**) [(サルサ・)ベシャメッラ] 女 ベシャメルソース．= balsamella．

bevanda [ベヴァンダ] 女 飲料、飲み物．・*bevanda alcolica.* アルコール飲料．・*bevanda analcolica.* ノン・アルコール飲料、ソフトドリンク．= bibita．

bevr'in vin [ベーヴリン・ヴィン]「ワインに入れて飲む」という意味．マントヴァやエミリア＝ロマーニャ地方で、器にゆでたトルテッリーニを2、3個入れ、ランブルスコと温めたブロードを1杯注ぎ、前菜代わりに食べるもの．

bianchetti (複) [ビアンケッティ] 男 生シラス（もともとはリグーリア地方での呼び名）．= neonati．おもにヒシコイワシやイワシの稚魚．現在、漁は全面的に禁止されている．リグーリアでは gianchetti、シチリアでは sfigghiata、nunnata、プーリアでは falloppe、カンパニアでは cicenielli、jancululilli、カラブリアでは rosamarina、sardella などいろいろな名前で呼ばれる．・*insalata di bianchetti.* サラダ．・*frittata di bianchetti.* フリッタータ．・*frittelle di bianchetti.* フリッテッレ．・*minestra di bianchetti.* スープ．

bianchi d'uova = (⇒) bianco d'uovo

bianco [ビアンコ] (複男-chi、複女-che) 形 白い．男 白．・*in bianco*．[イン・ビアンコ] 一般的には、ゆでて塩、オリーブ油のみで味つけした料理を指すが、アサリのパスタのように本来トマト味の料理を塩味で仕上げた場合に、区別するために呼ぶこともある．

bianco d'uovo (単) [ビアンコ・ドゥオーヴォ] / **bianchi d'uova** (複) [ビアンキ・ドゥオーヴァ] 卵白．= albume．(⇒) uovo．

biancomangiare [ビアンコマンジャーレ] 男 ①アーモンドミルクをベースに、生クリームやゼラチンなどを加えて作るシチリアの菓子．多くのヴァリエーションがある．②牛乳、コーンスターチ、砂糖、レモンの皮などを煮込んで型に入れて作り、シナモン、刻んだピスタチオなどを振りかける、おもにシチリアの家庭で子供のために作られていた菓子．③アオスタ地方の生クリーム、ゼラチンベースのデザートで、作り方はほぼパンナコッタと同じだが、キャラメルソースは使わず

フルーツのソースを添える．フランスに近いのでブラン・マンジェーとも呼ぶ．

bibin [ビビン] 男 七面鳥 (⇒ tacchino) のジェノヴァ方言名．

bibita [ビービタ] 女 ソフトドリンク (水、ソーダ、紅茶、コーヒーなども含まれる)． = bevanda analcolica．

bicarbonato [ビカルボナート] 男 重曹．

bicchiere [ビッキエーレ] 男 グラス．・*bicchiere da vino*. ワイングラス．・*bicchiere d'acqua*. 水用グラス．原語のリチェッタの分量の表示では、bicchiere da vino が 1/2 カップ、bicchiere d'acqua が 1 カップに相当する．

bicchierino [ビッキエリーノ] 男 小さめのグラス．一般的にはリキュールグラスのこと．

bicerin [ビチェリン] 男 トリノのカフェで生まれた飲み物．ココア、コーヒーの順に層にしてグラスに入れ、ホイップクリームを加える．小さなグラス (bicchierino) に入れることから、方言で bicerin と呼ばれている．

bieta [ビエータ] / **bietola** [ビエートラ] 女 ビエトラ、フダン草．古代ローマ時代から親しまれていた野菜で、現在でもイタリアではよく食べられている．
【おもな種類】
・*bieta da costa*. [ビエータ・ダ・コスタ] 葉の部分は濃い緑色で艶があり、肉厚で葉面にはシワがある．長い葉柄は白く、幅広で厚みがある．この葉と葉柄部分を食べる．
・*bieta da foglia* [ビエータ・ダ・フォリア]、*bieta da taglio*. [ビエータ・ダ・タリオ] 葉柄の部分が細く短く、おもに葉の部分を食べる．
・*bieta rossa*. [ビエータ・ロッサ] レッドチャード (茎の赤いもの)．

bignè [ビニェ] 男 シュークリーム、揚げシュー．
菓子 ・*bignè di San Giuseppe*. (サン・ジュゼッペの揚げシュー〈ラツィオ〉) 揚げたシューにカスタード・クリームを詰めて粉糖を振る．＊昔ローマではサン・ジュゼッペの日 (3月19日) にこれを売る屋台がたくさん出て、揚げたてが食べられた．本来クリームは詰めず、そのまま粉糖を振って食べるものだった．

bigoli (複) [ビゴリ] 男 ヴェネト地方の生パスタ (Bassano del Grappa が発祥の地ともいわれている)．(⇒) torchio という専用の器具で作る．本来は小麦粉、水、塩で練ったもの (bigoli bianchi)．他に全粒粉のみで作るもの、全粒粉、薄力粉、卵、水または牛乳で作るもの、ソバ粉を混ぜて作るものなどもあり、これらは bigoli scuri と呼ばれている．現在は乾燥品もある．
料理 ・*bigoli con salsiccia*. (ビゴリ サルシッチャ風味〈ヴェネト〉) バターで玉ネギとサルシッチャを炒め、白ワインとゆで汁を加え、ゆでたビゴリを加える．バター、パルミジャーノ、パセリを振る．

▶ **bistecchiera**

・*bigoli in salsa*.（ビゴリ アンチョビーソース〈ヴェネト〉）オリーブ油で玉ネギをよく炒め、アンチョビーを入れ、ゆで汁、パセリを加えて塩、コショウをし、ゆでたビゴリを加える．

bilancia [ビランチャ]（複-ce）囡 はかり．

biove [ビオーヴェ] / **biova** [ビオーヴァ] 囡 ピエモンテ地方で作られる丸形のパン．

birbanti（複）[ビルバンティ] 男 ウンブリア地方で作られるクッキーの一つ．

biroldo [ビロルド] 男 トスカーナ州北部ガルファニャーナ (Garfagnana)、ヴェルシリア (Versilia) 地方で作られる、豚の血や内臓に松の実、レーズン、スパイス類を加えて作る腸詰め．

birra [ビーラ] 囡 ビール．・*birra alla spina*. 生ビール．・*birra scura*. 黒ビール．

birreria [ビレリーア] 囡 ビアホール、ビアレストラン．

bisato [ビザート] 男 ウナギのヴェネツィア方言名．=（⇒）anguilla.
　料理 ・*bisato su l'ara*.（ウナギのオーブン焼き〈ヴェネト〉）ウナギは頭、内臓を取り、ぶつ切りにする．ローリエを敷いた耐熱容器に並べて塩、コショウをし、更にローリエで覆って水を少量加え、約180℃のオーブンで30分ほど焼く．

biscottino（単）[ビスコッティーノ] / **biscottini**（複）[ビスコッティーニ] 男 小さい biscotto.

biscotto（単）[ビスコット] / **biscotti**（複）[ビスコッティ] 男 ビスケット、クッキー、焼き菓子．本来、一度焼いた生地を切り分けてもう一度焼いて作るところから、二度 (bis) 焼いた (cotto) 菓子ということで呼ぶようになった．代表的なものに（⇒）baicoli veneziani、cantucci がある．形 二度焼いた．カリカリに焼いた．

bisi（複）[ビーズィ] 男 エンドウ豆、グリーンピース（ヴェネツィア方言）．= piselli.・（⇒）*risi e bisi*.［リーズィ・エ・ビーズィ］米とグリーンピースのスープ．

biso [ビーゾ] 男 ソウダガツオ．= tombarello.

bisso [ビッソ] 男 足糸（そくし）．ムール貝などの二枚貝が、岩などに付着するために出す糸状の分泌物で、通常ヒゲと呼んでいる．

bistecca [ビステッカ]（複-che）囡 この語はさまざまな使われ方をする．①ビーフステーキ．牛肉のグリル．②牛肉の1人前、1枚の切り身のソテー（ロース、ヒレも含む）．・*bistecca alla pizzaiola*.（牛肉のソテー ピッツァ職人風〈カンパニア〉）．（⇒）carne alla pizzaiola. ③仔牛、豚肉、馬肉などの切り身のソテー料理．

bistecchiera [ビステッキエーラ] 囡 グリル板、ステーキパン．

bitok [ビトック] 男 牛・仔牛の挽き肉料理．本来はロシア料理だが、イタリアでもホテルやレストランなどでそれぞれオリジナルの料理として作られることが多い．円形に成形しソテーした後、生クリームで仕上げることが多いが、ポルペッタという料理名では高級感がないため、ロシア語であるビトックが使われた．

bitter [ビッテル] 男 ビター飲料．代表的なものにはカンパーリがある．・*bitter analcolico.* ノンアルコールのソーダ入りビター飲料．赤、または透明で小さなビンに詰めて売られている．

bitto [ビット] 男 ロンバルディア州ヴァルテッリーナ地方で作られるチーズ (D.O.P.)．円盤形で厚さ約12cm、15〜25kg、熟成期間は通常2〜6ヵ月でセミ・ハードからハードタイプがある．

bivalvi (複) [ビヴァルヴィ] 男 二枚貝．

blinis [ブリニス] / **blini** [ブリーニ] 男 小麦粉、ソバ粉で作った厚めのクレープ．キャビアに添えられる．

boccadoro [ボッカドーロ] 男 / **bocca d'oro (ombrina ~)** [(オンブリーナ・)ボッカドーロ] ニベ科の魚．口のまわりが金色．(⇒) ombrina.

bocchetta [ボッケッタ] 女 絞り袋の口金．

boccia [ボッチャ] (複-ce) 女 / **boccione** [ボッチョーネ] 男 カラフェ、デカンター．

bocconcini (複) [ボッコンチーニ] 男 仔牛肉の角切りをトマト煮にした料理で一般的には (⇒) spezzatino と呼ばれるが、ローマでは bocconcini の料理名のほうが好んで使われる．bocconcini とは「一口で食べられる」という意味で、他の地方ではミートボールやモッツァレッラの小さいものなどに使われる．

料理 ・*bocconcini di vitello con piselli.* (仔牛のトマト煮 グリーンピース添え〈ラツィオ〉)．仔牛肉 (肩肉、もも肉) を角切りにして塩をし、小麦粉をまぶし、サラダ油を熱したフライパンでまんべんなく焼き色をつける．鍋に移して小口切りにした香味野菜、ローリエを加え、蓋をしてオーブンに入れる．野菜がしんなりしたら白ワイン、トマトホールを加えて煮込む．肉がやわらかくなったら取り出し、ソースは裏漉す．肉とソースを鍋に移し塩、コショウで味を調える．皿に盛り、グリーンピースのバター風味をのせる．

bocconcino [ボッコンチーノ] 男 ①一口大に成形したモッツァレッラ・チーズ．②一口大に作られた料理．

bocconotti (複) [ボッコノッティ] 男 ①パスタ・フロッラで作るパイ菓子で、地方によりヴァリエーションがある．②小さなパイケースに詰め物をした温かいアンティパスト．

boèi (複) [ブエーイ] 男 タマゴ茸のリグーリア地方の方言名．= (⇒) ovolo.

▶ **bombolotti**

boero［ボエーロ］男 チェリーのリキュール漬け入りチョコレート．
boga［ボーガ］(複-ghe) 女 タイの一種．色、形はヒメダイに似ている．
boldone［ボルドーネ］男 ヴェネト地方で作られる、豚の血にゆでた米、栗、それに松の実、レーズン、チョコレート、スパイスを加えて作る腸詰め．(⇒) sanguinaccio.
boldrò［ボルドゥロー］男 アンコウのリグーリア地方の方言名．＝(⇒) coda di rospo.
　料理 ・*boldrò al verde*.（アンコウのヴェルデ《緑色》仕立て〈リグーリア〉）．みじん切りの玉ネギ、ニンジン、セロリ、ニンニク、すりつぶしたアンチョビーをオリーブ油で炒め、みじん切りのケイパー、オリーブ、パセリ、白ワインを加え、オリーブ油でソテーしたアンコウを加えて煮て塩、コショウをする．
bolé［ボレー］男 ポルチーニ茸の北部での呼び名．(⇒) porcini.
boleto(単)［ボレート］/ **boleti**(複)［ボレーティ］男 ポルチーニ茸の別称（おもに学名として）．(⇒) porcini.
bollente［ボッレンテ］現 形 沸騰した、熱々の．
bollire［ボッリーレ］動 沸騰する、ゆでる．
bollito［ボッリート］過 形 煮た．沸かした．男 ボイル料理（おもに肉）．＝ lesso.
　料理 ・*bollito misto*.（ゆで肉の盛り合わせ〈北部一帯〉）もともとはピエモンテの料理で、冬に親戚縁者が集まったときに食べるハレの料理．レストランでは日曜、祭日のメニューに載る．ゆでた牛肉、仔牛肉、鶏、牛舌、コテキーノなどを盛り合わせ、ブロードで煮た野菜、モスタルダ、サルサ・ヴェルデを添える．
　・*bollito rifatto*. ボッリートの牛肉が余ったときに、それを利用して作る料理．「作り直したゆで肉」という意味で、ソースで味つけしたり、カツレツにしたりと地方によって内容はさまざま．
bollitore［ボッリトーレ］男 ボイラー．
bollore［ボッローレ］男 沸騰．
bomba［ボンバ］女 ボンブ型に詰めて作る氷菓．
bomba di riso［ボンバ・ディ・リーゾ］エミリア＝ロマーニャ州ピアチェンツァで生まれた米料理．ボウル状の型にゆでた米、鳩の煮込みなどを詰めてオーブンで焼く．
bomboloni(複)［ボンボローニ］男 トスカーナ州の揚げ菓子．トレンティーノのクラプフェン(⇒ krapfen)に似ている．本来は揚げてから粉糖を振るだけだったが、最近はカスタード・クリーム、チョコレート・クリームを詰めることが多い．他の中部イタリアでは bombe、bombolotti とも呼ばれている．
bombolotti(複)［ボンボロッティ］男 マカロニの一種で太さはリガトーニほどでは

bondiola ▶

あるが、長さは短く、曲がっており、本来は筋がない．少し長いものは、occhi di lupo とも呼ばれている．

bondiola [ボンディオーラ] 囡 ①コッパの、エミリア＝ロマーニャ州パルマ、ピアチェンツァでの呼び名．＝(⇒) coppa、capocollo．②ロマーニャ地方、ヴェネト地方で作られる球形の生の腸詰め．中身は豚の赤身と頭の部分を挽いたもの．おもにゆでて食べる．ヴェネトでは bondola [ボーンドラ] と呼ばれている．

bonet [ブネー] 男 カカオ風味のプリン (ピエモンテ)．bonet はピエモンテ方言．イタリア語では bonetto [ボネット／丸い山型の帽子]で、その形からの名前 (内臓のハチノスも bonetto と呼ばれる)．＊ピエモンテの方言ではoはほとんど「ウ」の発音をする．

　作り方　❶卵、砂糖、カカオ、すりつぶしたアマレッティを混ぜ合わせる．❷牛乳とマルサラ酒を合わせて沸騰直前まで沸かし、粗熱をとったものを①に加えて混ぜ、キャラメルソースを流した型に入れてオーブンで湯煎焼きにする．

bonetto [ボネット] 男 ハチノス (牛・仔牛などの第2胃) の名称の一つ．bonetto は山型の帽子のことで、その形からの名前．他に cuffia、nido di vespa (または nido d'ape) とも呼ばれる．

bonissima [ボニッスィマ] 囡 モデナで作られるタルト．sarzenta とも呼ぶ．

　作り方　練りパイ生地をのばしてパイ皿に入れ、刻んだクルミとハチミツを混ぜたものを詰め、パイ生地をかぶせてオーブンで焼く．冷めたらチョコレートでコーティングする．

bonita [ボニータ] 囡／**bonito** [ボニート] 男 カツオの別称 (語源はスペイン語)．＝(⇒) tonnetto．

bordare [ボルダーレ] 動 縁取る．

bordatino [ボルダティーノ] 男 トスカーナ州の海沿いの地方で、ボルロッティ、ポレンタ粉をベースに作る濃度のあるスープ．ピサとリヴォルノが有名．

　作り方　・*bordatino alla pisana*．鍋にオリーブ油、ニンニク、香味野菜のみじん切りを入れて炒める．黒キャベツを加えて更に炒め、トマト、少量のボルロッティのピュレーとゆで湯を加えて煮込む．ポレンタ粉を加えながらよく混ぜて煮込み、やや緩めのポレンタという感じに仕上げて塩、コショウで味を調え、オリーブ油を振る．

bordura [ボルドゥーラ] 囡 ①蛇の目型、サバラン型．②蛇の目型に詰めて抜いた料理 (特に米料理)．

boreto [ボレート] ＝(⇒) brodetto．

borlenghi (複) [ボルレンギ]／**burlenghi** (複) [ブルレンギ] 男 エミリア地方モデナ周辺で作られるごく薄いクレープのような料理．焼きたてに cunza (ラルド、

▶ **bovino**

ニンニク、ローズマリーを叩いたもの）を塗り、折って食べる．ボローニャでは zampanella とも呼ばれる．

borlotti (複) [ボルロッティ] 男 ボルロッティ豆．インゲン豆の一品種（ウズラ豆に近い）．おもにトスカーナ中部以北で使われる．(⇒) fagioli.

borragine [ボッラージネ] / **borrana** [ボッラーナ] 女 ボラーゴ草．和名：ルリジサ．英名：ボリッジ．秋から春先にかけてが時季で、特にリグーリア料理には欠かせない．ゆでて (⇒) pansoti の詰め物に使ったり、(⇒) picagge の生地に練り込んだり、その他リゾットやスープ料理に使われる．若い葉はサラダに使われる．

boscaiola (alla ~) [（アッラ・）ボスカイオーラ] きこり風（料理名）．パスタ料理でツナ、キノコ、マリナーラ・ソースで調味したもの．その他のパスタや肉料理でもキノコを使う場合、この料理名を使うことがある．(＊ boscaiolo 男、boscaiola 女 きこり)．

bostrengo [ボストゥレンゴ] 男 = (⇒) frustingolo のペーザロでの呼び名．

bottaggio [ボッタッジョ] = (⇒) casoeula.

bottarga [ボッタールガ] (複-ghe) 女 ボッタルガ．からすみ．bottarga di muggine とも呼ぶ．サルデーニャが主産地．サルデーニャ方言では buttariga．元来ボラの卵を使ったものだけを呼んだが、マグロでも作られており、bottarga di tonno. [ボッタールガ・ディ・トンノ] とも呼ぶ．こちらはシチリアが主産地．

bottatrice [ボッタトゥリーチェ] 女 タラ科の淡水魚．北イタリア、ロンバルディア地方の湖、川に生息する．調理法はウナギと同様．肝は珍重され、薄切りにしてソテーされる．

botte [ボッテ] / **botticella** [ボッティチェッラ] 女 木樽．

bottiglia [ボッティッリア] 女 ビン（壜、瓶）．

bottiglieria [ボッティッリエリーア] 女 酒屋、および酒屋を兼ねた居酒屋．この呼び名は現在はあまり使われず、代わりに enoteca [エノテーカ] と呼ばれるようになった．同様の店に fiaschetteria がある．

boudin [ブーデン] (仏) 男 ブーデン．アオスタ地方で作られる、豚の血、ゆでたジャガイモ、背脂、ビーツなどを使った腸詰め．ピエモンテでは budin [ブディン] とも呼ぶ．

bovino [ボヴィーノ] 男 牛・仔牛類の総称．加工品の原材料名として使われるが、メニュー、リチェッタにはあまり使われない．・**bovino adulto.** 成牛．・**bovino da carne.** 食用牛．形 牛の．

【代表的な食用牛の品種とおもな飼育地】
marchigiana (マルキジャーナ種 / マルケ、ラツィオ、アブルッツォ州)
piemontese (ピエモンテーゼ種 / ピエモンテ、ロンバルディア州)

bovoleti ▶

romagnola（ロマニョーラ種 / エミリア＝ロマーニャ、ヴェネト州）
maremmana（マレンマーナ種 / トスカーナ、ラツィオ州）
chianina（キアニーナまたはキアーナ種 / トスカーナ州）
podolica（ポドリカ種 / アブルッツォ以南の南部各州．＊雌牛はおもに乳牛として飼育されている）．

bovoleti（複）［ボヴォレーティ］男 ①カタツムリのヴェネト方言名．= bovoeti. ②巻き貝のヴェネト方言名．= lumache di mare.

bra［ブラ］男 ピエモンテ州クーネオ県の牛乳製 D.O.P. チーズ．約45日間ねかせたソフト・タイプと、半年〜1年ねかせたハード・タイプがある．町の名前が付いているが、ブラでは生産されていない．

brace（**alla** ～）/（**sulla** ～）/（**a** ～）/（**su** ～）［（アッラ・）/（スッラ・）/（ア・）/（ス・）ブラーチェ］炭火、または薪で焼いた料理（おもにグリル）．・*costarelle di maiale alla brace.* 豚骨付きロース肉の炭火焼き．（＊brace 女 炭火．）

braciola［ブラチオーラ］女 ①北部からラツィオ州までは、肉類の肩ロースからロースにかけて骨付きのままチャップにしたものを指す（brace が語源．炭火焼きにすることが多いため）．②カンパニア州以南ではインヴォルティーニの料理を指す．=（⇒）involtini.

料理 ・*braciole di pesce spada.*（カジキのロール焼き〈シチリア〉）細かく切ったカジキをオリーブ油で炒め、パン粉を加え、更に松の実、戻したレーズン、ペコリーノ、パセリ、塩、コショウを加える．これを薄切りのカジキで巻いて、ローリエとともに串に刺し、塩、コショウ、パン粉をまぶし、グリルする．

braciolette（複）［ブラチョレッテ］/ **bracioline**（複）［ブラチョリーネ］女 braciola の小さいものという意味で、北中部では仔羊のチャップを、南部では小型のインヴォルティーニを指す．

braciolone［ブラチョローネ］男 ナポリでよく作られる、大型の牛肉ロール煮込み．
branchia［ブランキア］女 魚のえら．
branda［ブランダ］女 グラッパ（⇒ grappa）のピエモンテ地方での呼び名．
brandacujun［ブランダクユン］男 ゆでたストッカフィッソ（またはバッカラッ）とジャガイモのサラダ．リグーリア西部で作られる．
brandy［ブランディ］男 ブランデー．
branzino［ブランズィーノ / ブランツィーノ］男 スズキ．おもに北部での呼び方．小型のものは branzinetto と呼ぶ．
brasare［ブラザーレ］動 蒸し煮する．ブレーゼする．
brasato［ブラザート / ブラサート］過形 蒸し煮した．男 蒸し煮料理．煮込み料理．

料理 ・*manzo brasato al vino rosso.*（牛肉の赤ワイン煮込み ピエモンテ

▶ **brovada**

風).背脂をピケした塊の牛もも肉を赤ワイン、玉ネギ、ニンジン、セロリ、セージ、ローズマリー、ネズの実、ニンニク、ローリエのマリネ液でマリネする.肉に塩、コショウをして小麦粉をまぶし、サラダ油を熱したフライパンで焼き、鍋に移す.マリネ液の野菜を炒めて鍋に加え、マリネ液も加えて蓋をし、オーブンで煮込む.途中でトマトペーストを加える.

braschetta [ブラスケッタ] 囡 黒キャベツのトスカーナ方言名. = cavolo nero.

brasciola [ブラシオーラ] 囡 = (⇒) braciola の南部訛りの名前.

brasiera [ブラズィエーラ] 囡 ブレーゼするための長方形の蓋付き容器.

Braulio [ブラウリオ] 男 ヴァルテッリーナ地方北部のボルミオで、1875年から作られているアマーロ (リキュール).アルプスの天然ハーブがベース.やや苦みが強い.

bresaola [ブレザーオラ] / **brisaola** [ブリザーオラ] 囡 牛肉の生ハム.ヴァルテッリーナ産は I.G.P. ロンバルディア州ソンドリオ県のキアヴェンナの町の原産だが、現在ではヴァルテッリーナ地方一帯や他州でも作られている.牛肉のもも肉 (特にシキンボウ) をクローブ、シナモンなどの香辛料とともに 2〜3 週間塩漬けした後、最低75日間熟成する.メーカーによっては他に鹿肉、馬肉、七面鳥、イノシシの肉で作る製品もある.アンティパストの他パスタ、リゾット、肉料理などの材料として使われる.

briciola [ブリーチョラ] 囡 パン、クッキー、スポンジのくず、切れ端.

bricco [ブリッコ] (複-chi) 男 ①ポット (ミルク、コーヒー用)、ピッチャー (水、ワイン用).おもに陶製、ステンレス製.②ワイン用ブドウ栽培のための丘の斜面 (ピエモンテ方言).

brigata di cucina [ブリガータ・ディ・クチーナ] 厨房のスタッフ.・*brigata di cucina di sala.* ホール・サービスのスタッフ.

brigidini (複) [ブリジディーニ] 男 トスカーナ州の菓子.ウエハースのような薄い丸い菓子で、ピストイアのサンタ・ブリジダ (Santa Brigida) 修道院の尼僧によって作られたところからこの名が付いた.

brioche [ブリオッシュ] (単複同形) (仏) 囡 ブリオッシュ. = brioscia.

brione [ブリオーネ] 男 牛肉の部位のニノウデ.

brisaola = (⇒) bresaola.

brioscia [ブリオッシャ] (複-sce) 囡 ブリオッシュ. = brioche.

broada [ブロアーダ] / **brovada** [ブロヴァーダ] 囡 フリウリ地方で作られる、カブを丸ごとブドウの絞りかすとともに漬け込んで発酵させたもの.ムゼー (コテキーノの一種) の付け合わせによく使われる.もともとブドウが採れなかったフリウリ北部のカルニア地方では、ゆでたカブの葉を一緒に入れ発酵させていたので、

brocciolo ▶

sbollentare（サッとゆでる）のフリウリ方言 sbrova［ズブローヴァ］が語源となった．2011年には D.O.P. に認定された．
料理 ベーコン、玉ネギを炒め、細切りにしたブロアーダを加えて炒め、ブロード、ローリエを加え、やわらかくなるまで煮る．

brocciolo =（⇒）scazzone.

broccoletti（複）［ブロッコレッティ］男 ①菜の花、ナバナの類の野菜、チマ・ディ・ラーパ（cima di rapa）のローマでの呼び名．②ブロッコリーの小さいもの（北部で）．
料理 ・*broccoletti in padella.*（ナバナのガーリックソテー〈ローマ〉）フライパンにオリーブ油、つぶしたニンニク、トウガラシを入れて火にかけ、ニンニクが色づいたら取り出す．やや固めにゆでたナバナを入れて炒め、塩で味を調える．

broccoli（複）［ブロッコリ］男 ブロッコリー．原産地はイタリアといわれている．茎の長いタイプとカリフラワーに近いタイプがある．冬の肉料理など、比較的重い料理の付け合わせに使われることが多い．また腹持ちがいいため、南部では貧しい人々の食事になることが多かった．
料理 ・*broccoli alla parmigiana*（*broccoli al parmigiano*）．（ブロッコリーのパルミジャーノ・チーズ焼き〈エミリア＝ロマーニャ〉）耐熱皿にゆでたブロッコリーを並べてパルミジャーノと溶かしバターをかけ、オーブンで湯煎焼きにする．

broccolo fiolaro di Creazzo［ブロッコロ・フィオラーロ・ディ・クレアッツォ］北イタリア、ヴェネト州ヴィチェンツァ県クレアッツォ周辺で栽培されているブロッコリーの一種．葉の部分がほとんどで成長の途中のように見えるので、方言でブロッコリーの息子（fioi）のようだという意味で fiolaro と呼ぶ．古代ローマではすでに栽培されていたようだ．

brodettato［ブロデッタート］過 形（⇒）brodetto（②）で味付けした．・*abbacchio brodettato.* 乳飲み仔羊のローマ風フリカッセ．（⇒）abbacchio.

brodetto［ブロデット］男 ①魚介類のスープ仕立て料理（zuppa di pesce）の、アドリア海北・中部沿岸一帯での呼び名．ヴェネツィアでは brodeto、broeto、フリウリでは boreto とも呼ばれている．②卵（卵黄）、レモン汁、ブロードで仕上げるソースのローマ方言名．

brodo［ブロード］男 ブイヨン．大きく分けて、(1) brodo di carne（牛・仔牛肉のもの．仔牛・牛のスジ肉、水、玉ネギ、ニンジン、セロリ、トマト、ローリエ、パセリの軸、黒粒コショウ、クローブでとる）、(2) brodo di pollo（鶏肉のもの．おもに廃鶏が使われる）、(3) brodo di pesce（魚介のもの）、(4) brodo vege-

▶ brutti ma buoni

tale（野菜類のもの）の4種類がある.

brodoso［ブロドーゾ/ブロドーソ］形 スープ、煮込み料理の水分が多い状態.

brongo［ブロンゴ］（複-ghi）男 grongo（アナゴ）のリグーリア地方での呼び名.

brôs［ブルス］/ **brüs**［ブリュス］/ **brussu**［ブルッス］男 ピエモンテ州ランゲ周辺で作られるロビオーラ・タイプのチーズにグラッパ（ブランデー）、オリーブ油、酢、トウガラシ（コショウ）を混ぜ合わせ、密閉容器に入れて発酵させたもの.

brovada = (⇒) broada.

bruciare［ブルチャーレ］動 おもに家禽、野鳥の産毛やペペローニ、ナスなどの野菜（丸ごと皮付き）を直火で焼き、焦がすこと.（失敗して）焦がすこと.・*senza bruciare*. 焦がさないように.

bruciata［ブルチャータ］女 焼き栗の別称. = caldarroste（複）.

brucio［ブルーチョ］男 ローストのジュー（sugo d'arrosto）のピエモンテ方言名. よくタヤリン（⇒ tajarin）のソースに使われる（tajarin al brucio）.

brûlé［ブリュレー］（仏）過 形 焼いた. 焦げた. ・*vin brûlé*. ホット・ワイン. ワインにシナモン、クローブ、レモンの皮、砂糖などを加え、火にかけてアルコールをとばしたもの. ・*crema brûlé*. クレム・ブルレ.

brüs = (⇒) brôs.

bruscandoli（複）［ブルスカンドリ］男 ホップの若芽. 北イタリア、特にヴェネト料理に多く使われる. = germogli di luppolo.（⇒）asparagine とも呼ばれる.

bruschetta［ブルスケッタ］女 ガーリックトースト. ラツィオより南部での呼び名. 焼いてからニンニクをこすりつけ、オリーブ油、塩、コショウで味を付ける. 最近はいろいろなものをのせるようになった. トスカーナでは fettunta、panunta とも呼ぶ.

brüscitt［ブリュシットゥ］男 ロンバルディア州ヴァレーゼ県で作られる牛肉の煮込み料理. イタリア語の briciole（切れ端）の方言名が語源で、骨に付いた肉を削り取って煮込み、ポレンタなどと一緒に食べたのが最初. 今では固い部位の肉を小さく切って煮込む.

brussu = (⇒) brôs.

brustolino［ブルストリーノ］男 カボチャの種を煎って塩味を付けたもの. 昔からおやつとして人気があり、秋から冬にかけて街に出回る. ローマ周辺では bruscolino と呼ばれる.

brustolino americano［ブルストリーノ・アメリカーノ］男 ピーナッツ.

brutti ma buoni（複）［ブルッティ・マ・ブオーニ］ピエモンテ州 Borgomanero で最初に作られたクッキー. アマレッティに似ておりアーモンドベース. ヘーゼルナッツを使うこともある. ossa da mordere とも呼ばれている.

bubbola [ブッボラ] / **bubbolina** [ブッボリーナ] 女 ツル茸. 語源は馬などにつける鈴 bubbolo (形から).

bucaniera (**alla** ~) [(アッラ・) ブカニエーラ] 海賊風. ラツィオ州の魚介のトマトソースの一種だが、入れるものがエビ、タコ、アサリの3種類に限定される. (＊ bucaniere 男、bucaniera 女 海賊.)

bucare [ブカーレ] 動 穴を開ける.

bucatini (複) [ブカティーニ] 男 細長い穴開きロングパスタ. もともとはローマでの呼び名であったが、今では一般的な呼び名となった. ナポリでは perciatellini と呼ばれている.

料理 ・*bucatini all'amatriciana.* (ブカティーニ アマトリーチェ風〈ラツィオ〉) オリーブ油でグアンチャーレ (またはパンチェッタ) と赤トウガラシを炒め、玉ネギを加えて炒める. 白ワイン、トマトホールを加えて煮詰め、ゆでたブカティーニを入れ、ペコリーノ・チーズを加えて和える.

buccellato [ブッチェッラート] 男 トスカーナ州ルッカの菓子.

buccellato siciliano [ブッチェッラート・シチリアーノ] 男 シチリアの菓子. パスタ・フロッラを使ってドーナッツ形に作られ、クリスマスの時季に食べられる. ＝ purciddata.

buccia [ブッチャ] (複-ce) 女 果物や野菜の皮.

bucherellare [ブケレッラーレ] 動 フォークの先で小さな穴を開ける (パイ生地、肉の塊などに).

buco [ブーコ] (複-chi) / **buchino** [ブキーノ] 男 穴.

budella (**le** ~) (複) [(レ・) ブデッラ] 女 (budello 男 の複数形) 腸以下の臓物の総称. ＝ intestino.

budello [ブデッロ] (複 le budella) 男 ケーシング用の腸. ・*budello cieco.* 盲腸 (豚、牛). ・*budello diritto.* 大腸 (豚、牛、羊など). ・*budello gentile.* 直腸 (豚、牛). ・*budello torto.* 小腸 (豚、牛、羊など).

budino [ブディーノ] 男 プリンの型に入れて作る料理および菓子. 料理法によっては sformato とも呼ばれる.

bue [ブーエ] (複 buoi) 男 永久歯7～8本またはそれ以上で4歳以上の成牛.

bufala [ブファラ] 女 雌の水牛. 雄は bufalo.

bufalo [ブファロ] 男 雄の水牛.

buffet [ビュッフェ] (仏) / **buffè** [ブッフェ] 男 ①ブッフェ、立食. ②トリエステに多くある、ビア・レストラン.

bugie (複) [ブジーエ] 女 カーニバルに食べる揚げ菓子の、ピエモンテでの呼び名. (⇒) frappe.

▶ busara / buzara

bulbi（複）［ブルビ］男 ネギ、ニンニクなどの球根、球茎の野菜.

buongustaio［ブオングスタイオ］（複-tai）男 美食家、食通. ・… *del buongustaio*、… *alla buongustaia.*（… 美食家風）.

buono①［ブオノ］形 よい．おいしい．優れた．充分な．

buono②［ブオノ］男 引換え券．レストランの仕事では通し伝票の意味として使われる．

buridda［ブリッダ］女 リグーリア地方の魚介のズッパ．使う魚、調理法にヴァリエーションがある．

buristo［ブリスト］男 トスカーナ地方の、豚の血を使って作るソーセージ．

burlenghi =（⇒）borlenghi.

burrata［ブッラータ］女 モッツァレッラまたはフィオール・ディ・ラッテの中に生クリームと細く切ったチーズを混ぜたものを詰めて作る、プーリア州のチーズ．

burrida［ブッリーダ］女 サルデーニャのサメ料理．
 作り方 palombo、gattuccio などのサメを下処理した後、香味野菜、レモン、塩を入れた水でゆで、冷ました後切り分ける．鍋にニンニク、オリーブ油を入れ、火にかけて炒める．ニンニクを取り除き、白ワインヴィネガー、水、すりつぶしたクルミ、松の実を加えてひと煮立ちさせ、塩、コショウで味を調え、サメの切り身の上にかけてマリネーする．＊サメの代わりにエイやアンコウでも作る．肝を一緒にゆでてすりつぶし、ソースに加えることもある．

burriello［ブリエッロ］男 固めたバターをプロヴォローネまたはカーチョカヴァッロで包み、フラスコ形に成形するチーズ（⇒）manteca［マンテーカ］の、カラブリアでの呼び名．

burrino［ブリーノ］男（⇒）manteca のカンパニア地方での呼び名．

burro［ブーロ］男 バター．・*burro chiarificato.* 澄ましバター．・*burro composto*（*burro aromatizzato*）．練りバター．ニンニク、アンチョビー、香草などを練り込む．・*burro maneggiato.* ブール・マニエ（バターと小麦粉を練り混ぜたもの）．ソースのとろみづけなどに使われる．・*burro nocciola.* 焦がしバター（やや色づける程度）．

busara / buzara［ブーザラ］女 トリエステからヴェネツィアにかけての海岸地帯で作られる魚介料理．パスタ、米料理のソースとしても使われる．本来は Istria 地方の料理で、スカンピで作られる．語源にはいろいろな説があるが、船上で料理に使われていた土鍋の名という説が有力である．
 料理 ・*scampi alla busara.*（スカンピのブーザラ）フライパンにオリーブ油、つぶしたニンニクを入れて火にかけ、ニンニクが色づいたら取り出してスカンピを入れ、サッと炒めたら白ワイン、裏漉したトマトホール、パセリのみじん切り

busecca ▶

を加えて蓋をして煮込み、塩、コショウで味を調える．＊濃度をつけるためパン粉を加えたり、パプリカやトウガラシを加える方法もある．

busecca [ブゼッカ] 囡 ミラノ方言で牛・仔牛のトリッパ、およびその料理．buseca [ブゼーカ] ともいう．他の地方と違うのは、センマイ、赤センマイが加わること．
料理 パンチェッタをバターで炒め、玉ネギを加えて色づかせないようじっくり炒める．セロリ、ニンジン、セージを加えて炒め、下ゆでしたトリッパと赤センマイを入れて炒め、ブロードを加えて煮込む．仕上げに塩、コショウ、パセリ．＊トマトや豆を加えるなどのヴァリエーションがある．

busecca matta [ブゼッカ・マッタ] 囡 フリッタータを使って作るミラノの料理．同様の卵料理がローマにもある (uova in trippa)．(⇒) uovo.
作り方 生ハム、玉ネギ、ニンジン、セロリを炒め、トマトソース、(セージ、)パセリ、切り分けたフリッタータを加えて混ぜ、器に盛ってパルミジャーノをかける．

busecchin [ブゼッキン] 男 ミラノ、ローディー周辺で、冬の豚の屠殺時期に食べられていた豚の血の料理．
作り方 フライパンに多めの油を熱し、豚の血を焼いて塩、コショウをしたものを、トーストしてニンニクをこすり付けたパンにのせて食べる．

busecchin de corada [ブゼッキン・デ・コラーダ] 仔牛の肺を香味野菜、トマトで煮た料理 (ロンバルディア)．

busiati (複) [ブズィアーティ] 男 / **busiate** (複) [ブズィアーテ] 囡 シチリア (おもにトラパニ) の手打ちパスタ．セモラ粉と水で練った生地を直径8mm ほどの棒状にのばし、長さ4cm に切り分け、編み棒 (方言で buso または busu で、昔はイグサの茎で作られた) をあてがい、手のひらで転がすようにのばして管状に近い形やらせん状に成形する．方言名なので、訛りでブスィアーティ、ブシアーティと発音する人もいる．他の地方にも同様のパスタがあり、いろいろな名前で呼ばれている．(⇒) maccheroni al ferro.

bustina [ブスティーナ] 囡 ドライイーストや粉末のサフランなどが入っている小袋．

butirro [ブティーロ] 男 ① (⇒) manteca のプーリア、バジリカータでの呼び名．② バターのナポリ方言名．形 (洋梨の) 果肉のやわらかな．

buttare [ブッターレ] 動 捨てる．鍋やフライパンに材料を投げ入れる．

buttariga [ブッターリガ] 囡 (⇒) bottarga [ボッタールガ] のサルデーニャ方言名．

buzara = (⇒) busara.

buzzonaglia [ブッゾナーリャ] 囡 おもにマグロの血合いとそのまわりの部位を指す．加工されビン詰や缶詰にされる．パスタのソースに使われることが多い．

C

cabiette (複) [カビエッテ] 囡 ピエモンテ州ヴァル・デ・スーザ (Val di Susa) 地方のオルティーカ (⇒ ortica) 入りニョッキ.
　作り方　ゆでて裏漉したジャガイモ、トーマ、ライ麦粉、刻んだオルティーカ、卵を混ぜてニョッキを作る. ゆでた後、多めのバターで炒めた玉ネギの薄切りと交互に耐熱容器に入れてパン粉 (ライ麦パン粉) を振り、オーブンで焼く. ＊皮をむいた生のジャガイモをすりおろして使う方法もある.

cacao [カカオ] (単数形のみ) 男 カカオ.

cacciagione [カッチャジョーネ] 囡 ジビエ. 本来は猟で獲れたジビエ類を指す. (⇒) selvaggina.

cacciatora (alla ~) [(アッラ・) カッチャトーラ] カッチャトーラ. 猟師風の (料理名). 料理法は大きく分けて2種類ある (おもに鶏、仔羊、ウサギの料理). 一つはローマの伝統的料理法. 例) agnello alla cacciatora (⇒ agnello). もう一つはおもに北イタリアで作られる方法で、トマト、香味野菜、キノコが入る. 例) coniglio alla cacciatora (⇒ coniglio).

cacciatore [カッチャトーレ] / **cacciatorino** [カッチャトリーノ] 男 サラミの一種. 猟師 (cacciatore) が旅に出るときに食糧として持っていたのが名の由来といわれる. ロンバルディア州全土、およびまわりの州でも作られている.

cacciucco [カッチュッコ] (複-chi) / **caciucco** [カチュッコ] (複-chi) 男 魚介のズッパ (zuppa di pesce) のトスカーナ州リヴォルノ、ヴィアレッジョおよび周辺の町での呼び名. ・*cacciucco alla livornese*. リヴォルノ風魚介のズッパ.

cachi [カーキ] 男 柿. cachi は他の単語と混同されがちなので、kaki と表示されることが多い. イタリアでは、やわらかく熟したものをスプーンですくって食べるのが一般的.

caciatello [カーチャテッロ] 男 (⇒) casadello の別称.

cacimperio [カーチンペリオ] (複-ri) / **cazzimperio** [カッツィンペリオ] (複-ri) 男 (⇒) pinzimonio のローマでの呼び名.

cacio [カーチョ] (複-ci) 男 中部トスカーナから南での、チーズ (特にペコリーノ) の呼び名.

caciocavallo [カーチョカヴァッロ] (複 cacicavalli) 男 おもに南部 (特にカンパニア、アブルッツォ州) およびシチリアで生産されている牛乳製チーズ.

caciofiore aquilano [カーチョフィオーレ・アクィラーノ] 男 アブルッツォ州で生産されるソフトタイプの羊乳製チーズ. サフランで色づけされ、野生のカルチョ

フィの花のエキスで凝固させる.
- **cacioricotta** [カーチョリコッタ] 囡 イタリア南部一帯で作られるチーズ. 地方によって羊、山羊、牛、水牛など材料の乳が変わる. チーズとリコッタ、両方の製造技術を使うことからこの名が付いた.
- **caciotta** [カチョッタ] 囡 おもに中部（トスカーナ、ウンブリア、マルケ、ラツィオ州）で工場生産される円盤形チーズ. 牛乳製、羊乳製、山羊乳製、またはそれらのミックス乳製. そしてフレッシュ、熟成タイプなどさまざまな製品がある.
- **caciu all'argintera** [カチュ・アッラルジンテーラ] チーズの銀商人風（料理名. シチリア方言）. 破産した銀商人が、ステーキ用の牛肉が買えず、チーズを牛肉に見立てて作ったのが料理名の由来という説がある.
  <作り方> ニンニクの風味を移したオリーブ油でカーチョカヴァッロを焼き、白ワインヴィネガー、オレガノ、塩、コショウを振る.
- **caciuni**（複）[カチューニ] 男 マルケ州の菓子. パスタ・フロッラの生地に、ペコリーノ主体の詰め物を詰め、半月のラヴィオーリを作ってオーブンで焼く. イタリア名は calcioni marchigiani.
- **cacuocciuli**（複）[カクォッチューリ] / **cacuocciulu**（単）[カクォッチュール] 男 カルチョフィ（⇒ carciofi〈複〉）のシチリア方言名の一つ.
- **cadevida** [カデヴィーダ] 囡 グラッパのトレンティーノ地方の方言名. =（⇒）grappa.
- **caffè** [カッフェ] 男 ①コーヒー. ・*caffè corretto*. コーヒーにグラッパ、ブランデー、リキュールを加えたもの. ・*caffè decaffeinato*. カフェイン抜きのコーヒー. = caffè Hag. ・*caffè freddo*. アイス・コーヒー. ・*caffè lungo*. 薄め. ・*caffè macchiato*. エスプレッソに少量の牛乳を加えたもの. ・*caffè ristretto*. 濃いめ. = caffè stretto. ②カフェ（店）.
- **caffelatte / caffellatte** [カッフェラッテ]（単複同形）男 カフェラッテ、ミルクコーヒー.
- **caffetteria** [カッフェッテリーア] 囡 カフェテリア.
- **caffettiera** [カッフェッティエーラ] 囡 コーヒーメーカー. macchinetta [マッキネッタ] とも呼ばれている. ・*caffettiera napoletana*. ナポリ式. ・*caffettiera espresso*. エスプレッソ式（Moka とも呼ばれている）.
- **cagliata** [カッリアータ] 囡 チーズを作る際、乳を凝固させたもの. カード.
- **caglio** [カッリオ] 男 レンネット. 凝乳酵素. 仔牛・仔羊の胃から取る. = quaglio.
- **cagnone**（riso in ~）[（リーゾ・イン・）カニョーネ] ロンバルディア州西部一帯の米料理. ris in cagnon ともいう. ゆでた米に、つぶしたニンニクとセージを炒めたバター、チーズを混ぜて食べる. リゾット以前の古い食べ方.（＊ cagno-

▶ **calzagatt**

ne 男 はロンバルディア方言で「昆虫の幼虫」という意味. 米粒になぞらえて付けられた).

calamaio［カラマーイオ］(複-mai) 男 トスカーナ方言で seppia (甲イカ) のこと.

calamarata［カラマラータ］女 ヤリイカを輪切りにした形のパスタ (メーカーによっては calamari と呼ぶ).

calamaretti（複）［カラマレッティ］男 小ヤリイカ.
料理 ・*calamaretti crudi marinati.* (生ヤリイカのマリネ〈アブルッツォ〉) 細切りのヤリイカ、薄切りの玉ネギ、オリーブ油、ワインヴィネガー、塩、パセリ、赤トウガラシを合わせてマリネに.

calamari（複）［カラマーリ］男 ヤリイカ. ・*calamari lucciola*［カラマーリ・ルッチョラ］ホタルイカ.
料理 ・*calamari ripieni al vino bianco.* (ヤリイカの詰め物 白ワイン風味〈各地方〉) 基本的な詰め物はイカの脚、パン粉、黒オリーブ、ニンニク、ケイパー、パセリ、卵、ペコリーノ、オリーブ油. プーリアではムール貝を加える. 詰め物をヤリイカに詰めてオリーブ油で炒めた後、塩、コショウ、白ワインを振り、蓋をして蒸し煮する.
・*calamari saltati con carciofi.* (ヤリイカとカルチョフィのソテー〈ラツィオ〉) ニンニクの風味を移したオリーブ油でヤリイカとカルチョフィを炒め、白ワイン、白ワインヴィネガー、パセリを加える.

calaminta［カラミンタ］ = (⇒) nepitella.

calcionetti（複）［カルチョネッティ］/ **calgionetti**（複）［カルジョネッティ］男 アブルッツォ地方の半月形の揚げ菓子で、おもにクリスマスの時季に作られる. 詰め物はチェーチまたは栗のピュレー、チョコレート、ジャムなどいろいろなヴァリエーションがある. 同様のものがモリーゼ地方でも作られており、calcioni dolci と呼ばれている.

calcioni（複）［カルチォーニ］/ **calciuni**（複）［カルチューニ］男 アブルッツォ地方およびモリーゼ地方で作られるカルツォーネ (calzone) の一種. リコッタ、スカモルツァ、ハムなどを詰めて揚げる. モリーゼでは菓子のカルチォーニ (calcioni dolci) と区別するため、calcioni salati とも呼ぶ.

caldallessa［カルダッレッサ］女 ゆで栗. = ballotta.

caldarroste（複）［カルダッロステ］女 焼き栗.

calgionetti（複）= (⇒) calcionetti.

caloria［カロリーア］女 カロリー. 熱量.

calzagatti（複）［カルツァガッティ］/ **calzagatt**（単）［カルツァガットゥ］男 = (⇒) cazzagai.

calzoncini(複)［カルツォンチーニ］/ **calzoncelli**(複)［カルツォンチェッリ］ 男 小型のカルツォーネ (calzone).

calzone［カルツォーネ］男 包みピッツァ (カンパニア). 正式名は calzone imbottito［カルツォーネ・インボッティート / 詰め物をしたズボン］.
　作り方 サラミ、モッツァレッラ、パルミジャーノ、塩、コショウ、パセリ、卵、グリーンピースを混ぜた詰め物をピッツァ生地で包み、オリーブ油をかけてオーブンで焼く.

calzunciddi(複)［カルツンチッディ］男 = (⇒) calzoncelli のカラブリア方言.

calzuncieddi(複)［カルツンチェッディ］男 = (⇒) calzoncelli のプーリア方言.

calzuncielli(複)［カルツンチェッリ］男 = (⇒) calzoncelli のナポリ方言.

camomilla［カモミッラ］女 カモミール (和名カミツレと呼ばれる薬草). カモミール茶.

camoscio［カモーショ］(複-sci) 男 シャモア (シャモア属の鹿). ニホンカモシカの近縁.

campana = (⇒) copripiatti.

Campari［カンパーリ］男 カンパリ. フランスでガスパーレ・カンパーリによって作られ、その後ミラノで人気を得て世界的に有名になったリキュール. ソーダ割りが一般的.

canapè［カナペ］(仏) 男 カナッペ.

canarini(複)［カナリーニ］男 ヴェネツィアで採れる小型のカルチョフィの品種名. カナリアのように黄色味がかっているのでこの名が付いた. 半分に切ってフライにして食べるのが一般的.

cancioffa［カンチョッファ］女 カルチョフィ (⇒ carciofi 〈複〉) のサルデーニャ方言名.

candelaus(複)［カンデラウス］男 アーモンド、砂糖のシロップなどで作る生地で、靴、花、鳥などの形に成形したサルデーニャの菓子.

candito［カンディート］過 形 砂糖漬けにした. ・*marroni canditi*. マロン・グラッセ. ・*frutta candita*. フルーツの砂糖漬け.

canederli(複)［カネデルリ］男 トレント風ニョッキ (トレンティーノ=アルト・アディジェ). スイス、オーストリア料理のクノーデルがもとになった料理.
　作り方 牛乳に浸けたパンに小麦粉、バター、卵、サラミ、ナツメグ、塩、パセリを加えて練り、丸めてゆでて、温めたブロードに入れる.

canestrato pugliese［カネストゥラート・プリエーゼ］男 プーリア州バーリ周辺で作られている牛乳製、または羊乳製チーズ. セミ・ハードとハードタイプがある.

▸ **cannolicchi**

canestrelli(複)［カネストゥレッリ］男 ①ホタテ貝と同じイタヤガイ科の貝の一種で、ホタテ貝より小さく殻の筋が細く多い．pettine di mare（海のくし）とも呼ばれている．イタリアではホタテの小さいものと混同することがある．英名クイーン・スカロップ．日本ではヒオウギ貝、ナデシコ貝にあたる．②ピエモンテ、リグーリアで作られるクッキー．花形で中央に穴が開いている．

canna［カンナ］女 筒．管状のもの．葦．

canna da zucchero［カンナ・ダ・ズッケロ］サトウキビ．

cannatella［カンナテッラ］/ **cannatedda**［カンナテッダ］女（⇒）silene［スィレーネ］のシチリア方言名．

cannella［カンネッラ］女 シナモン．＝ cinnamomo［チンナモーモ］．料理名にはおもに cannella が使われる．

cannellini(複)［カンネッリーニ］男 インゲン豆の一品種．生育の途中で豆がサヤの中で乾燥しはじめる．ボルロッティ（borlotti）と並びよく使われ、おもにトスカーナより南で食べられる（モリーゼの一部は例外的にボルロッティが多い）．（⇒）fagioli．

Cannellino［カンネッリーノ］男（⇒）Martin Sec［マルティン・セック］の別称．

cannelloni(複)［カンネッローニ］男 詰め物パスタの一種．カネローニ．canna（葦）が語源．

料理・*cannelloni alla sorrentina.*（カネローニ ソレント風〈カンパニア〉）リコッタ、モッツァレッラ、生ハム、卵、パルミジャーノ、ナツメグ、パセリ、塩、コショウを混ぜた詰め物をパスタ生地で筒状に包み、ラグー・ナポレターノ（ragù napoletano. ⇒ ragù）、パルミジャーノ、バジリコ、溶かしバターをかけてオーブンで湯煎焼きにする．

・*cannelloni al forno.*（カネローニのオーブン焼き〈各地方〉）豚肉、玉ネギ、ニンジン、セロリを炒め、白ワイン、スーゴ・ディ・カルネを加えて煮詰め、ナツメグ、卵、パルミジャーノとともにミキサーにかけた詰め物をパスタ生地で筒状に包み、ベシャメル、スーゴ・ディ・カルネ、パルミジャーノ、溶かしバターを振り、オーブンで湯煎焼きにする．

cannocchia ＝（⇒）canocchia

cannoli siciliani(複)［カンノーリ・シチリアーニ］男 カンノーリ．シチリアの菓子．

作り方 小麦粉、ラード、マルサラ酒、カカオの粉、砂糖、塩を練った生地を薄くのばして筒状にして揚げ、リコッタ、砂糖、レモンピール、チョコレート、バニラ・エッセンス、フィオール・ダランチョを合わせた詰め物を詰める．

cannolicchi(複)［カンノリッキ］男 細い管状のマカロニ．tubetti よりやや短い．

cannolicchio ▶

cannolicchio [カンノリッキオ] (複-chi) 男 マテ貝．カミソリ貝．名前は canna（筒）から．= cappalunga [カッパルンガ / 長い貝の意]．ヴェネトでは capa longa [カーパ・ロンガ] とも呼ぶ．アドリア海沿岸に多い．

cannoncino [カンノンチーノ] 男 薄くのばした生地を筒状にして焼き、詰め物を詰めた菓子．
　作り方 パスタ・スフォリアをのばし、リボン状に切り、管状の型に生地の端が少し重なるようにらせん状に巻いて溶き卵を塗り、オーブンで焼く．一般的には生クリーム、カスタード・クリームなどを詰めるが、他にもいろいろヴァリエーションがある．

cannuccia [カンヌッチャ] (複-ce) 女 ストロー．

canocchia [カノッキァ] / **cannocchia** [カンノッキァ] 女 シャコ．「管の」「葦の」という意味（細長い形から）．= pannocchia [パンノッキァ]．
　料理 ・*canocchie gratinate.*（シャコのオーブン焼き〈アブルッツォ〉）シャコに切り目を入れ、パン粉、ニンニク、ケイパー、アンチョビー、パセリ、トウガラシ粉、オリーブ油（、塩）を合わせて詰め、白ワイン、オリーブ油を振ってオーブンで焼く．
　・*canocchie in bianco.*（シャコのボイル）ゆでて殻をむいたシャコにパセリ、オリーブ油を振り、レモンを添える．

canocia (単) [カノーチャ] / **canoce** (複) [カノーチェ] 女 シャコのヴェネト方言名．=（⇒）canocchia．

canovaccio [カノヴァッチォ] (複-ci) 男 ふきん．

cantalupo [カンタルーポ] 男 メロンの一品種名．外見はプリンスメロンのようだが、中は赤肉．

cantarello [カンタレッロ] 男 アンズ茸．ジロール．ギリシャ、ローマ時代の盃（cantaro）が語源．自生のみで 6 ～ 10 月が時季．= finferli, galletto, gallinaccio．

cantina [カンティーナ] 女 ワイン醸造所．ワインを熟成させる酒蔵．ワインや食品の貯蔵庫（地下が多い）．

cantucci (複) [カントゥッチ] / **cantuccini** (複) [カントゥッチーニ] 男 トスカーナ州プラートのビスコッティ（= biscotti di Prato）．グラスに入れたヴィン・サントに浸しながら食べるのが伝統的．

capacità [カパチタッ] 女 容量．

capalonga / capa longa [カパ・ロンガ] 女 （⇒）cannolicchio（マテ貝）のヴェネト方言名．

capasanta (単) [カパサンタ] / **capesante** (複) [カペサンテ] 女 イタヤ貝の一種．

日本ではホタテ貝と呼ばれている．もとはヴェネツィアでの呼び名で、「聖なる貝」という意味．conchiglia di San Giacomo [コンキッリア・ディ・サンジャコモ / 仏語のコキーユ・サンジャックと同じ] という呼び方もするが、これは、聖地巡礼の際にこの貝殻を持ち歩き、水をすくって飲むために使ったため、とする説もある．また形から ventaglio [ヴェンタッリオ / 扇子] という呼び方もある．

capelli d'angelo (複) [カペッリ・ダンジェロ] / **capellini** (複) [カペッリーニ] 男 極細のパスタ．capelli d'angelo は capellini より細いスープ用パスタで、鳥の巣状に成形されたものが多い．「天使の髪」の意．capellini は棒状に成形されたものが多いが、料理名ではあまり区別しない．

capeto [カーペト] 男 豚の内臓全体を指すナポリ方言名．名物料理、(⇒) suffuritte には欠かせない．

capicollo [カピコッロ] 男 capocollo [カポコッロ] のカラブリアでの呼び名．

capitone [カピトーネ] 男 大型の雌のウナギの南イタリアでの呼び名．(⇒) anguilla.

capocollo [カポコッロ] (複 capicolli、capocolli) 男 (⇒) coppa (①) の中南部での呼び名．

caponata [カポナータ] 女 ①シチリアの代表的な野菜料理．語源にはいくつか説がある．ラテン語の caupona (居酒屋) がもとで、いつ客が来てもすぐ出せる用意された料理という意味．あるいはシイラ (方言で capone) の調理法を応用したからというものなど．パレルモ周辺ではナスのみで作ることが多いが、カタニア周辺ではナスの他ペペローニ、ズッキーニを加える．総称として caponata alla siciliana とも呼ぶ．

料理 ・*caponata di melanzane.* (ナスのカポナータ〈シチリア〉) オリーブ油で玉ネギをしんなり炒め、黒オリーブ、ケイパー、松の実、戻したレーズンを入れ、トマトソース、素揚げしたナスとセロリ、白ワインヴィネガー、砂糖、塩、コショウ、パセリを振って冷ます．

② insalata di rinforzo の別称．(⇒) insalata.
③ナポリで作られるパンとトマトのサラダ．

作り方 ・*caponata napoletana.* 作り方はパンツァネッラ (⇒ panzanella) とほぼ同じだが、パンは friselle が使われる．

caponatina [カポナティーナ] 女 ① caponata [カポナータ] の別称．②野菜類を小さいサイの目に切り、カポナータまたはそれに似た調理法で作る料理．③ナス、ペペローニ、トマトなどで作るが、甘酢仕立てではなくカーチョカヴァッロを加えてオーブンで焼く料理 (カタニアの料理で capunatina とも呼ばれている).

capone [カポーネ] 男 ①ホウボウ (cappone) の別称．②シイラ (lampuga) のシチ

caponet di cavolo ▶

リア、カラブリア方言名.

caponet di cavolo [カプネー・ディ・カーヴォロ] カプネー (チリメンキャベツのインヴォルティーニ〈ピエモンテ〉). 単純に caponet とも呼ぶ.

   作り方 ゆでたチリメンキャベツの葉でアニョロッティの詰め物をロール状に巻き、バターでソテーし、塩、コショウをする.

capovolgere [カポヴォルジェレ] 動 裏返す. 厚みのあるもの、半分に切ったものなどの切り口を下にする. 型に入ったものなどを抜くために逆さまにする.

cappa [カッパ] 女 ①二枚貝の別称. ②レンジフード.

cappa chione [カッパ・キオーネ] 女 (⇒) fasolaro の別称.

cappa incrocicchiata [カッパ・インクロチッキアータ] 女 アサリの別称. = vongole veraci.

cappalunga(単) [カッパルンガ] / **cappelunghe**(複) [カッペルンゲ] 女 マテ貝. = (⇒) cannolicchio.

cappasanta [カッパサンタ] (複 cappesante) 女 = (⇒) capasanta.

cappel da pret [カッペル・ダ・プレートゥ] (⇒) cappello del prete のピアチェンツァ方言名

cappella [カッペッラ] 女 キノコのかさの部分. 普通は cappello と呼ばれるが、料理の場合、特にメニュー、リチェッタのときは女性形で書く.

cappellacci(複) [カッペラッチ] 男 tortellini [トルテッリーニ] よりやや大きめの詰め物パスタの、フェラーラでの呼び名. カボチャを詰めるのが主流.

cappelletti(複) [カッペッレッティ] 男 tortellini [トルテッリーニ] よりやや大きめの詰め物パスタ. おもにレッジョ地方での呼び名で、cappello(帽子)からの名. モデナとレッジョの詰め物は肉がベースでほぼ同じだが、ロマーニャ地方ではチーズベースの詰め物になる.

   料理 ・*cappelletti alla bolognese.* (カッペレッティ ボローニャ風) 詰め物は若鶏胸肉をサラダ油でソテーしてから挽き、リコッタ、卵、パルミジャーノ、イタリアンパセリ、サラダ油、塩、コショウ、ナツメグ(、パン粉)を混ぜ合わせたもの. 薄い正方形にのばしたパスタ生地にのせて対角線で折り、指輪のように丸めてゆでる. 温めたサルサ・ボロニェーゼに入れてバター、パルミジャーノを加える.

cappello del prete [カッペッロ・デル・プレーテ] /**cappello da prete** [カッペッロ・ダ・プレーテ] ①意味は「僧侶の帽子」. ザンポーネ (⇒ zampone) と同様の詰め物を、三角形に作った豚の皮に詰めたもの. = cappelletto di modena「モデナの帽子」とも呼ばれる. ②ミスジ(牛・仔牛の部位名).

capperi(複) [カッペリ] 男 ケイパー. 地中海沿岸の温暖な地域(特にシチリア、サ

▶ capretto

ルデーニャ、カンパニア州の島々)に育つ．つぼみが塩漬けや酢漬けにされる．・*frutti di capperi*.［フルッティ・ディ・カッペリ］ケイパーの実．酢漬けにしてビン詰にした製品がある．シチリアでは cucunci［ククンチ］とも呼ばれる．

capponata［カッポナータ］/ **capponada**［カッポナーダ］/ **capponalda**［カッポナルダ］囡 リグーリア州の魚介と野菜のサラダ (⇒) cappon magro のもとになった料理．(⇒) mosciame を使って作るシンプルなサラダで、語源はカポナータ同様ラテン語の caupona (居酒屋) といわれている．いつ客が来てもすぐに出せる用意された料理という意味．

cappone ①［カッポーネ］男 ①去勢鶏．2〜3kg. 飼育期間は6〜7ヵ月．おもな産地はトスカーナ、ヴェネト、エミリア＝ロマーニャ．クリスマスの料理によく使われる．

cappone ②［カッポーネ］/ **capone**［カポーネ］男 ホウボウ．cappone は「大きな頭」の意 (本来はカサゴのリグーリア、トスカーナ方言名)．地方によっていろいろな呼び名がある．gallinella (「若い雌鶏」の意) もその一つ．

cappon magro［カッポン・マーグロ］男 ジェノヴァ風魚介と野菜のサラダ．= u' cappun magru［ウ・カップン・マーグル］．途中でサルサ・ヴェルデをかけながら、ゆでた野菜と魚介を積み上げて作る．magro とはこの場合、肉類をいっさい使わない料理を意味し、特にクリスマス・イブやカーニバルから復活祭までの期間などに食べられる．ジェノヴァではサラダの女王とも呼ばれる．もとはシンプルな漁師料理だったもの (⇒ capponata) が、貴族階級用に豪華に仕立てられたもの．

作り方 大きめの皿に、ゆでて輪切りにしたジャガイモ、ニンジン、ビーツ、ズッキーニ、油漬けのカルチョフィを、サルサ・ヴェルデをかけながら積み上げていく．最後にゆでた伊勢エビ、ホウボウをのせ、サルサ・ヴェルデをかけて車エビを飾り、まわりにくし形に切ったゆで卵、空煎りしたムール貝、黒オリーブ、パセリを添える．

cappuccino［カップチーノ］男 カプチーノ．

capra［カープラ］囡 山羊、山羊肉．

caprese［カプレーゼ］囡 カプレーゼ．トマトとモッツァレッラのサラダ (カンパニア)．= insalata caprese. 薄切りのトマトとモッツァレッラ、バジリコの葉を交互に並べて盛り付け、塩、コショウ、オリーブ油で味付ける．

capretto［カプレット］男 仔山羊、仔山羊肉．生後3〜4ヵ月．6〜12kg. おもに山岳地帯および山羊乳チーズを作っている地域で食べられる．

料理 ・*capretto di Gambellara.* (仔山羊のガンベッラーラ風〈ヴィチェンツァ〉) = cavreto de Gambellara (ヴェネト方言名)．セージ、ローズマリー、

capricciosa ▶

レモンの皮、ニンニクのみじん切り、塩を混ぜて仔羊肉にこすりつけ、オリーブ油、レモン汁、ローリエ、黒コショウを加えてマリネーした後、オーブンでローストまたはあぶり焼きにする.

capricciosa (**alla ~**) [(アッラ・) カプリッチョーザ] きまぐれ風. いろいろな材料をミックスして作る料理に付けられる名前. (＊capriccioso 形 気まぐれな.) 代表的なものには pizza alla capricciosa、insalata capricciosa がある.

caprino [カプリーノ] 男 ①ロンバルディア州、ピエモンテ州で作られるチーズ. 本来は山羊 (capra) 乳製だが、現在は牛乳を原料としているものも多い. フレッシュタイプ (caprino fresco) と熟成タイプ (caprino stagionato) がある. ②山羊乳製チーズの総称. 形 山羊の.

capriolo [カプリオーロ] 男 ノロ鹿. 山羊 (capra) に似ていることから付いた名.

capsico [カプスィコ] (複-ci) 男 トウガラシの学名.

capuane [カプアーネ] 男 ホウボウ (⇒ cappone) のプーリア方言名.

capuliato [カプリアート] 男 ①シチリア方言の capuliare (挽く、みじん切りにするなどの意味) から派生した言葉. おもに挽き肉の意味に使われる. ②ドライトマトを挽いてバジリコ、オレガノ、トウガラシなどを加えオリーブ油に漬けたもの. おもにシチリアの東部で作られる.

capunti [カプンティ] / **capuntini** (複) [カプンティーニ] 男 (⇒) cavatelli の別称 (プーリア).

capuzzelle (複) [カプッツェッレ] 女 半分に割った仔羊や山羊の頭にパセリ、オレガノ、ペコリーノ、ニンニク、塩、コショウ、オリーブ油を振り、オーブンで焼くプーリア地方の料理. ジャガイモを一緒に入れる場合が多い.

capuozzo [カプオッツォ] 男 ボラのカンパニア、プーリア方言名. = (⇒) cefalo.

carabaccia [カラバッチャ] 女 ルネッサンス時代、フィレンツェで生まれた玉ネギのズッパ.

caraffa [カラッファ] 女 ワインや水を入れるカラフェ、フラスコ.

caraffa da decantazione [カラッファ・ダ・デカンタツィオーネ] デカンタ用のカラフェ.

carambola [カランボラ] 女 スターフルーツ.

caramella [カラメッラ] 女 飴、キャンデー、ドロップ、キャラメル.

caramellare [カラメッラーレ] 動 カラメル状にしたものを果物、ドライフルーツ、ナッツ類、菓子類に上からかけたり、からめたりする.

carapace [カラパーチェ] 男 カニの甲羅の部分、エビ類の頭の部分の殻.

carasau [カラザウ] 男 「二度焼いた」という意味を持つサルデーニャの代表的なパン. セモラ粉、塩、水、イーストを合わせて練った生地を、直径30 ～ 40cm の円

▶ **carciofi**

形に薄くのばして焼く．球状に膨らんだら一度取り出し、2枚に切り分け、再度焼く．保存がきき、持ち運びに便利なため、昔は羊飼いや農民たちが野外での食事のときに皿代わりにも使っていたらしい．イタリア語では、その紙のように薄い形と食べるときの音を音楽に例え、carta da musica［カルタ・ダ・ムーズィカ／楽譜］と呼ばれる．= pane carasau［パーネ・カラザウ］、pane 'e fresa［パーネ・エ・フレーザ］．

carassio［カラッシオ］（複-si）男 フナ（ヨーロッパブナ）．

carboidrato［カルボイドゥラート］男 炭水化物．

carbonade［カルボナーデ］/ **carbonata**［カルボナータ］女 牛肉の赤ワイン煮アオスタ風．
 作り方 角切りの牛肉に塩、コショウをし、小麦粉をまぶし、サラダ油を熱したフライパンで焼き色がつくまで弱火で炒める．鍋にバターを熱し、粗みじんに切った玉ネギを軽く色づくまで弱火で炒め、炒めた肉を加えて蓋をしながら弱火で炒め合わせ、赤ワインを加えて弱火で煮込む．

carbonara（spaghetti alla 〜）［(スパゲッティ・アッラ・)カルボナーラ］スパゲッティ・カルボナーラ〈炭焼き職人風〉（ラツィオ）．（＊carbonara 女 は carbonaro 男「炭焼き職人」のローマ方言．）
 作り方 パンチェッタをサラダ油で炒め、白ワイン、パスタのゆで汁を加え、ゆで上げたスパゲッティを入れ、ボウルに合わせておいた卵、ペコリーノ、粗挽き黒コショウを加えてかき混ぜる．＊黒コショウは炭の粉を表しているので、粗挽きを使う．全卵ではなく卵黄を使う場合は、ボウルの中で余熱だけで和える．最近はパンチェッタでなくグアンチャーレを使う方が多い．

carbonata = (⇒) carbonade.

carbone［カルボーネ］男 石炭、炭．・**carbone dolce**. 木炭（carbonella ともいう）．

carcassa［カルカッサ］女 ①畜肉類の丸の枝肉．②家禽、野禽のガラ．

carciofini（複）［カルチョフィーニ］男 ビン、缶に入った油漬けの小さなカルチョフィのこと．

carciofi（複）［カルチョーフィ］男 カルチョフィ．アーティチョーク．ピエモンテでは articiocchi［アルティチョッキ］、ヴェネトでは articiochi［アルティチョーキ］、シチリアでは cacuocciuli［カクオッチューリ］、サルデーニャでは carzoffa［カルツォッファ］または cancioffa［カンチョッファ］という．本来旬は春．品種は大きく分けてガク片が丸い tozzo［トッツォ］とガク片がとがった spinoso［スピノーゾ］がある．
 料理 ・**carciofi alla giudia**（giudea）．（カルチョフィのユダヤ風フライ〈ラ

cardamomo ▶

ツィオ））掃除したカルチョフィにレモンをこすりつけ、茎を持って花弁をまな板に強く打ちつけて隙間を作り、低温の油で八分通り火を通して取り出し、再び高温の油で揚げて塩を振る．＊ユダヤ人が好んで食べた料理．

・*carciofi alla romana*.（カルチョフィのローマ風）アンチョビー、ニンニク、パセリ、ミントの各みじん切り、オリーブ油、塩、コショウを混ぜ合わせ、カルチョフィの花弁の隙間に詰めて鍋に並べ、オリーブ油、白ワイン、レモン汁、水、塩、コショウを加え、紙蓋をしてオーブンで蒸し煮する．

・*carciofi fritti*.（カルチョフィのフライ）カルチョフィをくし形に切り分け、小麦粉をまぶして溶き卵にくぐらせて揚げる．卵にくぐらせてパン粉をまぶして揚げると carciofi panati e fritti.（カルチョフィのパン粉揚げ）となる．

・*carciofi saltati in padella*.（カルチョフィのガーリックソテー）カルチョフィを半分に切り分けて薄切りにし、レモン水に浸ける．フライパンにオリーブ油、つぶしたニンニクを入れて火にかけ、ニンニクが色づいたら取り除き、水気を切ったカルチョフィを入れて炒め、塩、コショウをして白ワインを振り、蓋をして弱火で火を通す（水気が足りなければ湯を足す）．パセリを振る．

cardamomo [カルダモーモ] 男 カルダモン．

cardarello [カルダレッロ] / **cardoncello** [カルドンチェッロ] 男 ①エリンギ茸．イタリア南部（おもにプーリア、バジリカータ）に自生する．今は栽培したものもある．日本のものよりかさが広い．＊プーリアでは、自生のカルドも cardoncello と呼ばれるので注意する。

料理 ・*cardarelli a raganati*.（エリンギ茸のオーブン焼き〈プーリア、バジリカータ、カラブリア〉）パン粉、ニンニク、パセリ、オリーブ油、塩、コショウを合わせ、オリーブ油を塗った耐熱皿に並べたエリンギ茸にかけて、オーブンで焼く．

②プーリア地方で採れる自生のカルド．= cardo selvatico (⇒) cardo.

cardo [カルド] 男 カルド．キク科の植物で、カルチョフィの野生種．曲がりの大きいタイプは別名 gobbo [ゴッボ] ともいう（トスカーナ、ウンブリア、ラツィオ）．また南イタリア（プーリア地方）では cardoncello [カルドンチェッロ]（= cardo selvatico）と呼ばれる自生のものもある（エリンギ茸もこの名で呼ばれているので注意）．旬は冬．トスカーナ、ウンブリアの他ピエモンテ、特にニッツァ（Nizza）、キエリ（Chieri）、アスティ（Asti）のカルドは有名．

料理 ・*cardi gratinati*.（カルドのオーブン焼き〈ウンブリア、トスカーナ〉）❶豚挽き肉、みじん切りの玉ネギ、セロリ、ニンジンをサラダ油で炒め、赤ワインを加えて煮詰める．トマトホール、ローリエを加えて煮込み、塩、コショウ、ナツメグで味を調える．❷筋を取ってゆでたカルドに小麦粉、溶き卵をつけて揚げ、

▶ **carpaccio**

バターを塗って①をひいた耐熱皿に並べて上からも①をかけ、パルミジャーノ、パセリ、溶かしバターをかけてオーブンで焼く.

Carnaroli [カルナローリ] 男 カルナローリ. 米の一品種. (⇒) riso.

carne (単) [カルネ] / **carni** (複) [カルニ] 女 肉. ・*carne rossa*. 牛肉、ジビエなどの赤身の色が濃い肉. ・*carne bianca*. 仔牛、豚、羊、鶏など色が白っぽい肉. ・*carne macinata*. 挽き肉. ・*carne tritata*. 刻んだ肉、粗挽き肉.

carne alla genovese [カルネ・アッラ・ジェノヴェーゼ] ナポリの牛肉の煮込み料理. (⇒) genovese (carne alla ~).

carne alla pizzaiola [カルネ・アッラ・ピッツァイオーラ] 牛肉のピッツァ職人風 (カンパニア). ピッツァ職人が、開店前に自分たちの食事用に作ったのが最初といわれ、本来は、まだ温度が上がる前のピッツァ窯に入れて蒸し煮したまかない料理. レストランメニューとしては、牛ロースの切り身をソテーしてオレガノ、白ワイン、マリナーラソースを加えて作り、料理名も bistecca alla pizzaiola [ビステッカ・アッラ・ピッツァイオーラ] となる.

carne 'ncantarata [カルネ・ンカンタラータ] 女 豚肉の塩漬け (カラブリア). 豚の肩ロース、ロース肉を陶製の容器に入れ、多めの塩、フェンネル・シード、粉トウガラシを振り、木製の蓋をのせて重石をし、最低 2 ヵ月漬けておく. 使うときは水に浸けて塩抜きし、ローストにしたり、パスタのソースなどにする.

carnesecca / carne secca [カルネセッカ] (複-che) 女 ①フラット・タイプのパンチェッタの、トスカーナでの呼び名 (現在は rigatino と呼ばれている). = pancetta stesa. ②ローマのユダヤ人たちが冬に作るサルーミの一種. 牛のランイチの一部を塩漬けにした後、2〜3週間自然乾燥させたもの.

carnia [カルニア] 女 ①カルニア地方 (フリウリ=ヴェネツィア・ジュリア州). ②フリウリ、カルニア産のチーズ. = formaggio di malga. テーブル・チーズとして食べる他、グリルやフライパンなどで焼いて食べる.

carote (複) [カローテ] 女 ニンジン.

料理 (付け合わせ)・*carote in fricassea*. フリカッセ. ・*carote in agrodolce*. 甘酢風味. ・*carote glassate*. グラッセ. ・*carote al burro*. バター・ソテー. ・*carote alla panna*. 生クリーム風味.

carpa [カルパ] 女 鯉. 北イタリアで昔はクリスマスなどに使われていたが、現在はあまり食べられない.

carpaccio [カルパッチョ] 男 カルパッチョ. = filetto alla ~. ヴェネツィアのハリーズ・バーのオーナー、ジュゼッペ・チプリアーニが、医者から火を通した肉を食べることを禁止されていたお客のために考えた料理. ちょうどその年 (1963年) のヴェネツィアでは、画家ヴィットーレ・カルパッチョ (Vittore Carpaccio)

carpione ▶

の展覧会が開かれており、彼の絵の赤い色使いのイメージから、この料理をカルパッチョと名付けた.現在は他の素材でも、薄く切り分けた形で盛った料理をカルパッチョと呼ぶようになっている.

料理 ・*carpaccio*(= *filetto alla carpaccio*).(牛ヒレ肉のカルパッチョ風〈ヴェネト〉)薄く叩いた牛ヒレ肉を皿に並べて軽く塩を振り、マヨネーズ、トマトケチャップ、ウスターソース、レモン汁、ブランデー、タバスコを混ぜて絞り袋で格子状に絞りかけ、パセリを振る.

・*carpaccio con grana e rucola.*(カルパッチョ グラーナ・チーズ、ルコラ添え〈各地方〉)薄く叩いた牛ヒレ肉を皿に並べ、塩、コショウ、レモン汁、オリーブ油をかけ、薄切りのグラーナ・チーズとルコラをのせる.＊カルパッチョのヴァリエーションの一つ.

carpione [カルピオーネ] 男 北イタリア、ガルダ湖にいるマスの一種.この魚の代表的な調理法に、揚げて酢漬けにする料理があり、そこからこの地方ではマリネー料理を、… in carpione と呼ぶようになった.

carré [カッレー](仏) 男 仔牛・羊・豚・ジビエなどの背肉(ロース)の部分.

carrello [カレッロ] 男 ワゴン.・*antipasti su carrello.* ワゴンにのせたいろいろな種類のアンティパスト.

carrettiera (alla ~) [(アッラ・)カレッティエーラ] 車夫風.(＊ carrettiere 男、carrettiera 女 馬車引き.)もともとはシチリアのパスタ料理で、ボウルにオリーブ油、生のニンニクをすったもの、ペコリーノを合わせて混ぜ、ゆで上げたスパゲッティを入れて和えたもの.生のトマトを加えることもある.その後ラツィオ、トスカーナなどで同名だが異なるパスタ料理が生まれた.

料理 ・*spaghetti alla carrettiera.*(スパゲッティの車夫風〈ラツィオ〉)ニンニクの風味を移したオリーブ油で薄切りのポルチーニを炒め、スーゴ・ディ・カルネ(牛肉の煮込みのソース)、ツナ、パセリを加え、ゆでたスパゲッティを加えて和える(生のポルチーニの代わりに乾燥ポルチーニを使うこともある).＊ローマではリガトーニを使うことが多い.

carruba [カッルーバ] 女 イナゴ豆.小アジア原産.アラブ人によってシチリアで栽培されるようになった.9月ごろ収穫された後、乾燥させる.糖分が豊富なのでシロップなどにも使われる.

carta [カルタ] 女 紙.メニュー.

carta (alla ~) [(アッラ・)カルタ] アラカルトで.アラカルト・メニュー.

carta argentata [カルタ・アルジェンタータ] 女 アルミホイル.foglio d'alluminio、carta stagnola などの呼び名もある.

carta assorbente [カルタ・アッソルベンテ] 女 ペーパー・タオル、キッチン・

ペーパーなど、油などを吸わせるために使う紙.
carta oleata [カルタ・オレアータ] 囡 ワックス・ペーパー、オーブン・シート.
carta trasparente [カルタ・トゥラスパレンテ] 囡 ラップフィルム. = pellicola alimentare.
carta da musica [カルタ・ダ・ムーズィカ] サルデーニャのパンの一種. = (⇒) carasau.
cartamo [カルタモ] 男 紅花、サフラワー.
cartellate (複) [カルテッラーテ] / **carteddate** (複) [カルテッダーテ] 囡 プーリア州の菓子. クリスマスから新年にかけて食べられる.
　作り方 小麦粉、白ワイン、オリーブ油、水で練った生地を薄くのばし、リボン状に切ってバラの花の形にし、油で揚げ、ハチミツや温めたヴィンコットに浸けてカラースプレーをまぶす.
cartilagine [カルティラージネ] 囡 軟骨.
cartoccio (**al ~**) / (**in ~**) [(アル・) / (イン・) カルトッチョ] (複-ci) カルトッチョ. 紙包み焼き. (＊cartoccio 男 紙包み. 調理用の薄紙.)
casadello [カーサデッロ] 男 ロマーニャ地方の菓子. = caciatello.
　作り方 ❶小麦粉とその半量のバター、水、塩を練ったパイ生地をのばし、型に入れて焼く. ❷卵黄、全卵、砂糖を混ぜたものに、バニラの香りをつけて沸騰させた牛乳を加えて混ぜ、①に入れて再びオーブンで焼く. 粉糖を振り、好みのデコレーションをする.
casalinga (**alla ~**) [(アッラ・) カサリンガ] (複-ghe) 自家製の. 我が家風. 家庭風. (＊casalinga 囡 主婦.)
casalingo [カサリンゴ] (複男-ghi、複女-ghe) 形 自家製の. 家庭の.
casareccio [カサレッチョ] / **casereccio** [カセレッチョ] (複男-ci、複女-ce) 形 自家製の. ・*pane casareccio*. 自家製パン、田舎風パン. ・*pasta casareccia*. 自家製パスタ.
casarecce (複) [カサレッチェ] / **caserecce** (複) [カセレッチェ] 囡 南イタリアの手作りのマカロニのようなイメージで作られた乾燥パスタの名前. 比較的新しい製品である.
casatella trevigiana [カザテッラ・トゥレヴィジャーナ] 囡 ヴェネト州トレヴィーゾ産の、牛乳製ソフトタイプのチーズ (D.O.P.).
casatiello [カザティエッロ] 男 カンパニア地方で復活祭に作られる蛇の目形に焼いたトルタ. 生卵 (またはゆで卵) を殻ごと埋め込むようにのせるのが特徴. casa (チーズのナポリ方言名) が多く入るのが名前の由来.
casera [カゼーラ] 囡 正式名は Valtellina Casera. ロンバルディア州ヴァルテッリー

ナ地方の D.O.P. チーズ．牛の半脱脂乳から作られる．（⇒) pizzoccheri や (⇒) sciatt などに使われる．

casereccio = (⇒) casereccio.

casoeula / cassoeula [カッスウラ] 囡 カッスウラ．豚スペアリブ、サルシッチャ、豚皮、耳、足とチリメンキャベツの煮込み．ミラノの冬の郷土料理．= cazzoeula、bottaggio とも呼ばれている．

casonsei（複）[カゾンセイ]/**casoncelli**（複）[カゾンチェッリ] 男 ロンバルディア州（ブレーシャ、ベルガモ）の詰め物パスタ．casonsei [カゾンセイ] は方言で、語源はイタリア語の calzoncini [カルツォンチーニ] からという説と、ラテン語の caseus（チーズ）からという説がある．パスタの形、詰め物にいろいろなヴァリエーションがある．

料理 ・*casonsei al sugo di carne*（カゾンセイ スーゴ・ディ・カルネ風味〈ロンバルディア州ブレーシャ〉）ほぐしたサルシッチャ、パン粉、卵、パルミジャーノを混ぜた詰め物を、のばしてパイカッターで切り分けたパスタに挟んで長方形に折り、両端をつける．ゆでて、温めたスーゴ・ディ・カルネに加え、パルミジャーノを加えて和え、パセリを振る．＊祝い事（結婚式など）で供される料理．

cassata abruzzese [カッサータ・アブルッツェーゼ] 囡 アブルッツォ州の菓子．
作り方 薄切りのスポンジ生地にリキュール（チェンテルバ）入りのシロップを染み込ませ、トローネ、チョコレートを混ぜたバタークリームを塗りながら重ね、最後にクリームを全体に塗る．

cassata gelata [カッサータ・ジェラータ] 囡 シチリアのアイスクリーム菓子．
作り方 型にアイスクリーム（一般的には外側にバニラかピスタチオ、中側にチョコレート）を入れ、中心に果物の砂糖漬け、ナッツ、チョコレートなどを混ぜたホイップクリームを詰め、冷やし固める．

cassata siciliana [カッサータ・シチリアーナ] 囡 シチリアの代表的なケーキ．
作り方 パン・ディ・スパーニャ（pan di spagna）を型に貼り付け、果物の砂糖漬けを加えたリコッタを詰め、マジパンで全体を覆い、アイシング、果物の砂糖漬けなどでデコレーションする．

casseruola [カッセルオーラ]/**casserola** [カッセローラ] 囡 鍋（中型の深鍋．片手のものが多く使われる）．キャッセロール．・*casseruola bassa*. 浅鍋．

cassola [カッソーラ] 男 サルデーニャの魚介のスープ．= sa cassola.
作り方 オリーブ油、ニンニク、トウガラシを熱し、トマト、バジリコを加え、魚介類を入れて蓋をして煮て、パセリを振る．

cassopipa [カッソピーパ] 男 casso (= coccio) は「土鍋」、pipare は「弱火で加熱

▶ **cavallo**

する」．もとはキオッジャの方言で、土鍋を使い弱火で煮込んだ魚介料理やビゴリのソースなどに付けられる料理名．特にキオッジャではアサリで作る bibarasse in cassopipa が有名．

castagna [カスターニャ] 囡 栗．アペニン山脈地帯（ウンブリア、トスカーナ、エミリア＝ロマーニャ、ピエモンテ）がおもな産地．栽培品種もあり、上質のものは marrone [マローネ] と呼ばれている．

castagnaccio [カスタニャッチョ] (複-ci) 男 トスカーナ、リグーリア、エミリア＝ロマーニャで食べられている菓子．トスカーナでは pattona [パットーナ] とも呼ばれる．

作り方 栗の粉、砂糖、塩を合わせ、牛乳と水を加えながらかき混ぜ、レーズン、松の実、オリーブ油を混ぜて型に流し、上にもレーズン、松の実、ローズマリー、オリーブ油を振り、オーブンで焼く．

castagnole (複) [カスタニョーレ] 囡 エミリア＝ロマーニャ州の揚げ菓子．カーニバルに食べられる．形が栗 (castagna) に似ているところからの名であって、材料に栗が使われているわけではない．

castelmagno [カステルマーニョ] 男 ピエモンテ州クーネオ県産のチーズ．夏場に作られる．生産量が少なく珍重されており、高価．

castrato [カストゥラート] 男 生後1年の去勢羊．過 形 去勢した．

castraùre (複) [カストゥラウーレ] 囡 ヴェネツィアの S. Erasmo（サンテラズモ）島周辺で作られているカルチョフィ（小型のヴィオレット種）の早摘みのもの．

casu marzu [カーズゥ・マルツ] 男 サルデーニャ島の羊乳製チーズ、ペコリーノ・サルド (pecorino sardo) の一種で、ハエの幼虫が入っている．自家消費用で一般には販売されない．イタリア語では cacio marcio．また、formaggio coi bachi (formaggio coi vermi) ともいう．

catalogna [カタローニャ] 囡 カタローニャ・チコリ．= cicoria catalogna (⇒ cicoria)．

cauciune molisane [カウチューネ・モリザーネ] 囡 モリーゼ州のクリスマスの菓子．

作り方 ゆでた栗の実、チョコレート、アーモンド、シトロンの皮の砂糖漬け、ハチミツなどを混ぜ合わせた詰め物で半月形のラヴィオーリを作り、揚げる．

cavallo [カヴァッロ] 男 馬．= (⇒) equino．

料理 ・*brasciola di cavallo.* [ブラシオーラ・ディ・カヴァッロ]（馬肉のインヴォルティーニ〈プーリア州バーリ〉）1人前約100gの薄切りの馬肉の中央に、ラルド（またはパンチェッタ）、カーチョカヴァッロ、ニンニクのみじん切りをのせてロール状に巻き、タコ糸でしばる．塩、コショウをしてオリーブ油でソテーし、

白ワイン、トマト、トウガラシを加えて煮込む．＊バーリの料理なので brasciola alla barese とも呼ぶ．

・***pastissada de caval***．[パスティッサーダ・デ・カヴァル]（馬肉の赤ワイン煮〈ヴェネト〉）＊ caval = cavallo．ぶつ切りにした馬肉を赤ワイン、香草、スパイスでマリネーした後小麦粉をまぶし、香味野菜と一緒にソテーし、漉したマリネー液で煮込む．

cavatappi [カヴァタッピ]（単複同形）男 ①コルク抜き．②（複）コルク抜きに似せて作った、らせん状の筋入りショートパスタ．

cavatelli（複）[カヴァテッリ] 男 南部一帯で作られるパスタ．オレッキエッテより少し厚めで細長い．「へこみをつけた」という意味．地方によっては cavatieddi、cavatielli などいろいろな呼び名がある．

cavatorsoli [カヴァトルソリ] 男 芯取り器．

caviale [カヴィアーレ] 男 キャビア．・***caviale rosso***．イクラ．・***caviale calabrese***、***caviale del sud***．(⇒) rosamarina (②) の別称．・***caviale del mediterraneo***、***caviale sardo***．ボッタルガ (bottarga) の別称．・***caviale dei poveri***．焼きナスをパテ状にしたものを、洒落で「貧乏人のキャヴィア」と呼ぶ．

cavolfiore [カヴォルフィオーレ] 男 カリフラワー．

【おもな産地と品種】

カンパニア州：***gigante di napoli***．

マルケ州：***jesino***、***verde di macerata***（緑色）．

トスカーナ州：***toscano***．

シチリア州：***violetto di sicilia***（紫色で一見ブロッコリーのように見えるため、料理名にはブロッコリーと記されることが多い）．

cavolini di Bruxelles（複）[カヴォリーニ・ディ・ブリュッセル] 芽キャベツ．

料理 ・***cavolini di Bruxelles allo speck***．(芽キャベツのスペック風味) サラダ油とバターを熱して細切りのスペックと玉ネギを炒め、ゆでて半分に切った芽キャベツを入れて湯を少量加え、塩、コショウをする．

cavolo [カーヴォロ] 男 キャベツ．イタリアでキャベツと呼ばれるものは、大きく分けて以下の4種類．

① ***cavolo cappuccio*** [カーヴォロ・カップッチョ]．固く結球した玉キャベツ．紫（赤）キャベツ (cavolo rosso) もこの仲間．

② ***cavolo verza*** [カーヴォロ・ヴェルザ]．チリメンキャベツ．別名 cavolo di Milano [カーヴォロ・ディ・ミラノ / ミラノのキャベツ]．ミラノでキャベツといえばヴェルザのこと．

③ ***cavolo nero*** [カーヴォロ・ネーロ]．黒キャベツ（ケールの一種）．トスカーナ

▶ cedro

の特産品で、トスカーナ方言では braschetta [ブラスケッタ] ともいう.
④ *cavolini di Bruxelles* [カヴォリーニ・ディ・ブリュッセル]. 芽キャベツ.

cavolo cinese [カーヴォロ・チネーゼ] 男 白菜. = cavolo di pechino. ＊最近はチンゲン菜も同様に呼ぶ.

cavolo rapa [カーヴォロ・ラーパ] 男 コールラビ. 主産地はラツィオ、プーリア.

cazzagai [カッツァガーイ] 男 ボルロッティ豆入りポレンタ (エミリア＝ロマーニャ州レッジョ・エミリア) = calzagatti. (= calcio gatto/ 猫を蹴飛ばす) ともいうが、この料理名の由来には、不器用な家政婦が、猫につまづいてポレンタの鍋にインゲン豆を落としてしまい、主人に怒られるかと思っていたがおいしいと褒められた、という話がある.
作り方 みじん切りのパンチェッタ、ニンニク、ローズマリーを弱火で炒め、ゆでたボルロッティ豆、トマトソースを入れて煮込む. これをポレンタの仕上がり直前に加え、パルミジャーノ、コショウ、パセリも加えて混ぜる. 天板に広げて冷まし、切り分けてバターで焼く (できたてのポレンタに煮込んだ豆をかけ、熱いうちに食べることも多い).

cazzilli (複) [カッツィッリ] 男 シチリア (パレルモ) 風ポテト・コロッケ. ＊シチリア方言名.
作り方 裏漉したジャガイモにバター、みじん切りのボンレスハム、カーチョカバッロ、ペコリーノ、卵黄、パセリ、塩、コショウを混ぜてやや細長い俵状に成形し、パン粉揚げにする. ＊南部のコロッケは一品料理として食べられるため、さまざまな具材が入る.

cazzimperio = (⇒) cacimperio.

cazz'marr [カッツマール] 男 = marretto [マッレット]. プーリア、バジリカータの仔羊の内臓料理. 棒状に切った仔羊の内臓にパセリ、ペコリーノ、生ハムを加えて網脂で包み、腸で巻き、オーブンで焼く.

cazzoeula [カッツウラ] = (⇒) casoeula.

cecatelli (複) [チェカテッリ] 男 モリーゼで作られる cavatelli と同様のパスタ (カヴァテッリとも呼ばれている).

ceci (複) [チェーチ] / **cece** (単) [チェーチェ] 男 エジプト豆.

cedrata [チェドゥラータ] 女 シトロン風味の微発泡の飲み物.

cedrina [チェドゥリーナ] 女 レモンバーベナ (香水木) という香草. 料理の他ハーブティーとして飲まれたり、リキュールの香り付けに使われる. 他に erba luisa、erba luigia、limoncina、verbena odorosa などの呼び名がある.

cedro [チェードゥロ] 男 シトロン. 現在はほとんどが砂糖漬けにされる. その他製菓用、薬用、香水にも使われる.

cedronella [チェドゥロネッラ] 女 レモンバーム（和名：コウスイハッカ）. =（⇒) melissa.

cee（複）[チェエ] / **cieche**（複）[チエーケ] / **ceche**（複）[チェーケ] 女 ウナギの稚魚. cee はトスカーナ方言. 現在イタリアでは漁は禁止されている.

cefalo [チェーファロ] 男 ボラ.「大きな頭」というギリシャ語が語源. トスカーナ、サルデーニャでは muggine [ムッジネ]、カンパニア、プーリアでは capuozzo [カプオッツォ]、シチリアでは cefalu [チェファルー]、ヴェネトでは volpina [ヴォルピーナ] という. 臭みが強く、サルデーニャ以外ではあまり使われない.

cena [チェーナ] 女 夕食、ディナー.

cenci（複）[チェンチ] 男 カーニバルの時季に食べられる揚げ菓子の、トスカーナ地方での呼び名.「布きれ」という意味. 他に donzelle とも呼ぶ.（⇒) frappe.

cenone [チェノーネ] 男 祭日、特にクリスマス・イブ、ニューイヤー・イブ、カーニバルのときの豪華なディナー.

Centerbe [チェンテルベ]（単複同形）男 / **Centerba** [チェンテルバ]（単複同形）女 薬草系リキュール. アブルッツォ産は鮮やかな緑色でアルコール度数70度. ヴィチェンツァ産は薄い茶色で別名 latte di suocera（姑のミルク）. バニラの香りが強くアルコール度数75度.

centopelle [チェントペッレ] 男 センマイ（牛・仔牛などの第3胃）.「百枚の皮」の意. 料理ではこの他 foiolo [フォイオーロ]、millepieghe [ミッレピエーゲ] とも呼ばれる.（⇒) omaso.

centrifuga [チェントゥリフーガ]（複-ghe) 女 ①遠心分離機. ②遠心分離式ジューサー. ・*centrifuga per insalata*. 野菜水切り器、サラダスピナー. = asciuga insalata.

ceppaia [チェッパイア] 女 厚さ15cm 前後のまな板. おもに肉を叩くときに使われる.

ceppo [チェッポ] 男 骨や骨付きの肉を叩き割ったり、肉を叩いたりするときに使用する木製の台.

cerase（複）[チェラーゼ] 女 サクランボ. 特にローマ、ナポリでの呼び名. =（⇒) ciliegie.

cerasella [チェラゼッラ] 女 サクランボのリキュール、チェリーブランデー.

cerasello [チェラゼッロ] 男 サクランボのように丸い形のトウガラシのナポリでの呼び名. = peperone cerasello、peperoncino cerasello.

cerchio [チェルキオ]（複-chi）男 円形、セルクル型.

cereali（複）[チェレアーリ] 男 穀類. シリアル. 語源は農業を司る女神、Cerere [チェレレ].

▶ **cervo**

cereghin [チェレギン] 男 目玉焼きのロンバルディア方言名.「司祭の剃髪」の意. 見た目が似ているところから. = uovo in cereghin.

cerfoglio [チェルフォーリオ] 男 セルフィーユ. イタリアでは白身魚の料理、ミスティカンツァ、他にはデリケートな料理に添える程度.

ceriole(複) [チェリオーレ] / **ciriole**(複) [チリオーレ] 女 ウンブリア州テルニのパスタ. 小麦粉(最近はセモリーナ粉を混ぜることもある)と水で作る. キターラに似た形や、約1cm幅、長さ10cmほどのリボン状など、形にはヴァリエーションがある. 以前はやや厚めにのばしたパスタ生地を4mmほどの幅に切り、編み棒を使い筒状に成形した. その色と形がロウソク(cera)に似ていることからこの名前が付いたといわれている.

cernia [チェールニア] 女 ハタ. クエ. さまざまな種類があり、地中海南部、特にシチリアからアフリカ沿岸で獲れる.

Certosa [チェルトーザ] 女 カルトジオ会の修道院(フランスではシャトリューズと呼ばれる). 各修道院ではフランス産のシャトリューズと同様のリキュールも作られており、Certosaと呼ばれている. イタリアではパヴィアの修道院のものが有名.

certosina (**alla ~**) [(アッラ・)チェルトズィーナ] 修道院風(料理名). 中でもパヴィアのリゾット料理が有名. 他にヴェネト地方のバッカラ料理もある.

料理 ・ *risotto alla certosina.* (修道院風リゾット〈ロンバルディア州パヴィア〉) ❶カエルとザリガニをブロードでゆで、骨や殻を除いて適宜に切り分ける. ブロードは漉しておく. ❷オリーブ油でみじん切りのフンギ・セッキと米を炒め、白ワインを加えて煮詰め、①のブロードを加えながら煮込み、仕上がり5分前にザリガニ、カエル、ゆでたグリーンピース、パセリを加え、塩、コショウで味を調えて器に盛る. 塩、コショウをしてオリーブ油でソテーした川スズキを添え、パセリを振る. ＊食事制限の多い修道院にとって、ザリガニやカエルは重要な食材だったことから、これらを使う料理を「修道院風」という.

cervella = (⇒) cervello.

cervellata [チェルヴェッラータ] 女 ①ミラノ周辺で作られる腸詰めで、料理の味付けに使われる. 豚バラ肉、背脂、牛の骨髄、シナモン、ナツメグ、サフランなどのスパイス、パルミジャーノを合わせてペーストにし、腸詰めにする. ②おもにカンパニア、プーリア、カラブリアで作られる腸詰めで、豚肉、背脂に赤ワイン、フェンネル、トウガラシなどで味付けしてある.

cervello [チェルヴェッロ] 男 / **cervella** [チェルヴェッラ] 女 脳みそ. 卵の衣をつけてフライに. またはゆでて甘酢ソースで食べるなどする.

cervo [**チェルヴォ**] 男 鹿. 150～200kgの大きさ.

cespo ▶

料理 ・*cervo alla valdostana.*（鹿の煮込み ヴァッレ・ダオスタ風）❶赤ワインに香味野菜とスパイスを加えたマリネ液に鹿もも肉を1日漬ける．❷①の肉に塩、コショウ、小麦粉をまぶし、サラダ油で焼いて、漉したマリネ液、トマトホールを加えて煮込む．❸肉を切り分けて器に盛り、煮汁に生クリーム、塩、コショウを加えて肉にかける．

cespo [チェスポ] 男 レタス、チコリなどの葉物野菜の1株．

cestello [チェステッロ] 男 揚げ物用の金属製のかご．cestino とも呼ぶ．

cestino [チェスティーノ] 男 小さなかご．

cetriolini（複）[チェトゥリオリーニ] 男 小さいキュウリ．おもに酢漬け、sott'aceto（ピクルス）にされる．リチェッタに cetriolini とある場合はピクルスを指す．

cetriolo [チェトゥリオーロ] 男 キュウリ．小さいものは (⇒) cetriolini（複）．

cetriolo di mare [チェトゥリオーロ・ディ・マーレ] ナマコの俗称．= oloturia.

champignon [シャンピニョン] (仏) 男 仏語でキノコの意だが、最近のイタリア語のリチェッタではマッシュルームを指す語として使われている．

charlotte [シャルロット] (仏) 女 シャルロットケーキ．シャルロット型にサボイアルディを貼り付け、ババロアを詰める菓子．作り方もほぼフランスと同じ．

checca（**alla ~**）[(アッラ・) ケッカ] ケッカ風．ローマのリストランテで創作されたパスタ料理の名前．＊材料の1つのフィノッキ（フェンネル）には「おかま」の意味もあり、そのローマ方言が checca [ケッカ] 女 形 であるところから．

料理 ・*spaghetti alla checca.*（スパゲッティのケッカ風〈ラツィオ州ローマ〉）ボウルにトマトの角切り、種を抜いたグリーン・オリーブ、バジリコ、パセリ、フェンネル・シード、オリーブ油、塩、コショウを合わせてかき混ぜ、ゆでたスパゲッティを入れて手早く混ぜる．

chela [ケーラ] 女 エビ、カニのハサミの部分．

chenella [ケネッラ] 女 クネル．語源は仏語の quenelle. = morbidella（やわらかいものの意）．

chiacchiere（複）[キャッキェレ] 女 カーニバルの時季に食べられる揚げ菓子の名称の一つ．意味は「おしゃべり」．おもにミラノでの呼び方で．生地にアマレットが加わる．ナポリから南部一帯でも同様に呼ぶ．(⇒) frappe.

chiangarelle（複）[キアンガレッレ] 女 オレッキエッテのターラント地方（プーリア州）の方言名．レッチェでは chiancarelle と呼ばれている．

Chianina [キアニーナ] 女 キアニーナ牛．トスカーナ州キアーナ渓谷産の牛．フィオレンティーナ用の牛肉として有名．

chiappa [キャッパ] 女 ミノ（牛・仔牛などの第1胃）．リチェッタなどにはこの呼び

方が使われることが多い．他に ciapa［チアーパ］、pancia［パンチャ］、cordone［コルドーネ］、rumine［ルーミネ］とも呼ばれる．

chiarificare［キャリフィカーレ］動 （バター、スープなどを）アクなどを取って澄ませる．

chiaro d'uovo［キアーロ・ドゥオーヴォ］卵白．= bianco d'uovo．(⇒) uovo．

chicco（単）［キッコ］/ **chicchi**（複）［キッキ］男 穀物の粒．コーヒー豆．ブドウのような粒状の果物の粒．= granelli（複）．

chiffel［キッフェル］/ **chifel**［キフェル］男 北イタリア（特にトレンティーノ＝アルト・アディジェ）で作られる半月状のパンで、クロワッサンに似ている．ドイツ語の kipfel が語源．

chifferi（複）［キッフェリ］男 ①キッフェリ．半円形に曲がった管状のマカロニ．②半月形の焼き菓子（リグーリア地方）．

chilo（単）［キーロ］/ **chili**（複）［キーリ］男 キログラム．= chilogrammo（単）［キログランモ］/ chilogrammi（複）［キログランミ］．

china［キーナ］女 キナの木．キナの木の皮から作るリキュール．

chinato［キナート］男 キナの皮を加えた甘味ワイン．Barolo chinato がよく知られている．過 形 キナを加えた．

chinois［シノワ］（仏）男 シノワ．= colabrodo．イタリアの厨房でも、シノワとも呼ぶ．

chinotto［キノット］男 キノット．小さなオレンジのような柑橘類から作られる炭酸系清涼飲料水．キャラメルを加えるので、コーラのような色をしている．

chinulille（複）［キヌリッレ］女 カラブリア州の菓子．リコッタ詰めの半月形のパスタを揚げたもので、panzerotti dolci とも呼ばれている．詰め物はいろいろなヴァリエーションがある．

chiocciola［キオッチョラ］女 エスカルゴ、カタツムリ．= lumaca．・*chiocciola di mare*．巻き貝．

chiocciole（複）［キオッチョレ］女 カタツムリの形をしたマカロニ．一般的には lumache、lumachine と呼ばれている．

chiodini（複）［キオディーニ］男 ナラ茸の一種．名前は「小さな釘」の意．別名 famigliole buone．

chiodi di garofano（複）［キオーディ・ディ・ガローファノ］丁字．クローブ．エウジェニア（ミルト科の熱帯樹）のつぼみを乾燥させたもの．見た目の形から「カーネーション形の釘」という名前が付いた．

chisolini（複）［キソリーニ］/ **chisulen**（複）［キスレン］男 エミリア＝ロマーニャ州で作られる、パン生地を薄くのばして揚げたものの呼び名の一つ（おもにピア

chitarra ▶

チェンツァ周辺で). = gnocco fritto [ニョッコ・フリット]、crescentine [クレシェンティーネ].

chitarra [キターラ] 囡 キターラ. アブルッツォ地方で使われる、パスタを切る器具の名称. 方言で carrature [カーラトゥーレ] という. · *maccheroni alla chitarra*. キターラで作るパスタ. 断面が四角い. 昔はセモリナ粉と水で作っていたが、最近は卵入りが多い. ラツィオに tonnarelli [トンナレッリ] という同様のパスタがある.

chitarra

chiudere [キューデレ] 動 閉じる、蓋をする.

chiusura ermetica [キューズーラ (キュースーラ)・エルメーティカ] 密封. (*chiusura 囡 閉じること. ermetico 形 密封した.)

chizze (複) [キッツェ] 囡 (⇒) gnocco fritto に似たものだが、生地でパルミジャーノの薄切りを包んで揚げたもので、昔は chezzi とも呼ばれていた. レッジョ・エミリアで作られる. = chizze reggiane.

ciabatta [チャバッタ] 囡 ①本来はロンバルディア州コモ産の長方形のパン. ciabatta はスリッパの意で、スリッパに形が似ていることからこの名が付いた. 現在のものは1982年にロヴィーゴのアルナルド・カヴァッラーリ氏によって作られたタイプ. ②楕円形に形作って詰め物をし、スリッパのような形に仕上げる肉料理に使われる名前.

ciacci (複) [チャッチ] 男 = (⇒) necci の、トスカーナ州ルッカ県ガルファニャーナ (Garfagnana)、ヴェルシリア (Versilia) 地方での呼び名.

ciacci di ricotta (複) [チャッチ・ディ・リコッタ] エミリア地方の料理で、リコッタ、牛乳、小麦粉、ベーキングパウダー、塩をボウルでクリーム状になるまでかき混ぜねかせた生地を、小さめのフライパンに薄く油を塗ったところに入れて、やや厚めのクレープのように焼き、ハムやサラミなどを挟んで、温かい前菜またはプリモピアットとして食べる.

cialda [チャルダ] 囡 / **cialdone** [チャルドーネ] 男 ゴーフレット・メーカーで薄く焼いた菓子. ウエファースやゴーフルに似ている. ロール状やコーン状になったものもある.

cialsons (複) / **cialzons** (複) / **cjalsons** (複) [チャルソンス] 男 フリウリ=ヴェネツィア・ジュリア (北部のカルニア地方) の詰め物パスタ. 14世紀ごろからあり、語源はフランス語の calisson [カリソン / マジパンを詰めた菓子] という説が有力.

料理 · *cjalsons di timau.* (カルニア風詰め物パスタ) 詰め物は裏漉したジャ

▶ cicatelli

ガイモ、レーズン、玉ネギの香りを移したバター、レモンの皮、塩、コショウ、砂糖、シナモン、ミント、パセリ、卵黄、グラッパを混ぜ合わせたもの．詰めたパスタをゆで上げ、すりおろしたリコッタ・アッフミカータ、シナモン、砂糖、溶かしバターを振る．

ciambella [チャンベッラ] 女 リングドーナッツ形の菓子．各地にいろいろなものがあり、甘いものの他、塩味のものもある．

ciambellina [チャンベッリーナ] 女 (⇒) ciambella の小さいもの．

ciambotta [チャンボッタ] 女 南部一帯の野菜の煮込み料理で、「混ぜ合わせ」という意味．温・冷どちらでも食べられる．おもに夏野菜 (ナス、ズッキーニ、ペペローニ) とジャガイモが使われる．カラブリアでは ciambotta または ciambrotta、バジリカータでは ciammotta、カンパニアでは cianfotta とも呼ばれ作り方も多少変わる．プーリア北部では zuppa di pesce のことを意味するので、野菜のものは ciambotta di verdure と区別をする．

作り方 ニンニクの風味を移したオリーブ油で玉ネギを炒め、トマトホールを入れ、素揚げしたペペローニ、ジャガイモ、ナスなどの野菜を加えて煮て、塩、コショウ、パセリを加える．

ciammotta [チャンモッタ] = (⇒) ciambotta.

cian [チャン] 男 栗の粉、水、塩を混ぜてテスタローリ (⇒ testaroli) のように焼き、リコッタやフレッシュチーズを巻いて食べるもの．ルニジャーナ地方、特に Ponteremoli (テスタローリでも有名な町) で作られる．

cianfotta [チャンフォッタ] = (⇒) ciambotta.

ciapa [チアーパ] = (⇒) chiappa.

ciaudedda [チャウデッダ] 女 バジリカータ地方の野菜料理．シチリアの frittedda に似ている．

作り方 パンチェッタと玉ネギを鍋に合わせて炒め、ソラ豆、ジャガイモ、カルチョフィを入れ、水を加えて蓋をして煮込み、塩、コショウで味を調える．

cibreo [チブレオ] 男 鶏の内臓のフリカッセ (トスカーナ)．

作り方 ❶ゆでて皮をむいたトサカ、切り分けたレバー、卵巣をバターで炒め、塩、コショウ、白ワイン、少量のブロードを加える．❷ボウルに卵黄、レモン汁、ごく少量の小麦粉を合わせてよく混ぜ、温めたブロードを加えながらかき混ぜる．①の鍋に加えて手早くかき混ぜて皿に盛り、トーストしたパンを添える．

cicala di mare [チカーラ・ディ・マーレ] ①シャコのトスカーナ、ラツィオでの呼び名．= canocchia. ②セミエビ．= cicala grande di mare, magnosa.

cicatelli (複) [チカテッリ] 男 モリーゼ州、プーリア州北部 (フォッジャ周辺) で作られるパスタ．カヴァテッリより長めで人指し指、中指、薬指の先でくぼみをつけ

ciccioli ▶

たものが一般的だが、オレッキエッテと同じ形のものをこう呼ぶこともある.
ciccioli(複)[**チッチョリ**]男 豚の背脂などからラードを作った後に残る部分(鴨の脂で作る場合もある). ナポリでは cicoli [チコリ]、ラツィオでは sfrizzoli [スフリッツォリ] と呼ぶ. フォカッチャやフリッタータなどの料理に使われる他、エミリア地方ではそのまま食べたりする.
cicenielli(複)[**チチェニエッリ**] / **cicinielli**(複)[**チチニエッリ**]男 (⇒) bianchetti のナポリ方言名.
cicerchia [**チチェルキア**]女 スイートピーの種. ceci (エジプト豆) によく似ている. したがって調理法もゆでたり、スープ、煮込みなど.
cicerchiata [**チチェルキアータ**]女 カーニバルの時季に中南部で作られる菓子. ナポリの struffoli に似ている.
【作り方】❶小麦粉、卵、オリーブ油を混ぜたパスタを小さく丸めて揚げる. ❷煮詰めたハチミツに、①とスライスアーモンド、フルーツの砂糖漬けを加えて混ぜ、蛇の目の型に詰め、冷ましてから型から抜く.
cicerello [**チチェレッロ**]男 イカナゴ.
ciciones(複)[**チチョネス**]男 サルデーニャの北部で作られる、ニョッキの形に作ったパスタ. 南部では (⇒) malloreddus と呼ばれ、やや大きくなる. =(⇒) gnocchtti sardi.
cicoli(複)[**チコリ**] (⇒) ciccioli のナポリ方言名.
cicoria [**チコーリア**]女 チコリの総称. 種類が多く、通称は別名でも正式名称には頭に cicoria と付く野菜がたくさんある.
【おもなチコリの種類】
① *cicoria da taglio*. [チコーリア・ダ・タリオ] cicorino [チコリーノ]、spadona [スパドーナ] とも呼ばれる. 別名 lingua di cane (犬の舌). 根が大きく、葉の先のほうだけ使う.
② *cicoria riccia*. [チコーリア・リッチャ] riccia は「縮れ」という意味. cicoria indivia [チコーリア・インディーヴィア]、cicoria endivia [チコーリア・エンディーヴィア] ともいう. 日本では「エンダイブ」として流通している. = indivia riccia.
③ *cicoria crespa*. [チコーリア・クレスパ] crespa は「縮れ」という意味. cicoria scarola [チコーリア・スカローラ] ともいう. リッチャより葉が広く、牡丹の花のような形状.
④ *cicoria belga*. [チコーリア・ベルガ] cicoria di Bruxelles [チコーリア・ディ・ブリュッセル] ともいう. いわゆるベルギーチコリ、アンディーブ. = indivia belga.

⑤ *cicoria rossa*. [チコーリア・ロッサ] 赤チコリ．ヴェネト地方の特産品 radicchio [ラディッキオ] のこと．

⑥ *cicoria catalogna*. [チコーリア・カタローニャ] 形状は水菜に似ている．南部 (特にプーリア) がおもな産地 (cicoriella とも呼ばれる)．苦みが強く、ゆでてガーリック炒め、サラダにする他、スープなどに使われる．

cicoria asparago [チコーリア・アスパーラゴ] 囡 (⇒) puntarelle (複) の別称．

cicoria di soncino [チコーリア・ディ・ソンチーノ] = (⇒) radice di soncino.

cicoria matta [チコーリア・マッタ] 囡 タンポポの別称．意味は、「おかしなチコリ」. = (⇒) tarassaco.

cicoria selvatica [チコーリア・セルヴァーティカ] 囡 cicoria の自生種．タンポポに似ている．葉が若いうちはサラダなど生食に向く．生長したものは塩ゆでして使う．特にローマにはトウガラシ、ガーリック・オイルで炒めて食べる料理、cicoria in padella alla romana がある．

cicoriella [チコリエッラ] = cicoria catalogna. (⇒) cicoria.

cieche (複) [チェーケ] / **cieca** (単) [チェーカ] 囡 ウナギの稚魚．= cee (複).

cignale [チニャーレ] 男 イノシシのトスカーナ方言名．= (⇒) cinghiale.

ciliegie (複) / **ciliege** (複) [チリエージェ] 囡 サクランボ、チェリー．実がやわらかいものは3～5月に出回り、ferrovia [フェロヴィーア]、moretta di cesena [モレッタ・ディ・チェゼーナ]、amarena [アマレーナ] などの品種がある．実が固くやや大粒のものは6月末に出回り、vignola [ヴィニョーラ] などの品種がある．

cima [チーマ] 囡 ジェノヴァ方言でバラ肉のこと．おもに料理の～ripiena を指すことが多い．

料理　・*cima ripiena alla genovese*. (ジェノヴァ風チーマ) 仔牛バラ肉に切り込みを入れ、詰め物を詰めてとじ、布で包んでタコ糸でしばり、香味野菜を入れた湯でゆでる．重石をして冷ました後切り分け、バジリコを加えたサルサ・ヴェルデを添える．一般的な詰め物は、仔牛肉、ゆでた仔牛胸腺肉と脳みそとカルチョフィ、マジョーラム、パン粉、卵、パルミジャーノ、パセリをフードプロセッサーにかけ、グリーンピース、松の実、塩、コショウを加えたもの．冷・温どちらでも食べられる．春先の祝い事などによく出されるもので、各家庭で詰め物にヴァリエーションがある．ピエモンテではゆでずにローストする．

cima (cime) di rapa [チーマ (チーメ)・ディ・ラーパ] 菜の花、ナバナの類．ローマでは (⇒) broccoletti [ブロッコレッティ] と呼ぶ．

cimarolo [チマローロ] 男 ローマ産のカルチョフィの中心の茎にできる、一番大きなカルチョフィの呼び名．(⇒) carciofi.

cinese [チネーゼ/チネーセ] 男 本来の意味は「中国人」. = chinois (仏). シノワを こう呼ぶ場合もある. 形 中国の.

cinghiale [チンギアーレ] 男 イノシシ. トスカーナ方言では cignale [チニャーレ]. トスカーナからカラブリア (ティレニア海側) までの地方、およびサルデーニャで おもに食べられる. トスカーナにはイノシシの生ハムやサラミもある.

料理 ・*cinghiale in agrodolce.* (イノシシのローマ風甘酢煮込み) 白ワインで 作ったマリーナ・コッタ (マリネー液) に一晩漬けたイノシシ肉に塩、コショウを し、サラダ油でソテー. マリネー液の野菜を加えて炒め、マリネー液も加えて弱火 で煮込む. やわらかくなった肉を取り出し、煮汁を裏漉す. 鍋に戻し、湯に浸けた レーズン、干しプラム、みじん切りのオレンジピール、レモンピール、ワインヴィ ネガー、砂糖、砕いたビターチョコレートを加え、火にかけて弱火でかき混ぜな がら仕上げる.

cinnamomo [チンナモーモ] 男 シナモン. = (⇒) cannella.

cioccolata [チョッコラータ] 女 飲み物のココアやチョコレート.

cioccolato [チョッコラート] 男 菓子のチョコレート. 現在イタリアではピエモンテ に多くのチョコレート関係の会社があり、特にトリノのジャンドゥイア (gianduia、gianduja) というソフトチョコレートは有名. ・*cioccolato fondente.* コー ティング用チョコレート. ・*cioccolato al latte.* ミルクチョコレート. ・*cioccolato bianco.* ホワイトチョコレート. ・*tavoletta di cioccolato.* 板チョコ レート. ・*gocce di cioccolato.* チョコチップ. ・*granelli di cioccolato.* チョ コスプレー.

ciotola [チョートラ] 女 ボウル. どんぶり状の器.

cipolla [チポッラ] 女 玉ネギ. 表皮の色から、秋冬は ramata (赤銅色)、dorata (黄 金色) と呼ばれる種類が出回り、春夏は bianca (白) と呼ばれる種類が多くなる. 早くから各地に広まっていた野菜で、地方によってさまざまな呼び名がある. ピエ モンテ州では sigura [スィグラ]、リグーリア州では siola [スィオラ]、ロンバル ディア州では scigol [シゴル]、ヴェネト州、フリウリ州では cevola [チェヴォ ラ]、seola [セオラ]、zeola [ツェオラ]、トスカーナ州では maligie [マリジエ]、 シチリア州では cipudduzza [チプドゥッツァ]、サルデーニャ州では ziodda [ツィオッダ] と呼ばれる. ・*cipolla rossa.* 赤玉ネギ.

料理 ・*cipolle fritte.* (玉ネギのフライ) 輪切りにした玉ネギを牛乳に浸して小 麦粉をまぶし、油で揚げて塩をする.

cipollaccio col fiocco [チポッラッチョ・コル・フィオッコ] プーリア、バジリ カータが主産地のユリ科の植物. 小さい玉ネギに似た球根を食用にする. ひじょ うにアクが強く、2回ほどゆでこぼしてアクを抜いてから使う. = lampascione

▶ clementina

[ランパッショーネ]、lampasciuolo [ランパッシュオーロ]、muscari comosum [ムースカリ・コモスム].

cipollata [チポッラータ] 囡 トスカーナ州、ウンブリア州の玉ネギのスープ.
　作り方 パンチェッタのみじん切りを炒め、薄切りの玉ネギを加えて軽く色づくまで炒めた後、ブロードを加えて煮込む. スープ皿にガーリックトーストを入れてスープを注ぎ、パルミジャーノかペコリーノを添える.

cipolline (複) [チポッリーネ] 囡 小玉ネギ. 外側が白い種類にはプーリア産で丸形の bianca di Barletta [ビアンカ・ディ・バルレッタ]、ピエモンテ産で平形の bianca di Ivrea [ビアンカ・ディ・イブレア] などがあり、茶色の外皮を持つものには、エミリア゠ロマーニャ産の borrettana [ボレッターナ] などがある.
　料理 ・*cipolline brasate*. 鍋に小玉ネギとバター、ブロードを入れて弱火で蒸し煮する (イタリア各地方).
　・*cipolline in agrodolce*. 小玉ネギをオリーブ油でサッと炒め、白ワイン、酢、レーズン、松の実を加え、湯を加えて蒸し煮する (ラツィオ).

cipollotto [チポッロット] 男 葉玉ネギ. 別名 maggiaiuole [マッジャイウォーレ] (「5月の」の意) とも呼ばれ、春先に出回る.

circa [チルカ] 副 約〜 (分量、加熱時間など).

ciriola [チリオーラ] 囡 ①ウナギのローマ方言名. 昔はローマのテヴェレ川でも獲れ、日本のウナギに近い大きさで、ローマっ子の大好物だった. ②楕円形の小型のパン (ローマ方言名). 皮はパリっとしているが中身はフワッとやわらかい.

ciriole (複) = (⇒) ceriole.

ciuffo [チュッフォ] / **ciuffetto** [チュッフェット] 男 1枝 (パセリ、バジリコなどの).

ciuppin [チュッピン] 男 魚とトマトの裏漉しスープ (リグーリア).
　作り方 みじん切りの玉ネギ、ニンジン、セロリ、ニンニクをオリーブ油で炒め、薄く色づいたら白ワインを加えて煮詰め、トマトホールを加えて少し煮詰める. ここに切り分けた白身魚と中骨、湯を加えて煮込む. 中骨を取り除き、スープを漉して鍋にあけて火にかけ、塩で味を調え、パセリを加える. トーストしたパンを入れた器に注ぐ.

civé [チヴェ] 男 ジビエ類の煮込み. = sive、civet (仏).

cjalsons = (⇒) cialsons.

clam [クラム] (英) 男 ハマグリ (イタリアには存在しないので、英語名が使われる).

clavaria [クラヴァーリア] 囡 ホウキ茸. = manine、ditole.

clementina [クレメンティーナ] 囡 クレメンティーナ (みかんとオレンジの交配種). 最近は市場に多く出回るようになった. 日本の伊予柑に似ている.

coagulare [コアグラーレ] 男 凝固させる.
cobite [コビーテ] 男 ドジョウ.
coccio [コッチョ] (複-ci) 男 ①ホウボウのラツィオ地方の方言名. = (⇒) cappone. ②陶器. 土鍋.
cocciola' e fango [コッチョラ・エ・ファンゴ] cuore di mare (ヨーロッパザル貝) のナポリ方言名.
cocciule riccia [コッチューレ・リッチャ] 女 (⇒) tartufo di mare のシチリア方言名.
cocco [コッコ] 男 ヤシ. ココナッツ. = noce di cocco.
coce [コーセ] 女 カボチャのフリウリ方言名. 北部のカルニア地方では cavocia という. (⇒) zucca.
cocomero [ココーメロ] 男 スイカ. = (⇒) anguria.
cocozza [ココッツァ] 女 カボチャの南部での方言名. cucuzza [ククッツァ] ともいう. = (⇒) zucca.
coda [コーダ] / **code** (複) [コーデ] 女 ①テール (尾).

料理 ・*coda di bue alla vaccinara*. (牛テールの皮なめし職人風〈ローマ〉) ❶切り分けて下ゆでした牛テールに塩, コショウをして小麦粉をまぶし, サラダ油をひいたフライパンで焼き色をつけ, 鍋に移す. ❷みじん切りの玉ネギ, ニンジン, セロリとローリエ, オリーブ油を加え, 蓋をして弱火にかける. ❸野菜が炒まったら白ワインを加えて煮詰め, つぶしたトマトを加えて煮込む. ❹ぬるま湯で戻したレーズン, 松の実を加える. テールがほぼやわらかくなったら, 固めにゆでたセロリ, クローブ, シナモン粉を加え, 塩, コショウで味を調える (好みでチョコレートを加えることもある).

＊ローマの下町テスタッチョ地区には昔屠殺場があり, 仕事を手伝う代わりに尾が付いたままの牛の皮をもらい, 皮をなめして売り, 生計を立てていた人たち (vaccinari) が住んでいた. 彼らにちなんで付けられた料理名.

②しっぽ状のもの. 頭を取ったエビの身の部分や, アンコウなど.

coda di cavallo [コーダ・ディ・カヴァッロ] つくし. 他に equiseto, coda cavallina, coda di asino, cucitolo, erba rugna, rasparela などの呼び名がある. 昔農家では, パン粉をつけてフライにしたり, ゆでてオイル, ヴィネガーで味付けする他, スープの具に使っていた.

coda di rospo [コーダ・ディ・ロスポ] アンコウ. = rana pescatrice. リグーリアでは (⇒) boldrò とも呼ぶ. 食べられるのはおもに冬だが, 5～9月にも出回る. rospo, rana は「カエル」の意で, 見た目からの名前.

codeghina [コデギーナ] 女 ヴェネト産のコテキーノ (⇒ cotechino) の一種. =

▸ **coltello**

codeghin(ヴェネット方言). 牛腸に詰めるのが特徴. 詰め物の配合は豚肉35%、脂15%、皮50%の割合.

codone [コドーネ] 男 ①オナガ鴨. ②イチボ(牛・仔牛の部位名).

cognà [クニャー] 女 ピエモンテ州ランゲで作られるジャムタイプのソース. ワイン用のブドウ(ドルチェット)を絞り、半量になるまで煮詰め、切った梨、リンゴ、マルメロ、イチジクを加えて煮込み、ナッツ、ドライフルーツやスパイスを加えて更に煮詰める(ジャム状になるまで). ＊ボッリート・ミスト、テーブル・チーズ、ポレンタなどに添えられる. 発音の通り cugnà とも書く.

colabrodo [コラブロード] (単複同形) 男 スープ漉し. = chinois、passino fine.

colapasta [コラパスタ] (単複同形) 男 パスタ用水切りザル. = scolapasta.

colatura di alici [コラトゥーラ・ディ・アリーチ] (⇒) garum.

colazione [コラツィオーネ] 女 本来は朝食、昼食を意味する言葉. 現在はおもに朝食を指す. ・*prima colazione.* 朝食. ・*seconda colazione.* 昼食.

colino [コリーノ] 男 漉し器. ・*colino da tè.* 茶漉し.

colla di pesce [コッラ・ディ・ペッシェ] 板ゼラチン.

collo [コッロ] 男 ネック. 首の部分.

colmo [コルモ] 形 (分量の表示で) 山盛り、~強.

colomba pasquale [コロンバ・パスクアーレ] 女 復活祭に食べる、鳩の形をしたロンバルディア州パヴィア発祥といわれるパン菓子. パネットーネ同様全国的に有名.

colomba pasquale

colombaccio [コロンバッチョ] (複 -ci) 男 山鳩、野鳩、森鳩. 中部、特にウンブリアでは palombaccio [パロンバッチョ] とも呼ばれている.

colombina maggiore [コロンビーナ・マッジョーレ] 女 カワリハツ(キノコ).

colombina verde [コロンビーナ・ヴェルデ] 女 アイ茸. = verdone.

colorante [コロランテ] 男 着色料.

colorare [コロラーレ] 動 色を付ける(パスタを練ったり、菓子を作るとき).

colorire [コロリーレ] 動 焼き色を付ける(特にオーブン焼きで). 色を付ける.

colorito [コロリート] 過 形 焼き色をつけた.

coltellino [コルテッリーノ] 男 ペティ・ナイフ. ・*coltellino da cuoco.* パーリング・ナイフ. 一番小さいナイフで、刃先の部分がカーブしているプロ向けのタイプ. (⇒) spelucchino とも呼ばれている.

coltello [コルテッロ] 男 包丁. ・*coltello a sega per surgelati.* 冷凍食品用ナイフ. ・*coltello da colpo.* 大型のチャップ用ナイフ. ・*coltello da ostriche.*

オイスター・ナイフ.・*coltello a sega*、*coltello da pane*. パン切りナイフ.・*coltello per disossare*. 骨すきナイフ.・*coltello per formaggi molli*. チーズ・ナイフ (やわらかいチーズ用).・*coltello per grana*. パルメザン・チーズ用ナイフ.・*coltello per salmone*. サーモン・ナイフ.

colza [コルツァ] 囡 ナタネ、セイヨウアブラナ (食用野菜ではなく、油を作るためのもの).・*olio di colza*. 菜種油.

comino [コミーノ] / **cumino** [クミーノ] 男 クミン・シード. 古代ローマ時代にはよく使われていたが、現在はあまりイタリア料理に使われない.

commestibile [コンメスティービレ] 形 食べることのできる. 食用の.

commestibili (複) [コンメスティービリ] 男 食料. 食料品.

composta [コンポスタ] 囡 コンポート.・*composta di frutta*. フルーツ・コンポート.

concentrato [コンチェントラート] 過形 濃縮した. 男 濃縮したもの.・*concentrato di pomodoro*. トマトの果汁を加熱濃縮したもの. トマトペースト. 19世紀末にパルマで生産されるようになった. doppio, triplo と濃縮度の高いものもある.

conchiglia [コンキッリア] 囡 貝殻.・*conchiglia di San Giacomo* [コンキッリア・ディ・サンジャコモ]. ホタテ貝. conchiglia del pellegrino とも呼ばれている. = (⇒) capasanta.

conchiglie (複) [コンキッリエ] 囡 コンキリエ (シェル・マカロニ).

conchigliette (複) [コンキリエッテ] 囡 コンキリエッテ (スモール・シェル・マカロニ).

condensare [コンデンサーレ] 動 濃縮する.

condiggion / condijun [クンディジュン] 男 リグーリア州のミックス・サラダ. condiglione ともいう.
作り方 トマト、キュウリ、ペペローニ、ケイパー、黒オリーブ、ツナ、アンチョビー、玉ネギの薄切りを合わせ、ワインヴィネガー、オリーブ油、塩、コショウで調味して器に盛り、ゆで卵、ボッタルガまたはドライ・ツナを飾る. ＊本来はワインヴィネガーで湿らせたガレッタ (乾パン) を器に敷いておく.

condimento [コンディメント] 男 ①味付け. ②ドレッシング、調味料.

condire [コンディーレ] 動 味付けする.

confetti (複) [コンフェッティ] 男 おもにアーモンドに糖衣をかけたもの (ドラジェ).

confettini (複) [コンフェッティーニ] 男 カラースプレー (砂糖で作る). 南部では diavolilli、diavolini ともいう. 細長いタイプは codette と呼ばれている.

▶ **coniglio selvatico**

confettura [コンフェット**ゥ**ーラ] 囡 ジャム．一般的には果物のものだが、野菜で作ることもある．

confortini(複) [コンフォル**ティ**ーニ] 男 ピエモンテ地方のクッキー．= lingue di gatto．

congelare [コンジェ**ラ**ーレ] 動 凍らせる．

coniglio [コ**ニ**ーリオ] (複-gli) 男 家ウサギ．もっとも飼育が盛んなのはヴェネト．北から南までさまざまな調理法で食べられているが、中部では丸ごとローストするポルケッタ風が一番ポピュラー．大きなものは煮込みにし、半端肉はパスタのソースやパテに利用される．

料理 ・*coniglio all'astigiana.* (ウサギの煮込み アスティ風〈ピエモンテ〉) ソテーしたウサギ肉にパンチェッタ、ニンニク、ローズマリー、セージの各みじん切り、玉ネギの薄切りを加えて炒め、赤ワインを加えて煮込む．

・*coniglio alla cacciatora* (*di romagna*). (ウサギのカッチャトーラ ロマーニャ風) ソテーしたウサギ肉にニンジン、セロリ、ニンニク、セージの各みじん切りを加えて炒め、炒めた玉ネギとパンチェッタを入れ、白ワインを加えて煮詰め、トマトホール、ローリエを入れて煮込み、パセリを振る．

・*coniglio alla ligure.* (ウサギの煮込み リグーリア風) オリーブ油でニンニクを炒めて取り出し、ウサギ肉を入れてサッと焼き、セージ、ローズマリー、タイム、パセリを加えて蓋をし、オーブンで焼く．途中白ワインを加え、黒オリーブ、松の実を加えてオーブンで火を入れる．

・*coniglio all'ischitana.* (ウサギの煮込み イスキア風〈カンパニア〉) ウサギ肉をオリーブ油でソテーし、ニンニク、赤トウガラシ、香草(ローズマリー、オレガノ、タイムのうち1種)を加え、白ワインを加えて煮詰め、ポモドリーノ(缶詰)、バジリコを加えて弱火で煮る．

・*coniglio in porchetta.* (ウサギのポルケッタ風〈ウンブリア、ラツィオ、マルケ〉) 刻んだパンチェッタ、ラルド、ローズマリー、フィノッキオ・セルヴァーティコ、ニンニクをウサギの腹に詰めて塩、コショウをし、ローズマリー、オリーブ油を加えてローストする．

coniglio selvatico [コ**ニ**ーリオ・セル**ヴァ**ーティコ] 男 野ウサギの一種．レープレ (lepre) より小型の穴ウサギ．

料理 ・*cunigghiu a stimpirata.* [クニッギュ・ア・スティンピラータ] (ウサギの煮込み甘酢風味〈シチリア〉) ウサギ肉(本来 coniglio selvatico を使用する)をソテーし、ニンニク、玉ネギ、セロリ、ケイパー、グリーン・オリーブを加え、赤ワインを振り、ワインヴィネガー、砂糖、パセリを加えて煮込む．＊シラクーザの料理．料理名はシチリア方言．

cono [コーノ] 男 アイスクリームを入れるコーン．

conserva [コンセルヴァ] 女 缶詰、ビン詰などの保存用食品．ただし、南部特にカンパニア地方ではトマトの裏漉しをペースト状になるまで天日干ししたものを指す．同様のものをシチリアでは strattu di pumaroru（= estratto di pomodoro）または単に strattu と呼んでいるが、これは conserva よりも濃い．

conservare [コンセルヴァーレ] 動 保存する．おいておく．

consistenza [コンシステンツァ] 女 パスタ生地など、練ったものの固さやスープ、ソース、ピュレーなどの濃度．

contenitore [コンテニトーレ] 男 容器（ポット、密封容器など保存のために使われるもの）．= recipiente.

contorno [コントルノ] 男 一般的にはメイン料理の付け合わせ野菜料理．ガルニトゥール．

controfiletto [コントゥロフィレット] 男 牛肉の部位のヒレ下肉．コントゥロ・フィレ．

controgirello [コントゥロジレッロ] 男 牛肉の部位のナカ肉．= fetta di mezzo.

controllare [コントゥロッラーレ] 動 調整する（味、火加減など）．

copata [コパータ] / **copeta** [コペータ] / **cupeta** [クペータ] 女 プーリア州の菓子．アーモンド入りのトローネの一種．バジリカータにも同様のものがある．

coperchio [コペルキオ]（複-chi）男 蓋．

coperto [コペルト] 男 レストランで、客数や席料を表わす言葉．過 形 覆われた．

copeta =（⇒）copata.

coppa [コッパ] 女 ①豚の肩から首にかけての部分．およびその肉で作る生ハム．一般に（特に北部で）こう呼ばれているが、中南部では capocollo と呼ばれる．エミリア＝ロマーニャ州北西のピアチェンツァ産（D.O.P.）、パルマ産（I.G.P.）が有名．ピアチェンツァ、パルマでは（⇒）bondiola [ボンディオーラ] とも呼ぶ．②おもにトスカーナ、マルケ、ラツィオ、ウンブリア地方で作られるサルーミ．おもに豚の頭部（タンを含む）をゆでてざく切りにし、オレンジ、レモンの皮、シナモン、黒コショウ、ゆで汁で味付け、牛腸などに詰めて冷ます．日持ちはしない．= testa in cassetta、coppone. 同じものをトスカーナでは（⇒）soppressata [ソップレッサータ] とも呼ぶ．③脚付きのグラス、カップ．

coppa dell'amicizia [コッパ・デッラミチーツィア] ヴァッレ・ダオスタ特産の木彫りの円盤形の器．複数の飲み口があり、各々そこからコーヒーをまわし飲みする．(⇒) grolla という他の器と混同され、グロッラと呼ばれることが多い．

coppiette（複）[コッピエッテ] 女 ローマ周辺で作られる干し

coppa dell'amicizia

肉．オステリアなどでつまみとして出される．本来は馬肉をスパイス、香草などを入れた赤ワインに漬け、暖炉の熱で乾燥させたもの．最近は豚肉のものが主流．

copripiatti [コプリピアッティ] 男 / **campana** [カンパーナ] 女 料理をサービスするときに皿を覆う器．cloche [クロッシュ]（仏）．銀、ステンレス、プラスティック製などがある．

coprire [コプリーレ] 動 蓋をする．覆う（練った生地、マジパンなどで）．ソースなどを全体にかける．材料がかぶるくらい水分を足す．

corada [コラーダ] / **corata** [コラータ] 女 = polmone．家畜の肺．おもに北イタリアで食べられる．corada は特にロンバルディアでの呼び名．

corallo [コラッロ] 男 甲殻類、ホタテ貝のコライユ．

corata = (⇒) corada.

coratella [コラテッラ] 女 おもに仔羊の内臓の一般的な呼び名．正確には内臓のうちレバー、ハツ、肺、脾臓をまとめて呼ぶ名称（地方によっては肺のみを指す場合もある．またまれにウサギのものを指すこともある）．特にローマでは昔からよく食べられている．

料理 ・*coratella coi carciofi.*（コラテッラとカルチョフィのソテー〈ラツィオ〉）切り分けて塩、コショウをした羊の内臓をソテーし、別にソテーしておいたカルチョフィを加え、白ワイン、パセリを振る．

corazza [コラッツァ] 女 甲殻類の殻．

corbezzola [コルベッツォラ] 女 西洋ヤマモモ．

corda [コルダ] / **sa corda** [サ・コルダ] / **cordula** [コルドゥラ] 女 羊の腸を使った料理．掃除した羊の腸を切り開き、約半量を束ね、残りの腸でまわりを編み込むようにしてしばっていき棒状にまとめたものを、ジャガイモとともにローストしたり、トマト、グリーンピースとともに煮込んだりする．

cordone [コルドーネ] 男 ミノ（牛・仔牛などの第1胃 /rumine) のローマでの呼び名．cordone は「ズボンの折り返し」の意で、特に上ミノのことを指す．= chiappa、ciapa、pancia.

cordula = (⇒) corda.

coregone [コレゴーネ] 男 コレゴヌス．サケ科の淡水魚（マスの一種）．= (⇒) lavarello.

coriandolo [コリアンドロ] 男 コリアンダー．種を乾燥させたものをスパイスの名前として使うことがほとんど．香草のほうは prezzomolo cinese と呼ばれる．

corifena [コリフェーナ] 女 シイラの別称．= (⇒) lampuga.

cornetto [コルネット] 男 クロワッサン．コーンに入ったアイスクリーム．円錐形に成形した料理．

cornetti ▶

> 料理 ・*cornetti di mortadella e insalata russa.*（モルタデッラのコルネット〈エミリア＝ロマーニャ〉）．モルタデッラにインサラータ・ルッサ（ポテトサラダ）をのせて円錐状に巻く．

cornetti（複）［コルネッティ］男 サヤインゲン（おもに北部での呼び名）．＝（⇒）fagiolini.

corona［コローナ］女 王冠形に成形した料理、菓子．

corteccia［コルテッチャ］（複-ce）女 樹木の皮．果実の皮．パン、チーズの表面の固い部分（＝ crosta）．

corvina［コルヴィーナ］女 ニベ科の魚．イシモチに似ている．

corzetti（複）［コルツェッティ］男 リグーリア州の生パスタ．＝ croxetti［クロセッティ］、corsetti［コルセッティ］．語源は croce（十字架）．作り方は2種類あり、一つはのばしたパスタを丸型で抜き、模様入りの木のスタンプを押し付けて作るもの（corzetti stampati［コルツェッティ・スタンパーティ］）．十字架をデザインした模様が一般的だったことが、名前の由来．おもにリグーリア東部 La Spezia［ラ・スペツィア］周辺で作られる．もう一つは、インゲン豆大に丸めたパスタに人差し指と中指の2本を揃えて押し付け、8の字の形にするもの（corzetti alla polceverasca［コルツェッティ・アッラ・ポルチェヴェラスカ］）．ジェノヴァの北部 Val polcevera（ポルチェーヴェラ渓谷）一帯で作られる．

corzetti 用のスタンプ

coscia［コッシャ］（複-sce）女 ／ **coscio**［コッショ］男 ももの部分、もも肉．

cosciotto［コッショット］男 羊、豚、ウサギなどのもも肉．

> 料理 ・*cosciotto d'agnello al forno alla molisana.*（仔羊もも肉のオーブン焼き モリーゼ風）仔羊もも肉に塩、コショウ、セージ、ローズマリー、オリーブ油をかけてオーブンでローストする（途中で白ワインをかけて焼く）．玉ネギのフライを添える．

cospargere［コスパルジェレ］動 振りかける．

costa［コスタ］／ **costola**［コストラ］女 ①牛・仔牛・豚などの背肉．②セロリなどの野菜の茎．

costardella［コスタルデッラ］女 ／ **costardello**［コスタルデッロ］男 サンマ科の青魚で形も日本のサンマに似ているが、口がとがっている．ラツィオでは gastardello、プーリアでは gustardiello、ナポリ（カンパニア）では gastauriello とも呼ばれている．

costarelle（複）［コスタレッレ］女 ラツィオ地方での呼び方で（⇒）abbacchio の骨付きロースのこと．仔羊（agnello）、豚の骨付きロース肉をこのように呼ぶこともある．

▶ cotoletta

costata ［コスタータ］囡 牛のロース肉（骨付きの場合が多い）．

costatina ［コスタティーナ］囡 おもに豚の骨付きロース肉の呼び名．

costine（複）［コスティーネ］囡 骨付きバラ肉、スペアリブ（おもに豚肉）．＝ puntine．

costola = (⇒) costa．

costoletta（単）［コストレッタ］/**costolette**（複）［コストレッテ］囡 骨付きロース肉、およびそれで作るカツレツ．

　料理　・*costolette alla valdostana.*（仔牛のカツレツ ヴァッレ・ダオスタ風）仔牛骨付きロース肉を叩いて薄くのばし、切り目を入れてフォンティーナ・チーズを挟み、パン粉をまぶして包丁の腹で叩き、塩、コショウ．溶き卵、パン粉の順につけて多めのサラダ油で焼く．

　・*costolette del priore.*（仔牛骨付きロース肉のソテー 僧院長風〈ロンバルディア州ブレーシャ〉）仔牛骨付きロース肉に塩、コショウ、小麦粉をまぶしてサラダ油でソテーした後、白ワイン、オレガノ、トマトソースを加えて弱火で煮る．肉を取り出して煮汁にクレセンツァ・チーズを入れて溶かし、肉にかける．

cotechino ［コテキーノ］男 エミリア＝ロマーニャ州から北東部の地域で作られるサルーミの一種．詰め物を豚の皮（cotenna、cotica）で包んで作っていたところからの名だが、現在は腸や人工ケーシングに詰められる．詰め物の配合は豚肉70％、脂10％、皮30％のものが一般的．モデナ産は I.G.P. 認定．(⇒) zampone、(⇒) musetto．

　料理　・*cotechino in galera.*（牛肉のコテキーノ詰め煮込み〈エミリア＝ロマーニャ〉）牛肉に切り込みを入れてコテキーノを詰め、口をとじて塩、コショウをする．サラダ油で焼いて焼き色をつけ、玉ネギ、ニンジン、セロリ、ローリエを加えて蒸し煮し、野菜がしんなりしたらトマトペースト、赤ワインを加えて煮込む．火が通ったら粗熱を取って切り分け、裏漉したソースにゆでたレンズ豆を加えて混ぜ、肉に添える．

cotenna ［コテンナ］/ **cotica** ［コーティカ］（複-che）囡 豚の皮．

cotenna di prosciutto ［コテンナ・ディ・プロッシュット］生ハムの皮．

cotica = (⇒) cotenna．

cotogna ［コトーニャ］囡 マルメロ．丸形のものは mela cotogna ［メーラ・コトーニャ］．長いものは pera cotogna ［ペーラ・コトーニャ］．

cotognata ［コトニャータ］囡 マルメロを煮込んだ後乾燥させて作る、南部（シチリアなど）の菓子．中はゼリー状で、子どものおやつなどになる．

cotoletta ［コトレッタ］囡 カツレツ．カツレツは本来骨付き肉を使い、(⇒) costoletta と表記されるが、これがフランスに伝わり côtelette となった．そしてこれ

cotto ▶

が再びイタリア語化する際に cotoletta となって、骨なし肉で作るカツレツや、他の素材で作る場合にもこの語が使われるようになった．そこからイタリアでは「s が付くと骨が付く」という言い方がされる．

料理 ・*cotoletta alla milanese.*（仔牛のカツレツ ミラノ風）仔牛肉にパン粉をまぶしながら肉叩きで叩いてのばし、卵形に成形．卵、パルミジャーノ、塩、サラダ油を合わせておいたものをつけ、パン粉をつけて押さえる．包丁の腹で叩いて縁を整え、包丁のみねで片面にグリル目をつける．多めのサラダ油で焼いて裏返し、バターを加える．

・*cotolette di tassista.*（タクシードライバー風カツレツ〈ロンバルディア州ミラノ〉）2枚のモルタデッラで薄切りチーズを挟み、パン粉、溶き卵、パン粉の順につけて多めのサラダ油で焼く．＊タクシードライバーのような、食事がゆっくりできない人たちでも、すぐにできて食べるのも簡単な料理、という意味のストリート・フードの一種．

・*cotoletta di pesce spada con pomodori e rucola.*（カジキのカツレツ 生トマト、ルコラのせ〈各地方〉）卵とパルミジャーノを混ぜ合わせた中に、塩、コショウをしたカジキの切り身を浸け、パセリ入りパン粉をつけて、多めのサラダ油で焼く．塩、コショウ、オリーブ油を加えた角切りトマト、ルコラをのせる．

・*cotolette di polenta.*（ポレンタのカツレツ〈ロンバルディア〉）1cm 厚さにのばして冷ましたポレンタを丸く抜き、厚みを2枚に切って生ハムとチーズを挟み、小麦粉、塩少量を加えた溶き卵、パン粉の順につけ、油で揚げ、トマトソースを添える．

cotto ［コット］過 形 火を通した．

cottura ［コットゥーラ］女 調理法、加熱調理．・*tompo di cottura.* 調理（加熱）時間．

cozze（複）［コッツェ］/ **cozza**（単）女 ムール貝．= mitili ［ミーティリ］．コッツェはもともと南部の方言で、ミーティリのほうが正式の呼び名だが、今ではコッツェのほうが一般的になった．リグーリアでは muscoli ［ムスコリ］、ヴェネトでは peoci ［ペオーチ］、サルデーニャでは cozzula ［コッツラ］、ナポリでは cozziche ［コッツィケ］という．古代ローマ時代から、タラントがムール貝で有名．

料理 ・*cozze gratinate.*（ムール貝のパン粉焼き〈各地方〉）ムール貝を空煎りして殻をはずし、パン粉、パセリ、ニンニク、オリーブ油、塩、コショウを合わせてのせ、オーブンで焼く．

crafen ［クラフェン］（単複同形）男 トレンティーノ＝アルト・アディジェ州の菓子．= (⇒) krapfen.

crauti（複）［クラウティ］男 ザワー・クラウト．

▶ **croccante di mandorla**

cravetta [クラヴェッタ] 囡 イグチ科のキノコ、ヤマイグチ． = porcinello grigio.

crema [クレーマ] 囡 クリーム状のものの呼び名．・*crema acida*. (= panna acida) サワー・クリーム．・*crema caramella*. カスタード・プリン．・*crema di latte*. (= panna) 生クリーム．・*crema pasticcera*. カスタード・クリーム．・*crema fritta*. カスタード・クリームを1cm厚さにのばし、冷めてから切り分け、パン粉の衣をつけて揚げたもの．エミリア地方ではフリット・ミストに加える．

cremolata [クレモラータ] 囡 ①シチリアのフルーツを使ったデザート．② (⇒) gremolada、gremolataの別称．みじん切りにしたパセリとニンニク、すりおろしたレモンの皮を合わせたもの．

cren / kren [クレン] (単複同形) 男 西洋ワサビ、レフォール． = rafano、barbaforte.

crêpe [クレープ] (仏) 男 クレープ． = crespelle.

crescente [クレッシェンテ] / **crescenta** [クレッシェンタ] 囡 ボローニャで作られるフォカッチャ．

crescentine (複) [クレッシェンティーネ] 囡 ①= (⇒) gnocco fritto. ② (⇒) tigelleのモデナでの呼び名．

crescenza [クレシェンツァ] 囡 ロンバルディア産の牛乳製フレッシュチーズ．(⇒) stracchinoの一種．

crescione [クレッショーネ] 男 クレッソン．水の中でできるという意味で、crescione di fonte、crescione d'acquaとも呼ばれている．・*crescione inglese* (*crescione dei giardini*). ガーデン・クレス、コショウソウ．

crespelle (複) [クレスペッレ] 囡 クレープ． = crêpe.

crespone [クレスポーネ] 男 ミラノのサラミ．ミラノではケーシング用の豚の大腸をcresponeと呼び、そこからの名． = salame di Milano.

cresta [クレスタ] 囡 トサカ．

creta [クレータ] 囡 粘土．・… *alla creta*. おもにホロホロ鳥 (faraona) を使った料理で、下ごしらえした鳥を厚手の紙で包み、粘土で覆いオーブンで焼く．

crispeddi (複) [クリスペッディ] 男 = (⇒) frittelleのシチリア方言名．

crispeddi di San Giuseppe (複) [クリスペッディ・ディ・サン・ジュゼッペ] 3月19日のサン・ジュゼッペの日に食べるフリッター．

croccante [クロッカンテ] 形 ① (焼きぐあい、揚げぐあいなどが) パリパリの、カリカリの．② (野菜を) サッと加熱した．男 カラメル状に煮た砂糖にナッツ (アーモンド、ヘーゼルナッツ、ピーナッツ) を加えて混ぜ、薄くのばして切り分けた菓子．

croccante di mandorla [クロッカンテ・ディ・マンドルラ] リグーリア州の菓

crocchè ▸

子．砂糖に少量の水を加えて煮詰め、みじん切りのアーモンドを加えて混ぜてから薄くのばし、切り分ける．

crocchè(複) [クロッケー] 囡 ナポリ、シチリア（パレルモ）で作られるポテト・コロッケ．ナポリでは panzarotti、パレルモでは (⇒) cazzilli とも呼ばれる．

crocchetta [クロッケッタ] 囡 クロケット、コロッケ．

　料理　・*crocchette di fontina.*（フォンティーナ・チーズのコロッケ〈ヴァッレ・ダオスタ〉）ベシャメルにフォンティーナ・チーズと卵黄を加え、コロッケに．

　・*crocchette di salami e funghi.*（サラミとキノコのクリーム・コロッケ〈北部一帯〉）ベシャメルにバター・ソーテーしたサラミとキノコ、パルミジャーノ、卵黄、パセリ、ナツメグ、塩、コショウを加え、コロッケに．

crocetta [クロチェッタ] 囡 ①十字形の小型のパン．②モミジソデ貝（= pié di pellicano）のマルケ州での呼び名．

crosta [クロスタ] 囡 パイ、タルト、タルトレットの皮、パンの外側の焼けて固くなった部分．熟成タイプのチーズの外側の固くなった部分．・… *in crosta.*… の包み焼き．・… *in crosta di pane.*… のパン包み焼き．

crostacei(複) [クロスタチェイ] / **crostaceo**(単) [クロスタチェオ] 男 甲殻類．

crostata [クロスタータ] 囡 菓子の一種．おもにパスタ・フロッラ、またはブリゼのような生地を使い、皮がビスケット状に焼けているタルト．

　菓子　・*crostata di frutta.*（フルーツのタルト）のばした練りパイ生地を円形に焼き、カスタード・クリームと好みのフルーツをのせ、アンズ・ジャム、砂糖、水を合わせて加熱したソースを塗る．

　・*crostata di visciole.*（チェリーのタルト）= crostata di amarena（ラツィオ）．パスタ・フロッラの生地にアマレーナのジャムをのせ、その上にリボン状の生地を格子状にのせて焼いたタルト．

crostatina [クロスタティーナ] 囡 小型（一口サイズ）の crostata.

crostini(複) [クロスティーニ] 男 クルトン．バゲットのような皮付きパンを薄く切って表面を焼いたもの．ズッパに添えたりする．カナッペのようにいろいろなものをのせたり、チーズなどをのせてオーブンで焼いたものなど、さまざまなものがある．

　料理　・*crostini di fegatini.*（鶏レバーのクロスティーニ〈トスカーナ〉）ソフリットに鶏レバーを加えて炒め、白ワインを加える．フード・プロセッサーにかけた後火にかけ、塩、コショウ、パセリを加えたものを、焼いたパンにのせる．

　・*crostini di provatura.*（プロヴァトゥーラのクロスティーニ〈ラツィオ州ローマ〉）薄切りパンとプロヴァトゥーラ・チーズを交互に重ね、串に刺してオーブンまたはピッツァ窯で焼く．バターとすりつぶしたアンチョビーを加熱しながら混ぜ

たソースをかける.

・*crostini con olive nere.*(黒オリーブのクロスティーニ〈トスカーナ〉). 黒オリーブ、トウガラシ、ケイパー、カルチョフィ、オイル、塩を合わせたペーストを、焼いたパンにのせる.

・*crostini di polenta ai funghi porcini.*(ポレンタのクロスティーニ ポルチーニ茸風味〈ヴェネト〉) 1cm厚さにのばして冷ましたポレンタを丸く抜き、オーブンで焼く. サルシッチャとポルチーニをバターで炒め、白ワイン、塩、コショウ、パセリを振り、ポレンタにのせる.

crostoli(複)[クロストリ]男 カーニバルの時季に食べられる揚げ菓子のヴェネト、フリウリ、トレント地方の方言名(グラッパを加えるのが特徴).(⇒) frappe.

crostone[クロストーネ]男 中世に、皿代わりにロースト肉の下に敷いていた、揚げるかトーストしたパン. 現在ではジビエ、牛ヒレ肉の料理などの下に敷いたりする. ポレンタやジャガイモのガレットで代用することもある.

crudità[クルディタ]女 仏語の crudité に由来する名前. 最近イタリアのリストランテのメニューで、生野菜を使った前菜料理に付けられるようになった.

crudo[クルード]形 生の.

crumiri(複)[クルミーリ]男 ピエモンテ州 Monferrato 周辺で作られるクッキー.

crusca[クルスカ]女 ふすま.

cubbaita[クッバーイタ]女 シチリア州のゴマ入りのトローネ. もともとはアラブの菓子で、アーモンドを加えたり、アーモンドで作る場合もある. シチリア東部では giuggiulena[ジュッジュレーナ]とも呼ばれている. またカラブリアでは cumpittu[クンピットゥ]と呼ばれる.

cubetti(複)[クベッティ]男 角切り. サイの目切り. キューブ状のもの(氷、冷凍品など).

cucchiaiata[クッキャイアータ]女 大さじ1杯の量.

cucchiaino[クッキャイーノ]男 小さいスプーン.(分量表示で)小さじ.・*cucchiaino da tè.* ティースプーン.・*cucchiaino da caffè.* コーヒースプーン.

cucchiaio[クッキャイオ](複-ai)男 スプーン.(分量表示で)大さじ.・*cucchiaio da minestra.* スープスプーン.

cucchiaione[クッキャイオーネ]男 縦口レードル. 横口レードル.・*cucchiaione di legno.* 木製の調理用スプーン.

cuccia[クッチーア]女 シチリアの菓子. chicco(粒)が語源の方言名で、その名の通り小麦の粒、リコッタ、砂糖などで作られる. 別名 grano dolce とも呼ばれる. 特にパレルモでは10月13日のサンタ・ルチアの日に食べることから grano di Santa Lucia とも呼ばれている.

cucina ▶

cucina ［クチーナ］囡 ①料理．②厨房．③レンジ．
cucinare ［クチナーレ］動 料理する．調理する．
cucire ［クチーレ］動 縫う．
cuculli (複) ［ククッリ］男 リグーリアのフライ料理．= galletti.
　料理　・*cuculli di patate.* (ポテト・コロッケ) マッシュ・ポテトに松の実ペースト、マジョーラム、卵黄、パルミジャーノ、バターを混ぜ円筒形または球形にし、卵白にくぐらせパン粉をつけ、高温の油で揚げる．
　・*cuculli di farina di ceci.* (エジプト豆のフリテッレ) エジプト豆の粉と水、イーストを混ぜた生地をスプーンですくって揚げる．
cucuzza ［ククッツァ］囡 カボチャの南部方言名．cocozza ［ココッツァ］ともいう．= (⇒) zucca. ＊シチリアでは特産の長いズッキーニの呼び名でもある．
cucuzzella ［ククツェッラ］囡 ズッキーニの南部方言名．= (⇒) zucchina.
cuffia ［クッフィア］囡 ハチノス (牛・仔牛などの第2胃) の名称の一つ．スイミング・キャップのような形の帽子の意．= bonetto、nido di vespa (または nido d'ape)．
cugnà ［クニャー］囡 = (⇒) cognà.
culatello ［クラテッロ］男 パルマの北西、ポー河沿岸の Zibello の町で作られる生ハムの一種．豚のもも肉の中心部だけを使う贅沢なハム．
culurgiones (複) ［クルルジョネス］/ **culurgionis** (複) ［クルルジョニス］男 サルデーニャ州オリアストラ (Ogliastra) 発祥の詰め物パスタ (2015年に I.G.T. 認定)．カリアリ (Cagliari) 周辺では culingionis ［クリンジョーニス］と呼ばれている．その他の地方でも呼び方が変わり、作り方にもヴァリ

culingiones

エーションがある (イタリア語のラヴィオーリ、アニョロッティにあたる)．詰め物は、おもにジャガイモ、リコッタが多く、ソースもトマトベースが多い．また同名の菓子もある．
　料理　・*culingionis de arrescottu.* (サルデーニャ風ラヴィオーリ) 詰め物はリコッタ、ホウレン草、卵黄、サフラン粉、ナツメグ、塩、コショウ．ソースはバジリコ入りトマトソース．最後にペコリーノを加える．= ravioli di ricotta. (⇒) ravioli.
　・*culingionis de mendula.* (アーモンド入りラヴィオーリ〈サルデーニャ〉) 小麦粉、セモリナ粉、ラードを練ったパスタとアーモンドの詰め物で作ったラヴィオーリを揚げ、粉砂糖を振りかける．カーニバルの時季に作られる．
cumino ［クミーノ］男 クミン・シード．= comino.
cumpittu ［クンピットゥ］男 (⇒) cubbaita のカラブリアでの呼び名．

▶ **Cynar**

cunza [クンツァ / クンザ] 囡 モデナの方言でニンニク、ラルド、ローズマリーを叩いてペースト状にしたもの．pesto modenese とも呼ぶ．市販品もある．

cuocere [クオーチェレ] 動 火を通す．加熱する．

cuocipasta [クオーチパスタ] 囡 パスタ・ボイラー．ゆで麺機．

cuoco [クオーコ] (複-chi) 男 料理人、コック．

cuore [クォーレ] 男 ①心臓、ハツ．②野菜の芯のやわらかい部分 (レタス、カルチョフィ、セロリなど)．

cuore di bue [クォーレ・ディ・ブーエ] 牛の心臓の形に似たトマト、ピーマン．

cuore di mare [クォーレ・ディ・マーレ] ヨーロッパザル貝．

cuore di palma [クォーレ・ディ・パルマ] パルミット (palmito)．

cupeta [クペータ] 囡 = (⇒) copata．

curcuma [クールクマ] 囡 ターメリック．

cuscinetto [クッシネット] 男 クシネット (「小さな枕、クッション」という意味)．詰め物をした料理で枕の形に作る (おもに肉料理)．やや薄く大きめに作る場合は portafoglio (財布) という名前に変わる．ローマでは filoncino というパンを使った小さめの mozzarella in carrozza (⇒ mozzarella) をクシネットと呼ぶこともある．

cuscus [クスクス] 男 クスクス．

cuscussù [クスクッスー] 男 クスクスのトラパニ (シチリア) での呼び方．

料理 ・*cuscussù alla trapanese.* (クスクスのトラパニ風〈シチリア〉) 鍋にオリーブ油とニンニクを入れて火にかけ、ニンニクが色づいたらトマトソース、ぶつ切りのカサゴ、エビ、輪切りのヤリイカ、アサリ、白ワイン、パセリ、カサゴのブロードを入れて煮る．塩、コショウで味を調え、ソースを漉して別鍋に入れ、オリーブ油をまぶして蒸したクスクスを入れて煮て、魚介とともに盛り付ける．

cutiscia = (⇒) cutizza．

cutizza [クティッツァ] 囡 ロンバルディア州コモ周辺の地域の家庭で作られる菓子．(⇒) laciada の生地に砂糖、卵、すりおろしたレモンの皮を加えてフリッタータのように焼き、砂糖を振る．cutiscia とも呼ばれている．

cutturidde (単) / **cutturiddi** (複) [クットゥリッディ] 男 仔羊の土鍋煮 (バジリカータの方言名)．agnili a la cutturidde ともいう．プーリアでは cutturiedde と呼ぶ．

作り方 土鍋に仔羊肉、セロリ、トマトホール、小玉ネギ、ローズマリー、ローリエ、水、塩、赤トウガラシを合わせて煮る．

Cynar [チナール] 男 カルチョフィのエッセンスのリキュール．

D

dadini(複)[ダディーニ] 男 小さなサイコロ状(5～7mm角)のもの.

dadi(複)[ダーディ] 男 サイコロ状(1～1.5cm角)のもの. これ以上大きいサイズの場合はcubettiと呼ばれることが多い.

dado[ダード] 男 固形スープ、コンソメ・キューブ.

dadolata[ダドラータ] 女 サイコロ状に切った食材、およびそれらを使った料理.

daino[ダーイノ] 男 ダマ鹿. 60～80kgで、背中にまだら模様がある. 雄はトナカイのような角が生える.

dattero[ダッテロ] 男 デーツ、ナツメヤシの実. おもに乾燥品が出回っている. 現在はあまり料理に使われない.

datteri di mare(複)[ダッテリ・ディ・マーレ] ヨーロッパシギノハシ. ムール貝に似た貝. 細長く少し茶色っぽいため「海のナツメヤシ」と呼ばれている. サッとゆでてレモンで食べる.

datterini(複)[ダッテリーニ] 男 ポモドリーノ(小型のソース用トマト)の一品種. (⇒) pomodoro.

decantare[デカンターレ] 動 デカンタージュする.

decanter[デカンテル](英)男 デカンター. = caraffa da decantazione.

decorare[デコラーレ] 動 飾る.

decorazione[デコラツィオーネ] 女 飾り付け、盛り付け.

deglassare[デグラッサーレ] 動 焼き汁などをワイン、ブロード、湯などで溶かす. デグラッセする.

degustazione[デグスタツィオーネ] 女 本来は「試飲(おもにワイン)」という意味だが、最近は少量の料理をいくつもの皿でサービスするコース料理も指す.

delizie di bosco(複)[デリツィエ・ディ・ボスコ] 森の幸. ① delizie di sottoboscoともいい、数種類のキノコを使った場合、メニュー上で使われる名称. ② 野イチゴなどのベリー類およびそれらを使った菓子などに使われる名称. = (⇒) frutti di bosco.

delizie di mare(複)[デリツィエ・ディ・マーレ] 海の幸. 何種類かの魚介類を使った場合、メニュー上で使われる名称.

densità[デンスィタ] 女 濃度.

denso[デンソ] 形 濃度がある、濃い(ソース、スープなどが).

dente[デンテ] 男 歯.

dente (al ~)[(アル・)デンテ] アル・デンテ. パスタなどのゆでぐあいを表す言葉

で、「歯が固さを感じるくらい」という意味であるが、明確な基準はない．多くのパスタ・メーカーの説明では、ゆで上げたときに芯の部分がほんの少し白く、火が入っていない状態なのがアル・デンテであり、その状態になるまでのゆで時間が表記されている．したがってその後加熱しながらソースと和えたりし、食べるときには余熱によって芯の部分がなくなった状態が好ましい．ナポリなどではvierde（イタリア語のverde/ 熟れていない）という芯がはっきり残った状態を好む．

dente di cane [デンテ・ディ・カーネ] タンポポの北イタリアでの呼び名．「犬の歯」の意．=（⇒）tarassaco.

dente di leone [デンテ・ディ・レオーネ] タンポポの別称．「ライオンの歯」の意．=（⇒）tarassaco.

dentice [デンティチェ] 男 ヨーロッパキダイ．歯（dente）が大きくとがっているところからの名．マダイに近い．おもにグリル、ロースト料理用．

denti di cavallo（複）[デンティ・ディ・カヴァッロ] 意味は「馬の歯」．リガトーニより細いマカロニ．メーカーによってはrigatiniとも呼ぶ．

dessert [デセール]（仏）男 デザート．

destrosio [デストゥローズィオ] 男 デキストロース（＝グルコース）、ブドウ糖．= glucosio.

diametro [ディアーメトゥロ] 男 直径．

diavola (pollo alla ~) [（ポッロ・アッラ・）ディアーヴォラ] 若鶏の悪魔風（料理名〈ラツィオ〉）．（＊diavola 女 魔女、diavolo 男 悪魔．）
作り方 若鶏を背開きにして背骨を除き、尻の皮に切り込みを入れてももの先端を差し込み、肉を叩き、塩、コショウ、オリーブ油をまぶし、熱したフライパンに皮から入れて、重石をして焼く．裏返して裏面も焼く．＊おもにトスカーナとローマで作られるが、この方法はおもにローマ式．トスカーナでは、ニンニク、ローズマリー、オリーブ油でマリネーした後グリルで焼く場合が多い（ナポリにもあるが、トウガラシで辛みをつける）．皮をカリカリに仕上げるのが特徴．料理名の由来には、鶏を開いた状態が、悪魔がマントを広げた姿に似ているから、あるいは作るようすが悪魔が罪人たちを焼くようだから、または辛みをきかせるので驚きの言葉'al diavolo'といってしまうからなど、いくつかの説がある．

diavoletti（複）[ディアヴォレッティ] 男 小さいトウガラシ．

diavolicchio [ディアヴォリッキオ] 男 トウガラシの南部（プーリア、カラブリア、バジリカータ）での呼び名．（⇒）peperoncino.

diavolilli（複）[ディアヴォリッリ] 男 ①トウガラシ（アブルッツォ、モリーゼ地方の方言）．②（⇒）confettini（カラースプレー）の南部での呼び名．diavoliniとも

diavolillo ▶

呼ばれている．
diavolillo [ディアヴォリッロ] 男 トウガラシ（アブルッツォ、モリーゼ地方の方言名）．
diavolini (複) [ディアヴォリーニ] 男 = (⇒) diavolilli.
dieta [ディエータ] 女 食事療法、ダイエット．・*dieta mediterranea*.地中海ダイエット．
digestivo [ディジェスティーヴォ] 男 食後酒．形 消化の．
diliscare [ディリスカーレ] 動 魚の中骨を取り除く（火を通した魚も含む）．
diluire [ディルイーレ] 動 ソースやシロップなどの液体を水で薄める．粉末、ペースト状のものなどを水や液体で溶かす．
dimensione [ディメンスィオーネ] 女 大きさ．
dimezzare [ディメッザーレ] 動 半分にする．
diminuire [ディミヌイーレ] 動 減らす．小さくする．
dindo [ディンド] / **dindio** [ディンディオ] (複-di) 男 七面鳥のヴェネトでの呼び名．=(⇒) tacchino.七面鳥がヴェネツィアに入ってきた当時（1557年）は、gallo d'india と呼ばれていた．これは当時アメリカを西インドと呼んでおり、「インドからきた鶏」という意味で呼んだもの．これが dindio となった．
dischetto [ディスケット] 男 小さな円盤形．
disco [ディスコ] (複-schi) 男 円盤形．
disossare [ディゾッサーレ] 動 肉の骨を抜く．
dispensa [ディスペンサ] 女 パントリー．食糧品室．仕入れ係室．
disporre [ディスポッレ] 動 置く．並べる．・*disporre a fontana*.生地を練るとき、粉で円形の土手を作る．= fare a fontona.
dissalare [ディッサラーレ] 動 塩抜きする（塩漬けのアンチョビー、ケイパーなど）．
distillato [ディスティッラート] 男 蒸留酒．過 形 蒸留した．
distribuire [ディストゥリブイーレ] 動 均等に分けてのせる（特に詰め物などを、パスタや他の材料の上に）．
dita di apostoli (複) [ディータ・ディ・アポーストリ] 12使徒の指（リコッタのクレープ巻き）．復活祭によく食べられる、プーリアの菓子．
　作り方 小さめのクレープを焼き、リコッタに砂糖、カカオ粉、リキュールを混ぜ合わせたクリームをのせて巻き、温めたハチミツをかけ、カラースプレーとシナモンを振る．＊本来は卵白に塩を一つまみ加えて強くかき混ぜ、フライパンで薄く焼いたもので巻いた．ハチミツの代わりに粉糖をかけてもよい．
ditali (複) [ディターリ] 男 指抜きの形のショート・パスタ．おもにスープ、特に pasta e fagioli に使われる．

▶ **dorare**

ditalini (複) [ディタリーニ] 男 (⇒) ditali の小さいもの. 長さ6mm、直径5mm. ロザリオ (カトリック教徒が持つじゅず) の粒に見立て、avemarie [アーヴェマリーエ] または paternostri [パーテルノストゥリ] とも呼ばれている (＊ロザリオの小さい珠を avemarie、大きい珠を paternostri と呼ぶところから).

dito [ディート] (複 le dita) 男 指.

ditole (複) [ディトレ] 女 ホウキ茸の一種. 語源は dito (指) で、形から. = (⇒) manine.

dividere [ディヴィーデレ] 動 分ける、切り分ける.

D.O. [ディ・オ] denominazione di origine の略. 原産地呼称.

D.O.C. [ディ・オ・チ / ドック] denominazione di origine controllata の略. 原産地統制呼称.

D.O.C.G. [ディ・オ・チ・ジ] denominazione di origine controllata e garantita の略. 原産地統制保証呼称.

dolce [ドルチェ] 形 甘い. 男 菓子、デザート. ・*dolce al cucchiaio.* ババロア、パンナ・コッタ、セミフレッド、ムースなどスプーンで食べるデザート菓子.

dolcetta [ドルチェッタ] 女 マーシュ. = (⇒) valerianella.

dolcificare [ドルチフィカーレ] 動 甘みをつける.

dolico [ドリコ] 男 fagioli dell'occhio (⇒ fagioli) の別称. メニュー名としてはあまり使われない.

donzella [ドンゼッラ] 女 カンムリベラ科の魚. おもにズッパの材料として使われる.

donzelle (複) [ドンゼッレ] 女 カーニバルの揚げ菓子のトスカーナでの呼び名の一つ. = (⇒) cenci.

donzelline (複) [ドンゼッリーネ] 女 エミリア＝ロマーニャ地方の揚げパスタ. アンティパストとして食べる.

D.O.P [ディ・オ・ピ / ドップ] denominazione di origine protetta の略. 保護指定原産地呼称.

doppietta [ドッピエッタ] 女 2枚の素材で別の素材をサンドイッチ状にした料理の名称.

料理 ・*doppiette di melanzane.* (ナスの挟み揚げ〈プーリア〉) 合挽き肉、ペコリーノ、卵黄、パン粉、モッツァレッラ、ニンニク、パセリ、塩、コショウを混ぜ合わせ、輪切りにしたナス2枚で挟んで小麦粉をまぶし、溶き卵にくぐらせて揚げる. トマトソースとバジリコを添える.

doppio [ドッピオ] (複男-pi) 形 2倍の.

dorare [ドラーレ] 動 焼き色をつける (卵黄などを塗って). 黄金焼きにする.

dorato [ドラート] 男 黄金焼き. 過 形 黄金焼きにした.
dorso [ドルソ] 男 背, 背中.
dosaggio [ドザッジョ] (複-gi) 男 計量.
dosare [ドザーレ] 動 分量を計る.
dose [ドーゼ] 女 分量.
dozzina [ドッズィーナ] 女 1ダース.
dragoncello [ドゥラゴンチェッロ] 男 エストラゴン. dragoncello は「ドラゴンとヘビ」の意. 葉の形が竜を連想させるのと、毒ヘビにかまれたときに解毒作用があると信じられていたため (実際にはない). = estragone.
droghe (複) [ドゥローゲ] 女 スパイス. = spezie.
drogheria [ドゥロゲリーア] 女 食料品店 (もともとはスパイス類を扱っていた店).
drupa [ドゥルーパ] 女 チェリー、桃、アンズなどやオリーブの実のように、一つの種 (核) のあるもの.
duchessa [ドゥケッサ] 女 仏語の duchesse [ドゥシェス] と同じ「公爵夫人」という意味. ・*patate duchessa*. 公爵夫人風ポテト (ポム・ドゥシェス).
duracine (複) [ドゥラチーネ] 女 = (⇒) durone (①).
durello [ドゥレッロ] 男 砂肝. durone、ventriglio とも呼ぶ.
duro [ドゥーロ] 形 硬い. 固い.
durone [ドゥローネ] 男 ①実が固いチェリーの品種名. 6月に出回り、やや粒が大きく甘い. duracine ともいう. おもな産地はエミリア＝ロマーニャ. ②砂肝.

E

ebollizione [エボッリツィオーネ] 女 沸騰.

ebraico [エブライコ] (複男-ci、複女-che) 形 ユダヤの. · *cucina ebraica*. ユダヤ料理.

éclair [エクレール] (仏) 男 エクレア.

edule [エドゥーレ] 形 食用の. = commestibile.

elastico [エラスティコ] (複男-ci、複女-che) 形 弾力のある. 男 輪ゴム. ゴムバンド.

eliminare [エリミナーレ] 動 取り除く.

emulsione [エムルスィオーネ] 女 乳化. 異なる二つの液体を混ぜ合わせること. 代表的なものにサルモリーリョ (⇒ salmoriglio)、ドレッシング、マヨネーズの作り方などがある.

enoteca [エノテーカ] (複-che) 女 ワイン専門店. ワイン博物館. 最近はワイン・バーの意味にも使われる.

entrambi (複) [エントゥランビ] 代(男) (複女 entrambe) 両方、二つとも. 形 両方の.

entrecôte [アントゥレコートゥ] (仏) 男 一般的にはサーロインの意味で使われる (特にホテル、高級レストランのメニューに使われる).

entremétier [アントゥルメティエール] (仏) 男 プリモ・ピアット、コントルノ係のコック.

equino [エクイーノ] 男 馬 (⇒ cavallo)、ロバ (asino) などのウマ科の動物の総称. 形 馬の. · *carne equina*. 馬肉. ローマ帝国崩壊後、異民族の影響により馬肉、ロバ肉は北イタリアや南のプーリア、サルデーニャなどで食べられるようになった. 馬肉の調理法は牛肉と同じ. ロバは肉が固いので煮込み料理が多い.

erba [エルバ] 女 草. (おもに複数形 erbe で) 野菜.

erba aglina [エルバ・アリーナ] 女 ニラ. erba aglio、erba cipollina cinese とも呼ぶ.

erba brusca [エルバ・ブルスカ] 女 スカンポ. 和名：酸葉 (すいば). = acetosa.

erba cipollina [エルバ・チポッリーナ] 女 シブレット. チャイブ. セイヨウアサツキ. エゾネギ.

erba di San Pietro [エルバ・ディ・サン・ピエトゥロ] ヨモギギクの一種で、バルサムギク、コストマリーなどいろいろな呼び名がある. イタリアでも erba di Santa Maria、erba amara 他いろいろな呼び方がされる. おもにスープに使わ

erba stella ▶

れる．ロンバルディア州ブレーシャでは、カゾンセイ（⇒ casonsei）の詰め物に使われる．

erba stella [エルバ・ステッラ] 囡 セリバオオバコ．= barba di cappuccino.

erbaggi（複）[エルバッジ] / **erbaggio**（単）[エルバッジオ] 男 葉物野菜．

erbazzone [エルバッツォーネ] 男 レッジョ・エミリアの、フダン草、パルミジャーノなどの具で作るタルト．最近はリコッタを加えることが多い．= scarpazzone.

erbe aromatiche（複）[エルベ・アロマーティケ] 囡 香草類．

erbe fini（複）[エルベ・フィーニ] 囡 香草のみじん切りのミックス．仏語の fines herbes [フィーヌゼルブ] と同じ意味で使われる．おもにパセリ、セルフィーユ、シブレット、エストラゴンが使われ、タイムが加わることも多い．

erbe selvatiche（複）[エルベ・セルヴァティケ] / **erbe spontanee**（複）[エルベ・スポンターネエ] 囡 野草．

erbette（複）[エルベッテ] 囡 ①フダン草のエミリア地方での呼び名．=（⇒）bietola．②現在ではまれだが、ラツィオ地方ではパセリの意味で使われている．

erborinato [エルボリナート] 形 ゴルゴンゾーラのようにチーズに青かびが入った状態．ロンバルディア地方の方言のパセリ（erborin）が語源．

ermetico [エルメティコ]（複男-ci、複女-che）形 密封した．・*chiusura ermetica*. 密封．

esattore [エザットーレ] 男 カニなどの甲殻類を食べるときにも使う細長い二股のフォークで、反対側に小さなスプーンが付いており、特にオッソブーコの髄を食べるときに使われるためこの名前（esattore/ 税吏士）が付いた．骨の髄まで取ってしまうという皮肉が込められている．agente delle tasse（税務署員）とも呼ばれる．

esotico [エゾーティコ]（複男-ci、複女-che）形 外国産の、異国の、エキゾチックな．・*frutta esotica*. 輸入の果物やもともと輸入されていた果物．特にトロピカル・フルーツなどの異国情緒のあるもの．

espresso [エスプレッソ] 男 エスプレッソ・コーヒー．形 注文に応じて作りはじめ、短時間で提供できるという意味で使われる．・*piatti espressi*. スカロッピーナ、グリルなど調理時間の短い料理．

essenza [エッセンツァ] 囡 エッセンス．

essiccare [エッスィッカーレ] 動 乾燥させる．水気をとばす（オーブンなどで）．

estragone [エストゥラゴーネ] 男 エストラゴン．= dragoncello.

estratto [エストゥラット] 過 形 抽出した．男 エキス、エッセンス．・*estratto di carne* [エストゥラット・ディ・カルネ]．肉のエキス．肉のブロードを濃縮したもの．・*estratto di pomodoro* [エストゥラット・ディ・ポモドーロ]．トマト

ピュレーを天日干しにして濃縮した製品．南イタリアで作られ、特にシチリアのものはストゥラットゥ (strattu) と呼ばれている．使い方はトマトペーストと同じだが、濃いのでかなり薄めて使う．

estremità [エストゥレミ**タ**] 女 端の部分、先端．

etto [**エ**ット] 男 ettogrammo (100グラム) の略語．un etto = 100グラム．due etti = 200グラム．

evaporare [エヴァポ**ラ**ーレ] 動 蒸発する．蒸発させる．

F

facoltativo [ファコルタティーヴォ] 形 好みの. 任意の.

fagianella [ファジャネッラ] 女 ①ヒメハジロガン. = gallina prataiola. ②若い雌のキジ.

fagiano [ファジャーノ] 男 キジ. 昔ギリシャの fasi [ファージ] という川の近くにいる鳥、ということから名が付いた. 見栄えのよい雄のキジは、昔から貴族の食卓にのぼることが多かった. 生後1年程度の1～1.5kg のものが食べごろ. 現在は飼育ものが多い.

fagiolata [ファジョラータ] 女 ①インゲン豆を使ったスープ料理や煮込み料理の呼び名. およびそれらの料理を腹いっぱい食べるイベントやインゲン豆の収穫祭で、おもに冬の時季に行なわれることが多い. ②ピエモンテ地方の、ボルロッティ豆と豚の皮を香味野菜とトマトで煮込んだ料理で、ポレンタと一緒に食べる. 方言名は fasolà.

fagioli (複) [ファジョーリ] 男 インゲン豆. もっとも多く使われているのが borlotti [ボルロッティ] と cannellini [カンネッリーニ]. ボルロッティはまだら模様でウズラ豆に近い. カンネッリーニは生育の途中で豆がサヤの中で乾燥しはじめる品種. トスカーナの toscanelli [トスカネッリ] はカンネッリーニに似ているが少し粒が小さい. fagioli di spagna [ファジョーリ・デ・スパーニャ] は大福豆に近いもの. fagioli dell'occhio [ファジョーリ・デロッキオ] は黒目豆にあたるササゲ科の豆である. トスカーナを境に北ではおもにボルロッティが、南ではカンネッリーニが食べられるが、最近では南でもボルロッティの栽培が広まっている.

fagiolini (複) [ファジョリーニ] 男 サヤインゲン. fagioli mangiatutto (「サヤごと全部食べられるインゲン豆」の意)、cornetti (「角」の意) とも呼ぶ. 4～10月が旬で、さまざまな種類がある. 特に、黄色い meraviglia di venezia はやわらかくて筋がなく有名.

fagioli (fagiolini) a corallo [ファジョーリ (ファジョリーニ)・ア・コラッロ] ローマで使われるサヤインゲンの一種でモロッコインゲンと同種. またこれを玉ネギのスライスのソテー、トマトで煮込んだ料理の名称でもある.

fagopiro [ファゴピーロ] 男 ソバの学名. = (⇒) grano saraceno.

fagottini (複) [ファゴッティーニ] 男 茶巾のように包んだ料理.

fainà [ファイナー] 女 (⇒) farinata のリグーリア方言名.

famigliole buone (複) [ファミリョーレ (ファミリョレ)・ブオーネ] 女 ナラ茸. = chiodini.

▶ **farricello**

famigliole gialle(複)［ファミリョーレ（ファミリョレ）・ジャッレ］囡 野生のナメコとほぼ同じキノコ.

fanfano［ファンファノ］男 ブリモドキ. = pesce pilota.

faraona［ファラオーナ］囡 ホロホロ鳥. アフリカ原産. 古代ローマ時代にエジプト経由でイタリアに入ってきたため、エジプト王ファラオの鳥という意味で gallina di faraone (または gallina faraona) と名付けられ、貴族の食卓によく登場した. ローストにペヴェラーダ・ソースを添えるものがヴェネトの名物料理. おもな生産地はエミリア＝ロマーニャ、ヴェネト.

farcia［ファルチャ］(複-ce) 囡 詰め物の具.

farcire［ファルチーレ］動 詰め物をする.

fare［ファーレ］動 …する、…させる、作る. ・*fare al fontana*. 小麦粉で円形の土堤を作る (パスタなどを練るときに). ・*fare a strati*. 重ねていく. 層にする (ラザニアなど). ・*far bollire*. ゆでる. 沸騰させる. ・*fare lievitare*. 練り生地を発酵させる (ピッツァ、パン生地など). ・*fare rinvenire*. 乾燥品を水に浸けて戻す. ・*fare riposare*. ねかせる. ・*far sudare*. 野菜を弱火で炒めて水分をとばす (焼き色をつけない).

farfalle(複)［ファルファッレ］/ **farfallette**(複)［ファルファレッテ］囡 蝶形のパスタ.

farina［ファリーナ］囡 すりつぶして粉状にしたもの (おもに穀類、豆類、栗など). 単にファリーナと呼ぶときは小麦粉のこと. farro (スペルト小麦) のラテン語名 far が語源. ・*farina bianca*. 小麦粉. ・*farina di castagne*. 栗の粉. ・*farina di ceci*. エジプト豆の粉. ・*farina di garno saraceno*. ソバ粉. ・*farina di granturco* (*mais*、*melica*)、*farina gialla*. トウモロコシ粉、コーンミル、ポレンタ粉 (= farina per polenta). ・*farina di riso*. 米粉 (おもに上新粉). ・*farina di soia*. きな粉.

farinacei(複)［ファリナーチェイ］男 小麦粉、米、ジャガイモなどデンプン質の多いものの総称. およびこれらの食材を使った料理 (パスタ、リゾット、ニョッキなど).

farinata［ファリナータ］囡 リグーリア地方で作られる、エジプト豆の粉のフォカッチャ. = farinata di ceci, fainà (リグーリア方言名).

作り方 エジプト豆の粉に塩を少量加え、水を加えながら混ぜ、漉してラップフィルムをかぶせて4〜5時間ねかせる. オリーブ油を塗ったパイ皿に流し、オーブンで焼く.

farricello［ファリチェッロ］男 farro を砕いたもの. またそれを使ったラツィオ北部のスープ.

farro [ファーロ] 男 スペルト小麦．イタリアでは古代エトルリア時代から食べられていた小麦で，粉 (farina) の語源にもなっている．現在はおもにトスカーナ，ウンブリアやラツィオなどの中部イタリアで栽培されている．特にトスカーナの Garfagnana 産の中粒種は I.G.P. に認定されている．繊維質が多く，健康指向の流れから最近また見直されはじめた．おもにスープに使われていたが，最近はサラダ仕立てにしたり，リゾット仕立て (farrotto [ファロット]) にする．

farsumagru [ファルスマグル] 男 牛肉のロール煮込み（シチリア）．パレルモ発祥の料理．今ではシチリア全土に広まり材料，調理法に多くのヴァリエーションがある．イタリア語化した料理名は falsomagro.
　作り方 牛肉，サルシッチャ，生ハム，モルタデッラをフードプロセッサーにかけ，パン粉，卵，ペコリーノ，パセリを加えて練った詰め物を，叩いてのばした牛もも肉にのばし，ゆで卵とプロヴォローネを並べて巻き，タコ糸でしばって塩，コショウ．オリーブ油で焼いて赤ワインを振り，トマトペースト，湯を少量加えてオーブンで煮込む．

fasolaro [ファゾラーロ] 男 ヨーロッパワスレ（マルスダレガイ科の貝）．ハマグリに似ている．特にアドリア海北部で獲れ，生でも食べられる．= venere chione.

Fassone [ファッソーネ] 男 ピエモンテーゼ種の牛の中で，ももの発達がよく，肉質のよいものに対する呼び名．またピエモンテーゼ種の別名としても使われている．

favata [ファヴァータ] 女 ファヴァータ．サルデーニャの豆の煮込み料理．さまざまなヴァリエーションがある．
　料理 例（スープ仕立て）：オリーブ油でパンチェッタ，玉ネギ，カルドを炒め，戻した乾燥ソラ豆，湯で溶いたトマトペースト，ブロードを加えて煮込み，塩，コショウ．

fave (複) [ファーヴェ] 女 ソラ豆．トスカーナ地方では，生食用の若いソラ豆 (fave novelle) が baccelli [バッチェッリ] と呼ばれる．4～5月が旬で，南部で多く食べられる．トスカーナ，リグーリア，ラツィオ，サルデーニャ，プーリアなどでは昔から春先の若いソラ豆を生で食べる習慣がある．
　料理 ・*fave con pancetta.*（ソラ豆のパンチェッタ風味〈サルデーニャ，ラツィオ〉）ソラ豆をパンチェッタ，玉ネギとともにオリーブ油で炒め，パセリ，塩，コショウ．湯を少しずつ加えながら火を通す．

fave secche [ファーヴェ・セッケ] 女 乾燥ソラ豆．南イタリアでよく使われる．皮付きと皮を除いたものがある．
　料理 ・*minestra di fave e cicoriella.*（ソラ豆とチコリのスープ〈プーリア〉）(⇒) minestra.

fave dei morti (複) [ファーヴェ・デイ・モルティ〈ロンバルディア〉] / **fave**

▶ **fegato**

dolci(複)[ファーヴェ・ドルチ〈ラツィオ〉] 囡 ソラ豆形の菓子．アーモンドの粉、バター、小麦粉、卵、シナモン、すったレモンの皮を練った生地をソラ豆形にし、オーブンで焼く．＊特に11月2日の死者追悼祭の日に供えたり、食べたりする．

favette(複)[ファヴェッテ] 囡 ヴェネト地方のカーニバルの揚げ菓子．ソラ豆の形に似せて作る．

fecola[フェコラ] 囡 デンプン．・*fecola di patate*. カタクリ粉．

fedelini(複)[フェデリーニ] 男(⇒) fidelini の別称．

fegatelli(複)[フェガテッリ] 男 豚レバーを網脂で巻いて焼く料理の総称．豚の屠殺が行なわれる11月以降によく作られる．ピエモンテの(⇒) frisse もこの一種．

料理 ・*fegatelli alla fiorentina*. (豚レバーの串焼き フィレンツェ風) 切り分けた豚レバーに塩、コショウをし、パン粉にフェンネル粉(または粒)、パセリのみじん切りを合わせたものをまぶし、豚の網脂で包む．ローリエを挟みながら串に刺し、オーブンで焼く．

・*fegatelli alla petroniana*. (フェガテッリのペトゥローニオ風〈エミリア=ロマーニャ〉) ＊Petronio はボローニャ市の守護聖人．別名 fegatelli alla bolognese. (フェガテッリのボローニャ風) 切り分けた豚レバーにレモン汁、みじん切りのローズマリーとセージ、塩、コショウを合わせて網脂で包む．パンとセージの葉を挟みながら串に刺し、オリーブ油を振ってオーブンで焼く．

fegatini(複)[フェガティーニ] 男 本来は鶏のレバーだが、他の家禽類、ウサギのレバーも指すようになった．単に fegatini と書いてある場合は鶏のレバー．

料理 ・*fegatini di pollo al burro e salvia*. (鶏レバーのソテー、セージバター風味〈中北部〉) 鶏レバーをバターでソテーし、塩、コショウ．セージの葉を加え、白ワインを振る．

・*riso e fegatini in brodo*. または *minestra di riso e fegatini*. (米と鶏レバーのスープ〈北部一帯〉) 細かく切り、バターソテーした鶏レバーとゆでた米を、温めたブロードに入れてパセリ、パルミジャーノを加えてかき混ぜる．

・*crostini di fegatini*. (鶏レバーのクロスティーニ〈トスカーナ〉) ソフリットと鶏レバーを炒めて白ワインを加える．フードプロセッサーにかけて鍋に戻し、火にかけて塩、コショウ、パセリのみじん切りを加えて味を調え、クロスティーニに盛り付ける．

fegato[フェガト] 男 レバー．古代ローマ人はイチジクのエサでガチョウを育て、そのレバー(ラテン語で iecur ficatum/イチジクで肥育したレバー)を好んで食べていた．その言葉が変化し fegato となり、ガチョウだけでなくレバー全般を指すようになった．レストランでは仔牛のレバーの料理が多い．

fegato grasso ▶

> **料理** ・*fegato di vitello alla veneziana.* (仔牛レバー ヴェネツィア風) 皮をむいて切った仔牛レバーに塩、コショウをし、小麦粉をまぶし、強火でソテーする．炒めた玉ネギを入れ、白ワインを加えて煮詰め、スーゴ・ディ・カルネを加える．パセリを加え、バターモンテして仕上げる．

fegato grasso [フェガト・グラッソ] 男 フォアグラ．
fermentazione [フェルメンタツィオーネ] 女 発酵．
Fernet Branca [フェルネットゥ・ブランカ] 男 ブランカ3兄弟によって作られたアマーロ (amaro/ リキュール) の一種．Fernet という名前の由来には、ミラノ方言の fer (鉄) と net (澄んだ) という単語を合成したという説、配合を考えたスウェーデン人医師の名前が Fernet だったという説がある．
ferrazzoli [フェラッツォーリ] 男 = (⇒) scilatelli.
ferri (ai 〜) [(アイ・) フェーリ] グリル．グリドルで焼く．(＊ ferri 〈複〉/ ferro 〈単〉 男 鉄．鉄製の器具．)
fesa [フェーザ] 女 牛の内もも肉．
fesa francese [フェーザ・フランチェーゼ] 女 仔牛の内もも肉．= schenello.
fesone di spalla [フェゾーネ・ディ・スパッラ] 肩サンカク (牛肉の部位)．
fertae [フェルターエ] / **fertaie** [フェルターイエ] 女 (⇒) frittata のフリウリ方言名．
fetta [フェッタ] 女 切り身．
fettina [フェッティーナ] 女 薄い切り身、スライス．
fettucce (複) [フェットゥッチェ] / **fettuccia** (単) [フェットゥッチャ] 女 リボン状に切ったもの．リボン状のパスタ．
fettuccine (複) [フェットゥッチーネ] 女 8mm 〜 1cm 幅の平打ちパスタ．おもにローマでの呼び名で、タリアテッレよりやや幅が広いのが一般的．セモリナ粉を加えてコシを強くすることもある．

> **料理** ・*fettuccine ai funghi porcini.* (フェトゥッチーネ ポルチーニ茸風味〈ラツィオ〉) フライパンにオリーブ油とニンニクを入れて火にかけ、ニンニクが色づいたら取り出す．薄切りのポルチーニ茸を入れて強火で炒め、塩、コショウをし、白ワインを振って少し煮詰め、パセリを振り、ゆでたフェトゥッチーネを入れて和える．器に盛り、パセリを振る．

fettunta / **fett'unta** [フェットゥンタ] 女 トスカーナ方言でトスカーナ産のパンを使ったガーリックトーストのこと．panunta [パヌンタ] とも呼ぶ．= (⇒) bruschetta.
fiadone [フィアドーネ] 男 ①トレント地方のラヴィオーリ形の菓子．②アブルッツォ地方で復活祭の時季に作られるチーズ菓子．

▶ **Fil'e ferru**

fiamma（alla ~）[（アッラ・）フィアンマ] フランベした．（＊ fiamma 女 炎．) 仏語の flambé 形 を使う場合も多い．

fiammeggiare [フィアンメッジャーレ] 動 ①フランベする．= flambare. ②家禽、豚の皮などの毛を直火で焼く．

fiammifero [フィアンミーフェロ] 男 マッチ棒．・*tagliare a fiammifero*. マッチ棒状に切る．

fiapon [フィアポン] 男 ロンバルディア州マントヴァ地方のポレンタの揚げ菓子．
作り方 ポレンタに砂糖、小麦粉、すったレモンの皮を加えて混ぜ、2～3cmの厚さにのばし、冷めたら切り分ける．油で揚げて砂糖を振る．カーニバルの時季に作られる．エミリア地方にも同様の菓子がある．

fiaschetteria [フィアスケッテリーア] 女 トスカーナ地方で生まれた、ワインを売ったり、飲ませたりする店．=（⇒）bottiglieria.

fiasco [フィアスコ]（複-schi）男 フラスコ．こもかぶりのワインのボトル．

fichi（複）[フィーキ] / **fico**（単）[フィーコ] 男 イチジク．古くから生命、あるいは富の象徴とされた果物．古くから生ハムと一緒に食べる習慣があった．古代ローマ時代にはすでにイチジクでガチョウを太らせてフォアグラが作られ、また、イチジクとガチョウは相性のよいものとされて一緒に料理されることが多くあったことなどから、イチジクがレバー（fegato）の語源ともなった．

fichi d'India（複）[フィーキ・ディンディア] カクタスペアー（ウチワサボテンの実）．メキシコ原産．直訳すると「インドのイチジク」だが、これは当時アメリカ大陸がインドと思われていたため．主産地はシチリア（90%）で、あとはプーリア、カラブリア、サルデーニャ．8月に収穫されるものは Agostano. 10月のものは Bastardone と呼ばれる．果肉が赤色の Sanguina [サングイーナ]、黄色の Sulfarina [スルファリーナ]、白色の Musucaredda [ムスカレッダ] の3種類がある．

fichi ripieni（複）[フィーキ・リピエーニ] 男 カラブリア州の菓子．干しイチジクに切れ目を入れ、アーモンド、クルミを刻んで詰め、ゆでた後モスト・コットに漬ける．

fidelari（複）[フィデラーリ] 男 パスタ職人．パスタ生産者（リグーリア方言）．

fidelini（複）[フィデリーニ] 男 リグーリアで作られるカペッリーニよりやや太めのパスタ．卵入りも作られる．fidelari が語源．= fedelini.

figà [フィガー] 男 =（⇒）fegato のヴェネト方言名．

figatello [フィガテッロ] 男 白子（おもにマグロの）．調理法は脳みそや胸腺と同様のものが多い．サルデーニャ、シチリアではボッタルガのように塩漬けして乾燥させた加工品もある．= lattume.

Fil'e ferru [フィル・エ・フェルー] = Filuferru. サルデーニャ産のグラッパ．「針

fileja ▶

金」（イタリア語でfilo di ferro）という名で呼ばれている．その昔、製造許可のない人たちが、グラッパを入れた容器に針金を付けて地中に埋めて隠し、針金を地表に目印としておいたことからこの名が付いた．

fileja（複）［フィレイヤ］男 カラブリアで作られる、手打ちのマカロニ．（⇒）maccheroni al ferroの一種．

filetti（複）［フィレッティ］男 ①家禽類のササミ、または胸の正肉の皮をむいたもの．②フィレにした魚の身（ヒラメ、カレイなど小型の）および大型の魚の薄切り．③細切り（特に野菜）．

filetto［フィレット］男 ①ヒレ肉．②ウサギの背肉の部分（特に骨を抜いた状態のもの）．

fili（複）［フィーリ］/ **filo**（単）［フィーロ］男 糸、線、刃．野菜（サヤインゲン、セロリ、カルドなど）の筋．

filindeu（複）［フィリンデーウ］男 サルデーニャで作られる極細の手延べパスタ．おもに羊のブロードの中でゆでてスープとして食べる．語源は一般的にイタリア語のfili di dio（神の糸）といわれてきたが、学術的にはサルデーニャ方言でパスタ職人を意味するfindeagiuまたはfindeajuであるといわれている．

filo d'olio［フィーロ・ドーリオ］/ **filino d'olio**［フィリーノ・ドーリオ］「少量の油」の意（糸のように入れるようすから）．

filo gastronomico［フィーロ・ガストゥロノーミコ］男 料理用タコ糸．= filo bianco．

filoncino［フィロンチーノ］男 バゲットのような細長いパン．

filone（単）［フィローネ］/ **filoni**（複）［フィローニ］男 ①長い楕円形のパン．②（複数形で）仔牛、牛の脊髄．脳や胸腺肉などと同様ブランシールしてから使う．= schienali．

filtrare［フィルトゥラーレ］動 漉す（ワイン、油、ブロード、マリネー液などの液体をフィルターなどで）．

filzetta［フィルツェッタ］女 ロンバルディア州一帯で生産される、直径約6cm、長さ約30cmの一般的なサラミ．

finanziera［フィナンツィエーラ］女 フィナンツィエーラ（財務家風料理〈ピエモンテ〉）．もともとは古くからある田舎料理だが、18～19世紀のトリノで、忙しい銀行家や事業家たちが軽く昼食として食べたことからこの名が付いたといわれている．

作り方 食べやすい大きさに切った仔牛肉、鶏レバーに塩、コショウをし、小麦粉をまぶしてバターでソテー．仔牛の脳みそ、胸腺肉、ポルチーニ茸も加えて炒め、白ワインを振って少し煮詰める．マルサラ酒、スーゴ・ディ・カルネを加えて更に

煮詰め、塩、コショウで味を調え、バターを加えて仕上げる.
- **finferli**（複）[フィンフェルリ] 男 アンズ茸. = cantarello、galleto、gallinaccio、gialletto.
- **finocchiella** [フィノッキエッラ] 女 = (⇒) finocchio selvatico.
- **finocchio** [フィノッキオ]（複-chi）男 フィノッキ、ういきょう. この他リグーリアでは feneggiu [フェネッジュ]、ロンバルディアでは finoc [フィノック]、ヴェネトでは fenoce [フェノーチェ]、プーリアでは finucchia [フィヌッキア]、シチリアでは finuchieddu [フィヌキェッドゥ]、サルデーニャでは fenuiu [フェヌィウ] など地方によって呼び名が変わる. 最近は一年中出回っているが、本来は冬野菜. 代表的な産地はボローニャ、ローマ、フィレンツェ、ナポリ、シチリア島など. イタリアでは等級付けされて流通しており、符丁として株が球形のものを雄（maschio）と、平たい形のものを雌（femmina）と区別して呼ぶ. 雄はおもに生食用に向き、雌は加熱して食べるのが一般的. ＊香草のフェンネルは finocchietto [フィノッキエット]、スパイスのフェンネル・シードは semi di finocchio と呼ばれる.
- **finocchio bastardo** [フィノッキオ・バスタルド] 男 ディル. = aneto.
- **finocchio selvatico** [フィノッキオ・セルヴァーティコ] 男 自生のフィノッキ（栽培品種とは別）. サルデーニャ島やシチリア島で多く見かけられ、海に面した岩場に育つ. 別名 finocchiella. フェンネルの一種で香りがひじょうに強い. 株は小さくて食べる部分が少なく、多くは香草の感覚で使われる.
- **finocchiona** [フィノッキオーナ] 女 トスカーナ州産のサラミ（I.G.P.）. フェンネル・シードで風味付けしているところから付いた名. 特にシエナ、キャンティ地方のものが有名.
- **fiocchetto**（単）[フィオッケット] / **fiocchetti**（複）[フィオッケッティ] 男 ①薄片. ②パルマ周辺で作られるハムの一種で、作り方はクラテッロ（culatello）とほぼ同じだが、使われる部分が外ももなどで、大きさも小さく 1.5kg ぐらい.
- **fiocchetti di burro**（複）[フィオッケッティ・ディ・ブーロ] 指先でつまんだ程度のバターの量.
- **fiocchi**（複）[フィオッキ] / **fiocco**（単）[フィオッコ] 男 ①穀類（特にコーン）のフレーク. 蝶形やフレーク状のもの（パスタなど）. ②カーニバルの揚げ菓子のロマーニャ地方での呼び名. 意味は「蝶ネクタイ」. (⇒) frappe. ③牛・仔牛の上バラ肉（肩バラ、ブリスケ）.
- **fior** [フィオール] / **fiore** [フィオーレ] 花. 精選物.
- **fior d'arancio** [フィオール・ダランチョ] オレンジの花のエッセンス. = acqua di fior d'arancio.

fior di farina ▶

fior di farina [フィオール・ディ・ファリーナ] 極細挽きの小麦粉.
fior di latte [フィオール・ディ・ラッテ] モッツァレッラと同様のプロセスで、牛乳から作られるチーズ. 現在では mozzarella di vacca とも呼ばれている.
fiore di zucca (zucchini) [フィオーレ・ディ・ズッカ (ズッキーニ)] ズッキーニの花. fiore di zucca は直訳すると「カボチャの花」だが、一般的にはズッキーニの花のことを指している. ナポリでは fiorilli [フィオリッリ] と呼ばれる. 実に付いている花は雌花で、茎の基から出ているのは雄花である.
fiore sardo [フィオーレ・サルド] 男 サルデーニャ産の羊乳製の D.O.P. チーズ. ペコリーノ・サルドに似ているが、羊のレンネットを使うためやや辛口.
fiorentina [フィオレンティーナ] 女 牛肉のTボーンステーキ. = bistecca alla fiorentina. 1991年フィオレンティーナ学会規約が制定され、肉はキアニーナ牛のロースを使用、樫の木の炭を使って焼く、オリーブ油はフラントイオ種を使う、ゆでたインゲン豆を添えることなどが定められた. fiorentina は料理名の他、牛肉の切り身 (Tボーン) の名称でもある.
fiorentino [フィオレンティーノ] 形 フィレンツェの. ・*bistecca alla fiorentina.* フィレンツェ風ビーフステーキ.
fissare [フィッサーレ] 動 固定する.
fitascetta [フィタシェッタ] 女 ロンバルディア地方 (特にコモ周辺) のリング状のフォカッチャ. 炒めた紫玉ネギがのっているのが特徴.
flambare [フランバーレ] 動 フランベする. = fiammeggiare.
flan [フラン] (仏) 男 フラン. = sformato.
focaccia [フォカッチャ] (複-ce) / **focaccina** [フォカッチーナ] 女 パンの一種. 塩味のものと菓子の2種類がある. ジェノヴァが本場. 語源は「炉端 (ラテン語で focus. イタリア語では focolare) で焼く」. オーブンのない時代には熱した灰に入れて焼いていたところから.
foderare [フォデラーレ] 動 型に貼り付ける (パイ生地、スポンジ、ラルド、パンチェッタ、野菜の薄切りなどを).
foglia [フォリャ] 女 ①葉. 薄片. ②~枚. 分量の単位として (ローリエなどの香草、野菜の葉、板ゼラチンなど).
foglio [フォリオ] (複-gli) 男 紙.
foglio d'alluminio [フォリオ・ダッルミーニオ] アルミホイル、アルミ箔.
= carta argentata、(carta) stagnola.
foiolo [フォイオーロ] 男 センマイ (牛・仔牛などの第3胃). foiolo は foglia (葉のように薄いもの) のミラノ方言. 料理名には他に centopelle [チェントペッレ/「百枚の皮」の意]、millepieghe [ミッレピエーゲ/「千のひだ」の意] も使われる.

▶ **forchetta**

(⇒) omaso.

fojòt [フヨットゥ] 男 バーニャ・カウダ用の陶製の容器.

folaga [フォーラガ] (複-ghe) 女 オオバン (鴨に似た水鳥. 学名 Fulica atra). おもにロンバルディア、エミリア=ロマーニャ地方のポー川沿岸、沼、湖に生息する. 別名 gallina (gallinella) d'acqua.

folpetti (複) [フォルペッティ] 男 = (⇒) moscardini のヴェネツィア方言名.

folpo [フォルポ] 男 = (⇒) polpo (タコ) のヴェネツィア方言名.

fondente [フォンデンテ] 現 形 溶けやすい. ・*cioccolato fondente*. コーティング用チョコレート. 男 フォンダン. = zucchero fondente.

fondere [フォンデレ] 動 溶かす (バター、脂、チーズなどを).

fondina [フォンディーナ] 女 スープ皿. = piatto fondo.

fondo [フォンド] 男 ①フォン. ・*fondo bianco*. ブロード. ・*fondo bruno*. フォン・ド・ヴォー. ②底の部分. ・*fondo di carciofo*. カルチョフィの花托の部分.

fonduta [フォンドゥータ] 女 フォンデュ.

fonduta valdostana [フォンドゥータ・ヴァルドスターナ] 女 フォンドゥータ (チーズ・フォンデュ) ヴァッレ・ダオスタ風. スイスの影響でできた料理だが、盛り付けは1人分ずつ.

作り方 フォンティーナ・チーズをサイの目に切って牛乳に浸けた後 (溶けやすくするため)、ザルに上げる. 土鍋 (またはステンレス鍋) にバター、チーズを入れて弱火にかけ、かき混ぜながら溶かす. 卵黄を加えながら混ぜ、とろみがついたら器に盛り、パンにつけて食べる.

fongadina [フォンガディーナ] 女 仔牛の肺などで作る、ヴェネト地方の伝統料理.
作り方 仔牛の肺を細かく切り、香草やレモンの皮を加えてトマトで煮込む. ポレンタを添えて食べる. 他にもいろいろな調理法があり、仔羊の内臓で作ることもある.

fontal [フォンタル] 男 ピエモンテ、ロンバルディア、トレンティーノ地方で作られる、セミハード・チーズ (フォンティーナとエメンタルの合成名).

fontana (fare a ~), [(ファーレ・ア・) フォンターナ] 生地を練るとき、粉で円形の土手を作る. = disporre a fontana [ディスポッレ・ア・フォンターナ]. (＊ fontana 女 泉.)

fontina [フォンティーナ] 女 ヴァッレ・ダオスタ州特産の牛乳製チーズ (D.O.P.). 10～14kgの円盤形. 熟成期間4ヵ月. 初冬に作られたものが評価が高い.

forbici da cucina (複) [フォルビチ・ダ・クチーナ] 調理ばさみ.

forchetta [フォルケッタ] 女 フォーク. イタリアには、11世紀後半ビザンチン皇帝ミケーレ7世の妹テオドーラ・ドゥカスとヴェネツィア総督ドメニコ・シルヴィオとの結婚の際にもたらされた. 当時のフォークは2本歯 (または3本歯) だったが、

forchettone ▶

1800年前後に、ナポリ王フェルディナンド4世に仕えていたジェンナーロ・スパダッチーニが、王がヴェルミチェッリを食べやすいよう、現在のような4本歯フォークを考案したという.

forchettone [フォルケットーネ] 男 カービング・フォーク、調理用フォーク.

forma [フォールマ] 女 形、型、チーズの型.

formaggella [フォルマッジェッラ] / **formaggetta** [フォルマッジェッタ] 女 角形、または円形の小型のチーズ. 牛乳または羊乳製で、おもにブレーシャ、ベルガモ、ヴィチェンツァなど北イタリアの工場で作られる.

formaggiera [フォルマッジェーラ] 女 粉チーズ入れ. チーズを入れる容器.

formaggino [フォルマッジーノ] 男 一口タイプのセミプロセスチーズ. クリームタイプが多い. アルミ箔で包まれた1人分用の円形や角形の製品で、よくホテルの朝食や機内食、給食などに使われる.

formaggio [フォルマッジョ] (複-gi) 男 チーズ.

formaggio coi bachi (vermi) [フォルマッジョ・コイ・バーキ (ヴェルミ)] 男 = (⇒) casu marzu.

formaggio fuso [フォルマッジョ・フーゾ] 男 プロセス・チーズ.

formaggio conciato [フォルマッジョ・コンチャート] 男 カプリーノまたはトミーノ・チーズを香草、スパイス入りの油またはグラッパに漬けたもの.

formare [フォルマーレ] 動 形作る.

formentone [フォルメントーネ] 男 トウモロコシの方言名 (北部). = (⇒) granoturco.

formenton otto file [フォルメントン・オット・フィーレ] トスカーナ州ガルファニャーナで作られる、ポレンタ用のトウモロコシおよびその粉. 粒が8列に並んでいるのが特徴.

fornello [フォルネッロ] 男 レンジ.

forno [フォルノ] 男 オーブン. ・*forno a convezione* [フォルノ・ア・コンヴェツィオーネ]. コンベクション・オーブン. ・*forno a microonde* [フォルノ・ア・ミクロオンデ]. 電子レンジ. ・*forno a legna* [フォルノ・ア・レーニャ]. まき窯 (特にピッツァ用の). ・*forno a vapore* [フォルノ・ア・ヴァポーレ]. スチーム・オーブン. ・*al forno*. オーブンで焼いた.

fortaia [フォルタイア] 女 (⇒) frittata のヴェネト方言名.

fortunella [フォルトゥネッラ] 女 キンカンの別称. = kumquat.

fragaglia [フラガッリャ] 女 網にひっかかったごく小さな魚. ナポリより南の地方では fragaggia [フラガッジャ]、fragagghia [フラガッギャ] とも呼ばれる.

fragola [フラーゴラ] 女 イチゴ. ギリシャ、ローマ時代から食べられていた. 現在は

ハウスものがほとんどで、カンパニア、エミリア＝ロマーニャ、ヴェネト、ピエモンテで多く栽培されている．

fragoline di bosco（複）［フラゴリーネ・ディ・ボスコ］野イチゴ．＝ fragole selvatiche（複）．

fragolino［フラゴリーノ］男（⇒）pagello（ニシキダイ）の別称．特に色が野イチゴのように赤色の強いものを指す．一年中獲れるが、春から夏にかけて（4～6月）が旬．

fraina［フライナ］女 ソバ粉の別称．＝ farina di grano saraceno（⇒ grano saraceno）．

francese［フランチェーゼ］男 ①ロンバルディア地方で作られる（⇒）filone 形のパン．②赤センマイ、ギアラ（牛・仔牛の第4胃）．＝（⇒）abomaso. 形 フランスの．

francesina［フランチェジーナ］女 francese 同様に作るが、小型で楕円形のパン．トスカーナ方言では passerina という．

franciata［フランチャータ］女 赤センマイ、ギアラ（牛・仔牛の第4胃）．＝（⇒）abomaso.

frangipane［フランジパーネ］女 アーモンド入りのクリーム．

frantoiana（**zuppa alla ~**）［(ズッパ・アッラ・)フラントイアーナ］フラントイオ風ズッパ（トスカーナ）．トスカーナ州ルッカのスープ．フラントイオ（frantoio）はオリーブ油の搾油場という意味．ルッカはオリーブ油の生産で有名．
作り方 （⇒）zuppa.

frappe（複）［フラッペ］女 カーニバルの時季に食べられる揚げ菓子．類似のものはイタリア各地にあり、さまざまな名で呼ばれる．frappe はローマでの呼び名で、意味は「服のひだ飾り」．（⇒）bugie、cenci、chacchiere、crostoli、donzelle、fiocchi、galani、lattughe、meraviglias、pampuglie、sfrappole.
作り方 小麦粉、バター、卵、砂糖、塩、ヴァニラ・エッセンスをよく練って約 2mm の厚さにのばす．パイカッターで長方形に切り分け、中央の部分を指でつまんで蝶ネクタイの形にする．熱した油でキツネ色になるまで揚げ、粉糖を振りかける．＊地方によって形や入れる材料などが変わる．

frascarelli（複）［フラスカレッリ］男 マルケ、ウンブリア、ラツィオ州北部で作られるパスタ．
作り方 小麦粉を大きめのバットに広げるように入れ、ハケを使って水を振りかけ、静かにかき混ぜる．ふるいにかけ、粒状になった不揃いのパスタを別のバットに入れる．この作業を繰り返して作る．沸騰した湯に塩を加えてゆで、器に入れてソースをかけ、チーズを振って食べる．＊粒状のポレンタといったイメージ．昔、水を小枝（frasca）で振りかけていたことから、この名が付いた．ウンブリア、ラ

frascatelli ▶

ツィオでは水の代わりに溶いた卵を使う．粉も小麦粉とセモラ粉を半々にしたり、セモラ粉のみで作ることもある．ハケは竹ハケまたは卓上ほうきを広げて使うとよい．

frascatelli (複) [フラスカテッリ] 男 (⇒) frascarelli の別称 (ラツィオで)．

frattaglie (複) [フラッターリエ] 女 内臓類．= interiora. ただし、家禽類の内臓は rigaglie (regaglie) という．ローマは歴史的に屠殺の規模が大きかったこともあり、イタリアでもっとも内蔵を食べるといわれている．

frattau (**pane ~**) [(パーネ・) フラッタウ] 男 サルデーニャ州ヌオーロ県の薄いパンであるパーネ・カラザウ (⇒ carasau) をブロードに浸して皿に盛り、トマトソース、ペコリーノ、ポーチド・エッグをのせたもの．

fravetta [フラヴェッタ] 女 (⇒) beccaccia の南部での呼び名．

freezer [フリーザー] (英) 男 冷凍庫、フリーザー．

fregola = (⇒) fregula.

fregolotta [フレゴロッタ] 女 ヴェネト州 (特に Treviso 周辺) で作られる菓子．ヴェネト方言の fregola (briciola / パンや菓子の粉々になったくず) が語源．似たものにマントヴァの torta sbrisolona (⇒ torta) がある．

fregula [フレーグラ] / **fregola** [フレーゴラ] 女 サルデーニャの粒状パスタ．クスクスと同じように成形するが、蒸さず乾燥させたもので、ゆでて使用する．魚介系のソースで味を付けることが多い．

friarelli (複) [フーリアレッリ] / **friarielli** (複) [フーリアリエッリ] 男 ①ナバナ (cima di rapa) のナポリ方言名．語源は friggere (多めの油で炒める) のナポリ方言 friare．ゆでずに油で炒めても食べられるくらいやわらかいものの呼び名．②アブルッツォ、プーリア、カンパニア、カラブリア地方での、辛くない青トウガラシの呼び名．①同様 friare が語源．一般的には friggitelli と呼ばれている．

fricandò [フリカンドー] 男 ①ピエモンテ州アスティ地方の牛肉 (仔牛) の煮込み料理．角切りの牛肉、香味野菜、皮付きニンニクを炒め、ワイン (白・赤)、香草、トマトを加えて更にイブレアの小玉ネギ、ジャガイモを加えて煮込む．

②ミラノの仔牛料理 (vitello in fricandò とも呼ばれている)．生ハムをピケした仔牛のもも肉、クローブを刺した玉ネギ、セロリ、ニンジンを鍋に入れてオーブンでローストし、白ワイン、ブロードを加えて蒸し煮にする．肉を取り出し、残った野菜、煮汁を裏漉してソースとする．

③ボローニャ周辺のロマーニャ地方の野菜料理．角切りの玉ネギ、ナス、ジャガイモ、トマトをオリーブ油で炒めて作る．＊肉料理やポレンタに添える．

fricassea [フリカッセーア] 女 フリカッセ．仔羊、鶏を使うことが多い．最後にレモン汁を加えた卵黄を加えてソースを仕上げるのが特徴．おもにリグーリア、トス

▶ **frittata di scammaro**

カーナで作られる．最近は魚、野菜などの食材でも作る．

frico [フリコ] / **fricco** [フリッコ] 男 フリコ．焼きチーズ（フリウリ＝ヴェネツィア・ジュリア）．

作り方 ①テフロン加工のフライパンを温め、すりおろしたモンターズィオ（ハードタイプ）を入れ、両面を焼く．＝ ~ friabile、~ croccante. 熱いうちにカップ状に成形すると cestino di frico と呼ぶ．

②テフロン加工のフライパンでジャガイモ、玉ネギを炒め、細かく切った（粗い目ですりおろした）モンターズィオ（ソフト、セミハードタイプ）を加え、かき混ぜながら両面をフリッタータのように焼く．ポレンタを添えるのが伝統的．＝ ~ di patate、~ morbido. ＊フリウリ地方では、一般的にフリコというとこちらを指す．

frienno e magnanno [フリエンノ・エ・マニャンノ] 内臓、小魚、野菜、モッツァレッラなどのミックスフライ．料理名はナポリ方言で、意味は「揚げながら食べる」．fritto misto alla napoletana のナポリでの呼び方の一つ．

friggere [フリッジェレ] 動 揚げる．やや多めの油で焼く．

friggitelli [フリッジテッリ] / **friggitielli** (複) [フリッジティエッリ] 男 青トウガラシの一種（あまり辛くない）．万願寺トウガラシに似ている．

friggitrice [フリッジトゥリーチェ] 女 フライヤー．

frigo [フリーゴ] (単複同形) 男 冷蔵庫．

frigorifero [フリゴリーフェロ] 男 冷蔵庫．形 冷却する．

frisella [フリセッラ / フリゼッラ] 女 カンパニア、プーリア地方で作られるビスケット状のパン．一度ドーナッツ形に焼いたパンを水平に切り、もう一度焼いたもの．魚介のズッパに添えられる．プーリアでは frisedda、カンパニアでは fresella とも呼ばれる．

frisse (複) [フリッセ] 女 豚レバーや豚肉などを細かく刻み、チーズなどを加えて練り、丸めて網脂で包んで焼いたピエモンテ州ランゲ地方の料理で、風味付けにネズの実が使われる．frisse delle Langhe ともいう．= grive. (⇒) fegatelli.

frittata [フリッタータ] 女 フラット・オムレツ．= fortaia (ヴェネツィア方言)．さまざまな具を入れたフリッタータがある．前菜として食べる場合は野菜やハーブが入ることが多く、また、冷ましてから切り分けて食べる場合はパルミジャーノやペコリーノで味を強める．上にトマトソースとモッツァレッラをのせてピッツァ仕立てにすることもある．

料理 ・*frittata rognosa*. (サルーミ入りフリッタータ〈ラツィオ〉) 卵に生ハム、ペコリーノ・チーズ、コショウを混ぜて焼く．もともとはピエモンテの料理で、各地に広まった．

frittata di scammaro [フリッタータ・ディ・スカンマロ] オリーブ、ケイパー、

frittedda ▸

アンチョビーの、ガーリックオイルベースのソース（レーズン、松の実を加えることもある）とゆでたスパゲッティを混ぜて、フリッタータのようにフライパンで焼いた料理．scammaro はイタリア語の (⇒) magro (③) にあたり、ナポリでは四旬節に食べる習慣がある．

frittedda [フリテッダ] 囡 ソラ豆、カルチョフィ、グリーンピースを煮込んだシチリアの料理．

frittelle（複）[フリテッレ] 囡 フリッター、揚げシューなど．生地や衣にもいろいろヴァリエーションがあり前菜、メイン料理、デザート菓子と種類も多い．

fritto [フリット] 男 フライ料理．過 形 油で揚げた．

fritto misto [フリット・ミスト] 男 ミックス・フライ．

　料理　・~ *alla piemontese*．（ピエモンテ風ミックス・フライ）材料は仔牛の脳みそ、仔牛胸腺肉、仔牛肉、仔牛レバー、若鶏胸肉、ナス、ズッキーニ、リンゴなど．仔牛の肉、内臓が中心で、パン粉をつけて揚げるのが特徴．その他セモリーナのコロッケ、アマレットなど甘いものを揚げるのもピエモンテの特徴．

　・~ *alla romana*．（ローマ風ミックス・フライ）材料は仔羊の脳みそ、仔羊胸腺肉、仔羊ロース肉、モッツァレッラ・チーズ、カルチョフィ、カリフラワー、ズッキーニなど．肉、内臓類は仔羊のものが使われ、衣はほとんどが卵の衣（モッツァレッラとロース肉はパン粉）を使うのが特徴．

fritto misto di mare [フリット・ミスト・ディ・マーレ] 魚介のミックス・フライ．

frizzante [フリツァンテ／フリッザンテ] 現 形 微発泡性の．

frolla (**pasta ~**) [(パスタ・)フロッラ] 囡 練りパイ生地の一種．(⇒) pasta (②)．

frollino [フロッリーノ] 男 パスタ・フロッラで作るクッキー．

frullare [フルッラーレ] 動 ミキサーにかける．ホイッパーでかき混ぜる（強く）．

frullatore [フルッラトーレ] 男 ミキサー．

frullino [フルッリーノ] 男 ハンドミキサー．

frumento [フルメント] 男 小麦．= (⇒) grano．

frumentone [フルメントーネ] 男 トウモロコシの別称．= (⇒) granturco．

frusta [フルスタ] 囡 ホイッパー、泡立て器．

frustenga [フルステンガ] 囡 マルケ州アンコーナの菓子．ポレンタにドライフルーツ、ナッツ類を混ぜてパイ皿で焼いたもの．

frustingolo [フルスティンゴロ] 男 マルケ州アスコリの菓子．小麦全粒粉、干しイチジク、レーズン、クルミ、松の実、アーモンド、フルーツの砂糖漬け、ココア、チョコレート、砂糖、サンブーカなどを混ぜ合わせ、パイ皿に入れて焼いたケーキ．クリスマスの時季に食べられる．ペーザロでは bostrengo [ボストゥレンゴ]

▸ fusaglie

と呼ばれる．

frutta［フルッタ］（単複同形または-e）囡 果物、フルーツ．・*frutta fresca* フレッシュ・フルーツ．・*frutta secca* ドライ・フルーツ、ナッツ類の総称．・*frutta esotica*．トロピカル・フルーツ．

frutta di Martorana［フルッタ・ディ・マルトラーナ］マジパンで果物の形に似せて作ったシチリアの菓子．マルトラーナはパレルモにある修道院の名で、そこで作られていたことから呼ばれる．= frutta martorana.

frutti di mare（複）［フルッティ・ディ・マーレ］本来は貝類のみを指すが、現在はその他の甲殻類、イカ、タコ、ウニも含まれる．日本語のメニューでは「海の幸」と書かれることが多い．

frutti di bosco（複）［フルッティ・ディ・ボスコ］森の幸．ブルーベリー、野イチゴ、キイチゴ、スグリなど、本来野生のものだったベリー類のメニュー上での呼び方．

frutto（単）［フルット］/ **frutti**（複）［フルッティ］男 果実．産物．

frutto della passione［フルット・デッラ・パッショーネ］パッションフルーツ．= granadilla.

fugassa［フガッサ］囡 ①ヴェネツィア地方の復活祭のパン菓子．ヴィチェンツァでは fugazza ともいう．②(⇒) focaccia のリグーリア方言名．

fumetto di pesce［フメット・ディ・ペッシェ］ヒュメ・ド・ポアッソン．魚のだし汁．

funghetto（a ~）［(ア・) フンゲット］フンゲット風（料理名）．リグーリアではキノコ、カンパニアではナスをガーリクソテーしたもので、オレガノを加えたり、軽くトマト風味にすることが多い．(＊本来はキノコを小さく切ってソテーした料理の名だが、ナスやズッキーニで同様にした料理にもこの名が使われる．)

fungitiello［フンジティエッロ］男 (⇒) funghetto のナポリをはじめ南部での呼び方．

funghi（複）［フンギ］男 キノコ．1960年代までは栽培種はマッシュルームだけだったので、当時のレシピに単に funghi（または funghi coltivati）と書かれていればマッシュルームを指す．最近は多くのキノコが人工栽培されるようになったため、マッシュルームは champignon と書かれることが多くなった．

fuoco［フオーコ］（複-chi）男 火、火力．・*a fuoco vivo* (*vivace / forte / alto*)．強火で．＊電気のときは fuoco の代わりに calore を使う．中火、弱火についても同じ．・*a fuoco moderato* (*medio*)．中火で．・*a fuoco lento* (*basso / dolce*)．弱火で．

fusaglie（複）［フザーリェ］囡 ウチワ豆のローマ方言名．= lupini.

fusello ▸

fusello [フゼッロッ / フセッロ] 男 家禽類の下もも肉．牛肉の部位のトウガラシ．
fusilli (複) [フズィッリ] 男 フズィッリ (パスタ名)．乾麺ではらせん状ショートタイプが一般的だが、カンパニア、カラブリアではコイル状のロングタイプ (fusilli lunghi) がもともと手作りしていた時代からの形で、今でもよく使われている (⇒ scilatelli)．そして、手作りの場合は細い棒を使いコイル状にしたものの他、幅広のらせん状、管状に作ったものもフズィッリと呼ぶ．= (⇒) maccheroni al ferro (ferretto)．
fuso [フーゾ] 過 形 溶けた．・*burro fuso*. 溶かしバター．

G

gaffo [ガッフォ] 男 牛のほほ肉 (guancia di manzo) のローマ方言名.

galani (複) [ガラーニ] 男 カーニバルの揚げ菓子のヴェネツィアでの呼び名. (⇒) frappe.

galantina [ガランティーナ] 女 フランス料理のガランティーヌのイタリア名.
　料理 ・*galantina di pollo*. (鶏のガランティーナ) 骨を抜いた鶏1羽に、仔牛の挽き肉、ハム、コーンタン、黒トリュフ、ピスタチオなどを合わせた詰め物を詰めて円筒形に成形し、ブロードでゆで、冷ましてから切り分けて器に盛り、ブロードで作ったゼラチンを角切り、またはみじん切りにしたものを添える.

galleggiare [ガッレッジャーレ] 動 浮き上がる.

galletta (**del marinaio**) [ガッレッタ (・デル・マリナーイオ)] 女 船乗りの食糧として使われた乾パン. リグーリア料理の cappon magro や capponata に本来は使われる.

galletti (複) [ガッレッティ] 男 (⇒) cuculli の別称.

galletto [ガレット] 男 ①雄のひな鶏 (500〜600g). ②アンズ茸の別称. = cantarello、finferli. gallinaccio、gialletto.

gallina [ガッリーナ] 女 卵を生んだことのある雌鶏. ・*gallina al mirto*. 雌鶏のミルト風味 (料理名〈サルデーニャ〉). ゆでた雌鶏をミルトの葉で覆って冷ます.

gallina d'acqua [ガッリーナ・ダックア] オオバン. = (⇒) folaga.

gallina faraona [ガッリーナ・ファラオーナ] 女 ホロホロ鳥. = (⇒) faraona.

gallina prataiola [ガッリーナ・プラタイオーラ] 女 ヒメノガン. = fagianella.

gallinaccio [ガッリナッチョ] (単) /**gallinacci** (複) [ガッリナッチ] 男 ①七面鳥の別称. = (⇒) tacchino. ②アンズ茸の別称. = cantarello、finferli. galletto、gialletto.

gallinazza [ガッリナッツァ] 女 山シギのヴェネト地方での呼び名. = (⇒) beccaccia.

gallinella [ガッリネッラ] 女 ①ホウボウ. = gallinella di mare (「海の雌鶏」の意) = (⇒) cappone. ②マーシュの別称. = (⇒) valerianella.

gallo [ガッロ] 男 雄鶏.

gallo d'India [ガッロ・ディンディア] 七面鳥の別称. = (⇒) tacchino.

gamberetti (複) [ガンベレッティ] 男 小エビ. ・*gamberetti rosa*、*gamberetti boreali*. アマエビ. ・*gamberetti grigi*. エビジャコ.

gambero [ガンベロ] 男 大正エビに類似のエビの総称. 脚 (gambe) が重なるように

gambero imperiale ▶

たくさんある姿から.

gambero imperiale [ガンベロ・インペリアーレ] /**gambero reale** [ガンベロ・レアーレ] 男 車エビ. imperiale は「皇帝の」. reale は「王様の」という意味. ローマでは mazzancolla と呼ばれ一番好まれているエビ.

gambero rosso [ガンベロ・ロッソ] 男 ボタンエビに似た濃い赤色のエビ.

gambero d'acqua dolce [ガンベロ・ダックア・ドルチェ] /**gambero di fiume** [ガンベロ・ディ・フィウメ] ザリガニ. ヴェネトでは saltarei [サルタレーイ] と呼ばれる. 昔は僧院の重要な食材で、パヴィアの修道院風リゾット (risotto alla certosina) にも使われる. (⇒) certosina.

gamberoni (複) [ガンベローニ] 男 大型のエビ.

gambesecche (複) [ガンベセッケ] 女 シバフ茸、ムースロン. = funghi gambesecche.

gambo [ガンボ] 男 キノコの軸. カルチョフィ、セロリなどの茎の部分.

garde-manger [ガルド・マンジェ] (仏) 男 ガルド・マンジェ. 前菜、サラダ、冷製料理を担当する他、肉、魚の管理、下ごしらえなどをする部門.

garganelli (複) [ガルガネッリ] 男 ロマーニャ地方の手打ちパスタ. 語源はこの地方の方言で garganel (鶏の食道). エミリア地方では、筋をつけるのに、手織機の筬 (おさ /pettine) の歯のような溝が付いた形の器具を使うことから、maccheroni al pettine とも呼ばれる. (⇒) pettine (②).

garganello [ガルガネッロ] 男 小鴨の一種である alzavola のエミリア＝ロマーニャ地方での呼び名.

garmugia [ガルムージャ] 女 トスカーナ州ルッカで作られるズッパ. 仔牛肉、グリーン・アスパラガス、カルチョフィ、ソラ豆、グリーンピースなどの春野菜で作る. 料理名の語源は春をイメージする言葉の germogli (若芽).

garofolato (**manzo ~**) [(マンゾ・) ガロフォラート] 男 ローマの牛肉煮込み料理. クローブ (chiodi di garofano) を使うことからこの名前が付いた. 多めにソースを作り、ニョッキ、フェトゥチーネなどのパスタ料理に使う.

garretto [ガッレット] 男 牛・仔牛のスネ肉.

garum [ガールム] (単複同形) 男 イワシ、ヒメジなどの小魚を内臓ごと発酵させた魚醤の一種. 古代ローマ料理の塩味のベースとなった重要な調味料の一つ. カルタゴのフェニキア人が考案したといわれ、その後ビザンチン帝国では garon [ガロン] という名で残っていたが、帝国の滅亡とともに消えた. 現在はカンパニア州の Cetara で、掃除をしたヒシコイワシで同様に作る colatura di alici [コラトゥーラ・ディ・アリーチ] がある.

garusolo [ガルーゾロ] 男 murice (アクキ貝、シリアツブリ貝) のヴェネト方言名.

▶ **Genepì**

garza［ガルザ］囡 ガーゼ．綿、麻でできた薄い布．

gasse（複）［ガッセ］囡 リグーリア地方の蝶ネクタイ形のパスタ．= farfalle.

gastardello［ガスタルデッロ］男 青魚の（⇒）costardella のラツィオでの呼び名．

gastronomia［ガストゥロノミーア］囡 ①ガストロノミー、美食学、美食法．②最近のイタリアでは高級食材、ワイン、惣菜などを扱う店の看板名として使われている言葉．

gattò［ガットー］男 フランス語の gâteau がイタリア語化した言葉で、サルデーニャには焼き菓子（gattò sardo）が、ナポリにはジャガイモ料理（gattò napoletano di patate）がある．

gattuccio（di mare）［ガットゥッチョ（・ディ・マーレ）］（複-ci）男 トラザメ（ナヌカザメ）．= gattopardo. おもにボイルして食べられ、サルデーニャ料理の burrida［ブッリーダ］には欠かせない．

gazzella［ガッゼッラ］囡 ガゼル属の鹿．

gelataio［ジェラタイオ］（複-tai）男 / **gelatiera**［ジェラティエーラ］囡 アイスクリーム・マシン．= sorbettiera.

gelatina［ジェラティーナ］囡 ゼラチン、ゼリー．

gelatina di frutta［ジェラティーナ・ディ・フルッタ］①裏漉しした果物（特にペクチンが多く含まれたもの）を煮詰めて作るゼリー状のジャム．特にアプリコットのものはタルトのコーティングによく使われる．②フルーツを使ったゼリー状の菓子．

gelatina in polvere［ジェラティーナ・イン・ポルヴェレ］粉ゼラチン．

gelatina di maiale［ジェラティーナ・ディ・マイアーレ］カラブリア、バジリカータで作られる豚の内臓料理．
　作り方 豚の頭、足をゆでて骨をはずし、小さく切る．ゆで湯に酢、ニンニク、ローリエ、トウガラシを加えて沸騰させて冷ましたものに漬ける．

gelato［ジェラート］過 形 凍った．男 一般的にはアイスクリーム、シャーベットなどの氷菓全体を指す名称．・*gelato di crema*．クリームベースのもの．アイスクリーム．・*gelato di frutta*．フルーツベースのアイスクリームでシロップの糖度が高い（16 ～ 19度）もの．

gelone［ジェローネ］男 ヒラ茸の名称の一つ．「しもやけ、凍傷」の意．冬場によく出回るため、あるいはかさがしもやけのような感じだからともいわれる．= orecchione.

gelso［ジェルソ］男 桑．・*mora di gelso*．桑の実．

gelsomino［ジェルソミーノ］男 ジャスミン．

Genepì［ジェネピー］男 ヴァッレ・ダオスタ州産のリキュール．アルテミジア（ヨモ

genere alimentare ▶

ギ科の高山植物) がベース. = Ginepy、Artemisia.

genere alimentare (複) [ジェーネレ・アリメンターレ] 男 食品、食料品.

genovese [ジェノヴェーゼ] 形 ジェノヴァの.

genovese (**carne alla ~**) [(カルネ・アッラ・) ジェノヴェーゼ] ナポリの牛肉煮込み料理. ＊料理名の由来には諸説あるが、15世紀ジェノヴァから来た料理人が作った料理というのがもっとも有力. ソースを多めに作り、それでマカロニの味付けをする. 肉とマカロニを一皿盛り (いわゆるピアット・ウニコ) にする場合が多い.

作り方 牛肉をタコ糸でしばり塩、コショウをする. 鍋にオリーブ油、ラードを熱して肉を炒め、ニンジン、玉ネギ、セロリのみじん切りを加えて更に炒める (このとき玉ネギだけ肉と同じ重量にするのがポイント). バジリコ、ローリエを加え、蓋をしてオーブンに入れる. 途中で白ワイン、トマトペーストを加えて煮込み、肉がやわらかくなったら取り出し、煮汁は湯を加えて濃度を調整する.

genovese (**pasta ~**) [(パスタ・) ジェノヴェーゼ] スポンジ生地の一つ (仏語で pâte à génoise / ジェノワーズ). 18世紀中ごろ、ジェノヴァの料理人ジョバッタ・カボーナが、スペインで開かれたジェノヴァ共和国大使館催の宴会で作ったケーキが好評で、スペイン王室から敬意を込めて付けられたこのケーキの生地の名前が、パスタ・ジェノヴェーゼだった. 全卵を湯煎にかけながら泡立てる共立て法で作る. 後に卵黄、卵白を別立てにする方法を考え、返礼としてこれを pan di spagna と命名した.

genovese (**pesto ~**) [(ペスト・) ジェノヴェーゼ] 男 ジェノヴァ・ペースト. = pesto alla genovese.

作り方 バジリコ、松の実、ニンニク、オリーブ油、塩、コショウを合わせてすりつぶし、パルミジャーノ・チーズを加える. ＊地域により配合が多少変わる. ジェノヴァのものは中間的な味. ポネンテ (Ponente/ 西側) ではニンニクが多めで、チーズはサルデーニャ産のペコリーノになる. レバンテ (Levante/ 東側) ではニンニクが少なめで、チーズは味がやわらかめのパルミジャーノになる.

genziana [ジェンツィアーナ] 女 りんどう、ゲンチアナの根. アマーロなどのリキュールに使われる.

geretto [ジェレット] 男 牛・仔牛のスネ肉.

germano reale [ジェルマーノ・レアーレ] 男 真鴨.

germe di grano [ジェールメ・ディ・グラーノ] 小麦胚芽.

germogli (複) [ジェルモッリ] 男 若芽. 芽の出た部分をすべて指す. ・*germogli di luppolo*. 自生のホップの若芽. ・*germogli di bambù*. タケノコ. ・*germogli di mais*. ヤングコーン、ベビーコーン. ・*germogli di soia*. もやし.

▶ **gianco e neigro**

gherigli di noce(複)[ゲリッリ・ディ・ノーチェ] クルミの殻の中の実(仁).

ghiaccia [ギアッチャ] 囡 糖衣.アイシング.グラス・*ghiaccia reale*.[ギアッチャ・レアーレ] グラス・ロワイヤル.200gの粉糖、卵白1個分、レモン汁少量を練り混ぜたもの. = glassa reale.

ghiacciata [ギアッチャータ] 囡 かき氷. granatina、grattachecca (ローマ方言)とも呼ばれる.

ghiacciato [ギアッチャート] 過 形 凍った.凍るほど冷たい.

ghiaccio [ギアッチョ] (複男-ci、複女-ce) 形 凍った. 男 氷.

ghiacciolo [ギアッチョーロ] 男 アイスキャンデー.

ghiotta [ギョッタ] 囡 かまどで肉を大串に刺してローストするときに、焼き汁や脂を受ける銅製の容器 (おもに中南部での呼び方で、一般的には leccarda と呼ばれている). 語源は「おいしい」という意味もある ghiotto で、salsa ghiotta (ローストに添えるソース) からのイメージで付けられた. シチリア方言ではおもに魚介類の煮込み料理を意味する言葉で、言い方も ghiotta di… や、… alla ghiotta、… a ghiotta (訛ると⇒ agghiotta) となる. ・*salsa ghiotta* (山鳩のロースト用ソース〈ウンブリア〉). (⇒) salsa.

ghiotto [ギョット] 形 食いしん坊の. おいしい. 男 大食漢.美食家. = ghiottone.

ghiozzo [ギョッゾ] 男 ハゼの一種.ヴェネツィアのラグーナ (潟) で獲れる. = gò (ヴェネツィア方言名).

gialletti (複)[ジャレッティ] / **giallettini** (複)[ジャレッティーニ] 男 エミリア=ロマーニャ地方で作られるトウモロコシ入りのクッキー.「黄色い小さなもの」の意. 同様のものがヴェネトでは zaleti と呼ばれる.

gialletto [ジャッレット] 男 アンズ茸の別称. = cantarello、finferli、galleto、gallinaccio.

giambonetto [ジャンボネット] 男 鶏もも肉 (ウサギ、七面鳥、仔羊もも肉も使われる) の骨を抜き、詰め物をして作る料理.ローストの他煮込む場合もある.詰め物やソースで変化をつける.フランス語の jambon [ジャンボン] を語源とした料理名だが、イタリア中北部の料理.詰め物の一例は、戻したフンギ・セッキ、モルタデッラ、豚挽き肉、パン粉、パルミジャーノ、パセリ、卵、ナツメグ、塩、コショウを合わせたものなど.

gianchetti (複)[ジャンケッティ] 男 (⇒) bianchetti のリグーリア方言名.

gianchettu [ジャンケットゥ] 男 (⇒) papalina のサルデーニャ方言名.

gianco e neigro [ジャンコ・エ・ネイグロ] 仔羊の内臓料理 (リグーリア方言名).イタリア語では bianco e nero d'agnello.

作り方 仔羊の肺と腸 (白 /gianco = bianco)、レバーとハツ (黒 /neigro =

gianduia / gianduja ▶

nero) をローリエの葉を加えたオリーブ油でソテーし、塩、コショウ、白ワインを振る. または小麦粉、卵、パン粉の順につけて揚げる. ＊昔は復活祭に作られた.

gianduia / gianduja [ジャンドゥイア] 囡 ピエモンテ州トリノ名物のソフトチョコレート. 仮面劇の登場人物の名にちなむ名前. ・*torta gianduia*. 同地方のチョコレートケーキ.

gianduiotto / giandujotto [ジャンドゥイオット] 男 ジャンドゥイアを使って上記の仮面劇の登場人物がかぶる帽子の形に作られた小さなチョコレート. 1865年のカーニバルの際に、トリノのCaffarel-Prochet社によって作られ、街で配られた.

giardinetto [ジャルディネット] 男 「小さな庭園」という意味で、ワゴンサービス用にジェラートを盛り合わせたもの、デザート菓子、フルーツを盛り合わせたもの、多種類の付け合わせ野菜を盛り合わせたものなどをいう. ・*giardinetto alla piemontese*. レタス、薄切りのラディッシュ、油漬けのカルチョフィ、ゆでた小イモ、ニンジンをオリーブ油、レモン汁、塩、コショウで味付けしたサラダ.

giardiniera sott'aceto [ジャルディニエーラ・ソッタチェート] ミックス野菜の酢漬け. ビン詰、缶詰の製品もある.

ginepro [ジネープロ] 男 ネズの実. ジュニパーベリー. ジビエ料理に欠かせないスパイス.

ginestrata [ジネストゥラータ] 囡 卵黄がベースのザバイオーネのようなクリーム状のスープ (トスカーナ地方).

ginkgo [ジンゴ] (単複同形) 男 イチョウの木. 俗称は ginko、ginco [ジンコ] ・*semi (noci) di ginkgo* (複). ギンナン.

giorno (del ~) [(デル・)ジョルノ] 本日の. ・*piatti del giorno*. 本日のおすすめ料理. (＊ giorno 男 日. 1日.)

girare [ジラーレ] 動 回す (大串に刺した鶏や肉の塊を). 返す (肉のソテーなどを裏返す). = rigirare.

girarrosto [ジラッロースト] 男 ロースター、ロースト用の大串を回す器械.

girasole [ジラソーレ] 男 ヒマワリ. ・*semi di girasole*. ヒマワリの種.

girello [ジレッロ] 男 シキンボウ (牛・仔牛の部位). = magatello.

giuggiola [ジュッジョラ] 囡 ナツメの実. そのまま食べる他ジャム、シロップにする.

giuggiulena = (⇒) cubbaita.

giuliana [ジュリアーナ] 囡 細切り. 仏語のジュリエンヌがイタリア語化した言葉.

giuncà [ジュンカー] 囡 ①ピエモンテ地方の牛乳製チーズ. 乳清から作られるリコッタタイプのチーズ. 通常はオイル漬けにされる. ② (⇒) giuncata のリグーリア方

言名. = zuncà.

giuncata [ジュンカータ] 囡 リグーリア州サヴォーナ県で作られる羊乳のフレッシュタイプのチーズ．イグサ (giunco) で編んだ型に入れて余分な水気を取り、冷ますことからこの名が付いた. = giuncà, zuncà. 同様のチーズがプーリア、カラブリアでも作られている．

glassa [グラッサ] 囡 ①フォンド・ブルーノ (fondo bruno) を煮詰めたもの. · *glassa di carne*. =グラス・ド・ヴィアンド. ②糖衣 (グラス). = (⇒) ghiaccia. · *glass reale.* クラス・ロワイヤル. = ghiaccia reale.

glassare [グラッサーレ] 動 グラッセする (ニンジン、小玉ネギなどを). ソースを煮詰める．

glucosio [グルコーズィオ] 男 グルコース (＝デキストロース)、ブドウ糖. = destrosio.

gnemeriidde = (⇒) gnummerieddi.

gnervitt [ニェルヴィットゥ] 男 (⇒) nervetti のロンバルディア方言．

gnocchetti (複) [ニョッケッティ] 男 小型のニョッキ. · *gnocchetti sardi.* [ニョケッティ・サルディ] セモリナ粉に水、塩、サフラン少量を加えて練り、小さなニョッキの形に作ったパスタ. サルデーニャの南部では malloreddus [マッロレッドゥス]、北部では ciciones [チチョネス] と呼ばれる. 乾燥品もある．

gnocchi (複) [ニョッキ] 男 ニョッキ. ジャガイモ、カボチャなどをベースとした生地を切り分けて小さく形作り、ゆでてソースをからめる料理. もともとは小麦粉で作るマカロニの一種だった (フリウリではニョッキを macarons という) が、イタリアにジャガイモが入ってきた1800年代以降、ジャガイモが使われるようになった. イタリア (特にローマ) では木曜日に食べる習慣がある．

料理 · *gnocchi di patate.* (ジャガイモのニョッキ) ゆでて裏漉したジャガイモに小麦粉、パルミジャーノ、卵、塩、ナツメグを合わせて作る．

· *gnocchi alla bava.* (ジャガイモのニョッキ フォンティーナ・チーズ風味〈ピエモンテ〉) 牛乳とフォンティーナ・チーズを合わせて溶かし、生クリーム、コショウを加えたソースを、ゆでたジャガイモのニョッキにからめる. bava とはカイコが出す糸のこと. 溶けたチーズが糸を引くようすから．

· *gnocchi con ortica.* (イラ草入りのジャガイモのニョッキ) ゆでたイラ草を加えて練る．

· *gnocchi di semolino* (セモリーノのニョッキ〈ラツィオ〉) 塩を少量加えて1ℓの牛乳を沸かし、セモリナ粉を加えポレンタのようにかき混ぜながら、約10分煮る. 火からおろしてパルミジャーノ、卵を入れてかき混ぜ、バットにあけて1cm強の厚さにのばす. 冷めたら円形に型抜きし、バターを塗った耐熱容器に並

gnocco emiliano ▶

べてパルミジャーノ、溶かしバターを振り、オーブンで焼く. ＊gnocchi di semolella ともいう. また gnocchi alla romana とも呼ぶ. しかし現在ローマでニョッキといえば、ジャガイモのニョッキをトマトソースまたは牛肉の煮込みソース、パルミジャーノで和えたものをいう.

・*gnocchi di susine.*（フリウリ風干しプラム入りニョッキ）戻した干しプラムの種を取り、ジャガイモのニョッキで包む. パン粉をバターで炒め、グラニュー糖、シナモン粉を加え、先のニョッキをゆでて加え和える.

・*gnocchi di zucca.*（カボチャのニョッキ）＝ macarons di coce（フリウリ方言）. ゆでたカボチャのニョッキにリコッタ・アッフミカータとコショウを振り、セージ・バターをかける.

gnocco emiliano [ニョッコ・エミリアーノ] 男 （⇒）ciccioli を加えたエミリア地方のフォカッチャ.

gnocco fritto [ニョッコ・フリット] 男 ニョッコ・フリット（エミリア＝ロマーニャ、おもにモデナ、レッジョでの呼び名）. ＝ crescentine.

作り方 小麦粉、バター、塩、ベーキングパウダーを合わせ、ぬるま湯を加えながら練り、ねかせた後のばしてひし形に切り、揚げる.

gnumerieddi（複）[ニュメリエッディ] 男 仔羊の内臓料理（プーリア）. 仔羊の内臓を棒状に切り、パセリ、ペコリーノ・チーズとともに網脂で包み、腸を巻き、サルシッチャの形にする. グリルまたはパン窯で焼く. このような羊の内臓料理はプーリアに多いがモリーゼ、カラブリア、バジリカータにもあり、呼び名、大きさ、調理法に違いがある. ＝ gnemeriidde.

gò [ゴー] / **goato** [ゴアート] 男 （⇒）ghiozzo のヴェネツィア方言名.

gobbo [ゴッボ] 男 （⇒）cardo のウンブリア、ラツィオでの呼び名. 形 こぶのある.

gobione [ゴビオーネ] 男 ヨーロッパカマツカ. コイ科の川魚で最大15cm ほど. イタリアではポー川下流の周辺で獲れるくらいであまりポピュラーではない.

goccia [ゴッチャ]（複-ce）女 / **goccio** [ゴッチョ]（複-ci）男 ワイン、果汁などの液体の滴、少量の（液体）.

gombo [ゴンボ] 男 オクラ. ＝ okra、bamia、bammia.

gomma americana [ゴンマ・アメリカーナ] 女 ＝ gomma da masticare. チューイング・ガム.

gonfiare [ゴンフィアーレ] 動 膨らむ. 膨らませる.

gorgonzola [ゴルゴンゾーラ] 男 ロンバルディア州ゴルゴンゾーラ村で生まれた牛乳製青かびチーズ（D.O.P.）. 分類上はロンバルディアのチーズだが、現在はほとんどがピエモンテ州ノヴァーラで作られている. 甘口のドルチェと辛口のピッカンテがあるが、料理にはおもにドルチェが使われる.

▶ **grano arso**

goulash [グーラッシュ] 男 グーラッシュ. = (⇒) gulasch.
grado [グラード] 男 度、度数.
grammo（単）[グランモ] / **grammi**（複）[グランミ] 男 グラム.
grana [グラーナ]（単複同形）男 パルミジャーノ・レッジャーノ、グラーナ・パダーノなどの牛乳製の硬質チーズ. 語源は granulosa（ざらざらした）. 表面は硬い皮で覆われているが、中はポロポロとしており、その状態から. · *grana padano*. ポー川流域で作られる、牛乳製硬質チーズ（D.O.P.）. パルミジャーノ・レッジャーノとは製法上の違いがいくつかあり、色もやや白っぽく味もさっぱりしている. 女 粒状のもの.
granadilla [グラナディッラ] 女 パッションフルーツの別称. = frutto della passione.
granata [グラナータ] 女 ザクロ. = (⇒) melagrana.
granatina [グラナティーナ] 女 ①グレナデン・シロップ. ②かき氷.
granceola [グランチェーオラ] / **grancevola** [グランチェーヴォラ] / **granseola** [グランセーオラ] 女 クモガニの一種、ヨーロッパケアシガニ. ヴェネト特産の大型のカニで、名前はすべてヴェネト方言名. gran (granchio/ カニ) と cevola (cipolla/ 玉ネギ) が合わさった言葉で、胴体の形が玉ネギに似ているところからの名.
　料理 · *granseola alla veneziana*.（カニのヴェネツィア風）ゆでたカニの身をほぐし、オリーブ油、レモン汁、パセリ、コショウを混ぜる. セロリや柑橘類の果肉を加えることもある.
granchio [グランキオ]（複-chi）男 カニ（総称）. ヴェネツィア方言では granzo [グランツォ]. · *Re granchio*、*granchio gigante*. タラバガニ.
granciporro [グランチポーロ] 男 ヨーロッパイチョウガニ. = gransoporo [グランソポーロ]. 大型のカニで、秋から冬にかけてヴェネツィアの周辺で獲れる.
granelli（複）[グラネッリ] 男 （または le granella）①仔牛・仔羊などの睾丸. ②穀類の粒. · *granelli di mais*. コーン（粒の）. = chicchi di mais. · *granelli d'uva*. ブドウの粒. = chicchi d'uva. ③顆粒. · *granelli di cioccolato*. チョコスプレー.
granita [グラニータ] 女 シチリア発祥の氷菓. ざらっとして細かい氷の粒 (grano) のような感じに仕上げるもの. 一般的にはレモン風味とコーヒー風味.
grano [グラーノ] 男 小麦. = frumento. · *grano duro*. 硬質小麦. 乾燥パスタ、南部の手打ちパスタ、パンなどに使われる. · *grano tenero*. 軟質小麦. 卵入り生パスタ、ピッツァ、フォカッチャ、パン、お菓子などに使われる.
grano arso [グラーノ・アールソ] 男 焦がし小麦. プーリア地方（特にフォッジャ

周辺)で、小麦の穫り入れの後残って、野焼きのときに焦げた落ち穂から取った小麦の粒を集めたもの。粉にしてパンやパスタに使われた。現在は発がん性物質が含まれているということで法律で使用が禁止されているが、焙煎して安全な状態で再現したものが生産されている。生パスタを作るときは、普通のセモラ粉3に対して1が一般的な配合率。

grano dolce [グラーノ・ドルチェ] 男 シチリアの菓子。= (⇒) cuccia.

granone [グラノーネ] 男 トウモロコシ。= (⇒) granoturco.

grano saraceno [グラーノ・サラチェーノ] 男 ソバ、ソバの実。・*farina di grano saraceno*。ソバ粉。イタリアにはイスラム教徒の商人によって1500年代にヴェネツィアに持ち込まれた。「サラセン人の麦」という名前はここからきている(＊saraceno 男 サラセン人〈アラビア人、イスラム教徒〉。形 サラセン人の。)。最初はヴェローナ周辺で栽培がはじまり、現在はロンバルディア州ヴァルテッリーナ地方がおもな産地。この地方のソバ粉を使う代表的な料理に sciatt、pizzoccheri、polenta taragna などがある。

料理 ・*polenta taragna*。(ソバ粉入りポレンタ〈ロンバルディア〉)ヴァルテッリーナ地方で作られるポレンタで、taraga は「混ぜ合わせた」という意味の方言。トウモロコシの粉とソバ粉で作り(比率は好み)、仕上がり前にビットやカゼーラなどの地元のチーズ、バターを加える。

granoturco [グラノトゥールコ] / **granturco** [グラントゥールコ] (複-chi) 男 トウモロコシ。イタリアには16世紀に入ってきた。最初は飼料として使われていたが、飢饉を契機に食用にされるようになり、ヴェネト州のポレズィーネ、ヴェローナ周辺で本格的な栽培が始まった。granturco とは、昔は外国から入るものを「トルコ」という習慣があったためで、トウモロコシがトルコから入ってきたわけではない。= mais、frumentone、formentone、granone.

granseola = (⇒) granceola.

granzo [グランツォ/グランソ] 男 ① granchio (カニ) のヴェネツィア方言名。② (⇒) granceola のフリウリ方言名。

grapa [グラーパ] 女 (⇒) grappa のロンバルディア方言名。

grappa [グラッパ] 女 ワインを作る際に出るブドウの絞りかすから作られる蒸留酒。ヴェネト(特にパドヴァ、ヴィチェンツァ、トレヴィーゾ)、ピエモンテ、フリウリが3大産地で、全国の生産量の90％を占める。

grappolo d'uva [グラポッロ・ドゥーヴァ] ブドウの房。

grassatu [グラッサートゥ] 男 仔羊の煮込みチーズ風味(シチリア)。glassa (＊シチリアでは、l と r の区別が曖昧な場合がある) とは糖衣の意で、仕上げにチーズを加えることで出るとろみ、艶の感じを表した料理名。= agnieddu、aggrassatu.

▶ **griffone**

作り方 仔羊肉に塩、コショウをし、オリーブ油を熱した鍋で焼き、玉ネギ、ニンニク、ローリエを加えて蓋をしてオーブンへ．途中赤ワインを加え、下ゆでしたジャガイモを加え、火が通ったら肉とジャガイモを取り出す．煮汁にすりおろしたペコリーノ、カーチョカヴァッロを入れて手早く混ぜ、肉とジャガイモを戻してからめ、パセリを振る．

grasso [グラッソ] 形 太った．油っこい．男 脂肪、油脂、脂身．・*grasso di rognone*. ケンネ脂 (腎臓のまわりについた脂)．

gratella [グラテッラ] 女 = (⇒) graticola.

graticola [グラティーコラ] 女 グリル版、焼き網．= griglia.

gratinare [グラティナーレ] 動 グラタンにする．グラティネする．パン粉やチーズを振ったパスタ、野菜、魚介類などを表面が色づきカリッとするまでオーブンで焼く．

grattachecca [グラッタケッカ] (複-che) 女 かき氷．(⇒) ghiacciata のローマ方言名．昔は夏になるとかき氷の上に好みのシロップなどをかけて食べさせる屋台が多かった．ローマでは最近復活してきた．

grattare [グラッターレ] 動 すりおろす．= grattugiare.

grattugia [グラットゥージャ] (複-gie) 女 すりおろし器．

grattugiare [グラットゥジャーレ] 動 すりおろす．= grattare.

grembiule [グレンビュウレ] 男 前掛け、エプロン．= grembiale.

gremolada [グレモラーダ] / **gremolata** [グレモラータ] 女 ミラノ方言で細粒状 (grani) にしたものという意味で、一般的には細かく刻んだパセリ、ニンニクにすりおろしたレモンの皮を加えたものを指し、オッソブーコなどの煮込み料理の仕上げに加えられる．cremolata ともいう．

gricciaiola [グリッチャイオーラ] 女 beccafico などのムシクイ類 (sylvia) の鳥の中部イタリアでの呼び名．

gricia / griscia (**alla ~**) [(アッラ・) グリーチャ / グリーシャ] グリシャーノ風 (料理名)．ラツィオ地方のアマトリーチェに近い Grisciano という村で生まれたパスタ料理．おもに太めのスパゲッティを使う．グアンチャーレをトウガラシと一緒に炒め、パスタを合わせ、ペコリーノを加えて和える．別名 all'amatricana in bianco (トマトなしのアマトリチャーナ)．(⇒) amatriciana (all' ~).

gricile [グリチーレ] 男 砂肝のラツィオでの呼び名．

griffo [グリッフォ] / **griffone** [グリフォーネ] 男 マイ茸．おもにピエモンテ、エミリア、トスカーナの山間部、およびカラブリアの Sila (シーラ山) などの栗の木の下に生息する．barbagino、grifolo など地方によっていろいろな名前で呼ばれている．おもにフライやオイル漬けにされる．

griglia [グリッリャ] 女 グリル板、焼き網. · *alla griglia*. グリル料理. = ai ferri、alla graticola、alla gratella.

grigliare [グリッリャーレ] 動 網焼きにする. グリルで焼く.

grigliata mista [グリッリャータ・ミスタ] 女 ミックス・グリル. 牛ヒレ肉、仔牛肉、仔牛のレバー、腎臓、仔羊肉、鶏肉、ベーコン、サルシッチャなどの肉類にマッシュルーム、トマトのグリルが添えられるのが伝統的. · *grigliata mista di mare*. 魚介類のミックス・グリル.

grillettare [グリッレッターレ] 動 強火でグリルしたりフライパンでソテーする. 現在はあまり使われない言葉. 昔からある料理に使われている程度である. 例) pollo grillettato alla romana.

griscia = (⇒) gricia.

grissini (複) [グリッスィーニ] 男 グリッシーニ. トリノで生まれた細い棒状のパン. 現在はいろいろなヴァリエーションがある.

griva [グリーヴァ] 女 ツグミの一種. = (⇒) tordo.

grive (複) [グリーヴェ] 女 = (⇒) frisse.

grolla [グロッラ] 女 ヴァッレ・ダオスタ特産の、蓋と足が付いたカップ形の木彫りの器. 昔はワインなどのまわし飲みに使われた. 現在はおもに装飾品やお土産として売られている. 同地方にはコーヒーをまわし飲みするための、円盤形で飲み口が複数付いた器があり、混同されてそちらもグロッラと呼ばれているが、本来は (⇒) coppa dell'amicizia という名前である.

grongo [グロンゴ] (複-ghi) 男 アナゴ.

grossolanamente [グロッソラーナメンテ] 副 粗く.

groviera [グロヴィエラ] / **gruviera** [グルヴィエラ] 男 (女) = グリュイエール・チーズ.

grumi (複) [グルーミ] 男 (粉やチーズなどがよく溶けずにできる) ダマ.

grumolo [グルーモロ] 男 チコリの一種. ミラノでは ceriolo [チェリオーロ] または sciroeu [シルウ] という. 秋の終りから春先が旬. バラの花のような形で濃い緑色.

gruviera = (⇒) groviera.

guaiava [グワイアーヴァ] 女 グァバ. = guava.

guancia [グワンチャ] (複-ce) 女 ほほ肉 (牛、仔牛). (⇒) guanciale.

guanciale [グワンチャーレ] 男 豚のほほ肉、およびグアンチャーレ. グアンチャーレは豚のほほ肉を塩漬けし、コショウまたは粉トウガラシをまぶして熟成、乾燥させたもので、おもに中部イタリアで作られる. 特にローマ料理には欠かせない. ウンブリアでは barbozzo [バルボッツォ]、マルケでは barbaja [バルバーヤ] と

も呼ばれる.

guarnire [グワルニーレ] 動 飾る. 付け合わせや飾りを添える.

guarnizione [グワルニツィオーネ] 女 料理の飾り、付け合わせ.

guastedda [グワステッダ] 女 シチリアで作られるパンの一種. 形状はいろいろあるが、ゴマが振ってあるのが特徴. 円形のものは vastedda とも呼ばれている. ・ ***guastedda ca meusa***. [グワステッダ・カ・メウサ] または pani ca meusa. イタリア語では panino con milza. 小さな丸いパンに、ゆでてから炒めた脾臓や肺を詰めたもので、パレルモの名物パニーノ.

guava [グワーバ] 女 グァバ. = guaiava.

guazzetto [グワッツェット] 男 肉、魚介の煮込み料理名の一つ. guazzo (水浸しの状態、水たまり) が語源. … in guazzetto または Guazzetto di …と表記される. ローマのバッカラ料理、ロンバルディアのカエルの煮込み (⇒ rana) が代表的. 類義語に umido がある.

gubana [グバーナ] 女 フリウリ=ヴェネツィア・ジュリア州ウディネの菓子. guba (「曲がったもの」の意) が語源で、もとはアラブの菓子といわれているが、ローマ時代に似たものがあったともいわれている. ナッツ類、レーズン、砂糖漬けのオレンジの皮などで作った具を、長方形にのばした生地の全面にのせてロール状に丸め、うず巻き状に成形して焼く.

gueffus (複) [グエッフス] 男 サルデーニャで作られるアーモンドと砂糖を使った球形の小菓子.

gulasch [グーラッシュ] (独) 男 グーラッシュ. フリウリ=ヴェネツィア・ジュリアの煮込み料理. = goulash. トレンティーノ=アルト・アディジェ地方にも同様の料理がある.

作り方 角切りの牛肉に塩、小麦粉をまぶしてサラダ油でソテーし、玉ネギ、パプリカ粉と合わせ、赤ワイン、トマトホール、湯を加えて煮込む. 途中でレモンの皮、ニンニク、クミン・シード、パセリを加える.

gurguglione [グルグッリョーネ] 男 エルバ島の夏野菜料理. 玉ネギ、ナス、ズッキーニ、ペペローニ、トマト (ジャガイモを加えることもある) にバジリコを加えて炒め煮したもの. 温・冷どちらでもよい.

guscio [グッショ] (複-sci) 男 ナッツ類の殻、卵の殻、豆のサヤ、甲殻類の殻.

gusto [グスト] 男 味、味覚.

guttiau (pane ~) [(パーネ・)グッティアウ] 男 サルデーニャの、紙のように薄いパンである pane carasau [パーネ・カラザウ] (⇒ carasau.) に塩、オリーブ油を振りかけ、オーブンでさっと温めたもの.

H

halibut [アリブットゥ / ハリバットゥ] (英) 男 オヒョウ. ＝ ippoglosso.
hoki [オーキ / ホーキ] 男 ホキ (メルルーサの一種 / 学名：macruronus novaezelandiae. ニュージーランド近海で獲れる). nasello codalunga、nasello azzurro、merluzzo の名称で扱われることもある. おもに大量給食で使われる.

I

imbevuto [インベヴート] 過 形 (液体を)染み込ませた．含ませた．吸わせた．(液体に)浸した．

imbiancare [インビアンカーレ] 動 ＝ imbianchire.

imbianchire [インビアンキーレ] 動 ブランシールする．サッと熱湯でゆがき、冷水にさらす．

imbiondire [インビオンディーレ] 動 ごく薄く焼き色をつける(特にニンニク、玉ネギや小麦粉を炒めるとき)．

imbottigliare [インボッティッリャーレ] 動 ビン詰にする．

imbottire [インボッティーレ] 動 詰め物をする(南部でよく使われる言葉)．パンに具を挟む(パニーノなど)．

imbrogliata [インブロッリャータ] 過 形 女 野菜と卵、チーズなどでスクランブルエッグ仕立てにする料理．代表的なものに、カルチョフィを使った imbrogliata di carciofi というリグーリア料理がある．

imbrunare [インブルナーレ] 動 濃いめのキツネ色に炒める．＝ fare imbrunare. imbrunire.

imburrare [インブッラーレ] 動 バターを塗る(特に器や型に溶かしバターを)．

imbuto [インブート] 男 ①じょうご．②サルシッチャを詰めるための口金．

immaturo [インマトゥーロ] 形 熟していない．

immergere [インメルジェレ] 動 浸す、沈める．

immorbidire [インモルビディーレ] 動 やわらかくする．＝ (⇒) ammorbidire.

impanare [インパナーレ] 動 パン粉をつける．＝ panare.

impanatigghie (複) [インパナテッギェ] 男 ＝ (⇒) 'mpanatigghe.

impastare [インパスターレ] 動 生地(パスタ、ピッツァ、パン、菓子などの)を練る．

impastatrice [インパスタトリーチェ] 女 ミキサー(アッタッチメントを替えることにより、生地を練り混ぜたり、ホイップができる器械)．

impasto [インパスト] 男 練った生地．

incapriata [インカプリアータ] 女 ＝ (⇒) 'ncapriata.

incavolata [インカヴォラータ] 女 黒キャベツ、インゲン豆などが入ったトスカーナ州ヴェルシリア (Versilia) の野菜スープ．＝ intruglia.

inchiostro [インキオストゥロ] 男 一般的には「インク」という意味だが、料理ではイカ、タコの墨を指す．＝ nero di seppia.

incidere ▶

incidere [インチーデレ] 動 切り目を入れる.
incorporare [インコルポラーレ] 動 他の材料を加えながら混ぜ込んでいく.
indivia belga [インディーヴィア・ベルガ] 女 ベルギー・チコリ、アンディーブ. = cicoria belga. (⇒) cicoria.
indivia riccia [インディーヴィア・リッチャ] 女 エンダイブ. = cicoria riccia. (⇒) cicoria.
infarinare [インファリナーレ] 動 粉をまぶす (おもに小麦粉).
infarinata [インファリナータ] 女 トスカーナ州ガルファニャーナ (Garfagnana) のスープ. = infarinata della Garfagnana. 香味野菜、インゲン豆、黒キャベツ、ポレンタ粉などで作る濃度のあるスープ.
infilare [インフィラーレ] 動 串に刺す、楊枝を刺す. = infilzare.
infilzare [インフィルツァーレ] 動 = (⇒) infilare.
infornare [インフォルナーレ] 動 オーブンに入れる.
ingrediente [イングレディエンテ] 男 料理の材料、食品の原材料.
insaccare [インサッカーレ] 動 腸詰めにする. 袋状のものに詰める.
insaccato [インサッカート] 過 形 腸詰めにした. 男 腸詰め類 (ザンポーネ、コッパ、モルタデッラなども含まれる).
insalata [インサラータ] 女 ①サラダ用葉物野菜の総称. ②サラダ菜. ③サラダ料理.

料理 ・*insalata di carne cruda.* (生肉のサラダ〈ピエモンテ〉) = insalata albese. ニンニクをこすりつけたボウルに細切りの牛ヒレ肉、塩、コショウ、レモン汁、オリーブ油を入れてサッと混ぜ、30分おいて器に盛り、レモン、チコリなどを添える.

・*insalata di fagioli e calamari.* (インゲン豆とヤリイカのサラダ〈エミリア＝ロマーニャ〉) ゆでて輪切りにしたヤリイカ、ポロネギ、セロリ、ゆでたボルロッティをボウルに入れ、塩、コショウ、レモン汁、オリーブ油で味をつける.

・*insalata di formaggi.* (チーズのサラダ〈ピエモンテ〉) モッツァレッラ、フォンティーナ、ゴルゴンゾーラをサイの目に切り、裏漉したゆで卵の黄身、粒マスタード、白ワインヴィネガー、エストラゴン、オリーブ油、パセリ、塩、コショウを合わせたソースで和える.

・*insalata di mare.* (魚介のサラダ) 空煎りして取り出したムール貝の身、ゆでたエビ、ヤリイカ、アサリ、タコ、セロリ、オリーブ、ケイパーをボウルに入れ、塩、コショウ、パセリ、レモン汁、オリーブ油で味をつける. = antipasto di mare.

・*insalata di prosciutto e grana.* (生ハムとグラーナ・チーズのサラダ〈エミリア＝ロマーニャ〉) 生ハムとルコラを合わせ、薄切りのグラーナをのせてコショ

▸ **intingolo**

ウを振り、オリーブ油とバルサミコ酢を軽く混ぜてかける.

・*insalata di puntarelle.*(プンタレッレのサラダ〈ラツィオ〉)ボウルにニンニクをこすりつけ、すりつぶしたアンチョビ、白ワインヴィネガー、オリーブ油を加えて混ぜる. 細く裂き、水に浸けてカールさせたプンタレッレを入れ、塩、コショウをして手早く和える.

・*insalata di radicchio alla pancetta.*(赤チコリのサラダ パンチェッタ風味〈ヴェネト〉)オリーブ油にニンニクを入れて火にかけ、色づいたら取り出し、パンチェッタをカリッと炒めて白ワインを加え、赤チコリにかけ、塩、コショウ、パセリで味をつける.

・*insalata di rinforzo.*(ナポリ風カリフラワーのサラダ)＊rinforzoは「補強」「強化」などの意. 作りおきして料理が足りないときすぐに出せるもののことで、ナポリではカポナータ(caponata)とも呼ばれる. ゆでたカリフラワー、オリーブ、ピクルス、ペペローニの酢漬け、アンチョビ、ケイパーをボウルに入れ、パセリのみじん切り、塩、コショウ、白ワインヴィネガー、オリーブ油で味をつける.

・*insalata di riso.*(米のサラダ)ゆでて冷ました米、裏漉したゆで卵の黄身と白身、ボンレスハム、ベルパエーゼ・チーズ、ゆでたサヤインゲンとズッキーニとニンジン、ペペローニの酢漬け、コーン、グリーンピースをボウルに入れ、塩、コショウ、オリーブ油、サラダ油、レモン汁で味をつける.

insalata belga [インサラータ・ベルガ] 女 アンディーブ、ベルギーチコリ. = cicoria belga. (⇒) cicoria.

insalata matta [インサラータ・マッタ] 女 タンポポの呼び名の一つ. = (⇒) tarassaco.

insalatiera [インサラティエーラ] 女 サラダボウル.

insaporire [インサポリーレ] 動 味をなじませる. ソース、香辛料を加えてコクを出す. 風味をつける.

inserire [インセリーレ] 動 差し込む. 加える.

interiora (複) [インテリオーラ] 女 内臓. = (⇒) frattaglie.

intestino [インテスティーノ] 男 腸以下の臓物の総称. = budella. ・*intestino tenue*. 小腸. = piccolo intestino. ・*intestino crasso*. 大腸. = grande intestino.

intiepidire [インティエピディーレ] 動 粗熱を取る. 温かくする.

intingere [インティンジェレ] 動 浸す、漬ける(液体に).

intingolo [インティンゴロ] 男 煮込み、および煮込みのソース.

料理 ・*intingolo di castrato con fagioli.*(去勢羊の煮込み インゲン豆入

intruglia ▶

り〈アブルッツォ〉) 羊もも肉に塩、コショウをしてオリーブ油を熱した鍋で表面を焼き、玉ネギ、赤トウガラシを加えてオーブンに. 途中オレガノ、白ワイン、トマトホールを加えてやわらかく煮込み、肉を取り出して切り分け、ソースにゆでた白インゲン豆、パセリ、塩を加えて肉にかける.

intruglia [イントゥルーリャ] 囡 トスカーナ州ヴァルシリア (Versilia) のスープ. = incavolata. 作り方はほぼ infarinata と同じ.

inumidire [イヌミデーレ] 動 湿らす、ぬらす.

involtare [インヴォルターレ] 動 包み込む.

involtini (複) [インヴォルティーニ] 男 素材を (俵状、筒状に) 巻いて作る料理. 南部では braciole [ブラチオーレ] と呼ばれる. (⇒) braciola (②).

料理 ・*involtini di maiale alla sarda.*(豚肉のインヴォルティーニ サルデーニャ風) パン粉、ニンニク、ペコリーノ・チーズ、卵黄、パセリ、塩、コショウを合わせ、薄くのばした豚もも肉に少量のせて巻く. 串に刺し、塩、コショウ、小麦粉をまぶし、オリーブ油でソテー. 白ワイン、レモン汁、サフラン粉、すりつぶしたアンチョビー、スーゴ・ディ・カルネ、パセリを加える.

・*involtini di manzo alla romana.*(牛肉のロール煮 ローマ風) 薄くのばした牛肉の上に生ハム、セロリ、ニンジンをのせて巻き、塩、コショウ、小麦粉をまぶしてサラダ油でソテー. 玉ネギ、ニンジン、セロリ、ニンニク、ローリエ、クローブを加えてオーブンに. 途中白ワイン、トマトホールを入れて煮込む.

・*involtini di vitello in umido con fagioli.*(仔牛のインヴォルティーニの煮込み インゲン豆添え) 合挽き肉、パルミジャーノ・チーズ、パン粉、卵、ナツメグ、塩、コショウを合わせて練り、薄くのばした仔牛もも肉にのせて巻き、塩、コショウ、小麦粉をまぶし、サラダ油で表面を焼く. 玉ネギ、ニンジン、セロリをサラダ油で炒めた鍋に入れ、ローリエ、白ワイン、裏漉したトマトホールを加えて煮込む. ゆでたインゲン豆、パセリ、塩、コショウを加える.

inzimino (in ~) [(イン・) インズィミーノ] 男 = (⇒) zimino (in ~).

inzuccherare [インズッケラーレ / インツッケラーレ] 動 砂糖を振る、砂糖を加える.

inzuppare [インズッパーレ / インツッパーレ] 動 染み込ませる、水分を含ませる (パン、スポンジなどに).

iota [ヨータ] 囡 = (⇒) jota.

ippoglosso [イッポグロッソ] 男 オヒョウ. ippoglosso は「馬の舌」の意味をもつ. = halibut (英).

irrorare [イロラーレ] 動 振りかける、加える (ワイン、ブロード、油などを).

issopo [イッソーポ] 男 ヒソップ. 和名ヤナギハッカと呼ばれるハーブ. 夏の間に採

れる若い葉は酢の香りづけに使われる．リキュールのベネディクティン DOM にも使われている．

italico ［イタリコ］（複 -ci，-che）形 イタリアの．男 イタリコ．ロンバルディア産のセミ・ソフトタイプのチーズ．メーカーによって独自の名前が付けられているものもある．代表的なものに (⇒) Bel Paese がある．

J

janculilli (複) ［ヤンクリッリ］男 (⇒) bianchetti のナポリ方言名．

javatune (複) ［ヤヴァトゥーネ］女 (⇒) arca di Noè のプーリア方言名．

jelu i muluni ［イェル・イ・ムルーニ］スイカを使ったシチリア（パレルモ）の菓子（シチリア方言名）．イタリア語では gelo di anguria．パレルモの守護聖人、サンタ・ロザリアの祝日に食べる習慣がある．

jeur ［イェウール］男 lepre（野ウサギ）のフリウリ方言名．代表的な料理に jeur in salse（野ウサギの煮込み）がある．

jota / iota ［ヨータ］女 フリウリ風インゲン豆のスープ．jote［ヨーテ］ともいう．
　作り方　❶ジャガイモとボルロッティはゆで、半分は裏漉しておく．❷鍋にオリーブ油とニンニクを熱し、色づいたらニンニクを取り出し、サルシッチャ、ザワークラウト、①のジャガイモとボルロッティ、ローリエ、ブロードを加えて煮て塩、コショウ．

K

Kaiser [カイゼル] 女 カイザー(洋梨の一品種). イタリアでは秋から3月ごろまで市場に出回る. 大型で細長く, 果肉も甘く評価が高い.

kaki [カーキ] 男 柿. = (⇒) cachi.

kirsch [キルシュ] (独) 男 キルシュ. サクランボの蒸留酒. = kirschwasser [キルシュヴァッサー].

kiwi [キーウィ] (単複同形) 男 キウイフルーツ. = actinidia deliciosa (学名).

krapfen [クラプフェン] (独) 男 トレンティーノ=アルト・アディジェ州の菓子. 古いドイツ語の krafo (揚げ物) が語源. その他 crafen、crapfen、krafen などの呼び方もする.
  作り方 小麦粉、牛乳、卵、バター、バニラ、生イーストで作った生地をのばして円形に型抜きし, 2枚でクリーム、ジャムなどを挟んで揚げ, 粉糖を振る. ＊トスカーナにも類似の菓子、(⇒) bomboloni [ボンボローニ] がある.

kümmel [クンメル] (単複同形) (独) 男 キャラウェー(ヒメウイキョウ)のドイツ名. そしてこれを原料としたリキュールの名前(キュンメル). イタリア名は cumino dei prati.

kumquat [クムクワットゥ] 男 (単複同形) キンカン(金柑). = fortunella、mandarino cinese.

L

laccett [ラッチェットゥ] 男 仔牛の胸腺肉のミラノ方言名. = animella 女.
　料理・*laccett in fricassea*. (仔牛胸腺肉のフリカッセ) ソテーした仔牛の胸腺肉に卵、レモンで作ったソースをかける.

lacerto [ラチェルト] 男 ①サバの別称 (おもにトスカーナ地方で). = sgombro. ②牛肉の部位名の一つ. 地方によって部位が異なる. たとえばジェノヴァではナカ肉＋シキンボウを指し、ナポリではシキンボウのみを指す.

laciada [ラチャーダ] 女 小麦粉を牛乳で溶いた生地を薄いフリッタータのように焼いて砂糖をかけた、ロンバルディア州コモ周辺の地域の家庭で作られる菓子. 生地に卵、砂糖などを加えたものは (⇒) cutizza と呼ばれている.

laciaditt [ラチャディットゥ] 男 ロンバルディアの揚げ菓子. 皮をむき、芯を抜いて輪切りにしたリンゴに衣をつけて揚げたもので、おもにカーニバルの時季や木曜日に食べられる.

lagane (複) [ラーガネ] 女 南イタリア (特にカラブリア、バジリカータ) の平打ちパスタ. 幅約3cm に切り分けることが多い.
　料理・*lagane con ceci*. (手打ちパスタとエジプト豆〈バジリカータ〉) セモリナ粉と水でパスタを練り、のばして切り分け、ゆでて器に入れ、ゆでたエジプト豆を加える. オリーブ油、ニンニク、トウガラシを合わせて熱し、ニンニクが色づいたらパスタにかけて混ぜる.

laganelle (複) [ラガネッレ] 女 (⇒) lagane と同じだが、幅1cm ほどに切り分けることが多い.

lama [ラーマ] 女 ナイフ、包丁の刃.

lamelle (複) [ラメッレ] 女 ①トリュフなどの薄切り. ②キノコ (funghi) のひだ.

lampascione [ランパッショーネ] 男 おもにプーリアで採れるユリ科の植物. 球根を食用にする. 現在は栽培されている. 大きさは小玉ネギぐらいでアクが強い. lampasciuolo, (⇒) cipollaccio col fiocco, muscari comosum とも呼ばれる. 最近はビン詰にされたものもある.

lampone [ランポーネ] 男 キイチゴ、フランボワーズ、ラズベリー. 16世紀中ごろにイギリスから伝わった. これとミルティーユ、黒イチゴ、野イチゴなどを合わせたものを frutti di bosco (森の幸) といい、よくデザートに添えられる.

lampreda [ランプレーダ] 女 ヤツメウナギ.

lampredotto [ランプレドット] 男 トスカーナ方言で、赤センマイ、ギアラ (牛・仔牛の第4胃). 色などが似ているということで lampreda (ヤツメウナギ) が語源.

lampuga ▶

(⇒) abomaso. また、これをゆでてパンに挟んでソースで味付けしたものを panino di lampredotto、または単に lampredotto ともいう.

lampuga [ランプーガ] (複-ghe) 囡 シイラ. = corifena. リグーリアでは indorada、ヴェネトでは catarusso、トスカーナ、ラツィオでは cataruzzo、カンピアでは pesce pompano、カラブリア、シチリアでは (⇒) capone といわれる.

lanache (複) [ラーナケ] 囡 プーリア地方の平打ちパスタで、タリアテッレとほぼ同じか幅がやや狭い. セモリナ粉と水で練る.

langusta [ラングスタ] 囡 伊勢エビのヴェネト方言名. = (⇒) aragosta.

lanzardo [ランツァルド] 男 マサバ. lanzarda と女性形でも呼ぶ.

lardare [ラルダーレ] 動 背脂、ラルド、パンチェッタ、生ハムの細切りをピケする. = lardellare.

lardellare [ラルデッラーレ] 動 = (⇒) lardare.

lardo [ラルド] 男 ①豚の背脂. = lardo fresco. ②ラルド. = lardo salato. 豚の背脂を木製、ガラス、大理石などの器で塩漬けにして作る加工品で、ニンニク、ローズマリーなどで風味付けしたものもある. ヴァッレ・ダオスタ、ピエモンテ、トスカーナ、エミリア=ロマーニャなどで作られており、特にヴァッレ・ダオスタのアルナ (Arnad) 産は D.O.P. に、トスカーナのコロンナータ (Colonnata) のものは I.G.P. に認定されている. 薄切りにしてそのまま食べる他、料理にも使われる.

lardone [ラルドーネ] 男 背脂を塩漬け後、スモークしたもの. = lardo affumicato.

larghezza [ラルゲッツァ] 囡 広さ、幅.

lasagne (複) [ラザーニェ] 囡 ラザニア. 6×10cm ほどの平打ちパスタ. およびその料理.

料理・*lasagne di carnevale.* (謝肉祭〈カーニバル〉のラザニア〈カンパニア〉) ラグー・ナポレターノ、薄くのばしてゆでたパスタ、ブロードで溶いたリコッタ、焼いたポルペッティーネとサルシッチャ、ゆで卵、モッツァレッラ、パルミジャーノ、溶かしバターを層にして焼く.

・*lasagne pasticciate all'emiliana.* (ラザニアのオーブン焼き エミリア風) サルサ・ボロニェーゼ、ベシャメルソース、薄くのばしてゆでたパスタ、パルミジャーノ、溶かしバターを層にして焼く.

・*lasagne ripiene.* = (⇒) sagne chine.

lasagnette (複) [ラザニェッテ] 囡 生パスタの場合はラザニアより小さいか幅が狭ければよく、それ以上の決まりはない. 乾燥品はメーカーによって違うが、パッパルデッレ (pappardelle) とサイズが同様のものが多い.

latta [ラッタ] 囡 ブリキ、缶.

lattaiolo [ラッタイオーロ] 男 ①トスカーナ (特に Casentino) の伝統的菓子. 卵、牛乳がベースの生地をオーブンで焼いたもの. ② (⇒) lattario delizioso の別称.

lattario delizioso [ラッターリオ・デリツィオーゾ] (複-ri -i) 男 チチ茸の一種.

latte [ラッテ] 男 牛乳. · *latte pastorizzato*. 低温殺菌乳. · *latte sterilizzato*. 高温殺菌乳. 長期保存が可能. · *latte omogeneizzato*. 均質 (ホモ) 牛乳. 分離しにくいので煮込みなどに使うとよい. · *latte scremato*. 脱脂乳. · *latte condensato*. コンデンス・ミルク. · *latte in polvere*. 粉乳. · *latte di soia*. 豆乳.

latte di mandorla [ラッテ・ディ・マンドルラ] アーモンド・ミルク.
作り方 水に浸けた後水気を切った生アーモンドをミキサーに入れ、あらたに水を加えて攪拌して細かくし、布漉しする. アーモンドの皮をむいたり、砂糖を加えて作る場合もある. ＊現在は市販品が多く出回っている.
· *sciroppo di latte di mandorla*. (アーモンド・ミルクのシロップ) アーモンドに fior d'arancio [フィオール・ダランチョ/オレンジの花のエッセンス] を加えてすりつぶし、水を加えてかき混ぜ布漉しする. その漉しかすに同量の水とエッセンスを加えて混ぜ、漉す. この2つの液体を鍋に入れ、砂糖を加えて煮詰めて作る. おもに南イタリアで作られ、ビン詰も売られている. 水や牛乳などで薄めるなどして飲む他、菓子などに使われる.

latte fritto [ラッテ・フリット] 男 リグーリア州の菓子. 固めに作ったカスタード・クリームをのばして冷まし、ひし形に切って卵白、パン粉をつけて揚げ、粉砂糖を振る.

lattemiele [ラッテミエーレ] 男 ホイップ・クリーム (ロンバルディア、エミリア地方での呼び名). もともとは生クリームとハチミツベースの飲み物の名前.

latterini (複) [ラッテリーニ] / **latterino** (単) [ラッテリーノ] 男 トウゴロウイワシ科の小魚. = acquadelle (複).

latticello [ラッティチェッロ] 男 バターを作る際に出る、バターミルク. ホエー.

latticino [ラッティチーノ] 男 乳製品.

lattone [ラットーネ] 男 30kg前後の仔豚.

lattonzolo [ラットンツォロ] 男 乳離れしていない仔豚、仔牛. 仔豚の場合は生まれたての1〜2kgのもの.

lattuga [ラットゥーガ] (複-ghe) 女 レタス. · *lattuga romana*. ローメンレタス. · *lattuga cappuccina*. バターヘッドレタス. ＊日本と同様サラダ菜 (insalata lattuga) の名称で通っている. · *lattuga crespa*. リーフレタス、サニーレタス. · *lattuga da taglio*. 小型のリーフレタス. = lattughino. · *lattuga iceberg*. アイスバーグレタス. 球レタスの一品種で最近出回るようになった.

lattuga di mare [ラットゥーガ・ディ・マーレ] オオバアオサ (海藻). レタスの

lattughe ▶

葉に似ているので「海のレタス」と呼ばれている．学名 Ulva lactuca. リグーリアでも料理に使用されている．

lattughe（複）[ラットゥーゲ] 囡 カーニバルの揚げ菓子の、ロンバルディア州マントヴァでの呼び名．(⇒) frappe.

lattughino [ラットゥギーノ] 男 ①小型のリーフレタスで、ベビーリーフの中にも数種類含まれている．②マーシュの呼び名の一つ．

lattume [ラットゥーメ] 男 白子 (おもにマグロ、カンパチの)．おもにサルデーニャ、シチリアで使われ、調理法は脳みそや胸腺肉と同様のものが多い．加工品も出回っている．= figatello.

lauro [ラウロ] 男 ローリエ．= (⇒) alloro.

lavanda [ラヴァンダ] 囡 ラヴェンダー．

lavandino [ラヴァンディーノ] 男 流し．= lavello.

lavare [ラヴァーレ] 動 洗う．

lavarello [ラヴァレッロ] 男 コレゴヌス．サケ科の淡水魚．= coregone. 最近は日本でも養殖がされている．ニジマスなどと同様の調理法がとられている．日本での流通名は、シナノユキマス (長野県) が一般的で、その他シロマス (秋田県)、キタノユキマス (北海道)、ヒメノウオ (愛媛県) など．

lavastoviglie [ラヴァストヴィッリエ] (単複同形) 男 囡 食器洗浄器．

lavello [ラヴェッロ] 男 流し．= lavandino.

lavorare [ラヴォラーレ] 動 調理の作業をする (練る、こねる、かき混ぜる、泡立てるなど)．

laxerto [ラゼルト] 男 サバのリグーリアでの呼び名．= sgombro.

lazzarola [ラッザローラ] 囡 = lazzerola、lazzeruola. バラ科サンザシ属の赤い小さな果実．= azzerola.

leccarda [レッカールダ] 囡 かまどで肉を大串に刺してローストするときに、焼き汁や脂を受ける銅製の容器．= (⇒) ghiotta.

leccia [レッチャ] (複-ce) 囡 アジ科の魚．形態はギンガメアジに似ている．学名 Lichia amia.

legame [レガーメ] 男 ひも．結ぶもの．

legare [レガーレ] 動 ①濃度をつける、リエする．②しばる、ゆわく．

leggero [レッジェーロ] / **leggera** [レッジェーラ] 形 軽い、薄い．

legna [レーニャ] (複 le legna または le legne) 囡 薪．

legno [レーニョ] 男 木材．・*spatola di legno*. 木製スパテラ．

legumi (複) [レグーミ] 男 ①豆類の総称．②付け合わせの野菜 (仏語の legume からきた呼び方)．

▶ **limonata**

legumiera [レグミエーラ] 囡 付け合わせを入れる蓋付きの器.

lemoncello [レモンチェッロ] 男 = (⇒) limoncello.

lenticchie (複) [レンティッキエ] 囡 レンズ豆. さまざまな色、大きさのものがあり、おもにプーリア、シチリア、ウンブリアなどで栽培されている. ウンブリアのカステルッチョ産は I.G.P..

lepre [レープレ] 囡 野ウサギ. 一般的なものは7〜10ヵ月のもので3kg前後. 雌のほうが肉がやわらかい. 8月〜冬にかけてのアルピーナと呼ばれる山ウサギは評価が高い.

leprotto [レプロット] 男 若い小型の野ウサギ.

lessare [レッサーレ] 動 ゆでる、ボイルする.

lesso [レッソ] 形 ゆでた. 男 ボイル料理(特に牛肉の). = bollito.

letto [レット] 男 本来の意味は「ベッド」、「寝台」. 料理の場合は、盛るときに皿に敷く食材や料理のこと. おもにレタス、赤チコリなどの生の野菜や加熱調理した野菜、豆類、穀類、そしてそれらをピュレーにしたものなど.

levare [レヴァーレ] 動 取り除く. (鍋やフライパンを火から)おろす. (オーブンから)取り出す. 持ち上げる.

levatorsoli [レーヴァトルソリ] 男 リンゴなどの芯抜き.

levistico [レヴィスティコ] (複-ci) 男 ラヴィッジ. 香草の一種で、セロリに似た香りがする. 別名 sedano di montagna (山のセロリ)と呼ばれている. 古代ローマの料理にはよく使われていた.

libbra [リッブラ] 囡 ポンド(重さの単位).

liberare [リベラーレ] 動 取り除く.

libro [リーブロ] 男 本. ・*a libro*. 肉や魚を切り開き、本を開いたような形にする.

licci [リッチ] 男 ライチ. = litchi.

lievitare [リエヴィターレ] 動 パン生地などが発酵する. ・*fare lievitare*. パン生地などをねかせて発酵させる.

lievito [リエーヴィト] 男 酵母、イースト. ・*lievito di birra*. ビール酵母、生イースト. ・*lievito in polvere*. ベーキング・パウダー. ・*lievito secco*. ドライ・イースト. ・*lievito madre*. 天然酵母.

limanda [リマンダ] 囡 ニシマカレイ(魚).

limanda-sogliola [リマンダ・ソリオラ] 囡 レモン・ソール. カレイの一種. ヨーロッパではポピュラーな魚で、舌ビラメと同様に調理されることが多い. = sogliola-limanda.

limetta [リメッタ] 囡 ライム. = lime (英). おもにシチリアで栽培されている.

limonata [リモナータ] 囡 レモネード.

Limoncella ▶

Limoncella [リモンチェッラ] 囡 リンゴの一品種名．おもに南イタリアで栽培されている．レモンのように黄緑色をしている．

limoncello [リモンチェッロ] 男 リモンチェッロ．レモンの皮をアルコールに漬けて作るリキュールで、ナポリの南、ソレント、アマルフィ、サレルノ、カプリなどが主産地．現在は I.G.P. に認定され、他の地方で生産されるものは limoncino、lemoncello などの名称が付けられている．

limone [リモーネ] 男 レモン．シチリア、カラブリアがおもな産地で、生産量の90％はシチリアが占める．珍しいところでは、北イタリア、ガルダ湖周辺でも栽培されている．種類によっては1年間に3回開花、結実を繰り返す (femminello〈フェンミネッロ種〉、monachello〈モナケッロ種〉など)．9月～11月の秋に収穫される primofiore、11月～翌年5月ごろに収穫される invernali は濃い黄色．2月～4月に収穫される bianchetti は淡い黄色．6月～9月ごろに収穫される verdelli は薄緑色．

limone di mare [リモーネ・ディ・マーレ] ホヤ．= (⇒) uovo di mare.

limpido [リンピド] 形 澄んだ．

lingua [リングァ] 囡 舌、タン．· *lingua di bue*. ①牛タン．②カンゾウ茸．＊日本でも「ウシノシタ」と呼ばれることがある．· *lingua salmistrata*. コーンタン．

lingual [リングァル] 男 豚のタンが入ったコテキーノの一種．ヴェネト、フリウリ地方で作られる．

lingue di gatto (複) [リンゲ・ディ・ガット] クッキーの一種．ラング・ド・シャ (仏)．= confortini.

lingue di passero (複) [リンゲ・ディ・パッセロ] リングィーネ (⇒ linguine) の別称．直訳すると「雀の舌」．

linguine (複) [リングィーネ] 囡 リングィーネ (ロングパスタの一種)．スパゲッティをつぶしたような形で、断面は楕円形．

料理 · *linguine con tonno.* (リングィーネ ツナ、トマト風味) みじん切りのニンニク、オリーブ油 (、赤トウガラシ) を火にかけ、パセリ、トマトソース、ツナを加え、ゆでたリングィーネを加えて和える．＊北ではトウガラシの代わりにコショウが使われる．＊もともとはシチリアの料理だが、保存がきくツナの缶詰を使うため、イタリア各地に広まった．特に金曜日のメニューに多く登場する．

liquefare [リクェファーレ] 動 バターなどを溶かす．液化する．

liquido [リクィド] 男 液体、水分．形 液体の．

liquirizia [リクィリッツィア] 囡 甘草、リコリス．甘草で作った飴、菓子．

liquore [リクオーレ] 男 リキュール．蒸留酒およびアルコールに香草、スパイス、果物、砂糖などの植物性の素材を加えて作る飲み物の総称．最初に作られたのは、

▶ **losanghe**

蒸留酒 (liquore semplice. = ~ naturale) であったが (一般的には distillati と呼ばれている)、その後僧院などで薬草などを加えた liquore composto が作られるようになった．これが現在一般的にリキュールと呼ばれているもの．

lisca [リスカ] (複-sche) 囡 魚の背骨．

lischi (複) [リスキ] / **liscari** (複) [リスカーリ] 男 オカヒジキのロマーニャ地方での呼び名．= (⇒) barba di frate.

liscio [リッショ] (複男-sci、複女-sce) 形 ストレートの (酒、コーヒーなど)．

lista [リスタ] 囡 リスト、メニュー．・ *lista dei vini*．ワインリスト．

listarelle (複) [リスタレッレ] 囡 短冊状の細い布．・ *tagliare in (a) listarelle*．短冊状に切る．

litchi [リッチ] 男 ライチ．= licci.

litro (単) [リートゥロ] / **litri** (複) [リートゥリ] 男 リットル (分量の単位)．

livellare [リヴェッラーレ] 動 平らにならす．

lodigiano [ロディジャーノ] 男 ロンバルディア州ローディー (Lodi) 産の硬質タイプのチーズ．= grana lodigiano.

lombare [ロンバーレ] 形 腰部の．

lombata [ロンバータ] 囡 牛・仔牛の背肉 (ロース)．= lombo.

lombatello [ロンバテッロ] 男 牛の横隔膜の一部．サガリ．

lombatello sottile [ロンバテッロ・ソッティーレ] 男 牛の横隔膜の一部．ハラミ．

lombatina [ロンバティーナ] 囡 牛・仔牛・豚のロース肉 (カットしたもの)．骨付きの場合が多い．

lombello [ロンベッロ] 男 豚ヒレ肉 (ローマ方言)．= ~ di maiale.

lombo [ロンボ] 男 牛・仔牛の背肉 (ロース)．

lombrichelli (複) [ロンブリケッリ] 男 ラツィオ州北部で作られている手打ちパスタ．同様のパスタが各地にある．(⇒) pici、umbrici.

longone [ロンゴーネ] 男 アサリの一種 (ニョリヨーロッパアサリ)．

lonza [ロンツァ] 囡 豚腰肉．およびこの部位を使った加工品．

lordo [ロルド] 形 総重量 (風袋込み) の．

lorighittas (複) [ロリギッタス] 囡 サルデーニャ州、オリスターノ県 Morgongiori で作られる、手打ちパスタ．二重によったリング状 (loriga) のパスタで、もともとはこの地域で諸聖人の日をはじめ特別な日に食べられていたが、最近は他の地域のレストランのメニューにも載るようになり、ソースのヴァリエーションも増えている．

lorighittas

losanghe (複) [ロザンゲ] 囡 ひし形．

luasso ▶

luasso [ルアッソ] 男 スズキ (リグーリア方言). = (⇒) spigola.
lucanica [ルカーニカ] 女 サルシッチャの一種. 古代ローマ時代、ルカニア地方 (現在のバジリカータ) で作られたサルシッチャで、名前も「ルカニアの」という意味. 現在はほとんど北部で作られている. = luganega、luganiga. (⇒) salsiccia、salume.
luccio [ルッチョ] (複-ci) 男 川カマス. · *luccio di mare*. カマス.
lucerna [ルチェルナ] 女 ミシマオコゼ. = pesce prete.
lucidare [ルチダーレ] 動 艶を出す、艶をつける.
luganega [ルガーネガ] / **luganiga** [ルガーニガ] 女 = (⇒) lucanica.
lumaca (単) [ルマーカ] / **lumache** (複) [ルマーケ] 女 カタツムリ、エスカルゴ. = chiocciola. · *lumaca di mare*. 巻き貝. = chiocciola di mare.
料理 · *lumaca in umido con polenta*. (カタツムリの煮込み ポレンタ添え〈ロンバルディア〉) 玉ネギとニンニクをバターでじっくり炒め、つぶしたアンチョビー、小麦粉を加えて混ぜ、白ワイン、下ゆでしたカタツムリ、パセリ、ナツメグを加えて煮込み、塩、コショウ. ニンニクを除き、バターを加えて混ぜる. 焼いたポレンタにのせて煮汁をかけ、フェンネルを添える.
lumache (複) [ルマーケ] 女 カタツムリ形のマカロニ.
lumachelle (複) [ルマケッレ] 女 小さい lumaca (カタツムリ).
料理 · *lumachelle di San Giovanni*. (サン・ジョヴァンニの日のカタツムリ料理〈ラツィオ州ローマ〉). ニンニク、オリーブ油、赤トウガラシを合わせて熱し、すりつぶしたアンチョビー、パセリ、下ゆでしたカタツムリ、白ワイン、トマトソースを加えて煮込み、塩をする. *ツノのあるカタツムリを、悪魔よけの意味で6月23日のサン・ジョバンニの日に食べる習慣がある.
lumachine (複) [ルマキーネ] 女 小型の lumache (マカロニ).
lumacone (複) [ルマコーネ] 女 大型の lumache (マカロニ).
lungo [ルンゴ] (複男-ghi、複女-ghe) 形 長い、水で薄めた. …長さの (長さ…). 前 …に沿って.
lupini (複) [ルピーニ] 男 ウチワ豆. おもにローマで塩ゆでして食べる. 昔は浸し豆にして屋台や街頭で売っていたが、現在は真空パックになったものがスーパーマーケットなどで売られている. おやつ替わりに食べられる. = fusaglie (ローマ方言).
luppolo [ルッポロ] 男 ホップ. · *germogli di luppolo*. ホップの若芽. おもに北イタリアでスープ、フリッタータ、リゾット、パスタ料理などに使われる. = bruscandoli.

M

macafame [マカファーメ] 囡 ヴェネト州ヴィチェンツァ周辺の家庭で作られる菓子．イタリア語で ammacca fame（「空腹を押しつぶす」という意味）．
　作り方　牛乳に浸けたパンをかき混ぜ、卵、砂糖、リンゴ、レーズン、ベーキングパウダー、シナモン、グラッパなどを加えて混ぜ、バターを塗って小麦粉を振った型に入れ、オーブンで焼く．冷めたら粉砂糖を振る．＊作り方のヴァリエーションが多い．

macarons di coce（複）［マカロンス・ディ・コーセ］カボチャのニョッキ フリウリ風（フリウリ方言名）．イタリア語では gnocchi di zucca. 昔はニョッキも小麦粉で作っていた（パスタの一種だった）ので、ヴェネト、フリウリではマカロンス（マカロニ）と呼んでいた．その名残で、他の素材で作るニョッキも方言でマカロンスと呼ばれている．
　作り方　カボチャを蒸して裏漉し、小麦粉、卵、塩、ナツメグを合わせる．形作ってゆで、すりおろしたリコッタ・アッフミカータ、コショウ、熱したセージ・バターをかける．

maccarello [マッカレッロ] 男 サバ（ローマでの呼び名）．=（⇒）sgombro.

maccheroncelli（複）［マッケロンチェッリ］男 一般的には細身のロングマカロニ（ブカティーニ、ペルチャテッリのような）の呼び名に使われる．

maccheroncini（複）［マッケロンチーニ］男 小型のマカロニの呼び名（スープ、グラタン料理やサラダ仕立ての料理に使われる）．例外なのが～ di campofilone. マルケ州、アスコリ・ピチェーノ県のカンポフィローネで作られる卵入りパスタで、カペッリーニのように細く切り分ける．伝統的には仔羊のラグーで味つける．

maccheroni（複）［マッケローニ］男 マカロニ．管状のものを指す場合が多いが、もともとはショートパスタの総称として使われていた言葉で、いろいろな形がある．
　料理　・*maccheroni ai carciofi.*（マカロニ カルチョフィ和え〈カラブリア〉）❶カルチョフィは掃除をして薄切りにし、レモン水に浸けておく．❷オリーブ油とニンニクを熱し、ニンニクを取り出して①のカルチョフィを入れて炒め塩、コショウ．❸別にオリーブ油でパンチェッタを炒め、②のカルチョフィを入れ、白ワインを振って少し煮込み、ゆでたマカロニを加えて混ぜる．皿に盛ってペコリーノとパセリをかける．

　・*maccheroni con ragù alla potentina.*（マカロニのポテンツァ風ラグー風味〈バジリカータ〉）ニンニク、パセリ、ペコリーノ、ナツメグを合わせて豚肉に

すり込み、パンチェッタをのせてロールにして塩をする．オリーブ油で焼いて白ワインを振り、トマトホール、トウガラシ粉を加えて煮込む．肉は切り分け、ソースにはゆでたマカロニを入れて合わせ、肉とともに盛る．パセリを振る．

maccheroni al ferro (ferretto) [マッケローニ・アル・フェーロ（フェレット）] 鉄製や木製の編み棒のような細い棒状の器具で、マカロニのように成形した生パスタの総称．おもに管状、らせん状のものが多い．カンパニア、カラブリアでは (⇒) fusilli、バジリカータでは minuich、シチリアでは (⇒) busiati など地方によって呼び名、形状がいろいろある．

maccheroni al ferro

macchiare [マッキアーレ] 動 シミをつけるくらい少量をたらす．

macchina [マッキナ] 女 器械、マシン（昔は石炭のストーブの名称でもあった）．・ *macchina per pasta*. パスタ・マシン．

macchinetta [マッキネッタ] 女 コーヒー・メーカー．= macchinetta da caffè.

macco [マッコ] 男 マッコ（ソラ豆のスープ）．= macco di fave（シチリア方言では⇒ maccu di favi.）．

maccu di favi [マックゥ・ディ・ファーヴィ] シチリア風のソラ豆のスープ（シチリア東部）．＊シチリア方言名．乾燥ソラ豆をゆでてピュレー状に煮込んだスープで、大変濃度があり、古代ローマ時代人が食べていたソラ豆のポレンタ（plus fabata）が先祖といわれている．バジリカータ、カラブリアにも同様の料理がある．

作り方 皮無し乾燥ソラ豆を水に浸けて戻し、新たな水を加えて煮込み、泡立て器でつぶして（または裏漉して）鍋に戻し、塩、オリーブ油、トウガラシ粉で味を調える．

macedonia [マチェドーニア] 女 マチェドニア．多くの種類を混ぜたものをいう．古代マケドニア王国が、多くの異民族によって構成されていたことに由来する．・ *macedonia di frutta*. フルーツ・マチェドニア．いろいろな果物を小さく切り、シロップ、果汁、マラスキーノ酒などで味付けする．

macellaio [マチェッライオ] (複-lai) 男 肉屋、屠殺人．

macellaro [マチェッラーロ] 男 (⇒) macellaio のローマ方言名．

macellazione [マッチェッラツィオーネ] 女 屠殺．

macelleria [マチェッレリーア] 女 肉屋．昔は牛・仔牛のみを扱う肉屋のことをいった．現在は規制緩和によりいろいろな種類の肉を売ったり、他の食品を扱うこともできる．

macerare [マチェラーレ] 動 風味付けのために液体（リキュール、果汁など）に漬け込む．

▶ **mais**

macerazione [マチェラツィオーネ] 囡 液体などに漬け込むこと．
macina [マーチナ] 囡 挽き臼．
macinacaffè [マチナカッフェ] 男 コーヒーミル．
macinapepe [マチナペーペ] (単複同形) 男 ペッパーミル、コショウ挽き．
macinare [マチナーレ] 動 (穀類、コーヒー、コショウなどを) 挽いて粉にする．挽き肉の状態にする．
macis [マチス] 男 (囡) メース．
mafalde (複) [マファルデ] 囡 1902年11月、サヴォイア家の王女 Mafalda [マファルダ] の誕生を祝い、グラニャーノのパスタ業者が製造した乾燥パスタ．約2cm幅の平打ちパスタで両端が波型になっている．また「小さな女王様」という意味の reginette [レジネッテ] とも呼ばれている．
magatello [マガテッロ] 男 シキンボウ (牛・仔牛の部位名)．= girello.
maggiorana [マッジョラーナ] 囡 マジョーラム、マヨラナ．ローマ時代はかぜ薬として使われた．オレガノと同じシソ科の多年草で風味も似ている．北部、特にリグーリアからトスカーナ、ラツィオ料理に使われる．一方オレガノはおもに南部で使われる．
magnarone = (⇒) scazzone.
magnosa [マニョーサ] 囡 セミエビ．= (⇒) cicala di mare (②)．
magro [マーグロ] 男 ①肉類の赤身．②脂身のないもの．③肉を使わない料理、食べ物．形 赤身の、脂身のない、肉を使っていない．
magroncello [マグロンチェッロ] 男 60kg以下の乳離れした豚の名称．
magrone [マグローネ] 男 90kg以下の乳離れした豚の名称．
maiale [マイアーレ] 男 豚肉、豚．ローマ時代に豚が女神 (Maia) にいけにえとして捧げられた習慣から呼ばれるようになった．昔のリチェッタでは、porco という呼び方もされている．ローマ時代には、豚肉料理は貴族の宴席に欠かせないものだった．
maialetto [マイアレット] 男 仔豚．
maialino [マイアリーノ] 男 乳のみ仔豚．= maialino da latte.
maionese [マイオネーゼ] 囡 マヨネーズ．
mais [マイス] 男 トウモロコシ．mahiz (中南米の原住民の言葉で、トウモロコシのこと) が語源．(⇒) granturco、frumentone、granone 他いろいろな呼び名がある．最近は料理名やメニュー名には mais が多く使われる．・*germogli di mais*. ヤングコーン、ベビーコーン．・*pannocchia di mais*. トウモロコシの穂1本全体を指す．・*granelli* (*chicchi*) *di mais*. 粒コーン．・*fumetto di mais*. ごく細かく挽いたトウモロコシの粉．

maizena [マイゼーナ] 囡 コーンスターチ．商品名がそのまま一般名称となった．= amido di mais.

malfatti (複) [マルファッティ] 男 ロンバルディア地方のニョッキ．小麦粉にゆでたホウレン草、リコッタ、パルミジャーノ、卵、塩、ナツメグを加えて作る．

料理 ・*malfatti alla crema rosata.* (リコッタのニョッキ〈ロンバルディア〉) 生クリームを少し煮詰めてトマトソースを加え、ゆでたマルファッティを入れて、バター、パルミジャーノを加えて和える．

malfattini (複) [マルファッティーニ] 男 固めに練った卵入りパスタ生地を米粒大に刻んだもの．スープの浮き実にする．= manfrigoli (ロマーニャ地方で)．

malghesino [マルゲズィーノ] 男 ロンバルディア州で作られる青かびチーズ．

malloreddus (複) [マッロレッドゥス] 男 サルデーニャで作られる、ニョッキの形に作ったパスタ (意味は「小さい仔牛」)．= gnocchetti sardi (⇒ gnocchetti)、aidos.

malmaritati (複) [マルマリターティ] 男 マルタリアーティとボルロッティ豆のスープのボローニャでの呼び名．

maltagliati (複) [マルタリャーティ] 男 マルタリアーティ．名前の通り不規則に切ったパスタ．本来はタリアテッレを切り分けた後の余ったパスタを切り分けたもの．おもにスープ用だが、最近は少し大きめにカットしたりひし形に形を揃えたものが、パスタ料理にも使われる．

malto [マルト] 男 麦芽、モルト．

maltosio [マルトーズィオ] 男 麦芽糖．

mammella [マンメッラ] 囡 乳房．

manate (複) [マナーテ] 囡 バジリカータの生パスタ．手延べにした太めの中華麺のような形．= triidd.

manciata [マンチャータ] 囡 ひとつかみ．

mandarancio [マンダランチョ] (複-ci) 男 マンダランチョ (みかんとオレンジの交配種)．

mandarino [マンダリーノ] 男 みかん．イタリアではシチリア、カラブリアが主産地．

mandolino [マンドリーノ] 男 万能カッター、マンドリン・カッター．= affetta-verdure.

mandorla [マンドルラ] 囡 アーモンド．イタリアでは南のプーリア、カラブリア、シチリア、サルデーニャが主産地．シチリアでは古くからアラブの影響でマジパンが作られていたこともあり、よく使われていた．北部ではおもにリグーリア産が使われる．

▶ mariconda

manfrigoli(複)[マンフリーゴリ]男 =(⇒) malfattini.
mangereccio[マンジェレッチョ](複男-ci、複女-ce)形 食用の.
mango[マンゴ](複-ghi)男 マンゴー.
mangostano[マンゴスターノ]男 マンゴスチン.
maniche di frate =(⇒) schiaffoni.
manicotto[マニコット]男 豚の前足に詰め物をして作る、ザンポーネ(⇒ zampone)と同類の加工品. 豚の皮に詰めて円筒形に作られ、貴婦人が手を入れて温める装身具 manicotto に似ているところから名付けられた. モデナの北、ミランドラの町で生まれたが、今は作られていない. 現在豚の皮で作られているのは、三角形の(⇒) cappello del prete のみである.
manine(複)[マニーネ]女 ホウキ茸. = ditole、clavaria.
mannaia[マンナイア]/**mannaietta**[マンナイエッタ]女 チョッパー、クレーバーナイフ、骨叩き.
manteca[マンテーカ](複-che)女 マンテーカ(チーズの一種). 名前はバターを意味するスペイン語から. 固めておいたバターをプロヴォローネ、またはカーチョカヴァッロで包み、フラスコ形に成形するもので、チーズ風味の移ったバターをパンに塗って食べる. burrino、butirro とも呼ばれる.
mantecare[マンテカーレ]動 バターモンテする. リゾット、パスタなどにバター、チーズを手早く混ぜ込む. スペイン語の manteca (バター、ラード) が語源.
mantecato[マンテカート]過 形 こねた. 男 ①マンテカート(アイスクリームの一種). ②ヴェネトの干ダラ(ストッカフィッソ)料理の一つ. = bacalà mantecato (⇒ bacalà).
mantenere[マンテネーレ]動 状態を保つ、維持する.
manzo[マンゾォ]男 牛肉. 2~3歳の牛. 雄は肉質をやわらかくするため去勢する. 雌の場合は妊娠していない牛.
marasca[マラスカ]女 =(⇒) amarasca.
maraschino[マラスキーノ]男 マラスキーノ酒(マラスカ種チェリーのリキュール).
margarina[マルガリーナ]女 マーガリン.
margherita[マルゲリータ]① pizza margherita. (⇒ pizza) ② pasta margherita. スポンジ生地の一種. 作り方は(⇒) pan di spagna と同じだが小麦粉に片栗粉、ベーキングパウダーを加える.(＊Margherita 女 マルゲリータ王妃.)
mariconda[マリコンダ]女 ロンバルディア州ブレーシャの、クリスマスの伝統的スープ. = minestra mariconda.
　作り方　牛乳に浸し軽く水気を切ったパンをバターで炒め、卵、チーズを加えた生

地を、スプーンを使って小さいニョッキのようにしてスープでゆでる．マントヴァでは生地にローストまたはゆでた鶏肉を細かくして加える．
- **marinara** [マリナーラ]・*alla marinara*. マリナーラ風（船乗り風）．・*salsa marinara*. マリナーラソース．（⇒）salsa（＊marinaro 形 海の．船乗りの．）．
- **marinare** [マリナーレ] 動 マリネーする．
- **marinata** [マリナータ] 女 マリネーの漬け汁．・*marinata cruda*. [マリナータ・クルーダ] ワイン（赤または白）、香味野菜（玉ネギ、ニンジン、セロリ、ニンニク、パセリの茎など）、香草（ローリエ、タイム、ローズマリー、セージなど）を合わせる．オリーブ油、ワインヴィネガーを加えることもある．・*marinata cotta*. [マリナータ・コッタ] ～ cruda の材料（ワインの量は増やす）を30分ほど火にかけて冷まし、コクを出したもの．
- **maritata** [マリタータ] 女 ＝ minestra maritata（⇒ minestra）．
- **maritati**（複）[マリターティ] 男 （⇒）orecchiette と（⇒）maccheroni al ferro (ferretto) をミックスしたもの（プーリア地方）．生パスタの他に、袋詰めの乾燥品も販売されている．一緒にゆでて調理する．
- **maritozzo** [マリトッツォ] 男 ローマの菓子パン．marito（夫）が語源で、男が婚約者に贈る習慣から付いた名前．復活祭の前の quaresima（四旬節）の期間に食べる習慣があった．コッペパン形で、レーズン、松の実、オレンジの皮の砂糖漬けなどが入る．最近は切れ目を入れホイップした生クリームを詰め、朝食やおやつで食べるようになった．＝ quaresimale.
- **marmellata** [マルメッラータ] 女 ジャム、マーマレード．現在は柑橘類で作ったもののみが呼ばれる．
- **marmitta** [マルミッタ] 女 深い寸胴鍋、マルミット．＝ pentola alta.
- **marmorizzare** [マルモッリッザーレ] 動 料理やデザートなどを大理石模様にする．
- **marretto** [マッレット] 男 仔羊・仔山羊の内臓料理（バジリカータ）．プーリアの（⇒）gnumerieddi とほぼ同じだが、生ハムの細切りなどを加えて大きめに作り、オーブンで焼く．＝ marro, cazz'marr.
- **marro** [マーロ] 男 マーロ．仔羊・仔山羊の内臓料理（カラブリア）．作り方は（⇒）gnumerieddi とほぼ同じだが、カラブリアではトウガラシをきかせて小さく作り、串に刺さずにそのままグリル、またはフライパンでソテーする．
- **marrone** [マローネ] 男 マロン．栽培種の栗で、粒が大きく均一のものが多い．なかには一つのいがの中に大きい粒の栗が一つ入っている品種もあり、甘みが強い．（⇒）castagna.
- **marru** [マールゥ] 男 ＝（⇒）marro.
- **Marsala** [マルサーラ] 男 マルサラ酒．

▶ **mazza di tamburo**

Martin Sec(Sech)［マルティン・セック］ヴァッレ・ダオスタ、ピエモンテで作られる洋梨の一品種．他の洋梨より小さく硬く、赤ワイン煮にされることが多い．

Martorana［マルトラーナ］囡 シチリアのパレルモにある修道院の名．・*frutta di Martorana*．果物の形に似せてマジパン（marzapane）で作った菓子．マルトラーナ修道院で作られたことから呼ばれる．

marubini（複）［マルビーニ］男 ロンバルディア州クレモーナで作られる詰め物パスタ．形は円形、四角形、カッペレッティと同形などさまざま．ブロードに入れて食べるのが一般的（marubini in brodo）．

maruzza［マルッツァ］囡 カタツムリ、エスカルゴ（ナポリ方言）．（⇒）lumaca．

maruzzella（複）［マルッツェラ］囡 = lumaca di mare．ナポリ方言でエゾバイ（巻き貝）の一種を指す．

marzaiola［マルツァイオーラ］囡 シマアジ（体長20cmほどの小鴨の一種）．

marzapane［マルツァパーネ］男 マジパン．マルチパン．語源はアラブ語．イタリアでは中世のシチリアにアラブ人が伝えたといわれている．pasta reale とも呼ばれている．

marzolino［マルツォリーノ］男 トスカーナ州産のチーズ．羊乳で作られるカチョッタ・トスカーナ（caciotta Toscana）の一種で、3月（marzo）に作られることからこの名が付いた．600〜800gの円盤形．有名なチーズではあるが、生産量は少ない．

masaneta / mazaneta［マサネータ］囡 チチュウカイミドリガニの雌（脱皮したあと、甲羅がしっかりできたもの）．＊脱皮した直後のものは雄、雌ともに（⇒）molecheと呼ぶが、捕獲されるのは雄のカニ（すべてヴェネツィア方言）．同方言で雄（カニの総称）は granzo．＊イタリア語では（⇒）granchio．

mascarpone［マスカルポーネ］/ **mascherpone**［マスケルポーネ］男 マスカルポーネ・チーズ．ミラノの南、ローディー（Lodi）周辺が原産地といわれており、すでに12、13世紀には存在していた記録がある．高山地帯の牧場で作られるフレッシュなリコッタの mascarpin［マスカルピン］が語源といわれている．

mascherare［マスケラーレ］動 覆う（ソース、ゼラチンなどで）．

mascherpone =（⇒）mascarpone．

materie prime（複）［マテーリエ・プリメ］囡 原材料．

mattarello［マッタレッロ］/ **matterello**［マッテレッロ］男 麺棒．

mattone［マットーネ］男 レンガ、レンガの形に成形した料理．

maturo［マトゥーロ］形 熟した．熟成した．

mazaneta =（⇒）masaneta．

mazza di tamburo［マツァ・ディ・タンブーロ］カラカサ茸．「太鼓のばち」と

いう意味.

mazzafegato [マッツァフェーガト] 男 マルケ、トスカーナ、ウンブリアで作られる、豚のレバーを使った腸詰め.

mazzancolle（複）[マッツァンコッレ] 女 車エビの一種（もともとはローマ方言）．= gambero imperiale、gambero reale.

mazzarelle (d'agnello)（複）[マッツァレッレ（・ダニェッロ）] 女 仔羊の内臓料理（アブルッツォ州）．

　作り方　ビエトラ（またはレタス）の葉に仔羊の内臓、ニンニク、玉ネギ、パセリ、マジョーラムをのせて包み、腸を巻き、オリーブ油、ラードでソテーして白ワインを振って煮込む．

mazzetto [マッツェット] 男 束、1束（パセリなどの香草のときに使われる）．
・*mazzetto guarnito.* ブーケ・ガルニ．= odori.

mazzo [マッツォ] 男 束、1束（野菜などの大きな束のときに使われる）．

medaglione [メダッリョーネ] 男 メダイヨン．メダル形に切り分けて作る料理（伊勢エビ、仔牛のヒレ肉など）．

meduse commestibili（複）[メドゥーゼ・コンメスティビリ] 女 食用のクラゲ．

mela [メーラ] 女 リンゴ．古代ローマ時代からよく食べられてきた果物で、pomo [ポーモ] とも呼ばれていた．産地は北部が多く、特にトレンティーノやフリウリでは伝統的に（⇒）strudel がよく作られ、消費量が多い．トレンティーノに多い黄色い renetta [レネッタ] は、酸味が強く、菓子によく使われる．南部ではカンパニアが主産地．最近は日本のフジも人気がある．・*mela cotogna.*（⇒ cotogna）マルメロ（丸形のもの）．

melagrana [メラグラーナ] 女 ザクロ．= granata. 古くは豊かさの象徴であり、料理より宗教的な儀式に多く使われていた．グレナデン・シロップの原料でもある．

melanzane（複）[メランザーネ/メランツァーネ] 女 ナス．13、14世紀にシチリアに入り、パスタがシチリアからナポリに伝わった際に、ともに伝わった．ナポリでは mulignane [ムリニャーネ]、molignane [モリニャーネ] または milinsane [ミリンサーネ]、シチリアでは milinciane [ミリンチャーネ] または milinciani [ミリンチャーニ] ともいう．また、アルトゥーズィの料理書では petonciani [ペトンチャーニ] と呼ばれていた．melanzane の名が定着したのは20世紀に入ってから．

　料理　・*melanzane a funghetto.*（ナスのフンゲット風）角切りにしたナスに塩を振り、少しおいて水分を取る．ニンニクとオリーブ油を火にかけ、色づいたらニンニクを取り出し、先のナスを入れて炒め、オレガノ、コショウ、パセリを振る．

▶ menù

・*melanzane alla parmigiana.*（ナスのパルマ風）ナスは縦1cm厚さに切ってゆで、水気を取る．バター、サラダ油で玉ネギと生ハムを炒め、トマトホールを加えてサッと煮て、先のナスを入れて煮込み、塩、コショウ、パセリを振る．

・*melanzane gratinate.*（ナスのオーブン焼き〈ラツィオ、カンパニア〉）
(A) ナスを縦半分に切り、オリーブ油で切り口を焼いてくり抜き、くり抜いた実とモッツァレッラに塩、コショウをして詰め、トマトソースをかけ、パルミジャーノ、パセリ、オリーブ油を振ってオーブンで焼く．
(B) A同様に焼いたナスをくり抜き、くり抜いた実、ツナ、ニンニクの各みじん切り、パン粉、パセリ、卵黄、ペコリーノ、トマトソース、塩、コショウを混ぜて詰め、オリーブ油を振って焼く．

melarancia [メラランチャ]（複-ce）囡 オレンジの昔の呼び方．
melica [メーリカ] / **meliga** [メーリガ] 囡 トウモロコシ． = (⇒) granoturco.
melissa [メリッサ] 囡 レモンバーム（和名：コウスイハッカ）．melissa はギリシャ語でミツバチを意味し、「ハチのための葉」の意．刻んでフリッタータ、酢漬け、サラダなどに使う． = cedronella.
mellone [メッローネ] 男 メロンやスイカの別称（おもに南イタリアで）． = (⇒) melone.
melone [メローネ] 男 メロン．イタリアには15世紀にアラブ人によりもたらされた．現在の主産地はラツィオ、カンパニア、シチリア、プーリア、エミリア＝ロマーニャ．種類は大きく分けて以下の3つ．napoletano [ナポレターノ] は外側が黄色または緑色で中身が白く、ほとんどが冬が旬．cantalupo [カンタルーポ] は外見がプリンスメロンのようで中が赤肉．retato [レタート] は網目の皮で夕張メロンに似た品種．カンタルーポとレタートは、どちらも7～11月が旬．
membrana [メンブラーナ] 囡 卵の薄い皮膜．
menta [メンタ] 囡 ミント．ギリシャ神話の妖精メンテ (menthe) が語源．
【おもなミントの種類】
　・*menta piperita* [メンタ・ピペリータ]．ペパーミント．
　・*menta poleggio* [メンタ・ポレッジョ]．ペニーロイヤルミント．一般的には menta romana [メンタ・ロマーナ] と呼ばれ、トリッパのローマ風煮込みに使われている．
　・*menta spicata* [メンタ・スピカータ]．スペアミント．一般名は mentastro verde [メンタストゥロ・ヴェルデ]．
mentuccia [メントゥッチャ]（複-ce）囡 メントゥッチャ．= (⇒) nepitella.
menu / menù [メヌー] 男 メニュー（特にコースメニューを指す場合が多い）．・*menu prefisso*．プリフィクス・メニュー．・*menu degustazione*．デグスタ

merca ▶

ツィオーネ・メニュー (少量、多皿の懐石風コース).

merca [メルカ] 囡 ①ボラの料理の一種 (サルデーニャ州 Oristano). 下処理をしたボラを、大量の塩を入れた湯 (塩を増やせば保存期間が長くなる) に入れて 30 分ほど弱火でゆで、ziba (porcellana di mare / ハマアカザ) の束でくるんで 2 ～ 3 日おく. 食べるときは身をはずし、そのままたはレモン汁、オリーブ油をかける. ②サルデーニャ産の羊乳チーズの一種.

meraviglias [メラヴィリアス] 囡 カーニバルの揚げ菓子のサルデーニャでの呼び名. 意味は「素晴らしいこと」. (⇒) frappe.

merenda [メレンダ] 囡 おやつ、間食.

meridionale [メリディオナーレ] 形 南の. 料理書などにおいて、「南部」を指す語. 日時計に由来した呼び名. = di mezzogiorno. ＊「北部」は (⇒) settentrionale.

meringa [メリンガ] (複-ghe) 囡 メレンゲ (卵白に砂糖を加えながらホイップしたもの. およびそれを絞り出して 100℃のオーブンで焼いた菓子). ・*meringa all' italiana*. イタリア風メレンゲ. 卵白にレモン汁を加え、砂糖の代わりに 120℃のシロップを少量ずつ加えながらホイップしたもの. 通常のメレンゲと同じように使う.

merlano [メルラーノ] 男 ホワイティング (タラの一種). molo [モーロ] とも呼ばれている.

merlo [メールロ] 男 ツグミの一種. (⇒) tordo.

merluzzo [メルルッツォ] 男 ①タイセイヨウダラ. 大きく成長したものはバッカラ、ストッカフィッソの原料となる. ②ミラノ方言で baccalà のこと.

料理 ・*merluzzo con le cipolle.* (干ダラ《バッカラ》と玉ネギのフライ〈ロンバルディア〉) 戻した干ダラを切り分け、牛乳に浸け、小麦粉をつけて揚げる. 素揚げした玉ネギ、ポレンタのフライとともに盛り付け、塩、コショウをし、イタリアンパセリを散らす.

mescita [メッシタ] 囡 もともとはカウンターでワインなどを飲ませる店や酒屋を指したが、最近は居酒屋という意味でも使われるようになった. = (⇒) osteria、(⇒) fiaschetteria.

mesciua / mescciua [メスチューア] 囡 = mes-ciua、mesc-ciua. リグーリア州スペツィアのスープ料理. イタリア語の mescolanza を語源とする方言で、「混ぜ合わせる」の意.

作り方 カンネッリーニ豆、エジプト豆、スペルト小麦をそれぞれゆで、ゆで汁ごと合わせて火にかけ、塩、コショウ. 盛り付けて、リグーリア産 (またはトスカーナ産) の E.V. オリーブ油をかける. 古くからある料理で、当初はカンネッリーニで

はなく黒目豆が使われていた.

mescolare [メスコラーレ] 動 かき混ぜる. 混ぜ合わせる.

messicani (複) [メッスィカーニ] 男 ミラノの仔牛料理で、インヴォルティーニ (⇒ involtini) の一種. 形 メキシコの.

mesticanza [メスティカンツァ] 女 = (⇒) misticanza.

mestolo [メストロ] 男 レードル. ・*mestolo forato.* 穴開きレードル.

mestolino [メストリーノ] 男 小型のレードル.

metà [メタ] 女 半分、2分の1.

metodo [メートド] 男 方法.

mettere [メッテレ] 動 置く、のせる、入れる. ・*mettere a bagno.* 浸す.

meusa [メウサ] = (⇒) milza のシチリア方言.

mezzaluna [メッザルーナ] (複 mezzelune) 女 両側に柄の付いた半月形のみじん切り用包丁.

mezzena [メッゼーナ] 女 牛・仔牛・豚などの半丸.

mezzo [メッゾ] 男 半分、2分の1. 形 半分の. 2分の1の.

mezzogiorno [メッツォジョルノ] 男 ①正午. = meridie. ②南部. = meridionale.

michetta [ミケッタ] 女 ミケッタ (ミラノ地方のパン). ローマでは rosetta [ロゼッタ] と呼ばれる. 中が空洞で外側のパリパリ部分を楽しむ.

midollo [ミドッロ] 男 骨髄. ・*midollo di bue.* 牛の骨髄、モワル.

miele [ミエーレ] 男 ハチミツ. ローマ時代には欠かせない甘味料だった. その後異民族の侵入により養蜂場が破壊されて生産量が落ち、また、砂糖の使用が広まるにつれて、伝統的な菓子に使われるぐらいであったが、昨今の健康志向などにより菓子、ジェラートをはじめ、料理にも再び使われるようになった.

migliaccio ① [ミリアッチョ] (複-ci) 男 豚の血を使って作る加工品 (⇒) sanguinaccio の一種. ①フリッタータのようなタイプのもので、豚の血の他レーズン、松の実が入り、焼くときにラードが使われる (トスカーナ). ②練りパイ生地を型に敷き込み、シトロンの砂糖漬け、ナッツ、チョコレート、ハチミツなどを血と混ぜて流し込み、パイ生地で覆い、オーブンで焼くタルト (ロマーニャ地方).

migliaccio ② [ミリアッチョ] (複-ci) 男 ①ナポリで作られるポレンタの一種. ②ナポリでカーニバルの時季に作られるケーキ. = migliaccio di carnevale.

作り方 ❶牛乳、水、バター、すりおろしたレモンの皮を鍋に入れて火にかけ、沸騰したらセモリナ粉を加えてよくかき混ぜ、数分煮た後冷ましておく. ❷ボウルに卵、リコッタ、砂糖、バニラを入れてよくかき混ぜ、冷めた①を加えてよくかき混ぜる. ❸バターを塗った型に入れてならし、オーブンに入れて焼く. 型から取り

miglio ▶

出し、粉糖をかける.

miglio [ミッリオ] 男 粟. 現在はあまり料理には使われないが、昔はポレンタの材料として使われていた. そのためナポリでは今でも、トウモロコシで作るポレンタであっても migliaccio [ミリアッチョ] と呼んでいる.

mignon [ミニョン] (仏) 形 ミニョン、小さい.

milinciane (複) [ミリンチャーネ] 女 ナス (⇒ melanzane) のシチリアでの呼び名. 男性形の milinciani と呼ぶこともある.

milinsane (複) [ミリンサーネ] 女 ナス (⇒ melanzane) のナポリでの呼び名. = molignane.

millecosedde (複) [ミッレコゼッデ] 女 カラブリア地方の、豆とパスタのスープ. millecosedde はカラブリア方言. イタリア語では mille cosette で、「いろいろなもの」という意味.

作り方 パンチェッタ、玉ネギをオリーブ油で炒め、キャベツ、戻したフンギ・セッキを加えて更に炒め、それぞれゆでた白インゲン豆、エジプト豆、レンズ豆、乾燥ソラ豆と湯を加えて煮込む. ゆでたマカロニを加え、塩、コショウ.

millefoglie [ミッレフォーリエ] (単複同形) 男 ミルフィーユ.

millepieghe [ミッレピエーゲ] 女 センマイ (牛・仔牛などの第3胃).「千のひだ」の意味. = foiolo、centopelle、(⇒) omaso.

milza [ミルツァ] 女 脾臓. 現在はあまり食べられない. まれにフライの盛り合わせに入れることがある. しかしシチリアでは有名なパニーノ pani ca meusa (イタリア語では panino con milza) の具に使われる. * meusa は milza のシチリア方言. (⇒ panino.)

mimosa [ミモーザ / ミモーサ] 女 ミモザ. ①ゆで卵の黄身の裏漉しを振りかけて仕上げる料理. = alla mimosa. ②ミモザ・ケーキ、トルタ・ミモザ. = torta mimosa. イタリアでは特に3月8日の女性の日に作られる. ③カクテルの一種.

minestra [ミネストゥラ] 女 スープ、スープの総称. · *minestra di verdure*. 野菜スープ.

料理 · *minestra maritata*. (ナポリの具だくさんスープ) ナポリの代表的なスープ. 特にクリスマス、復活祭によく食べられる. pignato grasso とも呼ばれている. いろいろな種類の肉類と葉物野菜を多く入れるのが特徴. ❶鶏、牛、豚、サルシッチャ、豚の皮、スペアリブなどの肉を合わせてゆでる. ❷別鍋で香味野菜、エンダイブ、ナバナ、フダン草、キャベツ、ブロッコリー、ジャガイモなどの野菜をゆでる. ❸肉がやわらかくなったら、①の鍋に②を加え、塩、コショウで味を調える. 皿に盛り、frisella を添え、オリーブ油を振りかける. パルミジャーノまたはペコリーノを添える. * maritata とは「結婚した」という意味で、別々

▶ **minestrone**

の鍋で調理した肉と野菜を一緒の鍋に入れ仕上げることから付いた料理名.

・*minestra di fave e cicoriella.*（ソラ豆とチコリのスープ〈プーリア〉）ソラ豆のポレンタ（puls fabacea）がもとになった濃度のあるスープ．南部一帯で食べられる．水に浸けて戻した乾燥ソラ豆を水ごと弱火にかけ、トマトソースを加えて煮崩れるまで煮る．ゆでたチコリ、パセリ、塩、コショウ、オリーブ油を加える．

・*minestra di lenticchie e castagne.*（レンズ豆と焼き栗のスープ〈ラツィオ州リエーティ〉）パンチェッタをオリーブ油で炒め、裏漉したトマトホール、パセリ、皮をむいた焼き栗を加えて煮込み、ゆでたレンズ豆とゆで湯、ブロードを加えて更に煮込み、塩、コショウ．トーストを敷いた皿に注ぎ、パルミジャーノ（またはペコリーノ）を添える．＊アブルッツォにも同様のスープがある．

・*minestra d'orzo* (*mignestre di uardi*)．（大麦のスープ〈フリウリ＝ヴェネツィア・ジュリア〉）大麦を水に浸けて戻し、固めにゆでる．パンチェッタ、玉ネギをバターで炒め、ブロードを加え、沸騰したら大麦を加えて煮込む．やわらかくなったら塩、コショウ．卵と牛乳とナツメグを混ぜたものを加え、火を止めてよくかき混ぜる．

・*minestra di farro.*（ファーロ《スペルト小麦》のスープ〈ラツィオ、ウンブリア〉）生ハム、ブロード、トマトソースを合わせて火にかけ、沸騰したらファーロを入れて煮る．器に盛り、パセリを振り、ペコリーノを添える．

・*minestra di passatelli.*（パッサテッリ入りスープ〈エミリア＝ロマーニャ、マルケ〉）（⇒）passatelli.

・*minestra di zucca.*（カボチャのスープ〈ロンバルディア〉）ポロネギをバターで炒める．皮をむいて種を取り、角切りにしたカボチャを加え、ブロード、ローリエを入れて煮る．煮えたらローリエを除いてミキサーにかけ、温めた牛乳を加えて煮詰め、塩、コショウ、ナツメグを振る．ゆでたパスタ、バター、パルミジャーノ、パセリを加えて混ぜる．

minestrina ［ミネストゥリーナ］囡 水分の多い軽めのスープ．おもにブロードに、米やスープ用パスタを入れたもの．riso in brodo、pastina in brodo などがある．

minestrone ［ミネストゥローネ］男 ミネストローネ．具だくさんのスープで、野菜の他に豆や穀類（米やパスタなど）を加える．

料理 ・*minestrone alla milanese.*（ミラノ風ミネストローネ）小さく切った玉ネギ、ニンジン、セロリ、ズッキーニ、キャベツ、ジャガイモをサラダ油で炒め、ブロードを加え、ゆでたインゲン豆、グリーンピース、トマトソースを加え、ローリエを入れて煮る．ゆでた米を加え、火からおろし、パセリ、バターを加えて混ぜる．

minuich ▶

minuich [ミヌイーク] / **minnichi** [ミンニーキ] 男 バジリカータ地方の手打ちのマカロニ. = (⇒) maccheroni al ferro (ferretto).

mirtillo [ミルティッロ] 男 ミルティーユ、ブルーベリー.

mirto [ミルト] 男 ミルト (サルデーニャに自生する植物. 和名：銀梅花. 英名：マートル). 葉はおもに料理に香草として使われ、実はリキュールの原料として使われる. 昔はモルタデッラの香りづけに使われていたことから、ミルトの別名モルテッラ (mortella) が、モルタデッラの語源となった. (⇒) mortadella.

miscelare [ミッシェラーレ] 動 混ぜ合わせる、ブレンドする (スパイス、コーヒーなどを).

mischiare [ミスキアーレ] 動 混ぜ合わせる. ミックスする.

miscuglio [ミスクッリオ] (複-gli) 男 混ぜ合わせたもの.

missoltini (複) [ミッソルティーニ] 男 (⇒) agone を干物にしたもの. ロンバルディア州コモ湖周辺の名産. = misultin、misultitt.

mista = (⇒) misto.

misticanza [ミスティカンツァ] 女 ローマ発祥で、春先の野草、葉物野菜をメインにしたミックスサラダ. ローマ方言で「混ぜ合わせたもの」を表す misticato が語源. = mesticanza.

mistrà [ミストゥラー] 男 アニス風味のリキュール.

misto [ミスト] 形 (男) / **mista** [ミスタ] 形 (女) 盛り合わせた、混ぜ合わせた.

misultin [ミスルティン] / **misultitt** (複) [ミスルティットゥ] 男 (⇒) missoltini のロンバルディア方言名.

misura [ミズーラ] 女 サイズ、分量、はかり.

mitili (複) [ミーティリ] 男 ムール貝. = cozze、muscoli.

mo' [モ] 男 modo の省略形. ･ *a mo' di* …. …のように、…の方法で.

moca [モカ] (単複同形) 男 モカコーヒー. = moka. ･ *torta moca*. コーヒーケーキ.

mocetta [モチェッタ] 女 モチェッタ. ヴァッレ・ダオスタ、ピエモンテ北部で作られる生ハムの一種. 本来は stambecco [スタンベッコ] (アイベックス) と呼ばれる野生の山羊のもも肉が使われていたが、保護のため狩猟が禁止されている. 現在は鹿・山羊・牛のもも肉で作られている. = motzetta、motsetta.

modellare [モデッラーレ] 動 型を作る.

modo [モード] 男 方法、スタイル.

moka [モカ] (単複同形) 男 = (⇒) moca.

moleche (複) [モレーケ] / **moleca** (単) [モレーカ] 女 ヴェネツィア特産のソフト・シェル・クラブ (脱皮直後のカニ) の方言名. チチュウカイミドリガニ (ワタ

▶ **mora di rovo**

リガニの一種)の、おもに雄.

料理 ・*moleche col pien.*(ソフト・シェル・クラブのフライ〈ヴェネツィア〉).ソフト・シェル・クラブを、卵、塩、パルミジャーノを混ぜた液に5分ほど漬け、小麦粉をまぶし、高温の油で揚げる.

molignane(複)[モリニャーネ] 女 ナス(⇒ melanzana)のナポリでの呼び名. = mulignane、milinsane.

molle(複)[モッレ] 女 トング.

molle[モッレ] 形 やわらかい.やわらかな、ソフトな. 男 やわらかいもの. 副 やわらかく.

mollica[モッリーカ](複-che)女 パンのやわらかい部分. = mollica di pane.

molluschi(複)[モッルスキ] 男 タコ、イカ、貝類の総称.

molo = (⇒) merlano.

mondare[モンダーレ] 動 材料(おもに野菜、果物など)を掃除する、下処理する. = nettare.

mondeghili(複)[モンデギーリ] 男 ミートボール(ミラノ方言).一般的にミートボールは polpetta[ポルペッタ]と呼ばれるが、ミラノではインヴォルティーニのことを polpett[ポルペットゥ]と呼ぶ習慣があり、ミートボールのことは特に mondeghili と呼ぶことが多い.

作り方 ローストまたはボイルした牛肉とサルシッチャを挽き、ゆでて裏漉したジャガイモ、卵黄、パルミジャーノ、塩、コショウを加えて混ぜ、直径4〜5cmの円形に丸め、泡立てた卵白にくぐらせてパン粉をつけ、バターで焼く.

montare[モンターレ] 動 ホイップする、泡立てる.バターモンテする.組み立てる、積み重ねる. ・*montare a neve.*卵白を泡雪のようにホイップする.

montasio[モンターズィオ](単複同形)男 モンターズィオ(フリウリ=ヴェネツィア・ジュリア州産のチーズ).北部のカルニア地方で作られる.牛乳製で直径30〜40cm.熟成期間によりソフト(fresco. 2〜4ヵ月)、セミ・ハード(mezzano. 4〜10ヵ月)、ハード(stagionato. 10ヵ月以上、stravecchio. 18ヵ月以上)のタイプがある.テーブル・チーズとして食べられる他、フリコなどの料理に使われる.

montebianco[モンテビアンコ](複-chi)男 モンブラン(菓子).

monte veronese[モンテ・ヴェロネーゼ] 男 ヴェネト州の D.O.P. チーズ.

montone[モントーネ] 男 マトン.生後2年以上の雄の羊.

mora di rovo[モーラ・ディ・ローヴォ]黒イチゴ.ほとんどが自生のもので、夏から秋にかけて熟す.ラズベリーに似ていて、北部でおもにジャムなどに使われる.

mora di gelso [モーラ・ディ・ジェルソ] 桑の実 (黒). ナポリ、フリウリなどで栽培されている. 白い桑の実 (gelso bianco) はカイコの飼育に使われる.

morchella [モルケッラ] 囡 アミガサ茸、モリーユ茸. = (⇒) spugnola.

moretta [モレッタ] 囡 黒鴨. moriglione とも呼ばれる.

mormora [モールモラ] 囡 タイの一種. やや細長い体形で黒い縦じまが入っている.

morseddu [モルセッドゥ] 男 カラブリア地方の内臓料理. = murseddu、mursiellu、morsello.

　作り方 豚肉と下ゆでした内臓をラードでソテーし、赤ワイン、トマトホール、オレガノ、トウガラシを加えて煮込む. その他いろいろな呼び名、調理法のヴァリエーションがある.

mortadella [モルタデッラ] 囡 モルタデッラ (ボローニャ原産の加熱加工ソーセージ). イタリア中北部で広く製造されている. 昔はミルト (mirto. 別名 mortella) の実が香りづけに使われていたところから、モルタデッラの語源だといわれている. 豚肉をペースト状にし、細かく切った喉の部分の脂、ピスタチオ、粒コショウを加えて調味し、ケーシングに詰めた後 10 ～ 12 時間蒸す. 大きさはいろいろある. Mortadella Bologna と表示されているものは I.G.P. 認定.

mortadella di fegato [モルタデッラ・ディ・フェーガト] ピエモンテ、ロンバルディアで作られる、豚レバーを使った腸詰め.

mortaio [モルタイオ] (複 -tai) 男 すり鉢、乳鉢 (おもに大理石製、木製).

mortella [モルテッラ] 囡 ミルトの別名. = (⇒) mirto.

morzeddu [モルツェッドゥ] 男 カラブリア州 Catanzaro の内臓料理.

　作り方 仔牛のバラ肉とトリッパ、レバー、ハツ、肺などの内臓を下ゆでしたものを一口大に切り、炒めて、トマトペースト、パッサータ、オレガノ、トウガラシを加えて煮込む. pitta に挟んで食べるのが伝統的. カラブリアの他の地域では仔牛ではなく豚肉、豚の内臓類を使用することが多い.

moscardini (複) [モスカルディーニ] 男 タコの一種. 吸盤が一列に付いているのが特徴. = folpetti (ヴェネツィア方言名). *ローマのレストランでは (⇒) occhi di canna をモスカルディーニと呼ぶことがある.

mosciame [モシャーメ] 男 イルカの肉を干したもの (リグーリア方言). = musciame、musciamme. 現在イルカ漁は禁止されているので、料理にはマグロを干したもの (mosciame di tonno) で代用する.

moscioli (複) [モッショリ] 男 マルケ地方で採れる天然のムール貝. muscioli とも呼ばれている.

mostaccioli (複) [モスタッチョーリ] 男 焼き菓子の一種. もともとはアラブ人の菓子で、アニス風味クッキーのようなもの. 南部各地にある. = 'nzudda.

▶ **muggine**

mostarda [モスタルダ] 囡 果物のマスタード・エッセンス風味のシロップ漬け. = mostarda di frutta. 特にクレモーナ産が有名で、別名 mostarda di Cremona と呼ばれている. マントヴァではマルメロまたはリンゴで作られる.

mosto [モスト] 男 ブドウの果汁.

mosto cotto [モスト・コット] 男 ブドウ果汁を煮詰めたもの. 多くは菓子に使われ、また、マルサラ酒の製造にも使われる. ローマ時代はサーパ (sapa) と呼ばれていた. (⇒) saba.

motzetta [モツェッタ] 囡 = (⇒) mocetta.

mousse [ムース] (仏) 囡 ムース.

mozzarella [モツァレッラ] 囡 モッツァレッラ・チーズ. 成形するときの方法、mozzatura [モッツァトゥーラ / ちぎる] から付いた名. ・*mozzarella di bufala*. 水牛の乳で作られたもの. ・*mozzarella di vacca*. 牛乳で作られたもの. = fior di latte. もともとは水牛乳製のものだけだったが、後に牛乳製のものも作られるようになった. おもな産地はカンパニア州だが、北イタリアでも多く生産されている. mozzarella di bufala campana [モッツァレッラ・ディ・ブファラ・カンパーナ] は D.O.P. に認定されており、産地はカンパニア州ナポリ、カゼルタ、サレルノ県、ラツィオ州フロジノーネ、ラティーナ県、プーリア州フォッジア県に限定されている. イタリアで一般的なモッツァレッラの大きさは220g. 輸出用は120g程度. その他小さいものや、変わった形状のものもある. ovoline [オヴォリーネ / 小さめの卵大]、ciliegine [チリエジーネ / チェリー大]、olivette [オリヴェッテ / オリーブ大]、bocconcini [ボッコンチーニ / 一口大]、treccia [トレッチャ / 三つ編み]、pan carre [パン・カレー / 食パン形] など.

料理 ・*mozzarella in carrozza*. (馬車にのったモッツァレッラ〈カンパニア〉) みみを切り、半分に切った (前菜として作る場合) 食パンを牛乳に浸し、アンチョビーと薄切りのモッツァレッラをのせて、小麦粉、溶き卵を2回ずつつけ、高温の油で揚げる. オステリアやピッツェリーアなどで出す場合は、2枚のパンでチーズを挟んで作ることが多い.

'mpanatigghe (複) [ンパナティッギェ] 囡 シチリア東部 Modica で作られる詰め物をした半月形の焼き菓子の方言名. チョコレート、ナッツなどの他に二度挽きした牛または仔牛肉が入ることから dolce di carne とも呼ばれている.

'mpepata di cozze [ンペパータ・ディ・コッツェ] ムール貝のコショウ風味 (カンパニア州). ムール貝を空煎りして汁を漉し、ムール貝を戻して温め、コショウ、パセリを振り、レモンを絞る.

mucca [ムッカ] (複-che) 囡 乳牛. ・*mucca pazza*. 狂牛病.

muggine [ムッジネ] 男 ボラ (おもにトスカーナ、サルデーニャでの呼び名). mug-

mugnaia（alla ~）▶

gineは、「乳を搾る」という意味のmungere［ムンジェレ］からきている名．触るとベタベタしているところから．=（⇒）cefalo.
mugnaia（alla ~）［(アッラ・)ムニャイア］囡 ムニエル．
multicolore［ムルティコローレ］形 いろいろな色の．彩り鮮やかな．
murazzano［ムラッツァーノ］男 ピエモンテ州クーネオ県のD.O.P.チーズ．羊乳と牛乳のミックスで作られ、マイルドなフレッシュタイプと辛口の熟成タイプとがある．
murena［ムレーナ］囡 ウツボ．現在はあまり好まれないが、古代ローマでは大変価値のある魚だった．ナポリでは現在もズッパ・ディ・ペッシェに使われる．
murice［ムーリチェ］男 アクキガイ科の巻き貝（アクキ貝、シリアツブリ貝）．ヴェネトではgarusolo、カンパニアではsconciglioなど、地方で呼び名が変わる．
murseddu［ムルセッドゥ］男 カラブリア地方の内臓料理．=（⇒）mursiellu.
mursiellu［ムルスィエッル］男 カラブリア地方の内臓料理．（⇒）morseddu.
musciame［ムッシャーメ］男 （⇒）mosciameの別称．musciammeとも呼ぶ．
muscioli［ムッショリ］男 （⇒）moscioliの別称．
muscolo（単）［ムスコロ］/ **muscoli**（複）［ムスコリ］男 ①牛のスネ肉の部分．②（おもに複数形で）ムール貝（リグーリア方言）．
muset［ムゼー］男 ムゼットのフリウリ方言名．=（⇒）musetto（②）．
musetto［ムゼット］男 ①豚の頭．②ムゼット．フリウリ地方で作られる腸詰めで、コテキーノ（⇒cotechino）と同様のもの．

N

nappare［ナッパーレ］動 料理を覆うようにソースをかける．ナッペする．
nasello［ナゼッロ / ナセッロ］男 メルルーサの一種．
naturale［ナトゥラーレ］形 自然の．天然の．
naturale (al ~)［(アル・)ナトゥラーレ］ゆでる料理の呼び方のひとつ（おもに野菜）．・*patate al naturale*. ボイルド・ポテト．
navone［ナヴォーネ］男 ルタバガ、スウェーデンカブ．= rutabaga.
'ncapriata［ンカプリアータ］女 = incapriata. チコリをゆでてオリーブ油で和えたり、ガーリックオイルで炒めたものを、乾燥ソラ豆のピュレーに添えた、プーリア、バジリカータの料理．おもに付け合わせに使われる．チコリの代わりにナバナを使ってもよい．fave e foglie とも呼ばれている．
'ndocca 'ndocca［ンドッカ・ンドッカ］女 アブルッツォ州テーラモの郷土料理．「大きな角切り」という意味．
  作り方 豚肉、豚の足、皮、耳を酢水に一晩浸けた後大きめに切り、ニンニク、ローリエ、ローズマリー、トウガラシ、酢、塩を加えて3～4時間ゆでる．ゆで上がりを食べる他、冷ましてゼラチン状に固まったものも食べる．
'nduja［ンドゥイヤ］女 カラブリア特産のソフトタイプのサラミ．仏語の andouille が語源．本来は豚の内臓で作られていたが、現在は豚肉と脂で作られ大量のトウガラシが加えられている．パンなどに塗って食べる他、パスタのソース、ピッツァなどにも使われている．'nduglia とも書く．
necci（複）［ネッチ］/ **nicci**（複）［ニッチ］男 トスカーナ地方で作られる、栗の粉、水、塩を混ぜた生地をローズマリーの風味をつけた油でクレープのように焼いたもの．ルッカ県ガルファニャーナ (Garfagnana)、ヴェルシリア (Versilia) 地方では ciacci とも呼ばれている．
nemiptero［ネミプテーロ］/ **nemittero**［ネミッテーロ］男 イトヨリ．
neonata［ネオナータ］女 シラスの呼び名の一つ．= (⇒) bianchetti（複）．
nepitella［ネピテッラ］女 ①カラミンサまたはカラミント（ミントの一種）．nipitella、nepetella、calaminta とも呼ばれる．「カルチョフィのローマ風」は本来これが使われるが、日本ではまだ入手が難しいのでペパーミントで代用するとよい．②セイボリー (⇒ santoreggia) の呼び名としても使われている．①②ともに mentuccia とも呼ばれている．
nepitelle（複）［ネピテッレ］女 カラブリアの菓子．小麦粉、卵、ラードなどで作ったパスタ生地を小さなパイ型に入れ、レーズン、チョコレート、アーモンドなど

nero di seppia ▶

にモスト・コットを加えて混ぜたものを詰めて焼いたパイ．おもにクリスマスに食べられる．

nero di seppia [ネーロ・ディ・セッピア] イカ墨．= inchiostro.

nervetti(複) [ネルヴェッティ] 男 ミラノ料理の前菜で、仔牛のスネ、足の腱の部分をゆでて (これ自体も nervetti と呼ばれる)、サラダ仕立てにしたもの．= insalata di nervetti. ネルヴェッティのサラダ．

nespola [ネスポラ] 女 ①西洋カリン．= nespola comune. ②ビワ．= nespola del Giappone、nespola giapponese.

nettare [ネッターレ] 動 材料を掃除する．きれいにする．= mondare.

nettarina [ネッタリーナ] 女 ネクタリン．= pesca noce.

nido di vespa [ニード・ディ・ヴェスパ] ハチノス (牛・仔牛などの第2胃)．= cuffia、bonetto.

nocchia [ノッキア] 女 ヘーゼルナッツ (ラツィオ方言)．= (⇒) nocciola.

nocciola [ノッチョーラ] 女 ヘーゼルナッツ．イタリア原産．リグーリア、ピエモンテ、ラツィオ、カンパニア、シチリアなどが産地．

noccioline(複) [ノッチョリーネ] 女 落花生、ピーナッツ．noccioline americane または spagnolette (北部で) ともいう．

noce [ノーチェ] 女 ①クルミ．イタリアでも古くから料理や菓子に使われてきた．北部ではオリーブ油の代わりに油もよく使われた．②シンタマ (牛・仔牛の部位名)．

noce moscata [ノーチェ・モスカータ] 女 ナツメグ．挽き肉や乳製品を使う料理に多く使用される．

nociata [ノチャータ] 女 ウンブリア、ラツィオ北部のクリスマスの菓子．クルミ、ハチミツを使い、トローネのように作る (卵白を加えるところもある)．

nocillo [ノチッロ] 男 (⇒) nocino のナポリでの呼び名．

nocino [ノチーノ] 男 ノチーノ．まだ未熟なクルミの実を使ったリキュール．エミリア=ロマーニャで昔から作られているものだが、カンパニアをはじめ他の地方でも作られている．

nodino [ノディーノ] 男 仔牛・豚の鞍下肉をTボーンにカットしたもの．

norceria [ノルチェリーア] 女 畜肉加工品の製造および豚肉を扱う店．最近は他の食品やワインなども置くようになった (おもにラツィオ、ウンブリア、トスカーナでの呼び名)．= salumeria.

norcina (alla ~) [(アッラ・) ノルチーナ] ノルチャ風 (料理名)．＊ノルチャ (Norcia) はウンブリア州ペルージャ県にある町で、黒トリュフと生ハムなどの豚肉加工品が特産品として知られる．① spaghetti alla norcina. スパゲッティ ノルチャ風 (⇒ spaghetti)．黒トリュフで風味づけをする．スパゲッティの他にリン

グィーネ、タリアテッレが使われる．②ノルチャ風（またはノルチーノ風．⇒ norcino）クリームパスタ．サルシッチャ、生クリームベースで、おもにペンネなどのショートパスタ、ストゥランゴッツィが使われる．

norcineria ［ノルチネリーア］ 囡 豚肉および豚肉加工品の製造販売がメインの食料品店（特にトスカーナ、ウンブリア、ラツィオで）．

norcino ［ノルチーノ］ 男 豚の屠殺・加工職人．中世からローマで働く屠殺・加工職人にノルチャ（Norcia）出身者が多かったため、この名前が付いた．

Norma（pasta alla ~）［（パスタ・アッラ・）ノルマ］ ノルマ風（料理名）．シチリア島カタニアのパスタ料理名．カタニア出身の音楽家ベッリーニに捧げた料理で、彼の作品「ノルマ」（Norma）をとって名付けた．別名 alla Bellini とも呼ぶ．

作り方 ❶パスタをゆで上げ、バジリコを加えたトマトソースで和え、すりおろしたリコッタ・サラータを加えて混ぜ、器に盛る．❷米ナスの皮をむき、約1cmの厚さに縦に切り分けてアク抜きをした後素揚げしたものを①にのせ、バジリコの葉を散らし、リコッタ・サラータを振りかける．

nostrano ［ノストゥラーノ］ 形 自家製の．郷土の．地元産の．

nudini（複）［ヌディーニ］ 男 シラス（マルケ、アブルッツォ方言）．=（⇒）bianchetti．

nunnata ［ヌンナータ］ 囡 シラス（neonata）のシチリア方言．=（⇒）bianchetti．

'nzudda ［ンズッダ］ 囡 レッジョ・カラブリアで作られる焼き菓子．=（⇒）mostaccioli．

O

oca [オーカ] (複-che) 女 ガチョウ. 語源はラテン語で「鳥」の意の auca. 七面鳥が入ってくるまでは、祝い事の席に欠かせない鳥だった. 現在の主産地はロンバルディア、エミリア＝ロマーニャ、ヴェネト.

　　料理 ・*oca in onto* または *oca in pignatto*.（ガチョウのコンフィ〈ヴェネト〉）ガチョウの脂ののった部分をぶつ切りにして鍋に入れ、オリーブ油、水、ローズマリー、セージ、塩、コショウ、ニンニクを加えて蓋をし、脂が完全に溶け出すまで中温のオーブンに入れる（3～4時間）. 肉を取り出してローリエとともに器に入れ、漉した脂を肉がかぶるまで入れて保存する.

occhiata [オッキアータ] 女 タイの一種. 学名 Oblada Melanura.

occhio [オッキオ] (複-chi) 男 目.

occhio di bue (単) [オッキオ・ディ・ブーエ] /**occhi di bue** (複) [オッキ・ディ・ブーエ] 意味は「牛の目」. ①目玉焼き. = uovo all'occhio di bue. ②クッキーの一種. パスタ・フロッラをのばして円形と輪形に型抜きし、焼く. 円形のほうにジャムなどをのせ、輪形のほうを上にのせて押さえる. ③トコブシ、小さなアワビの呼び名. シチリアでは生またはグリルにしてレモンとオリーブ油で食べる他、パスタのソースに使われる.

occhi di canna (複) [オッキ・ディ・カンナ] 生まれて間もない小さなイカやタコ、モスカルディーニが交ざったものを、トスカーナ、ラツィオ地方ではこう呼んでいる. シチリアでは scoppolaricchi、リグーリアでは spunciacurrente と呼ばれている. おもにフライやガーリックソテーにされることが多い. またローマでは、moscardini [モスカルディーニ] の名前でメニューに載せているレストランが多い.

occhi di lupo = (⇒) bombolotti.

occhione [オッキオーネ] 男 = (⇒) pagello (pagellus centrodontus). タイの仲間.

odore [オドーレ] 男 におい、香り.

odori (複) [オドーリ] 男 ブーケ・ガルニの別称. = mazzetto guarnito.

offella [オッフェッラ] 女 古代ローマ時代の offa というスペルト小麦の粉で作ったフォカッチャが源で、今では北イタリア各地にある焼き菓子. 地方により作り方が大きく変わる. 例) offelle di Parona. パヴィア県にある Parona という町で19世紀の終わりから作られているクッキータイプの菓子. 小麦粉、砂糖、オリーブ油、バター、卵を混ぜて練り、先のとがった楕円形（木の葉のような形）に焼き上

▶ oliva

げたもの.

okra [オクラ] 男 オクラ. = gombo、bamia、bammia.

olio [オーリオ] (複-li) 男 オイル. · *olio d'oliva*. オリーブ油. · *olio di semi*. 種油、サラダ油. · *olio di semi di soia*. 大豆油. · *olio di semi d'arachide*. ピーナッツ油. · *olio di semi di mais*. コーン油. · *olio di semi di girasole*. ヒマワリ油. · *olio di semi di vinacciole*. グレープシード油. · *olio di semi di sesamo*. ゴマ油. · *olio di palma*. パーム油. · *olio di semi di colza* (~ *di ravizzone*). 菜種油. · *olio di semi di cartamo*. サフラワー油. · *olio di semi di cotone*. 綿実油. · *olio di semi di lino*. 亜麻仁油.

olio d'oliva [オーリオ・ドゥリーヴァ] = olio di oliva. オリーブ油. オリーブの実を絞ってとる油. ヴァージン、精製、ピュアの3つに分類される. ヴァージンは未精製の油、精製油は酸度の高い食用に向かないヴァージン油を、ブレンド用に精製したもの. ピュアは、酸度が高いヴァージン油に、精製油を加えて酸度を下げたものである. 日本では、ヴァージンの中でも最高級品のエクストラ・ヴァージン (olio extra vergine d'oliva) と、ピュア (olio d'oliva) の2種類が販売されている. イタリアのおもなオリーブ油の生産地とその特徴は次の通り. 南部 (プーリア、シチリア、カラブリア) は全体的に風味が強く色は少し緑がかった黄色. 中部 (トスカーナ、ウンブリア、ラツィオ、アブルッツォ) は風味が中間的で、色は緑色が強い. 北部 (リグーリア、ロンバルディア、ヴェネト) は全体的に風味がやわらかく、色は青みがかった黄金色. リグーリアのタジャスカ種で作るオリーブ油は、まろやかな味と香りをもち有名.

olive (複) [オリーヴェ] /**oliva** (単) [オリーヴァ] 女 オリーブの実. = uliva. · *olive da tavola*. テーブル・オリーブ. 未成熟のときに収穫したタイプ (緑) と、成熟してから収穫したタイプ (黒または赤紫色) があり、日本に輸入されているものはほとんどが塩水漬け (最近はローストしたものもある). そのまま食べる他、料理にも使われ、特にナポリ、シチリア、リグーリア料理によく使われる. 品種によっては製油に使われるものもある. 南部方言では aulivi、シチリア方言では alivi という.

【おもな品種と産地】

· *olive verdi* [オリーヴェ・ヴェルディ]. 緑オリーブ：Ascolana (マルケ)、Cerignola (プーリア)、S.Agostino、Nocellara (シチリア)、S.Caterina (トスカーナ)、Intosso (アブルッツォ)、Calorea (カラブリア)、Leccino (イタリア各地).

· *olive nere* [オリーヴェ・ネーロ]. 黒オリーブ：Maiatica (バジリカータ)、Cassanese (カラブリア)、Provenzale (プーリア)、Taggiasca (リグーリア)、

olivette ▶

Itrana（ラツィオ）、Bossana（サルデーニャ）.

料理 ・*olive all'ascolana.*（スタッフドオリーブのフライ〈マルケ〉）= ascolana ripiene（または olive ripiene）. 緑オリーブの種を抜き、牛肉と豚肉（塩、コショウをしてサラダ油でソテーする）、生ハム、卵、パルミジャーノ、塩、コショウ、ナツメグをフードプロセッサーにかけて作った詰め物を詰め、小麦粉、溶き卵、パン粉の順につけて揚げる.

＊以下は塩水漬けのオリーブに味付けしたもの.

・*olive accondite.* 黒オリーブにニンニク、トウガラシ、オレガノ、フェンネルシード、セロリ、オリーブ油、レモンスライスを加える（ラツィオ）.

・*olive nere con acciughe.* 黒オリーブに刻んだアンチョビー・フィレ、ニンニク、トウガラシ、オリーブ油、ワインヴィネガーを加える（プーリア）.

olivette（複）［オリヴェッテ］女 オリーブの形に作った料理.
olla［オッラ］女 蓋付きの土鍋. 金属製の両手鍋.
oloturia［オロトゥーリア］女 ナマコ. = cetriolo di mare.
omaso［オマーゾ］男 センマイ（牛・仔牛などの第3胃）. 料理では foiolo［フォイオーロ］、centopelle［チェントペッレ］、millepieghe［ミッレピエーゲ］などの言葉が使われる.
ombra［オンブラ］女 グラスワイン（ヴェネツィア方言）.
ombrina［オンブリーナ］女 イシモチ、ニベ、シログチ. ・*ombrina boccadoro.* ニベ科の魚で口のまわりが金色なのが特徴.
omelette［オムレッテ］(仏)女 オムレツ. 1400年代にフィレンツェで最初に作られ、pesceduovi（= pesce di uova/卵で作った魚）と呼ばれていたという.

料理 ・*omelette ai frutti di mare.* 魚介のオムレツ. オムレツを作り、中央に切れ目を入れて魚介のソースをのせる.

omento［オメント］男 腹膜. ・~ *di maiale.* 網脂. = rete、retina.
omettere［オメッテレ］動 取り除く.
omogeneo［オモジェーネオ］形 均一の（よく混ぜ合わせた状態）.
oncia［オンチャ］（複-ce）女 オンス.
ondulato［オンドゥラート］過形 波状の、波打つような.
opaco［オパーコ］（複男-chi、複女-che）形 不透明な.
orapi（複）［オーラピ］男 オーラピ. =（⇒）spinaci selvatici.
おもにアブルッツォ、モリーゼに自生する野草. 名前もこの地方の方言. スープやゆでてソテーなどにする.
orata［オラータ］女 ヨーロッパヘダイ（タイの一種）.「金色」から派生した名前. やや青みがかった銀色で、目と目の間が金色のため.

orecchia di mare [オレッキア・ディ・マーレ] アワビ. = orecchia marina [オレッキア・マリーナ]、orecchia di San Pietro [オレッキア・ディ・サン・ピエトゥロ]、abalone、aliotied.

orecchiette (複) [オレッキエッテ] 囡 オレッキエッテ (プーリア地方のパスタ).「小さな耳」という意味. recchio、recchjetedde、strascinate などいろいろな呼び名がある.

|料理| ・*orecchiette con cime di rapa.*（オレッキエッテの菜花和え〈プーリア〉) プーリアでもっともポピュラーなオレッキエッテの食べ方. つぶしたニンニクと赤トウガラシをオリーブ油で炒め、ニンニクを取り出し、ゆでたナバナとオレッキエッテのゆで湯、塩、ゆでたオレッキエッテ、パセリを加えて和える.

・*orecchiette stufate.*（オレッキエッテのオーブン焼き プーリア風）トマトソースを温めてコショウ、ゆでたオレッキエッテ、ペコリーノ、パルミジャーノを加えて混ぜ、耐熱皿に入れ、モッツァレッラ、プロヴォラ・アッフミカータをのせ、ペコリーノとパルミジャーノをかけ、バジリコを散らしてオーブンで湯煎焼きに.

orecchione [オレッキオーネ] 男 ヒラ茸.「大きな耳」の意. = gelone.

origano [オリーガノ] 男 オレガノ. 語源は oros ganao [オロス・ガナオ / 輝く山]. 山の斜面に咲くオレガノの花のようすから. 最初はアロマテラピー、薬草として使われ、はじめて料理に使ったのはシチリアといわれる. おもに南部で使われ、北部では代わりにマジョーラムが使われる. ドライのほうが香りが強く、熱を加えると更に香りが立つ.

orlo [オルロ] 男 縁 (ふち)、端.

ortaggi (複) [オルタッジ] 男 野菜の総称. 本来は菜園 (orto) で栽培される野菜の名称だった. 現在は素材の分類上で使われることが多い. (⇒) verdura.

ortica [オルティーカ] (複-che) 囡 セイヨウイラクサ. ほとんど北イタリアで使われる. スープ、ゆでてからフリッタータに、パスタやニョッキに練り込むなど. 葉や茎にとげがあるので注意する.

ortolana [オルトラーナ] 形 菜園の. ・*all'ortolana* [アッロルトラーナ]. 菜園風、八百屋風 (いろいろな野菜をたっぷり使った料理に付けられる).

orzata [オルザータ] 囡 アーモンドシロップ.

orzo [オルゾ] 男 大麦. 古代エジプト、ギリシャ、ローマ時代にわたり食糧、飼料として使われてきた. 現在もヴェネト、フリウリ、トレンティーノなどで栽培され、スープなどの料理、パン、菓子の材料としてよく使われている.

orzotto [オルゾット] 男 リゾット仕立ての大麦料理.

osso [オッソ] (複 le ossa、gli ossi) 男 骨.

ossobuco ▶

ossobuco（単）[オッソブーコ] / **ossibuchi**（複）[オッスィブーキ] / **ossobuchi**（複）[オッソブーキ] 男 仔牛のスネ肉（骨付きのまま輪切りにしたもの．おもにトモズネ）．およびそれを使った煮込み料理．最近は豚、仔羊、七面鳥などのもも肉の輪切りの呼び名としても使われている．

料理・*ossobuco alla milanese*.（仔牛オッソブーコ ミラノ風）❶みじん切りの玉ネギ、ニンジン、セロリをサラダ油をひいた鍋に入れ、弱火でじっくり炒める．❷オッソブーコは塩をして小麦粉をまぶし、サラダ油を熱したフライパンに入れて強火で両面を焼く．①に加え、蓋をして弱火にかけ、白ワイン、ローリエ、トマトホールを加えて弱火で煮込む．❸グレモラータ（⇒ gremolata）を加えて少し煮込み、塩、コショウ．器に盛り、ミラノ風リゾットを付け合わせる．

osteria [オステリーア] 女 居酒屋、食堂．ラテン語の hospes [ホスペス] が語源．宿屋として営業する店もあり、地方の小さな町では locanda [ロカンダ] とも呼ばれていた．近世になり、宿泊するところはホテル（albergo）、食事をするところはトラットリア（trattoria）となっていき、オステリアは居酒屋としての意味合いが強くなった．

ostia [オスティア] 女 オブラート．

ostrica [オストゥリカ]（複-che）女 牡蠣．

ovaiolo [オヴァイオーロ] 男 ①エッグスタンド．②卵売り．

ovale [オヴァーレ] 男 楕円形、オーバル形、卵形．形 楕円形の．= ovoidale.

ovetto [オヴェット] 男 鶏の卵巣（キンカン、カラコ）．

ovino [オヴィーノ] 男 羊、羊肉．羊の成育にしたがい名称が変わる．（⇒）agnellino da latte（abbacchio）→ agnello → agnellone. 生後1年以上になると、去勢羊は castrato、雄は montone（生後2年以上）、雌は pecora と呼ばれる．形 羊の．

ovoidale [オヴォイダーレ] 形 楕円形の．卵形の．= ovale.

ovolina [オヴォリーナ] 女 卵大のモッツァレッラ．

ovolo [オーヴォロ] 男 タマゴ茸．自生のみで夏の終りから秋が時季．学名に amanita caesarea「カエサル（皇帝）のキノコ」という名が付くほどローマ時代から貴重なキノコで値段も高い．

P

paccheri（複）[パッケリ] 男 カンパニア地方の大型の管状のマカロニ．ゆで上がると平手打ち（イタリア語で pacca）されたように平たくなるので、ナポリ方言でこのように呼ばれるようになった． = schiaffoni.

padano [パダーノ] 形 ポー川流域の．・*grana padano*. グラーナ・パダーノ．ポー川流域で作られる、牛乳製硬質チーズ．（⇒ grana）．

padella [パデッラ] 女 フライパン．・*padella grande*.（大）・*padella mezzana*.（中）・*padella piccola*.（小）・*padella antiaderente*. テフロン加工のフライパン．・*padella nera*. 鉄製の黒いフライパン．・*padella bianca*. アルミ、ステンレス製のフライパン．

padellare [パデッラーレ] 動 フライパンでソテーする、炒める． = spadellare.

padellata [パデッラータ] 女 フライパンの中で仕上げた料理（ソテー料理）．

padellina [パデッリーナ] 女 小型のフライパン． = padellino 男．

padellone [パデッローネ] 男 フライ用の大型の深いフライパン．大型のフライパン．

padellotto [パデッロット] 男 ローマの下町テスタッチョの内臓料理．

　作り方　薄く切った牛・仔牛の内臓を、オリーブ油で炒めた玉ネギ、トウガラシとともに炒め、白ワイン、ワインヴィネガーを加えながら常に強火でソテーし、塩、コショウをする（使う内臓は小腸、レバー、ハツ、腎臓、胸腺肉、脾臓、ハラミなど）．

paesana（**alla ~**）[（アッラ・）パエザーナ] 田舎風．（* paesano 形 田舎風の．）

paeta rosta al malgaragno [パエータ・ロースタ・アル・マルガラーニョ] 七面鳥のロースト ザクロ風味（ヴェネト）．ヴィチェンツァの郷土料理．料理名はヴェネト方言． = tacchinella alla melagrana（イタリア語）．

　作り方　七面鳥の内側にセージの葉数枚と粗塩を入れ、塩をしてラルドを巻き、ローストする．途中でザクロの汁を加え、汁をかけながら焼く．ザクロの実を加え、ソースとする．

pagello [パジェッロ] 男 ニシキダイ．「砥石」という意味で、形が昔の砥石に似ているところから．ナポリ周辺では pezzogna と呼ばれる．

paglia e fieno [パッリャ・エ・フィエーノ] 「わらと青草」という意味の名のパスタ．卵入りと、ホウレン草と卵入りの2色のパスタで、本来はタリオリーニの太さであるが、タリアテッレ、タリアテッリーネの幅に切る場合もある．

pagliata [パリャータ] / **pajata** [パイヤータ] 女 ローマ地方での牛または仔牛の小腸の呼び名．牛・仔牛の腸を使う料理はローマ、フィレンツェ、ミラノに多く、他

ではほとんど見かけない. ・*pajata in umido*. 牛(仔牛)の小腸の煮込み.

pagnotta [パニョッタ] 囡 パニョッタ. 大型の丸い田舎風パン.

pagro [パーグロ] 男 ヨーロッパマダイ.

paillard [パイヤール/パイヤルド] (仏) 囡 仔牛のもも肉を薄く切り、叩いてからグリルにした料理. メニュー名は paillard di vitello alla griglia (仔牛のパイヤールのグリル). 余分な刺激物が入らず消化もよいので、年配者や胃腸の弱い方向きの料理.

paiolo [パイオーロ] / **paiuolo** [パイユオーロ] 男 パイオーロ. ポレンタ用の底の丸い深い鍋.

pajata = (⇒) pagliata.

palamita [パラミータ] 囡 ハガツオ (タイセイヨウハガツオ). 南部ではパラーミタと発音する. 北部では palamida [パラミーダ] とも呼ぶ.

paletta [パレッタ] 囡 パレット、フライ返し.

palla [パッラ] 囡 球、ボール状のもの.

palle di riso (複) [パッレ・ディ・リーゾ] ナポリ風ライス・コロッケ.

pallina [パッリーナ] / **pallottola** [パッロットラ] 囡 小さい球、ボール状のもの.

palmito [パルミート] 男 パルミット、ヤシの芽. = cuore di palma.

palombo [パロンボ] / **palombaccio** [パロンバッチョ] (複-ci) 男 山鳩、野鳩、森鳩. 中部 (特にウンブリア) での呼び名. = colombaccio.

palombo [パロンボ] 男 ホシザメ (サメの一種).

pampepato = (⇒) pan pepato.

pampo [パンポ] 男 マナガツオ.

pampuglie (複) [パンプーリエ] 囡 カーニバルの時季に食べられる揚げ菓子の、カンパニアでの呼び名. (⇒) frappe.

pan [パン] 男 パン. ケーキ. *(⇒) pane の略語.

panada [パナーダ] 囡 ①エミリア=ロマーニャのスープ pancotto の一種. 硬くなったパンを細かく切り、ブロードで煮て、バター、チーズを加えて仕上げる. ②パイ生地にウサギや仔羊肉、野菜などの具を入れて焼いた料理. = panada sarda、sa panada.

panare [パナーレ] 動 パン粉をつける. = impanare.

pan bagnato [パン・バニャート] 男 = (⇒) panzanella.

pan carré [パン・カレー] 男 食パン. = pane in(a) cassetta.

pancetta [パンチェッタ] 囡 ①豚のバラ肉. その他地方によっては仔牛、牛、羊のバラの部位を指す. ②パンチェッタ (加工品). 豚のバラ肉を塩漬けにした後、自然乾燥させて作る. 熟成期間の長いものは薄切りにしてそのままでも食べるが、熟成期

▶ pane

間の短いものは火を通す料理に向く．トスカーナでは carne secca [カルネ・セッカ] とも呼ばれていたが，現在は rigatino [リガティーノ] と呼ばれている．

・*pancetta stesa*(*tesa*). [パンチェッタ・ステーザ（テーザ）]：バラ肉1枚をそのままの形に作ったもの．

・*pancetta arrotolata*(*rotolata*). [パンチェッタ・アロトラータ（ロトラータ）]：ロールにしたもの．

・*pancetta affumicata*. [パンチェッタ・アッフミカータ]：スモークしたもの． = bacon.

pancia [パンチャ]（複-ce）囡 ①牛のトモバラ．②ミノ（牛・仔牛などの第1胃）の呼び名の一つ． = rumine、chiappa、cordone.

pancotto [パンコット] 男 パンを使ったスープ料理、パン粥．もとは貧しい農民の料理で，イタリア全土にあり，地方によって呼び名も変わる．一般的な作り方は水，またはブロードを沸騰させ，ニンニク，ローリエなどの香草や野菜を入れ，パンを加えて煮込み，仕上げにチーズ，オリーブ油またはバターを加えるというもの．代表的なものにトスカーナの pappa col pomodoro (⇒ pappa) がある．

pancreas [パンクレアス] 男 すい臓．

pan de mei(**mej**) [パン・デ・メーイ] ロンバルディア州のポレンタ粉を使った焼き菓子で，4月23日のサン・ジョルジョ（牛乳業者の守護聖人）の日に食べる伝統的習慣が残っている．pan meino とも呼ばれている．

pan di spagna [パン・ディ・スパーニャ] スポンジ生地の一つ．pasta genovese をアレンジしたもので，卵黄と卵白を分けて泡立てる別立て法で作る．（⇒）genovese (pasta ~).

pandolce [パンドルチェ] 男 ジェノヴァで作られるクリスマス用の菓子パン．パネットーネに似ている．

pandoro [パンドーロ] 男 ヴェネト州ヴェローナで作られるクリスマス用の菓子パン．パネットーネに似ているが形に特徴があり，ドライフルーツは入らない．中身が黄金色のように黄色なため pane de oro（黄金のパン）と呼ばれた．もともとは nadalin というシンプルな菓子に手を加えてデリケートに作られたもので，ヴェネツィア共和国時代，上流社会の食後のデザートとして，金箔で覆って供された．

pandoro

pane [パーネ] 男 パン．ケーキ． = pan. イタリアにはバターなどが入ったパンは少なく，比較的保存のきくものが多い．全国的に食べられている田舎パンは，平たい円形の pane casareccio [パーネ・カサレッチョ] または pagnotta [パニョッタ]

と、細長い楕円形のfilone［フィローネ］. · ***pane di segale***. ライ麦パン. · ***pane in(a) cassetta***. 食パン. = pan carré. · ***pane integrale***. 全粒粉のパン. · ***pane nero***. 黒パン.

pane carasau = (⇒) carasau.

pane grattugiato［パーネ・グラットゥジャート］男 パン粉. = pangrattato.

panelle（複）［パネッレ］女 チェーチ（エジプト豆）の粉で作るシチリアの揚げ物. エジプト豆の粉でポレンタを作り、広げて冷ました後、切り分けて揚げる.

panera［パーネラ］女 ①ジェノヴァで作られるコーヒー風味のセミフレッド. ②(⇒) panna（生クリーム）のミラノ方言名.

panerone［パネローネ］男 ロンバルディア州産のセミハード・タイプのチーズ. 別名ゴルゴンゾーラ・ビアンコとも呼ばれている. = pannarone、pannerone.

panetto［パネット］男 ①バターや生イーストなどが、長方形に成形、パッケージされたもの. ~ di burro、~ di lievito などという. ②小さいパン.

panettone［パネトーネ］男 クリスマスに食べられるミラノのパン菓子. 全国的に有名.

panforte［パンフォルテ］男 トスカーナ州シエナで作られるパンペパート（⇒ pan pepato）の一種. ナッツ、ドライフルーツ、ハチミツなどで作る硬い円形の焼き菓子. クリスマスから新年にかけて食べられるが、現在では一年中作られており、工場生産のものが多い.

pangiallo［パンジャッロ］男 ローマ特産の、クリスマス時季に食べる焼き菓子. ナッツ、ドライフルーツがぎっしり入った生地にサフランを加えているので、名前の通り黄色に仕上がる.

pangrattato［パングラッタート］男 パン粉. = pane grattugiato.

paniccia［パニッチャ］（複-ce）女 リグーリア地方で作られる、チェーチ（エジプト豆）の粉のポレンタ. パンの意のラテン語panis［パニス］が語源. 昔はパン代わりだった. = panizza、panissa. ＊ピエモンテには、同名のリゾットがある.

[作り方] エジプト豆の粉にぬるま湯を少しずつ加えながら混ぜて漉す. 鍋に移して弱火にかけ、ポレンタを作る要領で煮込み、塩、コショウ、オリーブ油、パセリを振る. そのまま食べる他、広げて冷まし、棒状に切って揚げることも.

paniere［パニエーレ］男 パンかご.

panigacci（複）［パニガッチ］/ **panigazi**（複）［パニガーツィ］男 トスカーナ州ルニジャーナ（lunigiana）地方のフォカッチャの一種. 作り方はテスタローリと同じだが、焼いた状態のもの. サルーミ類やチーズと一緒に食べる.

panino［パニーノ］男 ①ロゼッタ、ミケッタなどの小さなパン. ②パニーノ. 本来は①などのパンで作るサンドイッチで、正式には panino imbottito という. 最近

▶ **pannerone**

は大型のパンを切って作る場合もパニーノと呼ぶ (食パンを使う場合は⇒ tramezzino と呼ぶ). · *panino con milza*. シチリア方言で pani ca meusa [パーニ・カ・メウサ], または guastedda ca meusa. ゆでた仔牛の脾臓, 肺を薄く切ってラードで炒め, レモン汁を振りかけたものを (⇒) vastedda で挟んだパニーノで, 古くからパレルモで作られている. カーチョカヴァッロ, リコッタを加える場合もある.

paniscia novarese [パニッシャ・ノヴァレーゼ] 囡 ピエモンテ州 Novara [ノヴァーラ] のリゾット. = paniscia di Novara.
作り方 みじん切りの玉ネギとほぐしたサルシッチャをサラダ油で炒め, 粗みじん切りのニンジン, セロリ, キャベツ, 細切りの豚の皮を加えて炒め, 水を加えて煮込む. 別鍋にバターをひいて米を炒め, 赤ワインを加えて煮詰め, 先の煮込んだ材料とブロードを加え, 途中ブロードを足しながら煮込む. ゆでたボルロッティ豆を加え, 火が通るまで煮込む. 器に盛り, パセリを振る.

panissa [パニッサ] 囡 = (⇒) paniccia.

panissa vercellese [パニッサ・ヴェルチェッレーゼ] 囡 ①ピエモンテ州 Vercelli [ヴェルチェッリ] のリゾット. 作り方はほぼ paniscia と同じだが, 野菜が入らない. ②= (⇒) paniccia.

panizza [パニッツァ] 囡 = (⇒) paniccia.

pan molle [パン・モッレ] = (⇒) panzanella.

panna [パンナ] 囡 生クリーム. = crema di latte. 料理書などに panna da cucina [パンナ・ダ・クチーナ / 料理用生クリーム] とあれば乳脂肪分20%のもの. · *panna doppia*. 乳脂肪分48%. · *panna da caffetteria*. 乳脂肪分10%のコーヒー用パック. · *panna da montare*. 乳脂肪分35%. ホイップ用.

panna acida [パンナ・アーチダ] 囡 サワークリーム. イタリアではあまり使われていなかったが, 最近は製品も出ている. 作る場合は生クリームに少量のヨーグルトとレモン汁を加え, ラップをして冷蔵庫に1時間おいておく.

panna cotta [パンナ・コッタ] 囡 生クリームで作るピエモンテのデザート. もともとは子どものおやつに家庭で作られていたものが, レストランのデザートになった.
作り方 生クリーム, 牛乳, 砂糖, マルサラ酒, リキュールをよく混ぜながら温め, 沸騰直前に火からおろす. 戻したゼラチンを加えて溶かし, 漉して型に入れ, 冷やし固める. *本来キャラメルソースを使うが, 最近はフルーツやフルーツのソースを添えることが多い.

pannarone [パンナローネ] = (⇒) panerone.
pannerone [パンネローネ] = (⇒) panerone.

panno [パンノ] 男 布巾、布.

pannocchia [パンノッキァ] 女 ①トウモロコシの穂房. ②シャコ. = (⇒) canocchia.

pan nociato / pannociato [パンノチアート] 男 ウンブリア州ペルージャ県Todiのパン菓子. 前日にクルミ、レーズン、ペコリーノ、赤ワイン、クローブ粉、コショウなどを混ぜたものをパン種に混ぜ、丸く成形して十字に切り目を入れ、長時間発酵させて焼く. ＊ワイン、レーズンを加えない場合もある.

pan pepato / pampepato [パンペパート] 男 パンペパート. イタリア各地にあるクリスマス時季に食べる菓子. 小麦粉に刻んだナッツ、ドライフルーツ、チョコレート、ハチミツ、スパイスを加えて焼いたもの. 本来はコショウを加えるが、加えない地方もある.

pansoti (複) [パンソーティ] / **pansotti** (複) [パンソッティ] 男 リグーリア地方で作られる詰め物パスタの一種. 正方形のパスタ生地に具をのせ対角線に沿って折り、三角形にするのが一般的. panciuto (「太鼓腹の、腹の出た」) が語源.

panunta [パヌンタ] 女 ガーリックトースト (トスカーナ方言). fettunta とも呼ぶ. = (⇒) bruschetta.

panure [パヌール] (仏) 女 パン粉. ・~ *aromatica.* 香草パン粉.

panzanella [パンツァネッラ] 女 トスカーナ、ウンブリア、ラツィオ、カンパニア州のパンのサラダ. 酢に浸して絞ったパンと、トマトや紫玉ネギなどの野菜を合わせる. 料理名は「農民が昼食に、畑の下水溝 (zanella) の土手で食べるパン」の意からという説が一般的. pan bagnato、pan molle などとも呼ばれ、作り方もさまざま. ナポリでは caponata と呼ばれている. (⇒) caponata (③).

panzarotti (複) [パンツァロッティ] / **panzerotti** (複) [パンツェロッティ] 男 ①揚げピッツァの南部 (プーリア、カラブリア、カンパニア) での呼び名. ナポリでは大きめのものを pizza fritta とも呼ぶ. 詰め物は生ハム、リコッタ、プロヴォラ・アッフミカータ、パルミジャーノ、トマトソース、パセリ、塩、コショウ. ・*panzerotti dolci.* カラブリアの菓子. = (⇒) chinulille. ②ポテト・コロッケ (ナポリで). = (⇒) crocchè.

papaia / papaya [パパイア] 女 パパイア.

papacella [パパチェッラ] 女 ナポリ特産の小型のピーマン. 形はカボチャに似ている. 詰め物をしてオーブン焼きにしたり、炒めて豚肉料理の付け合わせにする. ビン詰にした酢漬けも多く出回り、特に insalata di rinforzo (⇒ insalata) には欠かせない.

papalina [パパリーナ] 女 おもにマルケ州で獲れるイワシに似たニシン科の魚. 「法王の」という意味. 中世マルケの教皇領のアドリア海沿岸でよく獲れたのでこの名

が付いた. = (⇒) spratto、gianchettu (サルデーニャ方言).

paparele (複) [パパレーレ] 囡 ヴェネト地方でのタリアテッレの呼び名.

paparot di Pordenon [パパロットゥ・ディ・ポルデノン] ポルデノーネ風ホウレン草のスープ (フリウリ＝ヴェネツィア・ジュリア). この地方の郷土料理.
作り方 軽くつぶしたニンニクをバターで炒め、色づいたら取り出し、バターと同量の小麦粉を加えて混ぜ、ゆでたホウレン草を入れて混ぜる. ブロードを加え、煮立ったらポレンタ粉を加えて混ぜ、弱火で煮て塩、コショウ.

papassinos (複) [パパッスィーノス] 男 サルデーニャ地方の菓子. クリスマス、復活祭、そして11月1日 (すべての聖人の祝日) には欠かせないひし形のクッキータイプの菓子. アイシング、カラースプレーで飾るのはサルデーニャの菓子の特徴.

papavero [パパーヴェロ] 男 ケシ. ・*semi di papavero*. ケシの実.

pappa [パッパ] 囡 スープ、パン粥 (本来は幼児言葉で「離乳食」という意味もある). ・*pappa col pomodoro* [パッパ・コル・ポモドーロ] トスカーナ地方のパンとトマトのスープ.

pappardelle (複) [パッパルデッレ] 囡 2～3cm幅の平打ちパスタ. pappare [パッパーレ / 豪快に食べる] からきている名で、まれに parpadelle とも呼ばれる. 一般的には (⇒) lasagnette [ラザニェッテ] と呼ばれる.
料理 ・*pappardelle al sugo d'anatra.* (パッパルデッレ 鴨肉ソース風味〈トスカーナ〉) ゆでたパッパルデッレに鴨の煮込みソース (鴨胸肉、玉ネギ、ニンジン、セロリ、ニンニク、オリーブ油、赤ワイン、ローズマリー、ローリエ、乾燥ポルチーニ茸、パッサータ、塩、コショウ) とパルミジャーノ、パセリを加えて和える.

paprica [パプリカ] 囡 パプリカ (スパイスとしての粉末のものを指す).

paraffina [パラッフィーナ] 囡 パラフィン.

paranzola [パランツォーラ] 囡 シラス (マルケ方言). = (⇒) bianchetti.

pareggiare [パレッジャーレ] 動 平らにならす.

parete [パレーテ] 囡 鍋や型の内側の側面.

parfait [パルフェ] (仏) 男 セミフレッド (semifreddo) の一種. perfetto と呼ぶこともある.

parmigiana [パルミジャーナ] 囡 ナポリ料理で野菜 (特にナス) をトマトソース、モッツァレッラ、パルミジャーノなどを加えてオーブン焼きにした料理. その後南部一帯に広まり、さまざまなヴァリエーションが生まれた. ・*parmigiana di melanzane.* (ナスのパルミジャーナ)
料理 ・*parmigiana di zucchine.* (ズッキーニのパルミジャーナ〈プーリア〉)

parmigiano ▶

ズッキーニを縦切りにして塩、小麦粉、溶き卵をつけて揚げ、トマトソース、モッツァレッラ、モルタデッラ、ゆで卵、パルミジャーノ、パセリ、バジリコとともに耐熱皿に入れてオリーブ油を振り、オーブンで焼く．

parmigiano [パルミジャーノ] 形 パルマの．・*alla parmigiana*. パルマ風の．＊パルミジャーノ他、パルマらしい食材を使う料理名に使われる．

parmigiano-reggiano [パルミジャーノ・レッジャーノ] / **parmigiano** [パルミジャーノ] 男 エミリア＝ロマーニャ州パルマ、レッジョ・エミリアを中心とする地域で作られる、牛乳製硬質チーズ（D.O.P.）. 5月に作られる maggengo と呼ばれるものが一番できがいいといわれる．

【熟成期間】
12ヵ月未満は、正式にパルミジャーノとは認められておらず、日本ではほとんど手に入らない．18～24ヵ月間熟成の vecchio [ヴェッキオ] は料理に使われる．24～36ヵ月間熟成の stravecchio [ストゥラヴェッキオ] はほとんどデザート・チーズとして食べられる．最近は12、24、36ヵ月と熟成期間で表示される製品が多い．

・*al parmigiano*. パルミジャーノ風味の．＊パルミジャーノ・レッジャーノ・チーズを使用する料理名に使われる．

parpadelle (複) [パルパデッレ] 女 パッパルデッレ（⇒ pappardelle）の別称．

parrozzo [パロッツォ] 男 アブルッツォ地方（ペスカーラ）の菓子．panrozzo とも呼ばれている．語源は pane rozzo（ざらっとしたパン）．小麦粉、アーモンド粉、バター、卵を混ぜて焼いたケーキの上面にチョコレートを塗ったもの．

partenopea (**alla ～**) [（アッラ・）パルテノペーア] パルテノペ風（ナポリ風の別の呼び方）．（＊partenopeo 形 パルテノペの．ナポリの．）

passare [パッサーレ] 動 漉す、裏漉しする．移す．

passata [パッサータ] 女 裏漉ししたトマト．トマトピュレー（＝～ di pomodoro）．

passatelli (複) [パッサテッリ] 男 パッサテッリ．ロマーニャ地方からマルケ州北部にかけて食べられる、パン粉を使った一種のパスタ．本来はスープの具として食べるが、最近は他のパスタ料理のように調理することが多くなった．

passatelli 用の器具

料理 ・*minestra di passatelli* または *passatelli in brodo*. （パッサテッリ入りスープ）生パン粉、パルミジャーノ、バター、卵、レモンの皮のすりおろし、ナツメグ、塩をよく混ぜて練り、専用の器具（取っ手付きの円盤に小さい穴が多数開いたもの）を押し付けて、短いパスタ状にする（パッサテッリ）．塩湯で軽くゆで、熱したブロードに入れる（または直接ブロードでゆでる）．器に盛り、パセリを振

▶ pasta ①

る.

passato [パッサート] 男 裏漉ししたもの (特に野菜、豆). 裏漉しタイプのスープの呼び名. 過 形 漉した. 裏漉した.

passatutto [パッサトゥット] (単複同形) / **passaverdura** [パッサヴェルドゥーラ] (複-reまたは単複同形) 男 ムーラン.

passera [パッセラ] 女 ヨーロッパヌマガレイの一種. 正確名はpassera di mare (「海のスズメ」の意. ＊passera 女 雌のスズメ.).

passero [パッセロ] 男 スズメ.

passino fine [パッスィーノ・フィーネ] 男 シノワ. = colabrodo.

passulate (複) [パッスラーテ] 女 レーズン、アーモンドなどが入ったカラブリア地方のクッキー.

pasta ① [パスタ] 女 パスタ. パスタ料理. ・*pasta alimentare*. パスタ類の総称. ・*pasta secca*. 乾燥パスタ. ・*pasta fresca*. 生パスタ.

料理 ・*pasta alla Norma*. (スパゲッティ ノルマ風) (⇒) Norma.

・*pasta ca muddica e alici*. (パン粉とアンチョビー風味のパスタ〈カラブリア〉) みじん切りの塩漬けアンチョビーをオリーブ油で炒め、パスタを入れて和え、空煎りしたパン粉、コショウを振る.

・*pasta chi vrucculi arriminati*. (ブロッコリー風味のパスタ シチリア風) ＊料理名はシチリア方言. = pasta con i broccoli rimestati. ニンニクの風味を移したオリーブ油につぶしたアンチョビー、ゆでて切ったブロッコリー、松の実、戻したレーズンを入れて炒め、サフラン粉、パスタのゆで湯、塩、コショウ、パセリを加え、ゆでたセーダニ (sedani / ショートパスタの一種) を入れて混ぜ、ペコリーノを添える.

・*pasta 'ncasciata* または *pasta incassata*. (マカロニ入りナスのタンバル〈シチリア、特にメッシーナ〉) ケーキ型にオリーブ油を塗ってパン粉を振り、素揚げしたナスを貼り付け、ラグーソースをからめたヅィーテ (⇒ zite) を入れ、上面を揚げたナスで覆ってパン粉を振り、オーブンで焼く.

・*pasta e fagioli*. (ローマ風パスタとインゲン豆のスープ〈ラツィオ〉) 玉ネギ、セロリ、ニンニクをオリーブ油で炒め、トマトソースを加えて軽く煮て、ゆでた白インゲン豆とブロードを入れて煮込む. 豆の半量をつぶして鍋に戻し、ゆでたパスタ (トゥベッティなど) を加え、パセリ、塩、コショウを加える.

・*pasta e fasoi*. (ヴェローナ風パスタとインゲン豆のスープ〈ヴェネト〉) 玉ネギ、ニンジン、セロリをサラダ油で炒め、ゆでたインゲン豆 (ボルロッティ) の半量と、ブロードの半量を加えて煮込む. 鍋に戻して残りのインゲン豆とブロードを加えて煮込み、ゆでたパスタ (マルタリアーティなど) を入れ、塩、コショウ. 器

に盛り、パセリ、オリーブ油を振る．

pasta ② [パスタ] 女 パイ生地、パスタ生地、お菓子の練り生地．

・*pasta frolla.* [パスタ・フロッラ] 練りパイ生地．室温に戻したバターに砂糖を混ぜ、更に卵黄、すりおろしたレモンの皮、バニラ・エッセンスを混ぜる．小麦粉に加えて混ぜ、まとめて冷蔵庫でねかせる．

配合例）小麦粉500g、バター200g、砂糖200g、卵黄4個分、すりおろしたレモンの皮1/2個分、バニラ・エッセンス少量．

・*pasta sfoglia.* [パスタ・スフォッリア] 折りパイ生地．

・*pasta per choux.* [パスタ・ペル・シュー] = pasta per bignè. シュー生地．水、バター、塩を合わせて沸騰させ、小麦粉を加えて泡立て器で混ぜ、弱火にして木のスパートラでかき混ぜ、粗熱をとる．卵を1個ずつ加えながら混ぜ、少しねかせておく．

・*pasta genovese.* [パスタ・ジェノヴェーゼ] (⇒) genovese (pasta ~).

pasta ③ [パスタ] 女 ペースト状のもの．・*pasta d'acciughe.* アンチョビーペースト．

pasta reale [パスタ・レアーレ] 女 マジパン．= (⇒) mazapane.

pasta sciancà [パスタ・シャンカー] 女 リグーリア州インペリアの生パスタ．薄くのばしたパスタをの手で長方形にちぎって作る．

pastasciutta [パスタシュッタ] / **pastasciutte**（複）[パスタシュッテ] 女 一般的なパスタ料理の呼び名．スープにパスタを入れて作る料理（pasta in brodo）と区別するために使われる．＊ロングパスタをフォークとスプーンで食べるのは、シチリアで生まれた習慣であるといわれている．

pastella [パステッラ] 女 フリッターなどの揚げ物に使われる生地、衣．

pasticceria [パスティッチェリーア] 女 お菓子屋、菓子担当セクション．・*pasticceria mignon* または *piccola pasticceria*. プティフール、小菓子．

pasticcere / pasticciere [パスティッチェーレ] 男 菓子職人、パティシエ．

pasticciato [パスティッチャート] 形（単・男）パイ生地で包んでオーブンで焼いたり、グラタンにした状態を表す言葉で、使う素材によって語尾が変わる．例) lasagne pasticciate（複・女）．

pasticciere = (⇒) pasticcere.

pasticcio [パスティッチョ]（複-ci) 男 パイ．パテ．パスタなどのグラタン、オーブン焼き．

pastiera [パスティエーラ] 女 特にナポリ地方で作られる、復活祭に食べられるタルト．

作り方 リコッタ、砂糖、grano cotto（他の地方では、代わりにカスタード・ク

▶ **patate**

リームを入れることもある)、卵、みじん切りのオレンジピール、レモンピール、シナモン粉、フィオール・ダランチョを混ぜ合わせ、練りパイ生地を敷き込んだ型に流し、リボン状に切った生地を格子状にのせ、オーブンで焼く. ＊ **grano cotto** [グラーノ・コット]：粒状の小麦を牛乳で煮たもの. イタリアでは缶詰、ビン詰にされたものが市販されている.

pastina [パスティーナ] 囡 スープ用のごく小さなパスタ (ミネストローネ、豆のスープなどに入れるパスタは含まれない). ・*pastina in brodo*. パスタ入りスープ.

pastinaca [パスティナーカ] (複-che) 囡 パースニップ.

pastissada [パスティッサーダ] / **pastizzada** [パスティッツァーダ] 囡 ①ヴェネト地方の煮込み料理 (牛肉、馬肉). ・*pastissada de caval*. (馬肉の赤ワイン煮〈ヴェネト州ヴェローナ〉) 馬肉を赤ワイン、香味野菜、香草、スパイスでマリネーした後、ソテーして煮込む. ②ポレンタを、煮込みソースを使ってオーブン焼きにした料理の、ヴェネトでの呼び名. =(⇒) polenta pasticciata.

patate (複) [パターテ] 囡 ジャガイモ. 16世紀中ごろに中南米からヨーロッパに伝わった. イタリアでは最初飼料として使われ、食料 (小麦の代用) として一般に広まったのは、18世紀に入ってから. ローマ、ナポリでは19世紀になってから料理に使われるようになった. ナポリ方言では pomi di terra という. 中が白いタイプ (patate farinose/ 粉っぽい) は調理時間が短く、スープやピュレー、ニョッキに向く. 黄色いタイプ (patate di pasta gialla) は煮崩れにくいメークイン・タイプで、ローストや煮込み向き.

・*patate al naturale*、*patate bollite*. ボイルド・ポテト. ・*patate al forno*. ベイクド・ポテト、ロースト・ポテト. ・*patate arrosto*. ロースト・ポテト. ・*patate fritte*. フライド・ポテト. ・*patate a fiammifero*. アリュメット. ・*patate a paglia*. パイユ. ・*patate chips*. ポテト・チップス. ・*purea di patate*. ピュレー. ・*patate rosolate*、*patate saltate*、*patate sautée*. ソテー. ・*crocchette di patate*. クロケット.

料理 (付け合わせ) ・*patate a paglia*. (ジャガイモのパリア) ジャガイモを細切りにし、油で揚げる.

・*patate 《Emmanuelle》*. (ジャガイモのエマヌエッレ風) ゆでて裏漉したジャガイモにパルミジャーノ、卵黄、みじん切りの生ハムと黒トリュフ、塩、コショウ、パセリを混ぜ合わせ、クルミ大に丸めて小麦粉をつけ、溶き卵にくぐらせ、細かく砕いたカッペリーニをまぶして揚げる.

・*patate al rosmarino*. (ジャガイモのローズマリー風味) ジャガイモを一口大に切り、サッとゆがき、サラダ油をひいたフライパンに入れてローズマリーを加え、オーブンで焼いて塩、コショウ.

patate americane(複) [パターテ・アメリカーネ] 囡 サツマイモ. = (⇒) batate、patate dolci.
patatine(複) [パタティーネ] 囡 ①小型のジャガイモ. ・~ *novelle*. 小型の新ジャガイモ. ②ポテト・チップス.
patè [パテ] (仏)男 パテ. ペースト状にしたもの.
patella [パテッラ] 囡 ミソラカサ(ツタノハ貝の一種でイタリア沿岸の岩場に生息する). オリーブ油、ニンニクで炒め、白ワインとトマトで煮てパスタのソースにするのが一般的. 日本ではカサ貝が一番近い.
paternostri(複) [パーテルノストゥリ] 男 指抜き形のショートパスタ. (⇒) avemarie.
pattona [パットーナ] 囡 栗の粉で作るポレンタやお焼き(トスカーナ地方). = (⇒) castagnaccio.
pavone [パヴォーネ] 男 孔雀.
pazientini(複) [パツィエンティーニ] 男 小麦粉、砂糖、卵白で作るピエモンテ地方のクッキー.
peará [ペアラ] 囡 パン粉、牛の骨髄、コショウ、ブロードなどで作るソース(ヴェネト州ヴェローナ地方). おもにボッリートに添えられる.
pecora [ペコラ] 囡 雌の羊.
pecorino [ペコリーノ] 形 羊の. 男 羊乳から作られるチーズ. 古代ローマ時代からある古いチーズで、各地にさまざまなものがある. パルミジャーノが全国的に普及するまでは、南部ではもっぱらペコリーノが使われていた. 古くから春先にソラ豆と合わせて食べる習慣がある.
　・*pecorino romano* (*D.O.P.*)：現在はほとんどがサルデーニャで作られている. すりおろして料理に使うことが多く、特にパスタのアマトリーチェ風(⇒ amatriciana)には欠かせない.
　・*pecorino sardo* (*D.O.P.*)：サルデーニャのペコリーノ. 仔牛のレンネットが使われる. 塩加減は薄め.
　・*pecorino toscano* (*D.O.P.*)：ほとんどがテーブル・チーズとして食べられる.
　・*pecorino crotonese*：カラブリア州クロトーネ産のペコリーノ.
　・*pecorino siciliano* (*D.O.P.*)：シチリア産のペコリーノ. テーブル・チーズとして食べられる他熟成されたものはすりおろして料理に使われる. ラグーサの黒粒コショウ入りは~ pipatu と呼ばれる.
pelacarote [ペラカローテ] (単複同形) 男 ピーラー、野菜の皮むき器. 柄の細長いタイプ(もともとはニンジン用).
pelapatate [ペラパターテ] (単複同形) 男 ピーラー、野菜の皮むき器. 弓を引いた

▶ peperonata

ような形のタイプ（もともとはジャガイモ用）．

pelare [ペラーレ] 動 皮をむく、皮を取り除く．

pelati (複) [ペラーティ] 男 缶詰のトマトホールの名称．= (⇒) pomodori pelati．（＊ pelato 過 形 毛を抜いた．皮をむいた．）

pelle [ペッレ] 女 皮．

pellicina [ペッリチーナ] 女 薄い皮膜、ピーマンなどの外皮．肉、内臓（レバー、腎臓）などについている皮膜状の筋．

pellicola [ペッリーコラ] 女 薄皮、皮膜．・*pellicola trasparente*．ラップ紙．= carta trasparente、pellicola alimentare．

pelo [ペーロ] 男 毛．

penna [ペンナ] 女 羽根、ペン．

penne (複) [ペンネ] 女 ペンマカロニ（羽根ペンの先の形のマカロニ）．

料理 ・*penne all'arrabbiata*．（ペンネのアラビアータ〈ローマ〉）オリーブ油にニンニクと赤トウガラシを入れて熱し、ニンニクがキツネ色になったら取り出し、トマトソースを加え、ゆでたペンネを入れてなじませる．皿に盛り、パセリを振る．＊ペコリーノを振りかけるか、添えるのが伝統的．(⇒) arrabbiata．

pennellare [ペンネッラーレ] 動 ハケで溶かしバター、ゼラチン、卵黄などを塗る．

pennello [ペンネッロ] 男 ハケ．

pentola [ペントラ] 女 寸胴鍋．・*pentola a pressione*．圧力鍋．・*pentola alta*．深い寸胴鍋．= marmitta．・*pentola bassa*．半寸胴鍋．

peoci (複) [ペオーチ] / **peocio** (単) [ペオーチョ] 男 ムール貝（ヴェネツィア方言）．= (⇒) cozze、mitili．

pepare [ペパーレ] 動 コショウを振る．コショウを加える．

pepe [ペーペ] 男 コショウ．古代ローマ時代は盛んに使われており、中世には金にも匹敵するほど高価で重要なものだった．イタリアではおもに黒コショウが使われ、白コショウは魚料理に使う程度．・*pepe nero*．黒コショウ．・*pepe bianco*．白コショウ．・*pepe verde*．緑コショウ．・*pepe rosa*．赤コショウ．

pepe (pimento) della Giamaica [ペーペ（ピメント）・デッラ・ジャマイカ] 男 オールスパイス（百味胡椒）．= quattro spezie．

peperonata [ペペロナータ] 女 ペペロナータ．ピーマンを煮たり、炒めたりして作る料理．ピエモンテ風、ローマ風、シチリア風、ナポリ風などがある．

料理 ・*peperonata alla piemontese*．（ピエモンテ風ペペロナータ）= peperoni in padella．オリーブ油にニンニクを入れて温め、色づいたら取り出して、角切りのピーマンを炒め、みじん切りのアンチョビー、ケイパー、赤ワインヴィネガー、塩、コショウ、パセリを加える．冷ましておく．

peperoncino ▶

・*peperonata alla romana.*（ローマ風ペペロナータ）玉ネギ、ピーマン、トマトソースで上記同様に作る.

peperoncino [ペペロンチーノ] 男 トウガラシ. 一般的な長いタイプは peperoncino sigaretta と呼ばれている. 辛くない青トウガラシもあるので区別するため、赤く辛いものは peperoncino rosso（赤い）、peperoncino piccante（辛い）とも呼んでいる. タカノツメにあたるのが pepe di caienna（カイエン・ペッパー）で、乾燥品と粉末がある. 丸いタイプの peperoncino tondo は peperoncino a ciliegia とも呼ばれ、特にナポリでは cerasello [チェラゼッロ] と呼ばれ親しまれている. アブルッツォ、モリーゼ、プーリア、カラブリア、バジリカータの小さいタイプは diavolicchio, diavolillo と呼ばれ、ともに「悪魔のような辛さ」の意. またピエモンテではスペインからきたということで、spagnolino [スパニョリーノ] と呼ばれている.

peperone [ペペローネ] 男 ピーマン. ナスと並んで南イタリアを代表する野菜. ナポリでは puparuolo [プパルオーロ] と呼ばれる. イタリアにはアメリカからスペイン経由で入ったため、最初は pepe d'India [ペペ・ディンディア / インドのコショウ] と呼ばれた. 食用にされたのはトマトより早い. 栽培・使用とも南部で盛んだが、北部のピエモンテやヴェネトのピーマンも有名. 形は角形（quadrato）、ハート形（cuore di bue）、長方形（corno di toro）などのタイプがある. ・*peperone verde.* 緑ピーマン. ・*peperone giallo.* 黄ピーマン. ・*peperone rosso.* 赤ピーマン.

料理 ・*peperoni imbottiti* [ペペローニ・インボッティーティ]（ペペローニの詰め物 プーリア風）＊南部では、詰め物料理に imbottiti という言葉がよく使われる. パン粉、ペコリーノ、黒オリーブ、ケイパー、ニンニク、パセリ、アンチョビー、オリーブ油、塩、コショウを合わせて詰め物を作り、皮をむいたペペローニに詰めてオリーブ油を振り、オーブンで焼く. 南部一帯で作られるが、地方により詰め物が多少変わる. ナポリでは puparuoli 'mbuttunati [プパルオーリ・ンブトゥナーティ] と呼ばれ、詰め物は炒めたナス、マリナーラソース、オリーブ、ケイパー、アンチョビー、パン粉になる.

・*peperoni alla romana.*（ペペローニのローマ風〈ラツィオ〉）玉ネギをオリーブ油で炒め、トマトソース、直火で焼いて皮をむいて切り分けたペペローニを加えてサッと煮込み塩、コショウで味を調え、パセリのみじん切りを振る.

・*peperoni ripieni.*（ペペローニの詰め物 ピエモンテ風）モッツァレッラ、ツナ、アンチョビー、リコッタ、パルミジャーノ、卵黄、パン粉、パセリ、香草、トマトソース、塩、コショウを合わせて詰め物を作り、半分に切ってオーブンでサッと焼いたペペローニに詰め、オリーブ油をひいた耐熱皿に入れ、まわりに水を少

量入れてオーブンで焼く.

pepolino/ peporino [ペポリーノ] 男 野生のタイム (トスカーナ、リグーリアでの呼び名). = serpillo, (⇒) timo.

peposo [ペポーゾ] 男 トスカーナ地方 Impruneta の、牛肉の赤ワイン煮込み. コショウをきかせるのが特徴.

pera [ペーラ] 女 梨 (日本で洋梨と呼ばれるもの. 日本の梨は nashi または pera giapponese と呼ばれる). William [ウイリアム]、Abate [アバーテ] がもっともポピュラーな品種. 北部で栽培されているものは秋から冬にかけてが旬で、果肉がしっかりしていて赤ワイン煮やコンポート向き. 南部のものは夏に出回り、果肉がやわらかく甘い.

料理 ・*pere al vino rosso.* (洋梨の赤ワイン煮〈ピエモンテ〉) 4つ割にして皮と芯を除き、赤ワイン、レモンの皮、クローブ、シナモンスティックで煮込む. 洋梨を取り出して煮汁に砂糖を加えて煮立て、漉して洋梨にかけて冷ます. ピエモンテ、ヴァッレ・ダオスタでは、あまり大きくなく果実の硬い martin sec を皮、芯を除き丸のまま同様に煮込む.

perca [ペルカ] (複-che) 女 川スズキ. ブラック・バスに似ている. = pesce persico.

perciatelli (複) [ペルチャテッリ] / **perciatellini** (複) [ペルチャテッリーニ] 男 ブカティーニ (⇒ bucatini) の、ナポリを中心とした南部での呼び名. ナポリ方言の perciare (穴を開ける) が語源. perciatelli はやや太い.

perfetto [ペルフェット] = (⇒) parfait.

pernice [ペルニーチェ] 女 山ウズラ. pernice は「飛ぶときに大きな音をさせる」の意. ・*pernice bianca.* ライチョウ. ・*pernice grigia.* ヨーロッパ山ウズラ. = starna. ・*pernice rossa.* アカアシイワシャコ.

料理 ・*pernice allo zabaione.* (山ウズラのザバイオーネ風味〈ピエモンテ〉) 山ウズラにパンチェッタを巻いて塩、コショウをし、溶かしバターをかけてオーブンで焼き、途中で白ワインを振る. 半分に切り分けて、バターで焼いたパンにのせ、パンチェッタを添え、ザバイオーネソース (卵黄、マルサラ酒、焼き汁、塩、コショウ、パセリ) をかける.

persa [ペルサ] 女 マジョーラム (⇒ maggiorana) の別名. erba di Persia (ペルシャの草) から派生した名前. 現在ではリグーリア、エルバ島、ラツィオなどの方言名として残っている.

persutto [ペルスット] 男 = prosciutto の北イタリアでの方言名.

pesare [ペザーレ/ペサーレ] 動 重さを量る. 重さがある.

pesca [ペスカ] (複-sche) 女 桃. ラテン語では prunus persica (ペルシャのスモ

モ). アレクサンダー大王がペルシャから持ち帰り、ギリシャ、ローマへ広まったといわれる. 5月末から10月末まで出回り、旬は夏. おもな産地はヴェネト、エミリア＝ロマーニャ、カンパニア. ・*pesca a polpa gialla*（または *pesca gialla*). 黄桃. ・*pesca a polpa bianca*（または *pesca bianca*). 白桃.

pesca noce [ペスカ・ノーチェ] 囡 ネクタリン. = nettarina.

pesca tabacchiera [ペスカ・タバッキエーラ] 囡 蟠桃（バントウ). おもな産地はシチリア. nettarina piatta とも呼ばれている.

pescatora (alla ~) [(アッラ・) ペスカトーラ] 漁師風（料理名). (＊pescatore 男 漁師. 女性の場合は-trice 囡、-tora 囡)

pescatrice [ペスカトゥリーチェ] 囡 アンコウ. pescatrice は「漁師」. アンコウのアンテナが釣竿に似ているところからの名. 食べられるのはおもに冬だが、5～9月にも出回る. = rana pescatrice、coda di rospo、boldrò（リグーリアでの呼び名).

pesce [ペッシェ] 男 ①魚. ②ハバキ（牛・仔牛の部位名).

【*pesci di mare* (複) [ペッシ・ディ・マーレ] 海水魚】

・*pesce azzurro* [ペッシェ・アッズーロ] 青魚.

・*pesce balestra* [ペッシェ・バレストゥラ] カワハギの一種. ヒレの形が石弓（balestra) に似ているところから付いた名前. 顔のようすから、pesce porco（豚）とも呼ばれている.

・*pesce castagna* [ペッシェ・カスターニャ] シマガツオ.

・*pesce flauto* [ペッシェ・フラウト] ヤガラ.

・*pesce ghiaccio* [ペッシェ・ギアッチョ] シラウオ、シロウオ. イタリアでは中国からの輸入品（おもに冷凍）が多く、代用品として bianchetti の名で流通している場合が多い. したがって料理法も同じである.

・*pesce luna* [ペッシェ・ルーナ] マンボウ. luna は月. 形から付いた名前.

・*pesce palla* [ペッシェ・パッラ] フグ. 球（palla) のように膨らむようすから.

・*pesce pilota* [ペッシェ・ピロータ] ブリモドキ. 船と一緒に動くので曳き船（pilota). = fanfano.

・*pesce prete* [ペッシェ・プレーテ] ミシマオコゼ. = lucerna.

・*pesce ragno* [ペッシェ・ラーニョ] トゲミシマ科の魚. 背ビレに毒を持っている. そのためか ragno（蜘蛛）と呼ばれている. = tracina.

・*pesce San Pietro* (*pesce sampietro*) [ペッシェ・サン・ピエトゥロ] マトウダイ.

・*pesce sciabola* [ペッシェ・シャーボラ] タチウオ. sciabola は「サーベル」. 形からの名. その他 pesce bandiera [～・バンディエーラ / 旗]、pesce spatola

▶ **peverada**（salsa ~）

[~・スパートラ / パレット] など呼び名が多い．

・*pesce serra* [ペッシェ・セッラ] ブルーフィッシュ、オキスズキ、アミキリ．

・*pesce spada* または *pescespada* [ペッシェ・スパーダ] カジキ．

・*pesce volante* [ペッシェ・ヴォランテ] トビウオ．

【*pesci d'acqua dolce*（複）[ペッシ・ディ・アックヮ・ドルチェ] 淡水魚】

・*pesce gatto* [ペッシェ・ガット] ナマズ．

・*pesce persico* [ペッシェ・ペルスィコ] 川スズキ、ヨーロピアンパーチ、ヨーロッパカワメバル、アカヒレカワメバル．＝ perca．

料理 ・*pesce in cartoccio．*（魚のカルトッチャ〈紙包み焼き〉）＝ pesce al cartoccio．魚介の種類について特に決まりはない．例）ニンニクの香りを移したオリーブ油でむきエビ、ヤリイカをサッと炒め、アサリを加え、白ワイン、パセリを加え、殻が開いたら火からおろす．ヒメジに塩、コショウをし、オリーブ油を塗ったアルミ箔にのせ、先の魚介をのせ、黒オリーブ、ブランデー、オリーブ油を振って包み、オーブンで蒸し焼く．

pescecane [ペッシェカーネ]（複 pescicani、pescecani）男 サメ．＝ squalo．

pesce stocco / pescestocco [ペッシェストッコ] 男（⇒）stoccafisso の南部での呼び名．

pesciera [ペッシェーラ] 女 ポワソニエール．魚ボイル用の長方形の鍋．

peso [ペーゾ / ペーソ] 男 重量、重さ．重石．

pestare [ペスターレ] 動 すりつぶす、砕く．

pestello [ペステッロ] 男 すりこぎ．

pesto [ペスト] 男 ペースト．・*pesto genovese．* ジェノヴァ・ペースト．（⇒）genovese（pesto ~）．形 すりつぶした．

petonciano [ペトンチャーノ] / **petronciano** [ペトゥロンチャーノ] 男 ナスの昔の呼び名．アラブ語の badingian が語源といわれている．＝（⇒）melanzana．

pettine [ペッティネ] 男 ①イタヤ貝の一種．ホタテに似ている．pettine は「くし」の意．＝ pettine di mare、（⇒）canestrelli（複）．②ペッティネ（ガルガネッリに筋をつける器具）．（⇒）garganelli．

petto [ペット] 男 胸肉、胸の部分．

pettole（複）[ペットレ] 女 プーリア、バジリカータ地方のフリッテッレ（frittelle）の一種．地域によって呼び名が変わる．

pettine 用の器具

peveraccio [ペヴェラッチョ]（複-ci）男 ツチカブリ（キノコの一種）．・*peveraccio giallo．* チチ茸．

peverada（salsa ~）[（サルサ・）ペヴェラーダ] 女 ペヴェラーダ・ソース（ヴェネ

183

ト地方).piperataという中世のソースがもとになっているソース.もともとはホロホロ鳥のローストによく使われたが、現在はさまざまな鳥類やウサギのローストのソースとして使われる.いろいろなヴァリエーションがある.

作り方 (ヴェネト地方で一般的なもの)鶏レバー、サラミ、掃除したアンチョビーをフードプロセッサーにかけ、ニンニクの香りを移したオリーブ油に加えて炒め、レモン汁、ワインヴィネガー、パセリ、すりおろしたレモンの皮、塩、多めのコショウを加えてよく混ぜる.

pezzo [ペッツォ] 男 塊.1片.

pezzogna [ペッツォーニャ] 女 (⇒) pagello の方言名(特にナポリ周辺).

piacentino ennese [ピアチェンティーノ・エンネーゼ] 男 シチリア中部、エンナ産の羊乳チーズ(D.O.P.).黒粒コショウと地元で採れる自生のサフランが入っている.シチリア方言名は piacentinu ennisi.

piacere (a ~) [(ア・)ピアチェーレ] お好みの.(* piacere 動 気に入る.男 喜び.楽しみ.)

piada [ピアーダ] / **piadina** [ピアディーナ] 女 ピアーダ、ピアディーナ(ロマーニャ地方のフォカッチャの一種).おもにチーズ、サラミ類などと一緒に食べる.ロマーニャ方言で piè ともいう.piada はピッツァのように大型.piadina は直径10cm ほどの小型のもの.

作り方 小麦粉、ラード、塩、ベーキングパウダーを合わせ、ぬるま湯を加えながら練る.30分ねかせた後円形にのばし、フォークで穴を開けてフライパンで焼く.

piastra [ピアストラ] 女 鉄板.グリドル.

piattino [ピアッティーノ] 男 小皿.

piatto [ピアット] 男 皿.料理.

picagge (複) [ピカッジェ] 女 リグーリア東部の卵入り生パスタ.のばした生地を幅1~1.5cm に切り分ける.ボラーゴ草やフダン草を練り込んだものもよく作られる(~ verdi).ペスト・ジェノヴェーゼや tocco と呼ばれるソースなどで和えるのが伝統的.piccagge、pigagge ともいう.「綿製のリボン」という意味.

piccante [ピッカンテ] 形 辛い.

piccata [ピッカータ] 女 ピッカータ.仔牛の薄切りソテー.スカロッピーナと大差ないが、やや小さめに切り、枚数を多くする場合もある.piccata alla milanese はレモン風味.

piccatina [ピッカティーナ] 女 仔牛のスカロッピーナのレモン風味の別称(特にローマでよく使われる).= piccatina al limone.

picchettare [ピッケッターレ] 動 ピケする.

picciolo [ピッチョーロ] 男 野菜、果物のヘタ.

▶ **pinna**

piccione [ピッチョーネ] 男 鳩 (飼育されているもの).「ピーピーなく鳥」という意味. ヴェネト地方の torresani [トーレザーニ] という鳩は有名. 中世から城や教会の塔 (torre) で飼われていたもので, 上質といわれている.
　料理 ・*piccione all'umbra*. (鳩のウンブリア風) 下処理をした鳩の腹にローズマリー、セージを入れて塩、コショウをし, 生ハムで胸を覆い, タコ糸でしばる. 塩, コショウをしてオリーブ油を振り, ニンニク, ローリエを加えてオーブンに. 焼き色がついたら白ワイン、白ワインヴィネガーを加え, 蓋をして火を通す.

pici (複) [ピーチ] 男 ピーチ. トスカーナ州シエナで作られる手打ちパスタ. 小麦粉と水 (オリーブ油, 塩を加える場合もある) で練ったパスタ生地を5mm ほどの厚さにのばし, 幅8mm 長さ10cm に切り分け, オリーブ油を薄く塗った手のひらで, 生地をやや太めのスパゲッティの形にのばす. 昔の辞書によると pinco または pincio と呼ばれたキュウリがあり, その複数形の pici、pinci になったという説もあるという.

piconi (複) [ピコーニ] 男 マルケ州マチェラータの菓子. (⇒) caciuni と同様に作るが中身がリコッタ・ベースになる. また前菜として砂糖抜き生地と中身でも作られる.

piè [ピエー] 男 = (⇒) piadina のロマーニャ方言.

piede [ピエーデ] 男 足の部分. キノコの軸の部分.

piedino [ピエディーノ] 男 仔牛・豚・羊などの足の部位.

piegare [ピエガーレ] 動 折りたたむ. 曲げる.

pieno [ピエーノ] 形 いっぱいの.

pietanza [ピエタンツァ] 女 メインディッシュ. = secondo piatto.

pignatta [ピニャッタ] 女 / **pignatto** [ピニャット] 男 深鍋 (おもにテラコッタ製を指す).

pignatto (pignato) grasso [ピニャット (ピニャート)・グラッソ] 男 = minestra maritata (⇒ minestra).

pillottare [ピッロッターレ] / **pilottare** [ピロッターレ] 動 ①ロースト (串焼き) の脂, 焼き汁をかける. ② (まれではあるが) ピケする.

pimpinella [ピンピネッラ] 女 サラダバーネット、ルリハコベ. うちわに似た肉厚の葉を持つ. ラテン語の pepo (瓜) が語源. ほのかにキュウリの風味がするということから.

pinaiolo [ピナイオーロ] 男 チチアワ茸.

pinci (複) [ピンチ] 男 (⇒) pici のモンテプルチアーノでの呼び名.

pinna [ピンナ] 女 ①魚のヒレ. ・*pinna dorsale*. 背ビレ. ・*pinna anale*. 尻ビレ. ・*pinna pettorale*. 胸ビレ. ・*pinna caudale*. 尾ビレ. ・*pinna pelvica*.

腹ビレ.

pinoccata [ピノッカータ] 囡 ウンブリア州ペルージャ周辺で作られる、松の実が入った菓子.

pinoli(複) [ピノーリ] 男 pignoli とも呼ぶ. 松の実. 地中海沿岸、特にティレニア海側には松の木が多く、松の実が採れ、古代ローマ時代から料理や菓子によく使われてきた. 干しブドウと一緒に使われることが多く、特に南部の料理には欠かせない.

pinza [ピンツァ] 囡 ①甲殻類のハサミの部分. ②ケーキトング (ハサミ型). ペンチ. ピンセット.・~ *da cucina*. 調理用トング、ピンセット. ③フリウリ地方の菓子パン.

pinzetta [ピンツェッタ] 囡 毛抜き、ピンセット.

pinzimonio [ピンツィモーニオ] 男 ピンツィモーニオ. スティック状に切り分けた野菜 (特に春先はフィノッキ、カルチョフィ) を、オリーブ油、塩、コショウを混ぜ合わせたソースにつけながら食べる料理. pinzimonio は pinzare (つっつく) と matrimonio (結婚) の合成語. ラツィオでは cazzimperio [カッツィンペリオ] または cacimperio [カーチンペリオ] ともいう. トスカーナからローマの中部で、食事の前の軽いつまみとして出される.

pioggia (**a ~**) [(ア・) ピオッジャ] 雨のように上から振りかける.（＊pioggia 囡 雨.）

piopparello [ピオッパレッロ] / **pioppino** [ピオッピーノ] 男 フミヅキタケ属のキノコ. pioppo (ポプラ) の近くで採れるところから.

piovra [ピオーヴラ] 囡 大型の (水ダコのような) タコ.

pirofila [ピローフィラ] 囡 耐熱用陶磁器. 現在は耐熱ガラス製品もある.

pisarei e fasò (複) [ピサレイ・エ・ファゾー] ピアチェンツァ風ニョッキ インゲン豆の煮込みソース風味 (エミリア＝ロマーニャ).

作り方 ❶小麦粉、バター、湯に浸したパン粉、塩を合わせ、湯を少しずつ加えながら練って生地を作り、棒状にして 1cm 幅に切り分け、親指を押しつけてインゲン豆より小さめに形作る. ❷サラダ油でパンチェッタを炒め、玉ネギ、ニンジン、セロリ、ニンニクのみじん切りを加えて更に炒め、トマトホール、ゆでたボルロッティ豆、パセリを加えて煮込み、塩、コショウ. ゆでた①のニョッキを入れ、バター、パルミジャーノを加えて和える.

pisci stuccu a missinisa [ピッシ・ストゥック・ア・ミッスィニーザ] 干ダラ (ストッカフィッソ) のメッシーナ風 (シチリア).＊シチリア方言. イタリア語では pesce stocco alla messinese.

作り方 玉ネギとニンニクをオリーブ油で炒め、戻して切り分けた干ダラ、セロリ、

▶ **pitta**

ニンジン、ジャガイモ、オリーブ、ケイパー、白ワイン、トマトホールを入れて煮込み、塩、コショウをし、パセリを振る.

piscialetto [ピッシャレット] 男 タンポポの呼び名の一つ. 意味は「おねしょ」で、利尿作用が強いところから. (仏) pissenlit [ピッサンリ]. = dente di leone、(⇒) tarassaco.

piselli (複) [ピセッリ/ピゼッリ] 男 グリーンピース、エンドウ豆. グリーンピースを使う料理は、ヴェネトの (⇒) risi e bisi [リーズィ・エ・ビーズィ]、ラツィオの piselli al prosciutto [ピセッリ・アル・プロシュット] などが特に有名. 旬は春.

料理 ・*piselli al prosciutto*（グリーンピースの生ハム風味）しんなり炒めた玉ネギに生ハム、ゆでたグリーンピースを加えてサッと炒め、ブロード（または湯）を少量加えて軽く煮詰め、塩、コショウで味を調える.

piselli mangiatutto (複) [ピセッリ (ピゼッリ)・マンジャトゥット] 男 サヤエンドウ、キヌサヤ. = (⇒) taccole.

piselli secchi (複) [ピセッリ (ピゼッリ)・セッキ] 男 乾燥エンドウ豆. 皮付きと、皮を除いたものがある. イタリアではスープに使用する程度.

pisellini (複) [ピセッリーニ/ピゼッリーニ] 男 春先の若い粒の小さなグリーンピース.

pissadella [ピッサデッラ] / **pissaladière** [ピッサラディエール] 女 リグーリア地方からプロヴァンスにかけて作られる、ピッツァに似た料理. = sardenaira.

pistacchio [ピスタッキオ] (複-chi) 男 ピスタチオ. ローマ時代はあまり使われず、10世紀にアラブ人がシチリアに持ち込んでから使用が広まった. 現在もシチリアがおもな産地.

pistilli di zafferano (複) [ピスティッリ・ディ・ザッフェラーノ] サフラン（ホール）. サフランのめしべ.

pistum [ピストゥン] 男 フリウリ州ポルデノーネ県の菓子. 復活祭や結婚式の際に食べられる.

作り方 パン粉、バター、砂糖、シナモン、松の実、レーズン、刻んだシトロンの皮の砂糖漬けを合わせ、卵を加えて混ぜ、棒状に成形し、切り分けてゆで（本来はゆでる際にムゼーや豚肉をゆでたブロードを使用する）、粉糖を振る.

pitta [ピッタ] 女 カラブリア地方のフォカッチャタイプのパン. リング状に成形して焼くのが一般的. 他に詰め物をしたものもあり、さまざまなヴァリエーションがある.

料理 ・*pitta ripiena.*（詰め物をしたピッタ カラブリア風）円形にのばしたピッツァ生地にオリーブ油を塗り、リコッタ、カーチョカヴァッロ、生ハム、ゆで卵、

pittafigh ▶

ペコリーノをのせて塩、コショウをし、もう1枚の生地をのせてとじ、フォークで穴を開けてオリーブ油を振り、オーブンで焼く.

pittafigh [ピッタフィーグ] 男 (⇒) beccafico の北イタリア方言.

pizza [ピッツァ] 女 ピッツァ. フォカッチャの一種. イタリアでは、両者の区別にはあまりこだわっていないようだが、ピッツァはフォカッチャの中でも薄くつぶした生地で作るもの、ということはできる. 叩いて生地をのばすことから、pizza には「平手打ち」の意味もある. 初期のピッツァはラードとペコリーノをのせたピッツァ・ビアンカなどが中心で、はじめてトマトを使ったピッツァが登場したのは18世紀の終りごろ. 70年代までは夜食、スナック的に食べられることが多く、直径20cm ほどの大きさであったが、最近は食事として食べることが多くなりサイズが大きくなった.

料理 ・*pizza all'Andrea.* (アンドレア風ピッツァ〈リグーリア〉) おもにリグーリアの西側で作られ、作り方、名前も pissalandrea、sardenaira など町によってさまざま. 作り方例) 玉ネギをオリーブ油で炒め、トマトホールを加えて煮込み、つぶしたアンチョビー、塩、コショウを加える. ピッツァ生地にのせ、黒オリーブ、ケイパー、オレガノをのせて焼く.

・*pizza con cicenielli.* (⇒ cicenielli [チチェニエッリ] のピッツァ) 生シラス、ニンニク、オレガノをのせ、塩、コショウ、オリーブ油を振って焼く. ＊トマトはのせない.

・*pizza alla marinara.* (マリナーラ風ピッツァ) ナポリの代表的ピッツァ. トマトソース、スライスしたニンニク、オレガノ、オリーブ油を振って焼く (黒オリーブ、ケイパーをのせることもある). ＊チーズはのせない.

・*pizza alla romana.* (ローマ風ピッツァ) ナポリのピッツァ. アンチョビー、トマトソース、オレガノ、チーズ (モッツァレッラ、パルミジャーノ)、パセリを振って焼く. ＊ナポリでは「ローマ風」と呼ぶが、ローマでは「ナポリ風」(pizza alla napoletana) と呼ばれている.

・*pizza Margherita.* (ピッツァ・マルゲリータ) のばした生地にトマトソースを塗り、モッツァレッラを並べ、パルミジャーノ、バジリコを散らし、オリーブ油を振って焼く.

・*pizza fritta* [ピッツァ・フリッタ] ナポリの詰め物ピッツァ. 生地をのばして詰め物をのせ、半分に折って油で揚げる. (⇒) panzerotti の大きいもの.

・*pizza in bianco* [ピッツァ・イン・ビアンコ] ナポリのピッツァ. オリーブ油 (昔はラード)、チーズ (本来はペコリーノ)、塩、コショウを振って焼く. ＊ローマでは pizza bianca と呼ばれ、チーズはかけない.

pizzaiola (**alla ~**) [(アッラ・) ピッツァイオーラ] ピッツァ職人風 (料理名). (⇒)

▶ polenta

carne alla pizzaiola. (＊pizzaiolo 男、pizzaiola 女 ピッツァ職人. 形 ピッツァ職人の.)

pizzelle (複)[ピッツェッレ] 女 揚げた小型ピッツァ. 小型のピッツァ生地を油で揚げ、トマトソースやパルミジャーノ、バジリコをのせて温かいうちに食べる. オレガノを加えたり、トマトソースの代わりにマリナーラソースをのせてもよい.

pizzeria [ピッツェリーア] 女 ピッツェリア. ピッツァ専門店.

pizzette (複)[ピッツェッテ] 女 小型ピッツァ. 小さいピッツァ生地をローストパンに並べ、トマトソース、モッツァレッラをのせてオーブンで焼く, 上にのせるソース、チーズ、具などは好みで替える. 折りパイ生地で作る場合もある (冷めても食感が変わらないのでブッフェに向く).

pizzicare [ピッツィカーレ] 動 つまむ.

pizzicheria [ピッツィケリーア] 女 食料品店の呼び名の一つ.

pizzico [ピッツィコ](複-chi)男 ひとつまみ.

pizzoccheri (複)[ピッツォッケリ] 男 ロンバルディア州ヴァルテッリーナ地方のソバ粉を使ったパスタ.

|作り方| ソバ粉、小麦粉、塩に水を加えてパスタを練り、のばして 1～1.5cm 幅、5～6cm 長さに切ってゆでる. ゆで上がる直前に、あらかじめゆでておいたジャガイモとキャベツを加え、水気を切り、カゼーラ (またはビット)・チーズとパルミジャーノを加えて合わせ、器に盛る. バター、ニンニク、セージを合わせて熱し、かける.

placca [プラッカ](複-che)女 オーブン用天板.

placchetta [プラッケッタ] 女 小型の天板.

platessa [プラテッサ] 女 オヒョウ.

poco [ポーコ] / **poca** [ポーカ] / **po'** [ポッ](複男-chi、複女-che)男 少々、少量. 形 少量の. 副 少し.

polastro in tecia [ポラストゥロ・イン・テーチア] ヴェネト風鶏の煮込み (ヴェネト方言). イタリア語では pollastro in tegame.

|作り方| 鶏肉に塩、コショウをし、小麦粉をまぶしてソテーし、パンチェッタ、玉ネギ、セロリ、ニンジンのソッフリットと合わせ、白ワイン、トマト、バジリコ、パセリを加えて煮込む.

polenta [ポレンタ] 女 ①ポレンタ粉. = farina per polenta. おもに黄色のものが多く作られているが、ヴェネト、フリウリでは白いトウモロコシを挽いたものが好まれている. 挽きの粗いものは bramata [ブラマータ]、細かいものは fioretto [フィオレット] と呼ばれている. ②ポレンタ料理. 古代ローマ時代にあった、穀類や豆の粉を煮込んでドロドロにした puls [プルス]、または pultes [プルテス]

polenta e osei ▶

と呼ばれる料理が原形といわれる．現在のようにトウモロコシが使われるようになったのは，ヨーロッパでトウモロコシの栽培が始まってから．特に小麦の少ない北イタリアで，パンの代わりに食べられるようになったのが現在のポレンタの始まりである．北部でも特にヴェローナを中心としたヴェネトで，また，かつてヴェネツィア共和国の領土だったロンバルディアのマントヴァ，ベルガモでもよく食べられる．現在は付け合わせとして使われることも多い．

作り方（基本のポレンタ）湯1ℓを沸かし，塩7〜8gを加え，ポレンタ粉200g（やわらかめ）〜350g（硬め）を上から少しずつ入れながら泡立て器でかき混ぜる．ダマが消えて完全に混ざったら，木ベラで混ぜながら強火で煮込んでいく．鍋肌から離れやすくなったらでき上がり．

・*polenta abbrustolita*．（ポレンタのグリル〈付け合わせ〉）冷まして固めておいたポレンタを長方形に切り分け，熱したグリル板で焦げ目をつけながら焼く．

・*polenta concia*［ポレンタ・コンチャ］= polenta condita、polenta grassa．ポレンタを作る際に牛乳で煮込んだり，仕上げにバター，チーズを加えて味付けしたもの．また，冷まして切り分けたポレンタに，バターやチーズを加えてオーブンで焼いたものも指す．

・*polenta conscia*［ポレンタ・コンシャ］生クリーム，パルミジャーノ，バターを加えたポレンタ（ロンバルディア）．

・*polenta cunsa*［ポレンタ・クンサ］トーマ，フォンティーナ，パルミジャーノ，バターを加えたポレンタ（ピエモンテ）．

・*polenta cuinçade*［ポレンタ・クインサーデ］やわらかめに仕上げたポレンタを耐熱皿に半分入れ，チーズ（モンターズィオまたはリコッタ・アッフミカータ），溶かしバター，サルシッチャ，セージの葉を散らし，これを繰り返して2層にし，オーブンで焼く（フリウリ）．

・*polenta unta*［ポレンタ・ウンタ］＊untaは「油をつけた」という意味（ヴェネト方言では onta）．冷やしたポレンタを切り分け，バター，オリーブ油，ラードなどの油脂で焼く．

polenta e osei［ポレンタ・エ・オゼイ］ロンバルディア州ベルガモの菓子．同名の名物料理を模して，パン・ディ・スパーニャ，マジパンなどで形作ったケーキ．

polenta e quaje［ポレンタ・エ・クワイエ］ポレンタとウズラのロースト（ヴェネト）．＊quaje は quaglie（ウズラ）のヴェネト方言．

作り方 ウズラに塩，コショウをして中に香草を詰め，パンチェッタをあててタコ糸でしばり，オリーブ油を振ってオーブンでローストする．ポレンタは冷ましておいたものを長方形に切り，セージの葉を加えたバターで焼いて皿にのせ，ウズラをのせ，焼き汁に白ワインを加えて煮詰めたソースをかけ，パセリを振る．＊本来

はできたてのポレンタの上にのせる．
polenta pasticciata [ポレンタ・パスティッチャータ] 囡 ポレンタのオーブン焼き（ヴェネト）．＊ヴェネト方言では polenta pastissada [ポレンタ・パスティッサーダ]．

　作り方 仔牛挽き肉、みじん切りの玉ネギ、ニンジン、セロリをサラダ油で炒め、白ワインを振り、裏漉したトマトホール、戻してみじん切りにした乾燥ポルチーニと戻し汁、ローリエを加えて煮込む．鶏レバーはバターで炒め、塩、コショウした後小さく切る．のばして冷ましておいたポレンタは長方形に切る．これらをバターを塗った耐熱皿に重ね入れて層にし、途中でパルミジャーノを振り、最後にもパルミジャーノ、溶かしバターを振って湯煎にし、オーブンで焼く．

polipo [ポリポ] 男 タコ．おもに南イタリアで呼ばれる．＝ (⇒) polpo.
polipetti (複) ＝ (⇒) polpetti.
pollame [ポッラーメ] 男 家禽類の総称．
pollanca [ポッランカ] (複-che) 囡 肉質をやわらかくするため不妊を施した雌鶏．1.8～2kg．煮込みに向く．
pollastra [ポッラーストゥラ] 囡 卵を生んでいない雌の若鶏．1.5kg 前後．ソテーに向く．
pollastrella [ポッラストゥレッラ] 囡 雌のひな鶏．コーニッシュヘン．800～900g．
pollastro [ポッラーストゥロ] 男 雄のひな鶏．600～700g．
pollin [ポッリン] 男 七面鳥 (⇒ tacchino) のロンバルディア方言名．
pollo [ポッロ] 男 ①鶏．ローマ時代は、おもに卵を生ませることを目的に飼育されていた．中世以後食材として広まったが、そのころは若鶏よりも、大きく育てたカッポーネなどが好まれた．近世になって生産量が増加するにともない、一般庶民の食卓にものぼるようになった．・*pollo di batteria*．ブロイラー．・*pollo di terra*．地鶏．②生後1年くらいの雄の若鶏．1～1.5kg．

　料理 ・*pollo alla romana.* (若鶏のソテー ローマ風) 塩、コショウをした骨付き若鶏肉をサラダ油でソテーし、ニンニクとローズマリーのみじん切りを加えて混ぜ、白ワインを加えて少し煮詰め、トマトホールを加える．火が通ったらペペローニのローマ風を加え、器に盛ってパセリを振る．

　・*pollo alla diavola.* (若鶏の悪魔風) (⇒) diavola.
　・*pollo al ragù.* (若鶏のラグー〈プーリア〉) 若鶏をぶつ切りにして塩、コショウをし、オリーブ油をひいたフライパンで焼いて、玉ネギ、赤トウガラシ、ニンニクを加えて炒める．トマトペーストを赤ワインで溶いて加え、つぶしたトマトホールを加えて煮込む．パセリを入れる．＊赤ワインで煮込むところが南部の料理

pollo ruspante ▶

としては珍しい.
・*pollo 《asutto asutto》*.（地鶏とジャガイモのオーブン焼き〈プーリア〉）＊asutto（プーリア方言）はイタリア語の asciutto（乾いた）で、皮をカリッと焼き上げること．地鶏を4等分に切り分け塩、コショウをし、皮をむいて大きめに切ったジャガイモとともに天板に並べ、パセリ、ニンニクを加えて高温のオーブンで焼く．

pollo ruspante [ポッロ・ルスパンテ] 男 = ruspantino. 庭で自然に飼った鶏．飼育期間6〜10ヵ月. 1.5kg 前後. 皮の色が普通の若鶏より濃い黄色で、肉質は程よくしまり、味が濃い．グリル、ソテー向き．

polmone [ポルモーネ] 男 肺．おもに北イタリアで食べられ、corada [コラーダ] とも呼ばれる（特にロンバルディアで）．仔牛の肺などの内臓を使うヴェネト地方の伝統料理（⇒）fongadina がある．

polpa [ポルパ] 女 肉、果肉．

polpett [ポルペットゥ] 男 involtini のミラノ方言名．

polpetta [ポルペッタ] 女 （大きめの）ミートボール．ミートボール状のもの．ハンバーグ．

polpette di baccalà（複）[ポルペッテ・ディ・バッカラ] 干ダラのコロッケ（リグーリア）．
　作り方　干ダラは戻してゆで、皮と骨を除き、フードプロセッサーにかける．ゆでて裏漉したジャガイモと合わせ、ニンニク、卵、パセリ、オリーブ油、ナツメグ、塩、コショウを加え、丸く形作って小麦粉、溶き卵、パン粉の順につけて揚げる．

polpettine（複）[ポルペッティーネ] 女 ミートボール（小さめ）．

polpetti（複）[ポルペッティ] /**polipetti**（複）[ポリペッティ] 男 小ダコ、イイダコ．
　料理　・*polipetti in umido*（イイダコの煮込み〈モリーゼ〉）玉ネギのみじん切りをオリーブ油で炒め、イイダコを入れて炒め、白ワインを振り、トマトホール、ローリエを加えて煮込む．トーストしたパンを添える．

polpettone [ポルペットーネ] 男 ミートローフ．ただしイタリア南部の一部では大型のロール料理も polpettone と呼ぶ．
　料理　・*polpettone alla napoletana*．（牛肉のロール煮込みナポリ風）合挽き肉、パン粉、生ハム、パセリ、ニンニク、卵、パルミジャーノ、塩、コショウを練り合わせて詰め物を作り、叩いた牛もも肉にのばして松の実とレーズンを散らす．円筒形に巻いてタコ糸を巻き、塩、コショウをしてサラダ油で焼く．玉ネギ、ニンジン、セロリを加えて炒め、白ワイン、トマトホール、ローリエを加えて煮込む．切り分けて、ソースにパセリ、塩、コショウを加える．＊別名 braciolone al ragù とも呼ぶ．

▶ **pomodori**

polpo [ポルポ] 男 タコ．= polipo．「足の多い」という意味のラテン語から派生．マルケでは furbo [フルボ]、ヴェネツィアでは folpo [フォルポ] と呼ばれる．大型の水ダコタイプのものを piovra [ピオブラ] という．・***polpo verace***．マダコ．吸盤が平行に付いたもの．= purpettiello verace（ナポリ方言）．

料理 ・***polpi affogati alla luciana*** [ポルピ・アッフォガーティ・アッラ・ルチアーナ]（タコの蒸し煮 ルチア風〈カンパニア〉）タコ、トマトホール、白ワイン、赤トウガラシ、オリーブ油、パセリの軸、ニンニクを鍋に合わせ、蓋をして蒸し煮し、パセリを振る．＊ナポリのサンタ・ルチア地区で作られた料理．affogati は「おぼれさせた」という意味．完全に密閉して息ができないという蒸し煮のイメージから．

・***polpi ai pomodori secchi*** [ポルピ・アイ・ポモドーリ・セッキ]（タコのドライトマト風味〈サルデーニャ〉）タコはゆでて冷まし、厚めにスライスして器に並べる．ぬるま湯に浸けたドライトマト、ニンニク、ケイパーをみじん切りにし、オリーブ油に入れて火にかけ、白ワインヴィネガー、パセリ、トウガラシ粉を加え、粒のケイパーを加えてタコにかけ、冷めるまでおく．

polsonetto [ポルソネット] 男 サバイヨン・ボウル．銅製の片手のボウル．卵白をホイップしたり、湯煎をしながらザバイオーネを作るためなどに使われる．

poltiglia [ポルティッリャ] 女 おかゆ状態のもの．どろっとした状態のもの．

polvere [ポルヴェレ] 女 粉、粉末、パウダー．

polverizzare [ポルヴェッリザーレ] 動 粉末状にする．

pomo [ポーモ] 男 リンゴ．=（⇒）mela．

pomodoro（単）[ポモドーロ] / **pomodori**（複）[ポモドーリ] 男 トマト．pomodoro は「黄金のリンゴ」の意．南部では pomidoro（単）/pomidori（複）と呼ばれる．北部では tomatiche [トマティケ] とも呼ばれる．旬は5～9月．カンパニア、エミリア＝ロマーニャ州が2大産地．イタリアにトマトが入ってきたのは16世紀ごろ．スペインを追われたユダヤ人が、リヴォルノに来た際に持ち込んだといわれる．同様にスペイン経由でナポリにも伝わり、最初は貴族の観賞用だったものが、食用として全国に広まったのは19世紀になってから．

【代表的なトマトの品種】

（ソース向きトマト）

・***San Marzano*** [サン・マルツァーノ]：ナポリの東、San Marzano sul Sarno の周辺地域で作られている．

・***perino*** [ペリーノ]：細長い洋梨タイプ．

・***pomodorino*** [ポモドリーノ]：小型のトマト．ciliegino と呼ばれているものが多い．種類によっては生食用にも使われる．ナポリの piennolo del Vesuvio

pomodori al riso ▶

はD.O.P.、シチリア南東で作られるpachino［パキーノ］はI.G.P.. datterini［ダッテリーニ］は比較的新しい品種でナツメヤシ（dattero）の形をしている．最近は缶詰も出回っている．

（生食向きトマト）

・*marmande*［マルマンデ］：ヘタのまわりに溝が多く入っているタイプ．

・*cuore di bue*［クォーレ・ディ・ブーエ］：「牛の心臓」という意味．大型で先がとがっている．

・*gioia della mensa*［ジョイア・デラ・メンサ］：「食卓の悦び」という意味．やや平たい形．

・*palla di fuoco*［パッラ・ディ・フオーコ］：pallaは「球」、fuocoは「火」．「火のように赤くなる」という意味．丸形で、サラダや詰め物に向く．

pomodori al riso（複）［ポモドーリ・アル・リーゾ］トマトの米詰め ローマ風（ラツィオ）．

作り方 ゆでた米、裏漉したトマトの中身、ニンニク、アンチョビー、パセリ、バジリコ、塩、コショウ、オリーブ油を合わせて混ぜ、トマトに詰めて耐熱皿に並べ、隙間にジャガイモを入れて塩、白ワイン、オリーブ油をかけて紙で覆い、オーブンで焼き、冷まして供する．

pomodori pelati（複）［ポモドーリ・ペラーティ］男 トマトホール（湯むきトマト）の缶詰．19世紀後半、Cirioの創設者フランチェスコ・チリオによってカンパニア州の工場で初めて生産された．最初は湯むきしたサンマルツァーノ種トマトの実だけであったが、最近はトマトの品種も多種になり、更にジュースを添加するようにもなった．現在サンマルツァーノ種のトマトのみで作られたものはD.O.P.に認定されている．

pompelmo［ポンペルモ］男 グレープフルーツ．イタリアでは新しい果物．おもにシチリア、カラブリアで産する．

pompia［ポンピーア］女 サルデーニャのSiniscolaで産する柑橘類の一種．シトロンを丸くしたような形状で皮が厚い．この皮が実とともに菓子、リキュールなどの材料として使われる．sa pompiaとも呼ばれている．

ponce［ポンチェ］男 パンチ．

popone［ポポーネ］男 メロン（トスカーナ方言）．

poppa［ポッパ］女 （おもに牛の）乳房．= tettina.

porceddu［ポルチェッドゥ］男 4kg前後の乳のみ仔豚のサルデーニャ方言名（イタリア語ではporcetto sardo）．および、それを使った仔豚の丸焼き料理．野外でネズ、オリーブなどの樹の薪を燃やし、半身に切り分けた仔豚を大串に刺し、火のまわりに立てて焼くのがサルデーニャ風．

▶ posate

porcellana [ポルチェッラーナ] 女 ①磁器．②=(⇒) portulaca.

porcellino [ポルチェッリーノ] 男 仔豚．

porcetto [ポルチェット] 男 =(⇒) porchetto.

porchetta [ポルケッタ] 女 ポルケッタ．豚の丸焼き料理．＊料理名であって仔豚の意味ではない．おもに中部イタリア (ウンブリア、ラツィオ、マルケ) で作られる．スパイス、塩をまぶし、ニンニク、ローズマリー、フィノッキオ・セルヴァーティコを詰め、丸ごとオーブンで焼く．

porchetto [ポルケット] 男 仔豚 (20kg 以下の乳離れしていない仔豚)．= porcetto.

porcinelli (複) [ポルチネッリ] 男 イグチ科のキノコ．・*porcinelli grigi*. ヤマイグチ．・*porcinelli rossi*. キンチャヤマイグチ．

porcini (複) [ポルチーニ] 男 ポルチーニ茸．= boletus edulis. boletus という属名はもともとタマゴ茸に付けられたものだったが、その後食用キノコ全体を呼ぶようになり、やがてポルチーニ茸のみを指す言葉になった．boleti (おもに学名として) とも呼ぶ．また北部では bolé [ボレー] とも呼ばれる．イタリアのキノコの中でもっとも有名で、一番好まれているキノコ．自生のみで栽培はされていない．夏の終りごろから冬までが時季で、おもにモミの木の近くによく育つ．また、夏に採れるものもあり、おもに栗、樫、ナラ、ブナの木の近くに育ち、早いものは5月ごろから市場に出る．小さく実の詰まったものは生でサラダに向く．大きなかさの部分はグリル、ローストに、軸の部分は薄く切ってソテーに．中型のものはグリルやフライに向く．また冷凍、乾燥品 (~ secchi) も多く使用されている．(＊porcino 形 豚の．豚のような．)

porco [ポルコ] (複-ci) 男 豚、豚肉．=(⇒) maiale.

porrata [ポラータ] 女 ポロネギを使ったソース．

porre [ポーレ] 動 のせる、置く．

porro [ポーロ] 男 ポロネギ．

portare a ebollizione [ポルターレ・ア・エボッリツィオーネ] 沸騰させる．(＊portare 動 運ぶ．もたらす．引き起こす．ebollizione 女 沸騰．)

portauovo [ポルタウオーヴォ] (単複同形) 男 エッグスタンド．

portulaca [ポルトゥラーカ] (複-che) 女 野草の一種．和名：スベリヒユ．porcellana、pucchiacchella (ナポリ方言) などいろいろな呼び名がある．ルコラなどと一緒にミスティカンツァなどのサラダの材料として使われる．

porzione [ポルツィオーネ] 女 一部、部分．・*una porzione*. 1人分、1切れ、ポーション．

posate (複) [ポサーテ／ポザーテ] 女 ナイフ、フォーク、スプーンなどのシルバー

195

類．カトラリー．

posteriore [ポステリオーレ] 形 後部の．前部は (⇒) anteriore．

pranzo [プランゾ] 男 昼食 (本来は正餐の意味である)．

prataioli (複) [プラタイオーリ] 男 ハラ茸．マッシュルームの自生種．森や山の中ではなく、草原 (prato) に育つのでこの名がある．

preboggion [プレブッジュン] 男 春先のリグーリア地方で採れる野菜、野草類の束 (リグーリア方言)．prebuggiun [プレブッジュン] とも書く．語源には「混ぜ合わせた」という意味から、あるいは「サッとゆでた」という意味からという2つの説がある．野菜・野草は bietola、borragine、pimpinella、ortica、raperonzolo などである．(⇒) pansoti の詰め物、スープ、フリッタータに使われる．

precotto [プレコット] 男 調理済みの、加熱済みの．

prelevare [プレレヴァーレ] 動 取り除く．

premere [プレーメレ] 動 押す、押さえつける、絞る．

preparare [プレパラーレ] 動 準備する、下ごしらえする、下処理する．

preparazione [プレパラツィオーネ] 女 下ごしらえ、準備．

presa [プレーサ] 女 ひとつまみ．

prescinseva [プレシンセヴァ] /**prescinsoeua** [プレシンスゥア] 女 牛乳を凝固させたもので、カッテージ・チーズに似ている．トルタ・パスクァリーナやラヴィオーリの詰め物に使うが、現在はリコッタが代わりに使われる．

presciutto [プレシュット] 男 生ハム．どちらかというと昔の呼び名だが、トスカーナやローマでは今でも呼ぶことがある．= (⇒) prosciutto．

presentazione [プレゼンタツィオーネ] 女 盛り付け、プレゼンテーション．

presnitz [プレズニッツ] 男 フリウリ＝ヴェネツィア・ジュリア州トリエステの菓子．特に復活祭の時季に食べられる．作り方は (⇒) gubana とほぼ同じ．

pressare [プレッサーレ] 動 押す、押し付ける、プレスする、圧縮する．

prezzemolo [プレッツェーモロ] 男 パセリ (イタリアンパセリ)．「岩の間から育つセロリ」というギリシャ語が語源．その時代の自生のセロリに葉が似ていたためと思われる．ギリシャ時代は神聖なものとされ、いろいろな儀式に冠としても使われていた．香草として使ったのはローマ人が最初．・***prezzemolo riccio***．縮葉パセリ．イタリアンパセリを品種改良したもので、日本では早くから使われてきたがイタリアでは最近栽培されるようになった．おもに料理の飾りに使われる．・***prezzemolo cinese***．香草としてのコリアンダー、中国パセリ．

primavera [プリマヴェーラ] 女 春．

primaverile [プリマヴェリーレ] 形 春の．

primizie (複) [プリミーツィエ] 女 その季節に手に入りにくい食材の呼び名．希少

▶ **provolone**

価値の高いハウスものや海外からの輸入もの(特に高級野菜やフルーツ)が多い.

primo piatto [プリモ・ピアット] 第一の皿(コース料理で1番めの料理. スープ、パスタ、リゾット、ニョッキなど).(＊primo 形 1番めの. 最初の.)

privare [プリヴァーレ] 動 取り除く.

probusti(複) [プロブスティ] 男 トレンティーノ地方のサルシッチャ. 豚肉、仔牛肉、背脂で作り、1日干した後燻煙する. おもにゆでて食べる.

prodotto [プロドット] 男 製品、生産物. ・*prodotto ittico*. 海産物、魚介加工品.

profiteroles [プロフィトロール] (仏) 男 小さなシュー. およびそのチョコレートソースがけのデザートの名前.

作り方 カスタード・クリームを詰めた小さなシューを皿に盛り、チョコレート・ソースをかけてホイップ・クリームを絞り、カラースプレーを振る. イタリア風にprofitterolとも書く.

profumare [プロフマーレ] 動 香りをつける、香りを立たせる.

profumo [プロフーモ] 男 香り.

pronto [プロント] 形 でき上がった、準備ができた.

proporzione [プロポルツィオーネ] 女 プロポーション. 分量などの割合.

prosciutto [プロシュット] 男 ①ハム. ・*prosciutto crudo*. 生ハム. 豚のもも肉を「乾燥させる」(prosciugare/プロッシュガーレ)からきている名前. 北イタリアではpersutto [ペルスット]、トスカーナではpresciutto [プレシュット] と呼ばれている. ・*prosciutto cotto*. (加熱) ボンレスハム. おもにエミリア＝ロマーニャ産. 水分量の少ないものが、高品質の格付けをされている. ②豚のもも肉(～ fresco).

prosciutto di montagna [プロシュット・ディ・モンターニャ] 北(トスカーナ)から南(カラブリア)までのアペニン山脈地帯の小規模な工場で作られる生ハムの総称. スパイスのきいたものが多い.

proteina [プロテイーナ] 女 プロテイン、タンパク質.

provatura [プロヴァトゥーラ] 女 プロヴァトゥーラ・チーズ(モッツァレッラによく似たタイプの水牛乳チーズ). おもにラツィオ地方南部で作られる.

provola [プローヴォラ] 女 プローヴォラ・チーズ. 製法はスカモルツァ同様モッツァレッラと似ている. おもな生産地はラツィオ、カンパニア、カラブリア、シチリア、サルデーニャ. 質、形はほぼスカモルツァと同じ. affumicato (スモークしたタイプ)もある. 最近は北部の地方でも生産が始まっている.

provolone [プロヴォローネ] 男 プロヴォローネ・チーズ. 牛乳製で、モッツァレッラ同様熱で溶かしたものを糸を引かせながらかき混ぜ、これをもう一度固めて作る. もともとは南部のチーズだが、現在は大半がエミリア＝ロマーニャやロンバ

prugna ▶

ルディアの工場で作られている．円柱形、球形、洋梨形などいろいろな形があり、熟成期間もさまざま．料理に使われることの多い dolce（甘口）と、テーブル・チーズ用の piccante（辛口）がある．

prugna [プルーニャ] 囡 スモモ、プラム．ラテン語名 prunus [プルヌス] は、本来はプラムをはじめアプリコット、桃、チェリー、アーモンドなど真ん中に大きな種のあるバラ科の果物の総称だが、ローマ人はプラムのことを好んで呼んだので、そのイタリア語名 prugna が使われている．= susina．・ **~ secca.** 干しプラム．

prugnolo [プルニョーロ] 男 プルニョーロ茸．プラム（prugna）の香りがするところからの名．

puccia [プッチャ] 囡 ①プッチャ．豚肉とチリメンキャベツ入りのポレンタ（ピエモンテ州ランゲ地方）．

　作り方 オリーブ油にニンニクとローズマリーを加えて熱し、ニンニクを取り出し、豚肉を入れてソテーした後、チリメンキャベツを加えて蓋をする．スーゴ・ディ・カルネ、塩、コショウで味を調え、やわらかめに作ったポレンタに加えて少し煮た後、バター、パルミジャーノを加える．

②プーリア州サレント地方の硬質小麦の粉で作ったパン．直径10～15cmの円形のパンで、黒オリーブを混ぜて焼いたものもある．パニーノにして食べることが多いようだ．

pugno [プーニョ] 男 一握り．・ **un pugno**. 一握り．

pulcio [プルチョ] 男 牛の部位のハバキの、ローマでの呼び名．

pulire [プリーレ] 動 掃除をする、きれいにする．下処理をする（例：肉の筋取り、脂取り．家禽の内臓を取るなど）．

pulito [プリート] 形 掃除をした、下処理をした、きれいにした．

punch [パンチ]（英）男 パンチ、ポンチ．

pungere [プンジェッレ] 動 刺したり突いたりして小さな穴を開ける．

pungitopo [プンジトーポ] 男 プンジトーポ．和名：ナギイカダ．本来は観賞用の植物だが、春先の若芽がアスパラガスを短くしたような形で食用にされる．アスパラガスのようにゆでて食べたり、スープ、酢漬け、油漬けなどにされる．

punta [プンタ] 囡 先端．バラ肉．

　料理 ・ **punta di vitello al forno.** 仔牛バラ肉のロースト（エミリア＝ロマーニャ）．モデナのロースト料理．ラルド、玉ネギ、セロリ、ニンジン、パセリ、セージ、ローズマリーのみじん切りをオリーブ油で炒めてソフリットを作り、油を切って取りおく．塩、コショウをした仔牛肉を鍋に入れ、ソフリットの油をかけ、オーブンに．焼き色がついたらソフリット、白ワインを入れ、オーブンで焼く．肉を取り出し、焼き汁にバターを加えて仕上げる．

▶ **puttanesca (alla ~)**

puntarelle(複)[プンタレッレ]女 ローマ特産でカタローニャ・チコリの変種. 冬が旬. 名前は spuntare [スプンターレ]「にょきっと生える」という意味から. また、中心の部分がアスパラガスに似ているところから cicoria asparago ともいわれる. 芯の部分を細く切り分け水にさらしてから、ニンニク、アンチョビー、酢、オリーブ油で作ったドレッシングで味付けたサラダがローマの伝統的な食べ方.

puntina [プンティーナ] 女 ごく少量.

puntine(複)[プンティーネ]女 骨付きバラ肉、スペアリブ(おもに豚肉. まれに仔牛のもの). = costine.

punto (a ~) [(ア・)プント] ミディアム. ちょうどよい加減、状態. (＊punto 男 点.)

punzecchiare [プンツェッキアーレ] 動 楊枝、串、フォークなどで刺して小さな穴を開ける.

purciddata [プルチッダータ] 女 シチリアの菓子. = (⇒) buccellato siciliano.

purè [プレ] 男 / **purea** [プレーア] 女 ピュレー、裏漉ししたもの.

puro [プーロ] 形 純正の、混じり気のない.

puttanesca (alla ~) [(アッラ・)プッタネスカ] 娼婦風、プッタネスカ(料理名). (＊puttanesco 形 娼婦の.)

　料理　・*spaghetti alla puttanesca.* (スパゲッティ娼婦風〈カンパニア〉) オリーブ油、ニンニク、赤トウガラシをフライパンに入れて火にかけ、ニンニクが色づいたらアンチョビー、黒オリーブ、ケイパー、パセリを入れて、更にトマトホールを加える. ゆでたスパゲッティを入れて手早く和える. ＊昔からあった料理だが、1960年代に、イスキア島在住の画家エドゥアルド・コルッチによって命名されたといわれている. その後ローマのリストランテから各地に広まっていった.

Q

q.b./ quanto basta [クヮント・バスタ] 適量、必要量. (＊quanto 副 必要なだけ.)

quadrello [クヮドゥレッロ] 男 仔羊・豚・仔牛の部位名 (ロースの肩寄りの部分).

quadrettare [クヮドゥレッターレ] 動 グリル板で格子状に焼き目をつける.

quadretti (複) [クヮドゥレッティ] / **quadrucci** (複) [クヮドゥルッチ] 男 スープ用の小さな正方形のパスタ. 卵と練った生パスタと、市販されている乾燥タイプとがある.

quadretto [クヮドゥレット] 男 小さい四角いもの.

quadro [クヮードゥロ] 形 正方形の. 男 正方形のもの.

quadrucci (複) = (⇒) quadretti.

quaglia [クヮッリア] 女 ウズラ. 一年中市場に並ぶため、レストランでもっとも出される機会の多い鳥.

　　料理 ・*polenta e quaje*（ポレンタとウズラのロースト〈ヴェネト〉）＊quaje はウズラのヴェネト方言. (⇒) polenta.

quaglio [クヮッリオ] 男 レンネットの別称. ＝ caglio.

qualità [クヮリタ] 女 品質、質.

quantità [クヮンティタ] 女 分量.

quaresima [クヮレーズィマ] 女 四旬節 (しじゅんせつ). カーニバルから復活祭までの日曜日を除いた40日間をいう.

quaresimale [クヮレズィマーレ] 男 ローマで四旬節に食べられるお菓子. ＝(⇒) maritozzo. 形 四旬節の. ・*alla quaresimale*. 四旬節風 (肉を使わない、いわゆる精進料理をいう.

quartirolo [クヮルティローロ] 男 牛乳製チーズ. その年の4回め (quarto) の刈り取りの牧草を食べた牛の乳で作られるため付けられた名. 製法はタレッジョと同じで、ミラノ周辺ではこの名で呼ばれる. quartirolo lombardo は D.O.P..

quarto [クヮルト] 形 第4の、4番めの. 男 4分の1.

quattro spezie [クヮットゥロ・スペッツィエ] 男 ①ナツメグ、ペッパー、クローブ、シナモンの4種を混ぜたもの. ②オールスパイスの呼び名. ＝ pepe della Giamaica, pimento della Giamaica.

quenelle [ケネル] (仏) 女 クネル. ＝ morbidella、chenella.

quiche [キッシュ] (仏) 女 キッシュ.

quinto quarto/ quintoquarto [クイント・クヮルト] 男 ローマ発祥の言葉で、

quinto quarto ▶

牛・仔牛の枝肉以外の内臓類やその他の部位の総称．枝肉は日本同様まず4分の1（quarto）に分けられ、残った部位はまとめて「5番めの4分の1」と呼ぶようになった．

R

rabarbaro [ラバルバロ] 男 ルバーブ．ダイオウ．
rabaton [ラバトゥン] 男 ピエモンテ州アレッサンドリアのニョッキの一種．
> 作り方 ゆでてみじん切りにしたフダン草（またはホウレン草）、リコッタ、卵、パン粉、チーズなどを混ぜ直径1cm、長さ5cmの棒状に成形する．小麦粉をまぶしてブロードでゆでた後、耐熱皿に並べ、パルミジャーノ、バター、セージの葉などをのせてオーブンに入れ、焼き色をつける．

raccogliere [ラッコッリィエレ] 動 集める．すくい上げる、拾い上げる．
raddoppiare [ラッドッピアーレ] 動 2倍にする、二重にする．
radica [ラーディカ] 女 = (⇒) radice.
radica gialla [ラーディカ・ジャッラ] 女 ニンジンの別称（どちらかというと昔の呼び名）．
radica amara [ラーディカ・アマーラ] 女 = (⇒) scorzonera.
radicchio [ラディッキオ] (複-chi) 男 ヴェネト地方の特産品である赤チコリ．= cicoria rossa. 10～3月が旬．大きく4種類に分けられ、名に産地名が付く．
① *radicchio rosso di Treviso*. [ラディッキオ・ロッソ・ディ・トゥレヴィーゾ] (I.G.P.) ベルギーチコリの栽培法により、在来のチコリを改良したもの．料理名に… alla trevigiana と付くと、ラディッキオを使った料理を指すことが多い．晩成種 tardivo [タルディーヴォ]（別名 spadone [スパドーネ]）、早生種 precoce [プレコーチェ] などがある．
② *radicchio rosso di Verona*. [ラディッキオ・ロッソ・ディ・ヴェローナ] (I.G.P.) バラの花のような形のもの．
③ *radicchio variegato di Castelfranco*. [ラディッキオ・ヴァリエガード・ディ・カステルフランコ] (I.G.P.) 緑と白と赤のまだら模様．
④ *radicchio rosso di Chioggia*. [ラディッキオ・ロッソ・ディ・キオッジャ] 固く結球したタイプ．ラディッキオの中で唯一通年イタリア全土で流通する．
radicchio canarino [ラディッキオ・カナリーノ] 男 ゴリツィア (Gorizia) 周辺で作られるチコリでバラの形をしている．黄色い色からカナリアという名が付いている．赤いまだら模様になるものもある．別名 radicchio di Gorizia. 赤くなる種類のものは rosa di Gorizia と呼ばれている．
radice [ラディーチェ] 女 野菜の根の部分、根野菜．・*radice di bardana*. ゴボウ．・*radice di loto*. レンコン．
radice di soncino [ラディーチェ・ディ・ソンチーノ] チコリの一種の根野菜で、

▸ **rambasici**

白く細長い．苦みがあるので酢水でゆでて使う．薬用効果も高い．クレモーナ県ソンチーノ周辺で作られ、毎年10月第4日曜日に収穫祭が行なわれる．= cicoria di soncino.

rafano [ラーファノ] 男 ①西洋ワサビ、ホースラディッシュ、レフォール．cren、barbaforte とも呼ぶ．②大根属の野菜の総称．ravanello (おもに二十日大根を指す) および①も入るので、混同することがある．・*rafano bianco*. 大根. = ramolaccio. 最近は daikon と表示されることも多い．・*rafano nero*. 黒大根．おもに薬用にされる．

rafferno [ラッフェルモ] 形 硬くなった、新しくない (特にパン)．・*pane raffermo*. 硬くなったパン．

raffinato [ラッフィナート] 過 形 精製された．

raffreddare [ラッフレッダーレ] 動 冷ます、冷やす．

ragno [ラーニョ] 男 ①スズキ (⇒ spigola) の別称．②上質のストッカフィッソ．昔ノルウェーの Ragnar という会社が扱うストッカフィッソの品質がよかったため、イタリア語化した ragno と呼び、上質のものを表す名称となった．

ragù [ラグー] 男 ラグー、煮込み料理、煮込みソース．

料理 ・*ragù alla bolognese all'antica* [ラグー・アッラ・ボロニェーゼ・アッランティーカ] (昔風のラグー・ボロニェーゼ〈エミリア=ロマーニャ〉) ❶鍋にみじん切りの玉ネギ、ニンジン、セロリ、バターを入れて炒める．❷別に粗みじん切りの牛肉と豚肉 (2:1) を強火で炒めて①の鍋に加え、赤ワインを加えて煮詰め、トマトペースト (またはパッサータ)、ブロードを加えて煮込む．牛乳を少量加えて更に煮詰め、塩、コショウ．

・*ragù napoletano* [ラグー・ナポレターノ] (ナポリ風ラグー) ❶塊の牛肉はひもでしばり、成形しておく．❷鍋にラードを熱し、①と小角に切った玉ネギ、ニンジン、セロリ、粗く切ったパンチェッタを入れて炒める．❸野菜がしんなりしたらワインを振り、ローリエ、トマトホール、バジリコを入れて約1時間煮込む (途中で湯を足しながら)．❹肉を取り出し (メイン料理に使う)、ソースを漉す．ソースを鍋に戻して火にかけ、塩、コショウで味を調える．

ragusano [ラグザーノ] 男 シチリア産のチーズ．D.O.P..

ramaiolo [ラマイヨーロ] 男 レードル (どちらかというと昔の呼び方)．= mestolo.

rambasici (複) [ランバスィーチ] / **rambasicci** (複) [ランバスィッチ] 男 フリウリ=ヴェネツィア・ジュリア地方のロールキャベツ料理．トリエステの料理で、オリジナルはスラブ料理．

作り方 合挽き肉、パン粉、パセリ、ニンニク、卵、パプリカ粉、塩、コショウを練って詰め物を作り、ゆでたチリメンキャベツの葉で俵形に包む．バターで玉ネギ

ramerino ▶

を炒めたところに入れて炒め、ブロードを加えて蓋をして火を通す．パン粉と粉チーズを加えて混ぜる．

ramerino [ラメリーノ] 男 ローズマリー（トスカーナ方言）．＝ (⇒) rosmarino.
rametto [ラメット] 男 ＝ ramoscello. 小枝、一枝（タイム、ローズマリーなど）．
rammollire [ランモッリーレ] 動 やわらかくする（特にバターなどを）．
ramolaccio [ラモラッチョ]（複-ci）男 (⇒) rafano (②) の別称．おもに大根 (rafano bianco) を指す．
ramoscello [ラモシェッロ] 男 ＝ (⇒) rametto.
rana [ラーナ] 女 カエル（アカガエル）．＝ ranocchia、ranocchio.
　料理　・*rana in guazzetto.*（カエルの煮込み〈ロンバルディア〉）＊ロンバルディア方言では rann in squassett [ラン・イン・スクァッセットゥ]．カエルの脚を切り分け、塩、コショウ、小麦粉をまぶしてサラダ油でソテーする．鍋に移してバター、ニンニクを加えて炒め、白ワイン、パセリ、トマトソースを加えて煮込み、塩、コショウ．

rana pescatrice [ラーナ・ペスカトリーチェ] 女 アンコウ．＝ (⇒) pescatrice、coda di rospo. ＊ rana、rospo は「カエル」の意で、見た目からの名前．
ranetta [ラネッタ] 男 ＝ renetta. リンゴの一品種名．
ranocchio [ラノッキオ]（複-chi）男 / **ranocchia** [ラノッキア] 女 カエルの別称．＝ (⇒) rana.
rapa [ラーパ] 女 カブ．古代ローマ時代から、食料および飼料として使われていた．現在はロンバルディア、フリウリなどで多く栽培され、北イタリアでよく食べられる．6～12月が旬．上部が赤紫色のミラノ種は、秋から冬にかけて出回る．
　料理　・*rape acide allo speck.*（カブのヴィネガー、スペック風味〈フリウリ＝ヴェネツィア・ジュリア、トレンティーノ＝アルト・アディジェ〉）サラダ油でスペックを炒め、皮をむいてくし形に切ったカブを加え、白ワインヴィネガーを振り、塩、コショウ、砂糖を少量加える．湯を少量加えて弱火で火を入れ、イタリアンパセリを振る．

rapanello [ラパネッロ] 男 (⇒) rafano (②) の別称．おもにラディッシュ、二十日大根の呼び名に使われる．さまざまな形のものがあり一年中出回る（本来は3～8月が旬）．＝ ravanello.
raperonzolo [ラペロンツォロ] 男 カブラギキョウ、ランピオン、ラプンツェル．野草の一種で葉と白い根はおもにサラダやスープに使用される．＝ raponzolo.
rapini（複）[ラピーニ] 男 ＝ (⇒) cime di rapa. トスカーナでの呼び名．
raponzolo [ラポンツォロ] 男 カブラギキョウ．＝ (⇒) raperonzolo.
rapprendere [ラップレンデレ] 動 固める．凝固させる．濃縮させる．固まる．凝固

する.

Raschera [ラスケーラ] 囡 ピエモンテ州クーネオ県の牛乳製チーズ (D.O.P.). 円盤形または角盤形で7〜10kg. 熟成がすすむと辛口になる. 標高900m以上の高地で作られるものは~ d'alpeggio [~・ダルペッジョ] と呼ばれる. テーブル・チーズ用.

raschiare [ラスキアーレ] 動 こすり取る. そぎ取る.

raschietto [ラスキエット] 男 スケッパー.

raso [ラーゾ/ラーソ] 形 すり切り. ・*cucchiaio raso*. スプーンすり切り一杯.

rassodare [ラッソダーレ] 動 固くする. 卵を固ゆでにする.

ratafià [ラータフィア/ラタフィーア] 男 アブルッツォ、ピエモンテ地方で作られるリキュール. ピエモンテでは絞ったブラックチェリーの汁、砂糖、水、香料を混ぜ、アルコール度数を26度に調整し、漉した後ビン詰にされる. アブルッツォではアマレーナ種のチェリーを地元赤ワイン、バニラ、シナモン、砂糖で約40日間漬けた後実を絞り、混ぜた後漉してビンに詰める.

ravanello [ラヴァネッロ] 男 = (⇒) rapanello. ラディッシュ、二十日大根、大根.

ravigotta (**salsa ~**) [(サルサ・)ラヴィゴッタ] 囡 ソース・ラヴィゴット.

raviole (複) [ラヴィオーレ] 囡 エミリア=ロマーニャ地方の半月形の菓子.

ravioli (複) [ラヴィオーリ] 男 ラヴィオーリ. ジェノヴァ発祥の詰め物パスタ. 現在は詰め物パスタの一般的名称として全土で使われている. 詰め物のヴァリエーションは大きく分けて、野菜・キノコ系、チーズ・リコッタ系、肉系、魚介系の4種類になる.

料理 ・*ravioli di ricotta.* (リコッタ入りラヴィオーリ サルデーニャ風) ＊サルデーニャ方言では culingionis de arrescottu [クリンジョーニス・デ・アレスコットゥ] という. ❶リコッタ、ゆでてみじんに切ったホウレン草、卵黄、サフラン粉、ナツメグ、塩、コショウを混ぜ合わせて詰め物を作る. ❷セモリナ粉と卵、オリーブ油で練ったパスタを薄くのばし、半分に卵黄を塗って①を等間隔に絞り、反対側の生地を折り返して挟み、詰め物のまわりを押さえて正方形に切り分ける. ❸オリーブ油とバジリコを合わせて火にかけ、トマトソースを加え、ゆでたラヴィオーリを入れてペコリーノを加えて和える.

raviolini (複) [ラヴィオリーニ] 男 小型のラヴィオーリ.

ravizzone [ラヴィツォーネ] 男 菜の花の一種 (油を採るための品種). ・*olio di ravizzone*. 菜種油.

razza [ラッザ] 囡 エイ.

reale [レアーレ] 男 牛・仔牛の肩ロース肉. 形 王の、王様の. ・(⇒) *gambero reale.* 車エビ.

recipiente [レチピエンテ] 男 容器. おもに液体用でガラス、プラスティック製が多い. = contenitore.

refrigeratore [レフリジェラトーレ] 男 冷蔵庫、冷却器、クーラー.

regaglie(複) [レガッリエ] / **rigaglie**(複) [リガッリエ] 女 家禽類の内臓の総称(鶏の場合はトサカも含む). (⇒) frattaglie.

regamo [レーガモ] 男 オレガノの別称 (あまり使われない). = (⇒) origano.

reginette(複) [レジネッテ] 女 両端が波形になった幅広のロングパスタ (ナポリが発祥の地). = (⇒) mafalde.

regionale (**cucina ~**) [(クッチーナ・)レジョナーレ] 地方料理. 各州の料理. 郷土料理. (* regionale 形 地方の. 田舎の.)

regione [レジョーネ] 女 州. 地方.

regolare [レゴラーレ] 動 加減する、調整する (火力、塩など).

rene [レーネ] 男 腎臓 (あまりレシピには使われない言葉). = (⇒) rognone.

renetta [レネッタ] 女 リンゴの一品種名. = ranetta.

restante [レスタンテ] 現 形 残りの. = rimanente.

resto [レスト] 男 残り (一般会話では、「おつり」という意味もある).

restringere (**fare ~**) [(ファーレ・)レストゥリンジェレ] 動 煮詰める. (* restringere 動 縮める、小さくする、減らす.)

rete [レーテ] / **retina** [レティーナ] / **reticella** [レティチェッラ] 女 網脂 (食材名として). = omento di maiale.

reticolo [レティーコロ] 男 ハチノス (牛・仔牛などの第2胃) の名称. 料理には cuffia、bonetto、nido di vespa (nido d'ape) が使われる.

rettangolare [レッタンゴラーレ] 形 長方形の.

ribes [リーベス] 男 スグリ. 語源はアラブ語の ribas [リバス]. 本来 ribas はダイオウ (rabarbaro [ラバルバロ]) を指していたが、アラブ人がこの名をスグリにも付けてしまったと思われる. *ribes grossularia* (通り名は uva spina). グーズベリー. *ribes nero*. 黒スグリ (カシス). *ribes rosso*. 赤スグリ (レッドカラント).

ribollita [リボッリータ] 女 リボッリータ (トスカーナ地方のスープ). 「二度煮込む」という名の通り、インゲン豆入りの野菜スープに、パンを加えて煮たスープ. 秋の終わりから冬の季節には、トスカーナ特産の cavolo nero (黒キャベツ) が欠かせない.

ricavare [リカヴァーレ] 動 調達する、作り出す.

riccia [リッチャ] 女 = (⇒) abomaso (赤センマイ、ギアラ) のミラノでの呼び名. ricciolotta [リッチョロッタ]、francese [フランチェーゼ]、franciata [フラン

▶ **ricotta**

チャータ]とも呼ばれる.

ricciarelli（複）[リチャレッリ] 男 シエナ作られるアーモンド・クッキー (I.G.P.).

riccio di mare [リッチョ・ディ・マーレ] ウニ. 意味は「海のハリネズミ」. ナポリでは ancine [アンチーネ] ともいう. 古代ローマからよく食べられていた. 獲れるのはおもに南で、特にプーリアのウニは有名. 雌、そして R の付く月がおいしいといわれる (5～6月は禁漁期). 一般の人が獲ってよいのは1日50個まで (とげを入れて直径7cm 以上のもの)、漁師の場合は1000個までとの規定がある. ＊サルデーニャでは自治州の規則が別にあり漁期、漁獲量が違うようだ.

ricciola [リッチョーラ] 女 カンパチ (最近はイタリアでも養殖されている). ・ *ricciola del pacifico*. ヒラマサ.

ricciolotta [リッチョロッタ] 女 赤センマイ、ギアラ. ＝ (⇒) abomaso、riccia.

ricetta [リチェッタ] 女 レシピ.

ricevimento [リチェヴィメント] 男 レセプション.

ricoprire [リコプリーレ] 動 覆う.

ricotta [リコッタ] 女 リコッタ.「再び火を通した」という意味. チーズを作る際にできた乳清を再び加熱して作るところからの名. 本来はチーズではないが、チーズ同様に扱われている. 歴史的に古く、伝統的な菓子にはリコッタを使ったものが多い.

【リコッタの種類】

・*ricotta piemontese* [リコッタ・ピエモンテーゼ] ＝ ricotta seirass [リコッタ・セイラッス]. 牛乳の乳清を使う. ricotta romana よりクリーミーで裏漉しせずそのまま使える.

・*ricotta infornata* [リコッタ・インフォルナータ] オーブンで焼き色がつくまで焼いたリコッタ (シチリア).

・*ricotta romana* [リコッタ・ロマーナ] D.O.P. 羊乳の乳清を使う. 古代ローマ時代から作られており、甘口と辛口がある. 料理や菓子に使われるのは甘口のほう.

・*ricotta stagionata* [リコッタ・スタジョナータ] 羊の乳清を使い、熟成させて固くなったリコッタ. 辛口で、ペコリーノと同じような使い方をする. おもにシチリアで使われる.

・*ricotta affumicata* [リコッタ・アッフミカータ] フリウリ (特にカルニア地方) で使われる燻製リコッタ. 方言で scuete fumade [スクエーテ・フマーデ].

料理 ・*ricotta fritta*. (リコッタのフライ〈シチリア〉) リコッタを厚めに切り、水気を取り、小麦粉をまぶして溶き卵にくぐらせ、高温の油で揚げて塩を振る. ＊ローマでは粉糖とシナモン粉を振り、菓子として食べる.

ridotto [リドット] 過 形 煮詰まった．細かくした．・*ridotto in polvere*. 粉末にした．

ridurre [リドゥーレ] 動 煮詰める，小さくする，細かくする，減らす．・*ridurre in polvere*. 粉末状にする．

riduzione [リドゥツィオーネ] 女 煮詰めること．

riempire [リエンピーレ] 動 詰め物を詰める．鍋、器などに（おもに液状のものを）満たす．

rifatto [リファット] 過 形 一度加熱調理したものを別の調理法で仕上げた．・*manzo rifatto alla pizzaiola*. ボイルした牛肉を温めなおし、ピッツァイオーロ風に仕上げる料理．

rifreddo [リフレッド] 形 冷製の．男 冷製料理．

riga [リーガ] (複-ghe) 女 線，筋．

rigaglie = (⇒) regaglie.

rigalimoni [リーガリモーニ] 男 カネルナイフ．柑橘類の飾り切りで、表皮に筋を入れるために用いる．

rigatino [リガティーノ] 男 トスカーナ地方で作られているパンチェッタの方言名．

rigatini (複) [リガティーニ] 男 筋入りの細めのマカロニ．

rigatoni (複) [リガトーニ] 男 リガトーニ（筋入りの太めのマカロニ）．ローマ発祥のパスタ．

料理 ・*rigatoni con pajata*. (リガトーニ 小腸の煮込みソース風味〈ラツィオ〉) * pajata は pagliata（牛・仔牛の十二指腸＋小腸）のローマ方言．❶鍋にオリーブ油とみじん切りの玉ネギ、ニンジン、セロリ、赤トウガラシ、ローリエを入れて炒める．❷下処理をした小腸を別にオリーブ油で炒め、白ワインを振り、①の鍋に入れる．つぶしたトマトホールを加えて弱火で煮込み、塩で味を調える．ゆでたリガトーニを入れてなじませ、皿に盛り、ペコリーノを加える．

rigirare [リジラーレ] 動 裏返す．= girare.

rimanente [リマネンテ] 現 形 残りの．= restante.

rimescolare [リメスコラーレ] 動 更にかき混ぜる．

rimettere [リメッテッレ] 動 もとのところに入れ直す．置き直す．

rinfresco (単) [リンフレスコ] / **rinfreschi** (複) [リンフレスキ] 男 (複数形で) 軽めの料理のブッフェ・パーティー．カクテル・パーティー．またそれらでサービスされる料理、飲み物を指す．

rinvenire (far ~) [(ファール・)リンヴェニーレ] 動 豆などの乾物を水に浸けて戻す．(* rinvenire 動 水に浸かって戻る.)

ripieno [リピエーノ] 男 詰め物．形 詰め物をした．

▶ **risotto**

riportare [リポルターレ] 動 もとの状態に戻す．
riposare（far ~ / lasciar ~）[（ファール・/ ラッシャール・）リポザーレ] 動 ねかせる，やすませる．（＊ riposare 動 やすむ．）
riscaldare [リスカルダーレ] 動 再加熱する，温め直す，温める．
risciacquare [リシャックワーレ] 動 すすぐ，サッと洗う．＝ sciacquare.
risi e bisi [リーズィ・エ・ビーズィ] 米とグリーンピースのスープ（ヴェネト）．ヴェネツィア共和国があった時代の，ドージェ（総督）の宴会料理に出された（当時米は高価で，貴族や金持ちのために使われた）．
　作り方 鍋にバターを入れ，みじん切りにした生ハム，玉ネギを炒める．玉ネギがしんなりしたらブロードを加え，沸騰したら米，グリーンピースを入れて煮込む（途中で湯を加えながら）．パセリを加えて塩，コショウで味を調え，火からおろし，バター，パルミジャーノを加えて手早く和える．＊水分を調整して，スープ仕立てまたはリゾット仕立てにできる．

risini（複）[リズィーニ / リスィーニ] 男 米粒の形のスープ用パスタ．
riso [リーズォ / リーソ] 男 米．10世紀ごろアラブ人がシチリアにはじめて米を持ち込んだ（薬として）が，本格的に使用が広まったのは14世紀以降．最初はすべて輸入品で高価な食材であり，使用は貴族階級に限られていた．その間ベネディクト派の僧院で米の栽培，研究が進み，16世紀に入るとパダーナ平原を中心に，本格的な米の栽培が始まった．現在も米が日常的に食べられるのは北部．
　料理 ・*riso e fegatini in brodo.*（米と鶏レバーのスープ〈北部一帯〉）ブロードを温め，細かく切ってバターソテーしたレバー，ゆでた米を入れ，パセリを加えて火を止め，パルミジャーノを入れて混ぜる．＝ Minestra di riso con prezzemolo e fegatini. ロンバルディア方言では Ris erborin e fideghin de pollaster.

risone [リゾーネ / リソーネ] 男 脱穀していない米．
risoni（複）[リゾーニ / リソーニ] 男 大きめの米粒の形のスープ用パスタ．メーカーによっては orzo とも呼ぶ．
risotto [リゾット / リソット] 男 リゾット．
　料理 ・*risotto alla certosina.*（修道院風リゾット〈ロンバルディア州パヴィア〉）（⇒）certosina.
　・*risotto alla milanese.*（ミラノ風リゾット〈ロンバルディア〉）米をバターで炒め，白ワインを加えてアルコールをとばし，ブロードを加える．サフラン（粉とホール）を入れ，途中でブロードを足しながら煮込む．米に火が通ったら火からおろし，塩で味を調え，バターとパルミジャーノを加えて手早く混ぜる．＊ミラノでは risotto giallo（黄色いリゾット）と呼ばれる．ミラノの人々にとって，リゾッ

risotto ▶

トはすべてミラノのものであり、これに限ったものではないため.

・*risotto alla parmigiana.*（パルミジャーノ風味リゾット）玉ネギをバターで色づかないように炒め、米を入れ、ときどきかき混ぜながら炒める. 白ワインを加えてアルコールをとばし、ブロードを入れる. 途中でブロードを足しながら煮込む. 米に火が通ったら火からおろし、塩をする. 残りのバターとパルミジャーノを加え、手早く混ぜる. = risotto al parmigiano. ＊ロンバルディア、ピエモンテでは risotto bianco（白いリゾット）と呼ばれる.

・*risotto alla pescatora.*（漁師風リゾット〈各地方〉）魚介とマリナーラソースなどで作ったソースを、リゾットを作る途中で加えて煮込み、塩で味を調える. 火からおろし、オリーブ油を混ぜて器に盛り、魚介を添える. ＊レストランのメニューとして考えられた.

・*risotto alla piemontese.*（ピエモンテ風リゾット）基本のリゾットの仕上げのバターを半量にし、生クリームを加える. ＊季節には白トリュフのスライスを添える. 地域によってさまざまな作り方がある.

・*risotto alla pilota.*（脱穀人風リゾット〈ロンバルディア州マントヴァ〉）❶厚手の鍋に湯を沸かして塩を加え、火を止め、中央に米を静かに入れて平らにならし、強火で煮込む. 火を止めて蓋をし、厚手の布でくるんで15分おく. ❷サラメッレ（サルシッチャ）をほぐしてバターで炒め、①の鍋にパルミジャーノとともに加えてかき混ぜる.

・*risotto alla sbirràglia.*（おまわり風リゾット〈ヴェネト〉）細かく切った鶏肉と仔牛肉をオリーブ油で炒め、玉ネギ、ニンジン、セロリを加え、さっとゆでて切った鶏レバーを加え、塩、コショウ. これを加えてリゾットを作り、火からおろし、バターとパルミジャーノを加えてかき混ぜ、パセリを振る. ＊第二次世界大戦以前、権力者側についていた警官たちに対する皮肉を込めた料理名. このリゾットにまつわる話として、横暴な軍警察（憲兵）が農民から鶏1羽を取り上げ、これをさばかせて料理を作らせた、というものがあり、鶏肉の他レバーが入るのはそのため. またこれとは別に、ヴェネト地方がかつてオーストリアに占領されていたことがあることから、オーストリアの憲兵や警官のことを指すという説もある. 作り方にはさまざまなヴァリエーションがある.

・*risotto alla trevigiana.*（トレヴィーゾ風リゾット〈ヴェネト〉）スペックと赤チコリをサラダ油とバターで炒め、これを途中で加えてリゾットを作り、八分通り火が通ったら生クリームを加え、完全に火が通ったら塩、コショウ. 火からおろし、バターとパルミジャーノを加えて混ぜ、器に盛り、パセリを振る. ＊トレヴィーゾの赤チコリを活かす料理として考えられた.

・*risotto allo spumante.*（スプマンテ風味のリゾット）白ワインの代わりに辛

▶ rognone

ロのスプマンテを加えてリゾットを作り、仕上げ前に生クリームを加える．仕上げのバターを半量にし、更にスプマンテを加える．＊シャンパンを使うと～ allo champagne になる．

・*risotto al nero di seppia.*（イカ墨のリゾット〈ヴェネト〉）途中でイカ墨のソースを加えてリゾットを作り、塩、コショウ．オリーブ油を加えて混ぜ、パセリを振る．＊ヴェネツィアでは risoto nero とも呼ぶ．

・*risotto al salto.*（焼きリゾット〈ロンバルディア〉）冷ましたミラノ風リゾットを厚さ1～2cmの円形に形作り、バターで両面をカリッと焼く．

・*risotto al vino rosso.*（赤ワイン風味のリゾット〈ピエモンテ〉）白ワインの代わりに赤ワインを加えて作る．

・*risotto primavera.*（春のリゾット〈ヴェネト〉）ゆでて角切りにした春野菜、グリーンピース、トマトを加えてリゾットを作り、仕上げにパセリとバジリコを振る（米、バター、チーズは減らす）．＊ハリーズバーの先代オーナー、ジュゼッペ・チプリアーニ氏が、春をイメージして作った．

ritaglio [リタッリョ]（複-gli）男 切りくず、切り落とし．
ritirare [リティラーレ] 動 取り出す．・*ritirare dal fuoco.* 火からおろす．
rivestire [リヴェスティーレ] 動 覆う．
rivoltare [リヴォルターレ] 動 裏返す．
Robespierre [ロベスピエール]（仏）人名 ピエモンテ、ロンバルディアには（⇒）tagliata（タリアータ）をメニューに載せる場合、Robespierre と書くレストランもある．ロベスピエールはフランス革命時代の政治家．恐怖政治を推進する公安委員会の中心的人物で、反対派の人々を次々とギロチンで処刑したことで有名．タリアータの「切った」という意味からの連想で付けられた、ブラック・ジョーク的な料理名と思われる．ニンニク、ローズマリー、グリーンペッパーの風味をつけるのが特徴．= tagliata alla Robespierre、filetto di manzo alla Robespierre.
robiola [ロビオーラ] 女 ピエモンテ州、ロンバルディア州で作られるソフトタイプのチーズ．山羊乳100％の他、最低50％の山羊乳に牛乳または羊乳を加えて作られ、角盤形と円盤形がある．ドルチェは8～10日間、ピッカンテは40～50日間多湿のところで熟成させ、熟成がすすむと表面がかびで赤くなる．有名なピエモンテ州アスティ産の robiola di Roccaverano (D.O.P.) は、乳酸菌を使って凝固させるフレッシュタイプ．
rognonata [ロニョナータ] 女 仔牛の腎臓付きの鞍下肉のロースト．
rognone [ロニョーネ] 男 腎臓．= argnone. トスカーナ方言では arnione [アルニオーネ] という．おもに北部で仔牛のものが使われ、豚、牛のものはレストランではほとんど使われない．

rollè ▶

料理 ・*rognone di vitello trifolato.*(仔牛腎臓のソテー〈各地方〉) 仔牛の腎臓を掃除してひと口大に切り、サラダ油をひいたフライパンに入れてごく弱火でサッとソテーしてアクを出し、流水で洗って水気をふき取る. 塩、コショウ、小麦粉をまぶし、サラダ油をひいたフライパンに入れて強火でソテー. ブランデー、白ワイン、マルサラ酒、スーゴ・ディ・カルネを加えて軽く煮詰め、バターとパセリを加える.

rollè [ロッレー] 男 牛・仔牛・豚肉をロール状にしてローストした料理.

rombo [ロンボ] 男 ヒラメ.

romice [ローミチェ] 女 スイバ、ギシギシなどの総称. スカンポと呼ばれることもある.(⇒) acetosa. スープに入れる、またはゆでて使う.

rompere [ロンペレ] 動 割る、壊す. ・*rompere le uova.*卵を割る.

rondelle (複) [ロンデッレ] 女 輪切り.

rosa [ローザ] 女 ①バラ(花). ②牛・仔牛の内もも肉. = fesa (牛の場合)、fesa francese (仔牛の場合). 形 (無変) バラ色の.

rosa canina [ローザ・カニーナ] 女 ローズ・ヒップ.

rosada [ロザーダ] 女 プリンに似た、ヴェネト州のデザート. 卵、卵黄、牛乳などを混ぜて型に流し、湯煎にしてオーブンで焼く.

rosamarina [ローザマリーナ] 女 ①生シラス (カラブリア地方の方言). sardella とも呼ばれている. = (⇒) bianchetti. ②生シラス、シラスを粉トウガラシやオリーブ油などに漬け、発酵させたもの. トマトを加えたものもある.

rosbif [ロスビフ] 男 ローストビーフをイタリア語化した名前.

roscani (複) [ロスカーニ] 男 オカヒジキ (マルケ方言). = (⇒) barba di frate.

roscioli (複) [ロッショーリ] 男 ヒメジのマルケ、アブルッツォ州の方言名. = (⇒) triglie.

rosetta [ロゼッタ] 女 バラの形をした小型のパン (ローマ). 中が空洞で、外側のパリパリ部分を楽しむ. ミラノでは michetta [ミケッタ] と呼ばれる.

rosmarino [ロズマリーノ] 男 ローズマリー. 語源はラテン語の ros marinum で、「海の露」という意味. 夜間に湿度が高く、葉に夜露がつくような環境を好むため. 古代ローマでは不死のシンボルとされた. 広い地域で使われるが、北部や山地では少なく、セージのほうが使われる. = ramerino (トスカーナ方言).

rosolare [ロゾラーレ] 動 ソテーやローストして焼き色をつける.

rosolio [ロゾーリオ] (複-li) 男 ロゾーリオ. バラの花びらをアルコールに漬け、シロップを加えて作るリキュール. 今ではさまざまなものを漬けて作るが、15世紀に最初に漬けたものがバラ (rosa) だったのでこの名前が付いた.

rospo [ロスポ] 男 ①カエル (ヒキガエル). ②アンコウの別称. = coda di rospo.

rossetti(複)[ロッセッティ] 男 ハゼ科の魚で英名トランスペアレントゴビー．4〜6cmの小さな魚でやや赤みがかっているが，加熱すると白くなる．シラスの禁漁期に代用される．

Rossini (alla ~) [(アッラ・)ロッシーニ] ロッシーニ風．①仏料理の牛ヒレ肉のロッシーニ風．(＊Rossini 男 人名 ロッシーニ．マルケ出身のイタリアの作曲家．美食家としても有名)．②マカロニ料理の一種．

料理 ・*maccheroni alla Rossini*．(ロッシーニ風マカロニ〈マルケ〉)生ハム、乾燥ポルチーニ、トリュフのみじん切り、トマトをバターで炒め、ブロード、スプマンテ、生クリームなどを加えたソースとマカロニを耐熱容器に交互に入れ、パルミジャーノ、グリュイエールを振りかけ、オーブンで焼く．＊他にマカロニに詰め物をして焼くタイプなどもある．

rossola [ロッソラ] 女 ベニタケ科のキノコの総称．＝ russola、russula. colombina maggiore (カワリハツ)、verdone (アイ茸) などがある．

rosticceria [ロスティッチェリーア] 女 ①ロースト料理やフライなど、おもに温かい惣菜類を販売し、簡単に食事もとれる店．＝ tavola calda. ②厨房でおもにグリル、フライ料理を担当する部署．

rosticciana [ロスティッチャーナ] 女 豚の骨付きバラ肉の呼び名 (トスカーナ)、および料理名 (おもにグリル料理)．

rostiera [ロスティエーラ] 女 ロースト用の天板．ローストパン．

rostin negaa [ロスティン・ネガア/ルスティン・ネガア] 男 仔牛Tボーンのソテー 白ワイン風味 (ロンバルディア)．代表的なミラノ料理で、ミラノではよくブリアンツァ産の仔牛が使われる．rostin negaa はミラノ方言．イタリア語では arrostini annegati (または nodini annegati)．negaa、annegati はいずれも「おぼれた」という意味で、やや多めの白ワインで蒸し煮にする調理法を指す．

作り方 仔牛Tボーン肉に塩、コショウ、小麦粉をまぶし、サラダ油で焼く．ローズマリー、パンチェッタを加えて更に焼き、白ワインを加えて蓋をし、弱火で火を通し、スーゴ・ディ・カルネを加える．肉を取り出し、焼き汁にバターを加えて混ぜ、肉にかけてパセリを振る．

rostisciada [ロスティシャーダ/ルスティシャーダ] 女 ロンバルディア地方のソースで、ルガネガと豚のくず肉を玉ネギなどと炒めて煮て作る．ポレンタと一緒に食べる．＝ rusticiada、rustisciada.

rostisciana [ロスティシャーナ/ルスティシャーナ] 女 (⇒) rostisciada のヴァリエーションで、豚のくず肉の代わりにロースの切り身を使い、トマトが加わる．

roston [ルストゥン] 男 ピエモンテ州アルバの、仔牛のヒレ肉の煮込み料理．＊現在はほとんど作られていない．

rotella ▶

料理 ・*roston all'albese* ("ルストゥン"仔牛ヒレ肉のアルバ風煮込み) ❶仔牛のヒレ肉に白トリュフの細切りをピケする．ローズマリー2枝を添えてひもで結わえて成形し塩、コショウをする．❷浅鍋にオリーブ油を熱し、①のヒレ肉を入れて全体に焼き色をつけ、香味野菜のみじん切りを加えて更に炒め、白ワインを加え煮詰める．❸肉を取り出して煮汁を裏漉す．鍋に肉とソースを戻し、炒めたポルチーニ茸の薄切り、生クリームを加え濃度がつくまで煮る．❹肉を切り分けて皿に盛り、ソースをかけ、トリュフのスライスをのせる．

rotella [ロテッラ] 囡 パイカッター．・*rotella dentellata.* 波型のパイカッター．

rotolino [ロトリーノ] 男 ロール状に巻いた小型のもの．

料理 ・*rotolini di melanzane in umido.* (挽き肉のナス巻きトマト風味〈南部一帯〉) 合挽き肉、ペコリーノ、パン粉、ニンニク、卵、パセリ、塩、コショウを混ぜて、薄切りにして油で揚げた米ナスで巻く．オリーブ油で玉ネギを炒め、トマトホール、バジリコを加え、ナス巻きを入れてオーブンで火を通す．取り出して器に盛り、ソースの味を調えてかけ、パセリを振る．

rotolo [ロートロ] 男 太めのロール状に仕上げた料理 (肉、魚、パスタ、ケーキなど)．

rotondo [ロトンド] 形 円形の．

roventino [ロヴェンティーノ] 男 豚の血で作ったフリッタータ (トスカーナ)．＝ migliaccio ①(①)．

rovesciare [ロヴェッシャーレ] 動 ひっくり返す (型や器に入れたものを)．

rovo [ローヴォ] 男 ブラックベリー．

rubatà [ルバター] 男 トリノで作られるやや太めのグリッシーニの呼び名．

ruchetta [ルケッタ] 囡 本来は (⇒) rucola selvatica の別称ではあるが、イタリア本国でも呼び名が混同している．

rucola [ルーコラ] 囡 ルコラ．ルーコラ．＝ ruca．古代ローマ時代からあり、性欲増進の薬草といわれた．本来は自生のものだが、現在流通しているものは栽培されたものである．

rucola selvatica [ルーコラ・セルヴァーティカ] 囡 「野生のルコラ」という名ではあるが、実際はルコラとは違う科の野草．現在は栽培されたものが大半である．ルコラにくらべて葉が肉厚で小さい．風味がルコラに似ているところから ruchetta と呼ばれていた．イタリアではルコラとルコラ・セルヴァティカをはっきり区別せず呼んでいる．

rughetta [ルゲッタ] 囡 (⇒) rucola、ruchetta のラツィオでの呼び名．

rullo [ルッロ] 男 ローラー式麺棒．・*rullo buca-sfoglia.* パイ生地用穴開けローラー．

rumine [ルーミネ] 男 ミノ (牛・仔牛などの第1胃)．＝ chiappa (リチェッタなど

▸ **ruvido**

にはこの呼び方が使われることが多い)、pancia、cordone.

rummu a stimpirata [ルンム・ア・スティンピラータ] ヒラメのシラクーザ風（シチリア）＊ rummu は rombo（ヒラメ）のシチリア方言．stimpirata は stemperare 動（粉などに水を加えて薄める、溶く）からきている言葉で、火を通す際に水を加えて薄めるところから．

作り方 ❶ヒラメに小麦粉をまぶして揚げ、塩を振る．❷玉ネギ、セロリ、セロリの葉、ニンニクをオリーブ油で炒め、ケイパー、グリーン・オリーブ、パセリ、①のヒラメを入れ、白ワインヴィネガー、ミントを加えて蓋をして火を通し（水気が足りなければ湯を少量加える）、塩、コショウをする．

ruote（複）[ルオーテ] 女 ホイール・パスタ．車輪形のマカロニ．イタリアではおもに家庭や大量給食で使われる．

ruspantino [ルスパンティーノ] 男 地鶏（放し飼いの鶏）．＝（⇒）pollo ruspante.

russola [ルッソラ] / **russula** [ルッスラ] 女 ベニタケ科のキノコの総称．＝（⇒）rossola.

rustico [ルスティコ]（複男-ci、複女-che）形 田舎風の．・*alla rusutica*．田舎風．

rustida [ルスティーダ] 女 ピエモンテ東部で作られるトマト煮込み料理で、サルシッチャ、豚肉、豚のハツ、肺などが使われる．ポレンタを添えて食べることが多い．

rusticiada ＝（⇒）rostisciada.

rustisciada ＝（⇒）rostisciada.

ruta [ルータ] 女 ヘンルーダ、ガーデンルー．古代ローマではよく使われた野草だが、現在ではおもにグラッパの風味づけやリキュールに使われる．

ruvido [ルーヴィド] 形 ざらざらした．・*pasta ruvida*．ブロンズダイスで成形したパスタで、表面にざらつきがある．

S

saba [サーバ] 囡 ブドウ汁 (モスト) を煮詰めたものでラテン語で sapa と呼ばれていた. エミリア=ロマーニャではおもに saba と呼び、サルデーニャでは sapa と呼んでいるようである. 同様のものに (⇒) mosto cotto や vincotto (プーリア) がある.

sac a poche [サカポシュ] (仏) 男 絞り袋. = tasca da pasticciere、sacchetto.

sacchetto [サッケット] 男 袋、絞り袋. = sac a poche、tasca.

sacripantina [サクリパンティーナ] 囡 リグーリア地方のケーキ.
　作り方 薄く切ったパン・ディ・スパーニャ (pan di spagna) に2種類のバター・クリーム (コーヒー風味、カカオ入り) を交互に塗りながら重ね、最後に全体にコーヒー風味クリームを薄く塗り、パン・ディ・スパーニャを粉状にしたものをまぶし、粉砂糖を振る.

sacristanu [サクリスターヌ] 男 = (⇒) sarago のシチリア方言.

sagne (複) [サーニェ] 囡 (⇒) lasagne、lasagnette および tagliatelle の中南部から南部にかけての呼び名.

sagne chine [サーニェ・キーネ] 囡 カラブリア地方のラザーニャ料理. イタリア語では lasagne ripiene.「詰め物をしたラザニア」という意味で、おもに復活祭に食べられる. バジリカータでも作られる.
　作り方 水で薄めたスーゴ・ディ・カルネ、薄くのばしてゆでたパスタ、ゆでたカルチョフィ、ソテーした玉ネギとマッシュルームとグリーンピース、ゆで卵、モッツァレッラ、焼いたポルペッティーノ、ペコリーノを層にして焼く.

sagne 'ncannulate (複) [サーニェ・ンカンヌラーテ] 囡 プーリアの手打ちパスタ. 乾燥品もある. 幅2cm、長さ25cm ほどのパスタをらせん状にねじって筒形に成形したもの.

sagra [サーグラ] 囡 祭り. sacra (神聖な) と同義語で、収穫祭、地元の食に関する伝統行事の意味で使われることが多い.

salacca / saracca [サラッカ] (複-che) 囡 アロサ (⇒ alosa) を塩漬けまたは燻製にしたもの. ヴェネト、フリウリの山岳地では保存食として作られ、サッとあぶってポレンタと一緒に食べることが多い. 地方によってはニシンで作ることもある.

salagione [サラジョーネ] 囡 塩漬けにすること. = salatura.

salama da sugo [サラーマ・ダ・スーゴ] エミリア=ロマーニャ州フェラーラで作られるサルーメ (I.G.P.). タン、レバー、豚肉、背脂を挽いてスパイス、赤ワインなどで味つけ、膀胱に詰め、メロンのような形にして1年間乾燥、熟成させて作

る．加熱して食べる．= salamina．

salama da tai [サラーマ・ダ・タイー] salama da sugo とほぼ同じ製法で作られるが、こちらは冬の寒い時期に熟成自然乾燥され、非加熱でスライスして食べるタイプ．salama da tai は方言．イタリア語では salama da taglio という．

salamandra [サラマンドゥラ] 囡 サラマンダー．

salame [サラーメ] 男 サラミ．各地にその土地特産のサラミがある．南部はトウガラシ入りが多く、北部はニンニク控えめなものが多い．salame crudo (非加熱タイプのサラミ) が一般的な呼び方だが、まれに salame stagionato (熟成タイプのサラミ) と呼ぶこともある．

・*salame di asino* [サラーメ・ディ・アーズィノ] ロバのサラミ．ピエモンテ州ノヴァーラなどで、少量作られている．

・*salame di cavallo* [サラーメ・ディ・カヴァッロ] 馬肉のサラミ．ロンバルディア州北部、ヴェネト州北部で作られる．

・*salame di cinghiale* [サラーメ・ディ・チンギアーレ] イノシシのサラミ．トスカーナ州シエナ、マレンマ地方で作られる．

・*salame d'la duja* [サラーメ・ドゥラ・ドゥイヤ] ピエモンテ州産．熟成後のサラミを陶器の入れ物 (方言で duja) に入れ、ラードを加えて保存したもの．

・*salame d'oca* [サラーメ・ドーカ] ガチョウのサラミ．ロンバルディア州ロメリーナ地方モルターラ産 (I.G.P.)、ピエモンテ州のノヴァーラ産が有名．ヴェネト、フリウリのものはスモークをかけて熟成させるタイプ．

salame cotto [サラーメ・コット] 男 おもにピエモンテ、ロンバルディアで作られるコテキーノに似たサラミで、加熱調理されたタイプ．

salame di patate [サラーメ・ディ・パターテ] ピエモンテ地方 (特にビエッラ、ヴェルチェッリ) のジャガイモを加えて作ったサラミ．加熱して食べるのが一般的．

salamella [サラメッラ] 囡 加熱して使うサルシッチャの一種．ロンバルディア州マントヴァ特産．

salamina [サラミーナ] 囡 = (⇒) salama da sugo．

salamino [サラミーノ] 男 スモールタイプのサラミ．

salamoia (in ~) [(イン・) サラモイア] 塩水漬けの．(＊ salamoia 囡 漬けるための塩水．)

salare [サラーレ] 動 塩を振る、塩を加える．

salatini (複) [サラティーニ] 男 塩味を加えたパイ生地、ビスケット生地を焼いたもの．食前酒などと一緒に供される．

salatura [サラトゥーラ] 囡 塩を加えること．塩漬けにすること．= salagione．

sale [サーレ] 男 塩．イタリアでは 1974 年までは国の専売制だった．・*sale mari-*

salicornia ▶

no. 海塩. · ***sale fino***. 精製塩. · ***sale grosso***. 粗塩.

salicornia [サリコールニア] 囡 厚岸草（アッケシソウ）、シーアスパラガス．アカザ科の塩生植物．地中海沿岸（特にアドリア海側）の湿原に生育する．日本では北海道の厚岸に生育する．花が咲く前の緑色の穂がついた茎がアスパラガスに似ているので俗称は asparagi di mare. ゆでてサラダにする他、魚介類の料理に使われる.

saliera [サリエーラ] 囡 塩入れ.

salmerino [サルメリーノ] 男 イワナ類の総称（イタリアには〜 alpino〈アルプスイワナ〉と呼ばれている種がいる）．おもにアルト・アディジェやヴァルテッリーナ一帯に生息する．最近は人工飼育が行なわれている.

salmí [サルミ] 男 ジビエなどの煮込み（おもに赤ワイン煮）.

salmistrato [サルミストゥラート] 過形 塩漬けにした（salnitro を加えて）．· ***lingua salmistrata***. 塩漬けのタン．塩漬け後ゆでたタン、コーンタン.

salmone [サルモーネ] 男 サーモン、鮭．フレッシュのものは近年イタリアでも使われるようになった．· ***salmone affumicato***. スモーク・サーモン.

salmoriglio [サルモリッリオ] 男 シチリア料理で使われるオリーブ油ベースのソース．sammurigghiu, salmorigghio, sarmorigghiu, salamurigghiu などいろいろな訛りで呼ばれている.

[作り方] オリーブ油を泡立て器でかき混ぜ、レモン汁、湯を加えながら更にかき混ぜる．つぶしたニンニク、パセリ、オレガノ、塩、コショウを加え、湯煎にして更にかき混ぜる.

salnitro [サルニートゥロ] 男 硝石．硝酸カリウム．肉の塩漬け（特にタン）に添加される.

salsa [サルサ] 囡 ソース．· ***salsa calda***. 温製ソース．· ***salsa fredda***. 冷製ソース.

[料理] · ***salsa bolognese***. [サルサ・ボロニェーゼ]（ボローニャ風ミートソース）= ragù (alla) bolognese. ❶牛挽き肉を弱火で炒めて水分を出し、続いて強火でしっかり炒める．❷みじん切りの香味野菜をサラダ油で炒め、①の挽き肉を入れて、赤ワインを加えて煮詰める．❸汁ごとつぶしたトマトホールを加え、戻した乾燥ポルチーニのみじん切りを戻し汁とともに加え、ローリエ、皮付きニンニクを入れて煮込む．仕上がり直前にナツメグ、塩、コショウで味を調える.

· ***salsa di cren***. [サルサ・ディ・クレン]（西洋わさびのソース〈ヴェネト他〉）= salsa al kren、salsa di rafano. 西洋ワサビをすりおろし、ワインヴィネガーと砂糖と混ぜ合わせ、パン粉、すりおろしリンゴ、生クリームを加える．＊ボッリートやローストに使われる.

· ***salsa ghiotta***. [サルサ・ギョッタ]（山鳩のロースト用ソース）同量の赤・白

▸ **salumi**

ワイン、生ハム、鶏レバーのみじん切り、レモンの皮の細切り、つぶしたニンニク、ネズの実、セージ、ローズマリー、赤または白のワインヴィネガー、オリーブ油を鍋に入れて半量に煮詰める. ＊ウンブリアで palombaccio のローストなどに添えられる. また、山鳩以外のセルヴァッジーナ (selvaggina) のローストにも使われる.

・*salsa marinara.* [サルサ・マリナーラ] (マリナーラソース) オリーブ油にみじん切りのニンニクを入れて火にかけ、軽く色づいたらトマトホールを加えてつぶし、ひと煮立ちしたら塩で味を調える. ＊ローマで作られたソースで、ナポリではオレガノを加えることが多い. ＊ニンニクを炒めてトマトを加えると、海の香りがするということで marinara と呼ばれる.

・*salsa tonnata* [サルサ・トンナータ] ツナのソース. (⇒ vitello)

・*salsa verde.* [サルサ・ヴェルデ] (グリーンソース) 肉、魚ともに合わせられ、ゆでた淡白なものに合う. ボッリート・ミストに添えられることが多い. 各地にヴァリエーションがある. = (⇒) bagnet verd.

salsare [サルサーレ] 動 ソースをかける.

salsefica [サルセーフィカ] (複-che) 女 西洋ゴボウ、バラモンジン、サルシフィ. = scorzobianca.

salsiccia [サルスィッチャ] (複-ce) 女 サルシッチャ、ソーセージ、腸詰め. おもに生タイプだが、熟成タイプもある. 基本的な割合は肉が70％、脂や生ハムのくずなどが30％. 味付けは塩、コショウ、ナツメグ、シナモンが主で、地方によってはその他の香辛料が加わる. 中南部ではフェンネル・シードやトウガラシを加えたものが多い.

salsiera [サルスィエーラ] 女 ソースポット.

saltare [サルターレ] / **saltellare** [サルテッラーレ] 動 炒める、サッと手早くソテーする.

saltimbocca alla romana [サルティンボッカ・アッラ・ロマーナ] サルティンボッカ ローマ風 (ラツィオ). 仔牛肉にセージと生ハムを合わせて作るローマ料理. ＊ saltimbocca (単複同形) 男 の意味については、「口の中に飛び込む」という説と「口の中で飛び跳ねる」という説がある.

作り方 薄切りの仔牛肉にセージ、生ハムをのせて小麦粉をまぶし、サラダ油を熱したフライパンに入れて強火で手早く両面をソテーし、白ワインを振り、スーゴ・ディ・カルネを加える. 肉を皿に盛り、ソースをバターモンテして肉にかける.

salume (単) [サルーメ] / **salumi** (複) [サルーミ] 男 畜肉加工品の総称. イタリア各地にさまざまな種類のものがある. salume と salame はいずれも sale (塩) という言葉から派生した言葉. もともとラテン語ではいずれも「塩漬けにしたもの」

という意味だったが、その後 salume は全体を表す言葉となり、salame は腸詰めを表す言葉となった．

salumeria [サルメリーア] 囡 サルーミ類を主体に扱う食料品店．最近は他の食品、そうざいなども扱っている．（⇒) norceria.

salvastrella [サルヴァストゥレッラ] 囡 = (⇒) pimpinella.

salvia [サルヴィア] 囡 セージ．salvare（命を保つ）から付けられた名前．古代エジプトではミント、カモミールとともに神聖な植物とされていた．おもに内陸や山地で使われ（海沿いではローズマリーが多く使われる）、クセのある素材の臭い消しとして効果を発揮する．特に北イタリアのニョッキ、詰め物パスタ、川魚の料理にはセージ・バターがよく使われる．

salvietta [サルヴィエッタ] 囡 ナプキン、ふきん．

sambuca [サンブーカ] 囡 サンブーカ．ラツィオ州産のリキュール．大変甘く、コーヒー豆を（縁起のよい奇数の数）入れてこれを噛み、苦みを含めて飲む飲み方がある．

sambuco [サンブーコ] 男 ニワトコ．花はフライにしたり（フリウリなどで）、シロップの材料にする．実はジャムやワインベースのリキュールの材料などになる．

sampietro [サンピエトゥロ] 男 的鯛（マトウダイ）．= pesce San Pietro. イエス・キリストの第一弟子聖ペトロに由来する名前．元漁師だったペトロが、つかまえた魚の口の中から、イエス・キリストの予言通り、税を支払うための硬貨を見つけ出したという話から名が付けられた（＊実際には、聖書に出てくる「サン・ピエトロの魚」というのはマトウダイとは別の魚である）．ヴェネツィア料理でよく使われている．最近はフィレにして使うことが多い．旬は春から夏にかけて．

sanato [サナート] 男 ピエモンテ産の去勢された仔牛の、現地での呼び名．もも肉が大きいのが特徴．本来は生後1年間母乳と卵黄で育てられた仔牛を指す．

San Bernardo (salsa di ~) [(サルサ・ディ) サン・ベルナルド] 男 パン粉、アーモンド、アンチョビー、カカオ、酢などで作る甘酢風味のシチリアのソースで、おもに野菜や魚料理に使われる．

sangue [サングェ] 男 血．・*al sangue*. レア．

sanguinaccio [サングィナッチョ]（複-ci) 男 豚の血を使った腸詰めや菓子など．いろいろなタイプのものがある．ソーセージ・タイプにはヴァッレ・ダオスタの boudin（ジャガイモ、ラルドなどを加える）、トレンティーノ＝アルト・アディジェの blutwurst（パン粉、チッチョリなどを加える）、トスカーナの biroldo（松の実、レーズンなどを加える）、buristo, mallegato（豚の皮、頭の肉などを加える）、バジリカータの sanguinaccio lucano（牛乳、木の実などを加える）、シチリアの sanguinaccio siciliano（レーズン、ペコリーノなどを加える）などがある．

フリッタータのようなタイプのものにはフリウリの mule、トスカーナの migliaccio などがある. 菓子ではクリーム状に仕上げた、ナポリのものがもっとも有名.

sanguinello [サングィネッロ] 男 ブラッド・オレンジの一品種名. (⇒) arancia.

San Marzano [サン・マルツァーノ] 男 ソース用に作られたトマト. 同形のソース用トマトには (pomodori a) fiaschella、perini と呼ばれるものもある. サン・マルツァーノはナポリ近くにある町の名前. (⇒) pomodoro.

santoreggia [サントレッジャ] (複-ge) 女 セイボリー(和名:キダチハッカ). おもに中北部で育つ香草で、トスカーナ料理にわりと使われている.

saor [サオール] 男 ヴェネツィア料理で、よく炒めた玉ネギで作る魚料理用の甘酢ソースの名前. 後にレーズン、松の実を加えるようになった. おもに揚げたイワシを漬けるために使われる. savor とも呼ぶ. 中世では savore と呼ばれていた. ・*sardele in saor*. 揚げイワシのマリネー. (⇒) sardele.

sapa [サーパ] 女 = (⇒) saba.

sapido [サーピド] 形 うま味のある、おいしい.

sapore [サポーレ] 男 味、風味.

saracca = (⇒) salacca.

sarago [サーラゴ] (複-ghi) 男 = sargo. タイの一種でアフリカチヌ科の魚. いくつか種類があるが、代表的なものは見た目がクロダイ(チヌ)に似ている. 日本に輸入されているものはギンダイの商品名で売られている.

sarde (複) [サルデ] 女 イワシ. = sardine、sardelle.
料理 ・*sarde a beccaficu*. (イワシのオーブン焼き〈シチリア〉) オリーブ油で炒めたパン粉、戻したレーズン、松の実、パセリ、塩、コショウを混ぜ合わせ、下処理をして手開きにしたイワシにのせてロール状にし、オリーブ油を塗った耐熱皿に並べてローリエを添え、パン粉とオリーブ油を振ってオーブンで焼く. ＊beccaficu (イタリア語で beccafico) は鳥(ヨーロッパ産ニワムシクイ)の名だが、この鳥のローストに似せて作ったことから名付けられたらしい.

sardele (複) [サルデーレ] 女 イワシ(ヴェネト方言).
料理 ・*sardele in saor*. [サルデーレ・イン・サオール] (揚げイワシのマリネー〈ヴェネト〉) (⇒) saor. ❶玉ネギをオリーブ油で炒め、戻したレーズン、松の実、白ワイン、白ワインヴィネガー、塩、コショウを加えて煮詰める. ❷イワシは掃除をして手開きにし、半分に切って牛乳に浸け、汁気を切り、小麦粉をまぶして揚げ、塩をする. ①の甘酢ソースをかけてしばらくおき、パセリを振る. ＊ヴェネツィア～トリエステにかけての沿岸で多い料理.

sardelle (複) [サルデッレ] 女 = (⇒) sarde.

sardenaira [サルデナイラ] 女 = (⇒) pissadella.

sardine（複）[サルディーネ] 囡 = (⇒) sarde. ・*sardine sott'olio*. オイルサーディン.

sardon [サルドン] 男 アンチョビー，ヒシコイワシ（ヴェネト，フリウリ方言）.

sargo [サルゴ]（複–ghi）男 = (⇒) sarago.

sartù di riso [サルトゥ・ディ・リーゾ] 米のタンバル仕立て（カンパニア）．米をタンバル型に詰めて作る，ナポリ地方の料理．18世紀の終りごろから作られていた宮廷料理で，仏語の surtout（イタリア語で soprattutto〈何にもまして，とりわけ〉）が語源．米が高価な時代だったので，何にもまして貴重な料理という意味で付けられた名前のようである．

作り方 ❶小さく切ったサルシッチャをサラダ油で炒め，戻してみじん切りにした乾燥ポルチーニ，鶏レバー，小麦粉をまぶしてサラダ油で焼いたミートボール，グリーンピースなどにラグー・ナポレターノ，ポルチーニの戻し汁を加えて10分ほど煮る．❷タンバル型に溶かしバター，パン粉，溶き卵，パン粉，溶き卵，パン粉の順につけ，リゾットを詰めて中央をくぼませ，①とモッツァレッラを交互に入れる．パルミジャーノを振り，残りのリゾットをかぶせてパン粉を振り，オーブンで焼く．粗熱をとり，型から抜く．

sarzenta [サルゼンタ] 囡 (⇒) bonissima の別称．

sassolino [サッソリーノ] 男 アニス風味のリキュール．エミリア＝ロマーニャ州モデナ県 Sassuolo 産．

sauro [サーウロ] 男 アジの呼び名の一つ．= (⇒) suro.

sauté [ソテー]（無変）（仏）形 ソテー．ソテーした．

料理 ・*sauté di vongole*. （アサリのソテー〈カンパニア〉）オリーブ油とつぶしたニンニクを合わせて火にかけ，ニンニクが色づいたらアサリを入れてパセリを振り，蓋をして殻をあけ，ニンニクを取り除く．アサリを皿に盛り，煮汁にコショウを加えてかける．

男 ソテーパン．＊フランス語でソテーパンは sauteuse だが，イタリア語には同じ意味の言葉がなく，銅製の片手浅鍋をこう呼んでいた．

savoiard [サヴォイアルド] 形 サヴォイア地方の．・*alla savoiarda*. サヴォイア風．＊サヴォイア地方（Savoia）は，フランス南東部，イタリア国境に接するアルプス山脈の北部地方（フランス語ではサヴォワ）．

savoiardi（複）[サヴォイアルディ] 男 ピエモンテ地方のビスケット．＊ティラミスーやズッパ・イングレーゼにも使われている．

作り方 ❶卵黄，砂糖を合わせて泡立て器で白くなるまで混ぜる．❷砂糖入りのメレンゲを①に合わせ，小麦粉を加える．❸天板にバターを塗って小麦粉を振り，生地を絞り袋で長方形に絞り出し，オーブンで焼く．

▶ **scaldacqua**

savor [サヴォール] 男 / **savore** [サヴォーレ] 男 = (⇒) saor.
sbattere [ズバッテレ] 動 卵、生クリームなどを泡立てる．力を込めてかき混ぜる．
sbiancare [ズビアンカーレ] / **sbianchire** [スビアンキーレ] 動 ブランシールする．= sbollentare.
sbira [ズビーラ] 女 肉、トリッパの入ったスープ（ジェノヴァ地方）．
sbollentare [ズボッレンターレ] 動 サッとゆがく．= sbianchire.
sbirràglia (risotto alla ~) [（リゾット・アッラ・）ズビラッリャ] おまわり風リゾット（ヴェネト）．(⇒) risotto. (＊sbirraglia 女 警官たち．)
sbriciolare [ズブリチョラーレ] 動 砕く、粉々にする．
sbriciolona [ズブリチョローナ] 女 フィノッキオーナ（サラミ）の一種で、熟成期間の短いソフトタイプ．
sbrisolona [ズブリゾローナ] 女 ロンバルディア州マントヴァ特産のトルタ．現在は周辺の町でも作られている．(⇒) torta. (⇒) fregolotta.
sbrofadei（複）/ **sbrofadej**（複）[ズブロファデーイ] 男 ロンバルディア地方で作られるニョッキに近いやわらかめのパスタ．またそのパスタの入ったスープ料理名．パッサテッリ（⇒ passatelli）に似ている．
　料理 ・**sbrofadei in brodo**. ＊ミラノ訛りで sbrofadej in broeud. 小麦粉、卵、ナツメグ、パルミジャーノを練り、ポテトマッシャーで押し出し、適当な長さに切りながらブロードに入れて煮るか、ゆでてからブロードに加える．
sbucciare [ズブッチャーレ] 動 野菜、果物の皮をむく．
scabeccio [スカベッチョ]（複-ci）男 (⇒) scapece のリグーリア地方での呼び名．
scacciata [スカッチャータ] 女 シチリア（特にカタニア）の詰め物をしたフォカッチャ、schiacciata の方言名．
scafata [スカファータ] 女 ラツィオ州北部の、ソラ豆、パンチェッタ、ローメンレタス、トマトなどを使ったスープ料理で、語源は scafare（サヤから豆を取り出す．特にソラ豆）．ウンブリアにも同様の料理がある．
scaglia [スカッリャ] 女 / **scaglietta** [スカリエッタ] 女 薄片（硬質チーズなどの）．
scalcione [スカルチョーネ] 男 プーリア風詰め物ピッツァ．＊Bari [バーリ] では calzone [カルツォーネ] のことを scalcione とも呼ぶ．
　作り方 （バーリで一般的なもの）玉ネギとトマトを合わせてオリーブ油でサッと温め、塩、コショウをする．これとアンチョビー、黒オリーブ、ケイパー、パセリ、ペコリーノをよく混ぜ合わせ、ピッツァ生地で包んでオーブンで焼く．
scaldaacqua [スカルダアックワ] / **scaldacqua** [スカルダックワ]（単複同形）男 湯沸かし器．

scaldapiatti [スカルダピアッティ] 男 食器用のウォーマー.
scaldare [スカルダーレ] 動 温める、熱する.
scaldavivande [スカルダヴィヴァンデ] (単複同形) 男 料理用のウォーマー、チェーフィングディッシュ.
scalfo [スカルフォ] 男 ササミ (牛肉の部位. トモバラの一部).
scalogna [スカローニャ] 女 / **scalogno** [スカローニョ] 男 エシャロット. 古代ローマ時代、パレスティナの町の Ascalona [アスカローナ] の玉ネギと呼ばれて食べられており、これが語源となった. ヴェネツィアやエミリア＝ロマーニャでは昔から栽培されていて、料理にも比較的使われていたが、最近はフランス料理の影響もあり、他の地方でも使われるようになった.
scaloppa [スカロッパ] 女 薄切りの肉、魚.
scaloppare [スカロッパーレ] 動 薄く切り分ける.
scaloppine (複) [スカロッピーネ] 女 スカロッピーナ. おもに仔牛の薄切り肉に使われる名称 (フランス語のエスカロップから). 最近は他の素材の薄切りにも使われる.

料理 ・*scaloppine di vitello alla lombarda.* (仔牛のスカロッピーナ ロンバルディア風) = scaloppine al limone、scaloppine piccate. ＊他の地方では piccatina とも呼ぶ. ❶仔牛もも肉を叩いて薄くのばす. 片面に塩を振り、両面に小麦粉をまぶしてサラダ油を熱したフライパンに入れ、両面を強火で焼いて白ワインを入れて弱火にし、レモン汁、スーゴ・ディ・カルネを加える. ❷肉を取り出し、取り出した後のフライパンにバター、イタリアンパセリを加えてかける.

・*scaloppine di vitello alla sorrentina.* (仔牛のスカロッピーナ ソレント風) 両面をソテーした仔牛のスカロッピーナの上にモッツァレッラ、トマト、バジリコをのせて白ワインを振り、蓋をして弱火にかけ、チーズを溶かして皿に盛る. 焼き汁にスーゴ・ディ・カルネを加え、バターモンテしてかける.

・*scaloppine di vitello all'emiliana.* (仔牛のスカロッピーナ エミリア風) 薄くのばした仔牛肉に塩、小麦粉をまぶし、溶き卵にくぐらせてサラダ油で焼く. 耐熱皿に並べ、生ハム、パルミジャーノをのせてオーブンに入れてチーズを溶かし、トマトソース、パセリを飾る. マルサラ酒を温め、スーゴ・ディ・カルネを加え、火からおろしてバターを加え、まわりに流す.

scamerita [スカメリータ] 女 豚の肩ロースからネックにかけての部位の、トスカーナでの呼び名.
scamone [スカモーネ] 男 牛・仔牛肉のランプ.
scamorza [スカモルツァ] 女 スカモルツァ・チーズ. scamozza とも呼ばれていた (mozza はモッツァレッラの語源である mozzatura と同じ意味). 水牛乳、牛乳

▶ scavino

または牛乳と羊乳のミックスで作られ、ひょうたん形のものが一般的. bianca［ビアンカ］と affumicata［アッフミカータ / 燻製タイプ］がある. おもな生産地はラツィオ、カンパニア、アブルッツォ、モリーゼ、プーリア、バジリカータ. 最近は北部の工場でも生産されている.

　料理　・*scamorza ai ferri.*（スカモルツァのグリル〈アブルッツォ〉）＊方言で scamorza a la vrasce. スカモルツァを金串に刺してオリーブ油をまぶし、炭火焼きにして塩、コショウをする.

scampi（複）［スカンピ］男　スカンピ、アカザエビ.

　料理　・*scampi alla crema con porcini.*（スカンピのソテー ポルチーニ茸クリーム風味〈ヴェネト〉）❶スカンピは開いて塩、コショウをし、オリーブ油を熱したフライパンで両面を焼いてブランデーでフランベし、ベルモットを加える. ❷ポルチーニは薄切りにして、ニンニクの香りを移したオリーブ油でソテーし、塩、コショウをする. ❸①からスカンピを取り出して器に盛り、取り出した後のフライパンに②のポルチーニを入れて、生クリーム、パセリ、トマトソースの裏漉しを加えて煮詰め、塩、コショウをし、スカンピにかけてパセリを振る.

　・*scampi alla griglia.*（スカンピのグリル〈各地方〉）開いたスカンピに塩、コショウをし、みじん切りの香草を加えたオリーブ油を塗ってグリル板で焼く. レモンを添え、パセリと E.V. オリーブ油を振る.

scampone［スカンポーネ］男　大型のスカンピ.

scannello［スカンネッロ］男　牛の内もも肉の呼び名の一つ（ボローニャ、フィレンツェ、ラクィラで）.

scapece［スカペーチェ］/ **scapice**［スカピーチェ］男　魚や野菜などを揚げてから酢漬けにしたもの. エスカベッシュ.

scarola［スカローラ］女　スカローラ（和名：ニガキクジシャ）. エンダイブの一種. 普通のエンダイブより幅広の葉である.

scarpazzone［スカルパッツォーネ］男　（⇒）erbazzone のレッジョ・エミリア方言名.

scarpena［スカルペナ / スカルペーナ］女　カサゴのヴェネト方言名. ＝ scorfano.

scarso［スカルソ］形　少なめの、少量の.（分量で）〜弱.

scarti（複）［スカルティ］男　肉や野菜などのくず.

scatola［スカートラ］女　①缶、箱. ②缶詰.

scatolame［スカトラーメ］男　缶詰類.

scatoletta［スカトレッタ］女　小さな缶、箱.

scavare［スカヴァーレ］動　くり抜く.

scavino［スカヴィーノ］男　野菜や果物のくり抜き器.

scazzetta del cardinale [スカツェッタ・デ・カルディナーレ]「枢機卿のかぶり物」という名の、イチゴを使ったナポリのショートケーキ.

scazzone [スカッツォーネ] 男 カジカ (魚). おもに中北部に生息し、ヴェネトでは養殖もされている. おもにフライ、カルピオーネなどにされる. magnarone、broccciolo とも呼ばれる.

schenello [スケネッロ] 男 仔牛の内もも肉 (ジェノヴァでの呼び名).

schiacciaglio [スキアッチャッリオ] (単複同形) 男 ガーリックプレス.

schiaccianoci [スキアッチャノーチ] 男 ナッツクラッカー、クルミ割り.

schiacciapatate [スキアッチャパターテ] (単複同形) 男 ポテトマッシャー.

schiacciare [スキアッチャーレ] 動 押しつぶす (ゆでたイモや野菜を). コショウ、スパイスをつぶし、細かくする. オリーブの実やニンニクを軽くつぶす.

schiacciata [スキアッチャータ] 女 フォカッチャの一種でトスカーナ、シチリアなどにあり、作り方もいろいろある.

schiacciata romana [スキアッチャータ・ロマーナ] 女 ローマ地方の代表的なサラミ. = (⇒) spianata romana.

schiaffettoni (複) [スキャッフェットーニ] 男 スキャッフェットーニ. 詰め物をしたマカロニのオーブン焼き (カラブリア).

作り方 ❶仔牛挽き肉、ほぐしたサルシッチャ、サラミをオリーブ油でさっと炒め、白ワイン、スーゴ・ディ・カルネを加える. ❷煮汁を漉し、肉類はボウルに入れ、裏漉したゆでに卵、ペコリーノ、パセリを加えて混ぜる. ❸ゆでたマカロニ (パッケリ) に詰めて、オリーブ油を塗った耐熱皿に並べ、先の煮汁をかけ、ペコリーノ、パセリを振り、オーブンで焼く.

schiaffoni (複) [スキアッフォーニ] 男 カンパニア地方の大型マカロニ. 語源は「平手打ち」の意の schiaffo. また paccheri、maniche di frate [マニケ・ディ・フラーテ / 修道僧の袖] とも呼ばれる.

schiena [スキエーナ] 女 背中、背肉.

schienali (複) [スキエナーリ] 男 牛・仔牛などの脊髄. filoni [フィローニ] とも呼ばれる.

schiopetto [スキオペット] 男 ①= (⇒) silene. ②フリウリ地方で作られる、ワイン用ブドウの品種名.

schiuma [スキューマ] 女 泡、アク.

schiumare [スキュマーレ] 動 スープ、ソースなどのアク、泡、脂をすくい取る.

schiumaiola [スキュマイオーラ] / **schiumarola** [スキュマローラ] 女 スキンマー、穴開きレードル、アク取り.

sciacquare [シャックヮーレ] 動 ゆすぐ、すすぐ、サッと水洗いする. = risciac-

▶ **scodellare**

quare.

scialatelli (複) [シャラテッリ] / **scialatielli** (複) [シャラティエッリ] 男 シャラテッリ．カンパニア州ソレント、アマルフィ周辺で作られるパスタ．幅はタリアテッレと同じくらいだが、厚めの生地で長さも 12 〜 15cm ほど．セモリナ粉と水で練るのが基本だが、さまざまなヴァリエーションがある．乾燥パスタとしても売られている．魚介のソースと合わせるのが一般的．

sciampagna [シャンパーニャ] (単複同形) 男 シャンパン．= champagne (仏)．

sciancà [シャンカー] 形 ちぎった．(⇒) pasta sciancà.

sciapo [シャーポ] 形 味がない．塩味が薄い．= sciapido, sciocco (トスカーナ)．

sciacquare [シャックヮーレ] 動 サッと水洗いする．すすぐ、ゆすぐ．

sciarrano [シャッラーノ] 男 ハタ科の魚．ペインテッド・コンバー．

sciatt [シャットゥ] 男 チーズ入りソバ粉のフリッター (ロンバルディア)．sciatt は方言で「カエル」の意．見た目から．
  作り方 ソバ粉、小麦粉、グラッパ、塩を合わせ、水を加えながら混ぜて衣を作り、ねかせる．角切りにしたチーズ (カゼーラまたはビット) を入れて混ぜ、クルミ大に成形して揚げる．

scilatelli (複) [シラテッリ] 男 カラブリアの手作りマカロニ．金属製の編み棒を使って 15cm ほどの長さの穴開きマカロニに成形したもの．fusilli, ferrazzoli、maccarruni a firriettu (= maccheroni al ferretto) とも呼ばれている．

scimudin [シムディン] 男 ヴァルテッリーナ地方のチーズ．昔は山羊乳で作られていたが現在は牛乳で作られ、熟成期間は 3 〜 4 週間．

sciogliere [ショリエレ] 動 溶かす (火にかけバターやチーズを)．溶く (砂糖などを液体で)．

sciolto [ショルト] 過 形 溶けた、溶かした．· *burro sciolto*. 溶かしバター．

sciroppare [シロッパーレ] 動 シロップに漬ける．

sciroppo [シロッポ] 男 シロップ．
  作り方 (ケーキ用) 水、砂糖、レモンの皮、オレンジの皮、クローブ、シナモン・スティックを合わせて 10 分間火にかけ、紅茶のティーバックを入れて 2 〜 3 分おいて漉す．

sciumette (複) [シュメッテ] 女 リグーリア地方でカーニバルの時季に作られる、フランスのウアラネージュに似たメレンゲ菓子．latte alla grotta とも呼ばれる．またこの地方ではメレンゲ自体も sciumetta と呼ぶ．

sclopit / sclopì [スクロピッ] 男 (⇒) silene のフリウリ方言名．

scodella [スコデッラ] 女 カフェラッテ用のカップ、スープボウル、深皿．

scodellare [スコデッラーレ] 動 スープなどを皿に盛る．

scodellino [スコデッリーノ] 男 小鉢.
scolapasta [スコラパスタ] (単複同形) 男 パスタ用水切りザル. = colapasta.
scolare [スコラーレ] 動 ザルなどに上げて水気を切る.
scombro [スコンブロ] 男 サバ. = (⇒) sgombro.
sconciglio [スコンチッリオ] (複-gli) 男 murice (アクキ貝. シリアツブリ貝) のカンパニア方言名.
scongelare [スコンジェラーレ] 動 解凍する.
scoprire [スコプリーレ] 動 蓋を取る、覆っているホイルや紙などを取る.
scorfano [スコルファノ] 男 カサゴ.
scorpena [スコルペーナ / スコルペナ] 女 カサゴのリグーリアでの呼び名. = scorfano.
scorza [スコルツァ / スコルザ] 女 柑橘類の皮、果皮、樹皮.
scorzette (複) [スコルツェッテ] 女 薄くむいたレモンやオレンジの皮.
scorzobianca [スコルツォビアンカ / スコルゾビアンカ] (複-che) 女 西洋ゴボウ、サルシフィ、バラモンジン. ピエモンテがおもな産地. = salsefica、barba di becco.
scorzone [スコルツォーネ / スコルゾーネ] 男 サマートリュフ.
scorzonera [スコルツォネーラ / スコルゾネーラ] 女 西洋黒ゴボウ、キバナバラモンジン、キクゴボウ. 「黒い毒ヘビ」という意味のスペイン語が語源. 自生種が16世紀まで薬用として使われており、料理に使われたのはそれ以後. おもに北部 (特にリグーリア) で食べられ、冬場に出回る.
scotta [スコッタ] 女 ①触るとやけどするくらい熱々の状態. ②チーズやリコッタを作った後に残ったホエー、乳清.
scottadito (a ~) [(ア・) スコッタディート] ローマ方言で骨付き肉のグリルやロースト料理に付けられる料理名. 焼きたてなので、手づかみで食べようとすると指がやけどするくらい熱いという意味で付けられた. 特に仔羊の骨付きロースのグリルにはこの料理名が付けられる.
scottare [スコッターレ] 動 サッと焼いたり、ゆがいて軽く火を通す.
scottiglia [スコッティッリア] 女 トスカーナ州アレッツォの煮込み料理. いろいろな肉 (牛、仔牛、鶏、ウサギ、豚、鴨、羊など) をミックスして作る. cacciucco di carne とも呼ばれている.
　作り方 鍋で玉ネギ、ニンジン、セロリ、ニンニク、バジリコ、パセリの各みじん切りとトウガラシをオリーブ油で炒め、フライパンでソテーしたぶつ切り肉を入れ、赤ワインを加えて少し煮詰め、トマトホール、スーゴ・ディ・カルネ (またはブロード) 少量を加えて煮込む.

▶ **segala**

scotto [スコット] 過 形 火を通しすぎた．

scottona [スコットーナ] 女 スコットーナ．生後15～16ヵ月までの食肉用の雌牛（妊娠の経験のない）．軽い霜降りで肉質がやわらかい．生体で450～500kg．

scremare [スクレマーレ] 動 牛乳から脂肪分を取り除く．

scremato [スクレマート] 過 形 牛乳から脂肪分を取り除いた．・*latte* ~．スキムミルク，脱脂粉乳．

scrippelle (複) [スクリッペッレ] 女 アブルッツォ地方のクレープ．ブロードをかけて食べる（scrippelle 'mbusse [スクリッペッレ・ンブッセ] または scrippelle 'nfusse [スクリッペッレ・ンフッセ]．イタリア語では crespelle in brodo）．
　作り方 卵、牛乳、小麦粉、塩、コショウ、パセリを混ぜ合わせた生地でクレープを焼く．すりおろしたペコリーノを振って巻き、スープ皿に入れてブロードを注ぎ、ペコリーノ（またはパルミジャーノ）を振る．

scrofa [スクローファ] 女 雌豚．古代ローマ時代の料理によく使われた．

scuotere [スクオーテレ] 動 フライパンを振る、鍋などをゆする．

seadas (複) [セアーダス] 女 / **sebadas** (複) [セバーダス] 女 サルデーニャの揚げ菓子．
　作り方 小麦粉とラードを練ったパスタを直径10cmの円形にする．フレッシュのペコリーノを火にかけて溶かし、パスタよりひとまわり小さい円形にして乾かし、先のパスタ2枚で挟んで閉じて揚げ、ビターハニーをかける．

seccare [セッカーレ] 動 乾かす、乾燥させる．

secchia [セッキア] 女 / **secchio** [セッキオ] (複-chi) 男 バケツ．

secco [セッコ] (複男-chi、複女-che) 形 乾燥させた、干した．男 辛口のワイン．

secondo piatto [セコンド・ピアット] 第2の皿（コース料理で2番めの料理．メイン料理）．＝ pietanza．（＊ secondo 形 2番めの．）

sedano (単) [セーダノ] / **sedani** (複) [セーダニ] 男 セロリ．ローマでは selleri [セッレーリ] とも呼ばれ、カラブリアでは accia [アッチャ] と呼ばれている．近世になり、食用としてさかんに栽培されるようになった．ローマの牛肉、テールなどの煮込みによく使われる．

sedano rapa [セーダノ・ラーパ] 男 根セロリ．おもに北イタリアで使われ、11～2月が旬．ヴェローナ産が有名で、別名 sedano di Verona とも呼ばれる．

sedani (複) [セーダニ] 男 ショートパスターの一種．リガトーニより細めで、セロリの筋のような幅の広い筋が入る．

sega [セーガ] (複-ghe) 女 のこぎり．

segale [セーガレ] / **segala** [セーガラ] 女 ライ麦．パンの材料として使われる．ピエモンテ、ロンバルディア、アルト・アディジェがおもな産地．

segaossa [セーガオッサ] (単複同形) 男 肉屋用ののこぎり. = sega per ossa.

seirass [セイラッス] 男 = seras. ピエモンテ、ヴァッレ・ダオスタ産のリコッタの呼び名. (⇒) ricotta.

selezionato [セレツィオナート] 過 形 選別された、精選された、選りすぐりの.

sella [セッラ] 女 鞍下肉 (仔牛、仔羊、鹿、ウサギなどの).

selleri (複) [セッレーリ] 男 セロリ (ローマでの呼び名). = (⇒) sedano.

selvaggina [セルヴァッジーナ] 女 ジビエ. 野生の鳥獣を意味するが、現在は飼育されているものも含まれる. = cacciagione. 古くから貴族は狩猟を一種のスポーツとして楽しみ、それを料理させて食べてきた歴史がある. 季節が限られ、地域も北にかたよるためあまり一般的ではないが、最近は飼育ものも出回り、各地のレストランのメニューに載るようになった. ただし南部で使用されるのはイノシシと野ウサギくらいである. ・*selvaggina da pelo* [セルヴァッジーナ・ダ・ペーロ]. 野獣. pelo は「毛皮」の意. 四つ脚のものを指す. ・*selvaggina da penna* [セルヴァッジーナ・ダ・ペンナ]. 野鳥. penna は「羽」の意. 鳥を指す.

selvatico [セルヴァーティコ] (複男-ci、複女-che) 形 野生の、自生の. 男 野禽獣.

seltz / selz [セルツ] 男 炭酸水、ソーダ水.

semi (複) [セーミ] 男 種、実.

semi di finocchio (複) [セーミ・ディ・フィノッキオ] フェンネル・シード. トスカーナのフェガテッリ、ローマのスパゲッティ・アッラ・ケッカなどに使われる.

semifreddo [セミフレッド] 男 セミフレッド. 意味は「半分冷たい」で、①生クリーム、メレンゲなどが主体のアイスクリーム. perfetto [ペルフェット]、spumone [スプモーネ] もこの一種. ②一度フリーザーで冷やし固める菓子などの総称. ズッコット、ティラミスなども含まれる.

菓子 ・*semifreddo alle fragole.* [セミフレッド・アッレ・フラーゴレ] (イチゴのセミフレッド) = ~ alla fragola. ❶卵黄、バニラ・エッセンス、ブランデー、シロップを合わせ、湯煎にかけながらホイップし、裏漉したイチゴとホイップした生クリームを加えてかき混ぜる. ❷①を型に流し、冷凍庫で冷やし固める. 型から抜いて切り分け、盛り付けてイチゴ、ホイップクリームなどで飾る.

semini (複) [セミーニ] 男 スープの浮き実に使われる、種の形をしたパスタ. メーカーによっては semi di cocomero、semi di melone とも呼ばれる.

semola [セーモラ] 女 硬質小麦の粗挽きの状態のもの. ・*farina di semola*. セモラ粉 (セーモラを二度挽きした、より細かい状態の硬質小麦粉. semola rimacinata、farina di grano duro とも呼ぶ).

semolato [セモラート] / **semolino** [セモリーノ] 男 セーモラ (semola) を挽い

▶ sfilettare

たもの、セモリナ粉．セモリーノのローマ風ニョッキに使われる．
- **senape** [セーナペ] 囡 マスタード．senape nera (黒) は西アジア、北アフリカ原産．現在プーリアが産地．senape bianca (白) は地中海原産．古代ローマ時代から、種を粉末にして使っていた．
- **sentore** [セントーレ] 男 香り．
- **seppie** (複) [セッピエ] 囡 甲イカ、モンゴウイカ、スミイカ．語源はギリシャ語の sepia [セピア]．イカ墨をとるのはこのイカで、料理はヴェネツィアのスミ煮が有名．・*nero di seppia*．イカ墨．

  料理 ・*seppie in zimino.* (甲イカのズィミーノ〈リグーリア、トスカーナ〉)．= seppie all'inzimino、seppie a zimino. (⇒) zimino.
- **seppiole** (複) [セッピオーレ] 囡 / **seppioline** (複) [セッピオリーネ] 囡 ダンゴイカ科の甲イカで、日本ではボウズイカ、ミミイカ、ギンオビイカなどにあたる．
- **seras** [セーラス] 男 = (⇒) seirass.
- **seriola** [セリーオラ] 囡 男 ブリ (ハマチ、ワラサ)、カンパチ、ヒラマサなどの総称．
- **serpillo** [セルピッロ] 男 野生のタイム．= pepolino.
- **sesamo** [セーザモ] 男 ゴマ．
- **setacciare** [セタッチャーレ] 動 ふるいにかける．= stacciare.
- **setaccio** [セタッチョ] (複-ci) 男 ふるい、裏漉し器、タミ．= staccio.
- **settentrionale** [セッテントゥリオナーレ] 形 料理書などで「北部」を意味する、日時計に由来する呼び名．日時計は北の方角、つまり北極星がある大熊座 (settentrione) に向けて置かれるところから．料理書における北部とは、ヴァッレ・ダオスタ、ピエモンテ、リグーリア、ロンバルディア、ヴェネト、トレンティーノ＝アルト・アディジェ、フリウリ＝ヴェネツィア・ジュリア、エミリア＝ロマーニャの各州．料理の特徴は、パスタは卵入りの生パスタが多く、米、大麦などを使った料理、ポレンタ料理、牛肉、仔牛、ジビエの料理が豊富なこと．また、バター、生クリームが多く使われ、トウガラシはほとんど使われず、代わりにコショウが使われるなど．リグーリアは地理的には北に位置するが、料理の傾向は中南部イタリアに近い．＊「南部」は meridionale.
- **sezionare** [セツィオナーレ] 動 牛、豚などを各部位にばらす．
- **sfarinare** [スファリナーレ] 動 粉にする．
- **sfatto** [スファット] 過 形 煮崩れた．
- **sfigghiata** [スフィッギアータ] 囡 シラスのシチリア方言名．= (⇒) bianchetti.
- **sfilare** [スフィラーレ] 動 串を抜く、糸を抜く．
- **sfilatino** [スフィラティーノ] 男 バゲット．
- **sfilettare** [スフィレッターレ] 動 ①魚をフィレにする、おろす．②スライスする、

sfincione ▶

細く切る.

sfincione [スフィンチョーネ] / **sfinciuni** [スフィンチューニ] 男 シチリアのフォカッチャの一種.

sfogi (複) [スフォージ] (単-gio) 男 舌ビラメ (ヴェネツィア方言).

sfoglia [スフォッリア] 女 薄くのばした状態の生パスタやパイのなどの生地. ・*pasta sfoglia*. 折りパイ生地.

sfogliata [スフォッリアータ] 女 折りパイ. パスタ、パイなどの生地.

sfogliatella [スフォッリアテッラ] 女 折りパイ生地で作るパイケース. パイ料理、パイ菓子. = vol-au-vent [ヴォロヴァン].

sfogliatella riccia [スフォッリアテッラ・リッチャ] 女 ナポリの菓子.

作り方 ❶生地：小麦粉と塩を合わせて水を加えながら練り、ラードを塗ってねかせる. ❷クリーム：牛乳を沸騰させ、泡立て器でかき混ぜながらセモリナ粉を加えていく. 混ざったらスパートラでかき混ぜながら煮る. 粗熱がとれたら卵、砂糖、バニラ・エッセンス、シナモンを加えて混ぜ、冷めたらリコッタ、オレンジピール、レモンピールを加える. ❸生地を薄い帯状にのばし、ラードを塗りながら太巻き状に巻いて、ラードを塗ってアルミ箔で包み、冷蔵庫で一晩ねかせた後、1cm幅に切り分けて円錐形に形作り、クリームを詰めて閉じる. ラードを塗ってオーブンで焼き、粉糖をかける.

sfogliatina [スフォッリアティーナ] 女 折りパイ生地を使った小型のパイ料理、パイ菓子.

料理 ・*sfogliatine di radicchio.*（赤チコリのパイ〈ヴェネト〉）❶赤チコリはせん切りにし、バターで炒めて塩、コショウ. 鶏ささ身はゆでてみじん切りに. ❷①とリコッタ、卵、パルミジャーノ、パセリ、塩、コショウを混ぜ合わせる. ❸パイ生地をのばして直径5cmと7cmの円形に抜き、②を挟んで閉じ、中央に切り目を入れ、卵黄を塗ってオーブンで焼く.

sformare [スフォルマーレ] 動 型から出す、型から抜く.

sformato [スフォルマート] 男 型に入れ、焼いたり、蒸したりした料理や菓子. 過 形 型から抜いた.

sformatino [スフォルマティーノ] 男 (⇒) sformato の小型のもの.

sfornare [スフォルナーレ] 動 オーブンから取り出す.

sfrappole (複) [スフラッポレ] 女 エミリア地方のカーニバルの揚げ菓子. (⇒) frappe.

sfregare [スフレガーレ] 動 こする.

sfrizzoli (複) [スフリッツォリ] 男 = (⇒) ciccioli のラツィオでの呼び名.

sgnapa [ズニャパ] 女 = sniapa. ヴェネト、フリウリのグラッパの方言名.

▶ **sistemare**

sgocciolare [ズゴッチョラーレ] 動 水気や油などを切る.
sgombro [ズゴンブロ] 男 サバ. = scombro、lacerto、laxerto、maccarello.・*sgombro macchiato*. サワラ.

> 料理 ・*sgombro arrosto con patate.*（サバとジャガイモのオーブン焼き〈リグーリア〉）サバの切り身に切り込みを3ヵ所入れ、ニンニクとローズマリーを差し込み塩、コショウ. 輪切りにして軽くゆでたジャガイモを耐熱皿に敷いて塩、コショウをし、サバをのせてオリーブ油を振り、白ワインを流してオーブンで焼く. パセリを振り、レモンを添える.

sgonfiotto [ズゴンフィオット] 男 揚げパスタの総称. sgonfiotto は女性の服の袖の膨らみのことで、揚げると膨らむところからこの名前が付いた. torta fritta、chizze、gnocco fritto などがある.
sgranare [ズグラナーレ] 動 豆をサヤから取る.
sgrassare [ズグラッサーレ] 動 スープ、ソースなどの上に浮いた脂を取り除く. 調理中に出た余分な脂を捨てる.
sgusciare [ズグッシャーレ] 動 ゆで卵、甲殻類、貝類、クルミなどの殻をむく. 豆をサヤから取る（まれに使われる）.
shakerare [シェケラーレ] 動 シェイカーを使って混ぜる. シェイクする.
sidro [スィードゥロ] 男 シードル.
siero [スィエーロ] 男 乳清、乳しょう.
sifone [スィフォーネ] 男 サイフォン.
sigher [スィゲール] 男 ヴェネト州 Belluno [ベッルーノ] で作られる2～3週間の熟成期間の軟質チーズ. 牛乳の他羊乳でも作られる.
sigillare [スィジッラーレ] 動 密封する.
silene [スィレーネ] 女 シレーネ（和名：シラタマソウ）. 北イタリアでポピュラーな野草の一種. ヴェネト、フリウリでは schiopetti [スキオペッティ] または sclopit [スクロピッ]、ロマーニャでは stridoli [ストゥリードリ] または strigoli [ストゥリーゴリ] という. 春先の葉をゆでて、フリッタータやスープに使ったり、炒めるなどする. 夏になると袋状の花が咲き、子供たちがそれをつぶして音を楽しむ. その動作を schioppettare という. またそのポンという音を表わす言葉を stridoli という.
silter [スィルテル] 男 ロンバルディア州東部の Val Camonica [ヴァル・カモニカ] で作られるチーズ（D.O.P.）. 原料は牛乳で熟成期間が6ヵ月ほどのものはテーブル・チーズに、1年以上のものはすりおろして使われることが多い.
siringa [スィリンガ]（複-ghe）女 クリームなどの押し出し器（注射器に似ている）.
sistemare [スィステマーレ] 動 処理する、整理する.

slinzega [ズリンツェガ] 囡 牛もも肉を bresaola [ブレザオラ] に成形したときに残った部分、またはシンタマを使って作るサルーミ. 作り方はブレザオラに似ている. 牛肉の他馬肉、山羊、鹿のもも肉でも作られる. 同じものがピエモンテ (ドモドッソラ地方)、ヴァッレ・ダオスタ、トレンティーノでも作られている.

slivovitz / slivowitz [ズリヴォヴィッツ] 男 フリウリ地方で作られるプラムの蒸留酒.

smacafam [ズマカファム] 男 ソバ粉のフォッカッチャ (トレント). 料理名はトレント地方の方言で「空腹をつぶす」(= schiacciafame) の意.

作り方 ソバ粉と同量の小麦粉を合わせ、牛乳を加えながら溶き、みじん切りのベーコン、塩、コショウを加える. バターを塗って小麦粉を振ったパイ皿に流し、切り分けたサルシッチャを並べてオーブンで焼く. ＊カーニバルの時季によく作られ、ヴァリエーションが多い.

smaltato [ズマルタート] 過 形 ほうろうびきの.

sminuzzare [ズミヌッツァーレ] 動 刻む、砕く.

smontare [ズモンターレ] 動 泡立てた生クリーム、卵白、マヨネーズなどが分離する.

snervare [ズネルヴァーレ] 動 肉の筋をひく.

sniapa [ズニアーパ] 囡 = sgnapa. ヴェネト、フリウリのグラッパの方言名.

snocciolare [ズノッチョラーレ] 動 種を取る、種を抜く (プラム、チェリー、オリーブなどの).

snocciolatore [ズノッチョラトーレ] 男 種抜き器. snocciolaciliegie (チェリー用)、snocciolaolive (オリーブ用).

sobbollire [ソッボッリーレ] 動 煮える. 沸く. ・*fare sobbollire*. 90〜95℃の温度を保ち弱火で煮る、ゆでる.

soda [ソーダ] 囡 ソーダ、ソーダ水、炭酸水.

sodo [ソード] 形 固い. ・*uovo sodo* (単) /*uova sode* (複). 固ゆで卵.

soffiato [ソッフィアート] 過 形 膨らませた. 男 スフレ. soufflé (仏) のイタリア語名.

soffice [ソッフィチェ] 形 やわらかい.

soffione [ソッフィオーネ] 男 タンポポの別称. = dente di leone、(⇒) tarassaco.

soffriggere [ソッフリッジェレ] 動 やや多めの油で、弱火でゆっくり炒める.

soffritto [ソッフリット] 男 香味野菜などのみじん切りを、弱火でしっかり炒めたもの.

sogliola [ソッリオラ] 囡 舌ビラメ.

▶ **soprassata**

soi [ソイ] 男 アジのジェノヴァで呼び名. = (⇒) suro.

soia [ソイア] 女 大豆. ・*salsa di soia*. 醤油. ・*latte di soia*. 豆乳. ・*formaggio di soia*. 豆腐. ＊最近は tofu のほうが浸透している. ・*fagioli verdi di soia* または *soia verde*. 枝豆. ・*germogli di soia.* もやし.

solidificare [ソリディフィカーレ] 動 固くする、固まらせる.

solido [ソーリド] 形 固形の、固い.

soncino [ソンチーノ] / **songino** [ソンジーノ] / **songin** [ソンジン] 男 マーシュの北イタリア方言名. = (⇒) valerianella.

soma d'aj [スゥーマ・ダーイ] 女 ピエモンテのブルスケッタの一種 (ピエモンテ方言). イタリア語では somma d'aglio [ソンマ・ダッリオ] で、「ニンニクを加えた」という意味. ニンニクをこすりつけて塩、オリーブ油を振る. パンは焼かない場合が多い.

sopa [ソーパ] 女 (⇒) zuppa の北イタリア方言.

sopa coada [ソーパ・コアダ] 女 鳩とパンのスープ. ヴェネト州トレヴィーゾの料理で鶏でも作る. ＊coada はイタリア語の covata で、母鳥が卵を雛にかえすようにゆっくり温めたという意味で、本来は低温のオーブンでゆっくり加熱して作る. いろいろなヴァリエーションがあり、また、サルデーニャにも suppa quatta と呼ばれる似た料理がある.

作り方 鳩を切り分けて塩、コショウし、オリーブ油でソテー. 玉ネギ、ニンジン、セロリのみじん切りを加えて炒め、白ワイン、ブロードを加えて煮た後、肉を取り出して骨をはずし、小さく切る. 耐熱皿にバターで焼いたパンを敷き、ブロードをかけて肉を並べ、煮汁、パルミジャーノを振る. これを繰り返して詰め、オーブンで焼く. ブロードを添えて供する.

soppressa [ソップレッサ] / **sopressa** [ソプレッサ] 女 ヴェネト地方の大型サラミ. ヴィチェンツァ産は D.O.P. 認定. ロンバルディア、フリウリなどでも作られている. 赤ワインに漬けるのが特徴で、10〜15ヵ月熟成させる. salsa peverada をはじめ、料理にもよく使われる.

soppressata [ソップレッサータ] / **soprassata** [ソプラッサータ] 女 ①おもにトスカーナ地方で作られるサルーミ. testa in cassetta、coppone、coppa d'inverno とも呼ばれている. 同様のものがラツィオ、マルケ、ウンブリア地方ではそれぞれ coppa romana、coppa marchigiana、coppa umbra と呼ばれている. (⇒) coppa (②). ②南部で作られるサラミ.

・*soppressata calabrese.* [ソプレッサータ・カラブレーゼ] カラブリアを代表するサラミ (D.O.P.). 豚肉3：背脂1にトウガラシ、乾燥粉末赤ピーマンを加え、プレスした後軽くスモークし、2〜3ヵ月熟成させる.

soprapporre ▶

・*soppressata lucana*. [ソプレッサータ・ルカーナ] バジリカータ州産のサラミ. calabrese よりやや脂が多い. 他にアブルッツォ、モリーゼ、カンパニア、プーリアでも同様なサラミが作られている.

soprapporre [ソプラッポーレ] / **sovrapporre** [ソヴラッポーレ] 動 上にのせる、重ねる.

Sopravissana [ソプラヴィサーナ] 女 羊の品種の一つで、スペインのメリノ種とラツィオ原産の Vissana 種との配合で生まれ、ラツィオ州一帯で飼育されるようになった. 現在ではウンブリア、マルケ、アブルッツォ、トスカーナでも生産されているが頭数は少ない. 食用 (特にアッバッキオとして) では最高の品質と評価されている.

sorbettiera [ソルベッティエーラ] 女 シャーベット・マシン、アイスクリーム・マシン. = gelataio, gelatiera.

sorbetto [ソルベット] 男 シャーベット. アイスクリームなどにくらべてシロップの糖度が低い (14～15度).

sorra [ソーラ] 女 ①マグロやカジキのトロの部分のシチリアでの呼び名. surra とも呼ぶ. ②ミスジ (牛・仔牛の部位名) のトスカーナでの呼び名. (⇒) cappello del prete (②).

sospiri (複) [ソスピーリ] 男 プーリア州 Bisceglie [ビシェリーエ] の菓子. 乳房の形をしているのが特徴.

sospirus [ソスピルス] 男 サルデーニャ州の菓子. 語源はイタリア語の sospiro (息) で、息を吹き込んだように膨らむところから. 別名 sospiri sardi.
作り方 少量の小麦粉、アーモンドの粉、砂糖、泡立てた卵白を混ぜ、スプーンで丸め、粉を振った天板に並べてオーブンで焼く.

sotè [ソテー] 女 ソテー (ナポリ地方での書き方). = sauté.

sottaceto [ソッタチェート] /**sott'aceto** [ソットアチェート] (無変) 形 酢漬けの (おもに野菜の酢漬けを示す).

sottile [ソッティーレ] 形 薄い. ・*tagliare sottile*. 薄く切る.

sotiletta [ソッティレッタ] 女 スライスチーズ (市販の).

sottobosco [ソットボスコ] 男 イチゴ、木イチゴ、ベリー類の総称に使われる言葉. = frutti di sottobosco.

sottolio / sott'olio [ソットーリオ / ソットオーリオ] (無変) 形 油漬けの. 副 油漬けにして.

sottopiatto [ソットピアット] 男 受け皿、下皿 (現在はいろいろな素材のものがある).

sotto sale [ソット・サーレ] 塩漬けの. (* sotto 前 …の下に. …の中に.)

▶ **spaghetti**

sotto spirito ［ソット・スピーリト］蒸留酒漬けの.
sottovuoto ［ソットヴオート］(無変) 形 真空の、真空パックの. 副 真空にして.
soufflè ［スッフレ］(仏) 男 スフレ. 過 形 膨らませた.
sovrapporre = (⇒) soprapporre.
spaccaossa ［スパッカオッサ］(単複同形) 男 骨を叩き割るためのチョッパー.
spaccare ［スパッカーレ］動 割る、叩き割る.
spadellare ［スパデッラーレ］動 フライパンでソテーする、炒める. = padellare.
spaghettata ［スパゲッタータ］女 大勢でスパゲッティを作って食べること. スパゲッティ・パーティー (特に野外で).
spaghetti (複) ［スパゲッティ］男 スパゲッティ. メーカーによって多少違うが一般的には直径1.8 〜 2mm サイズのもの. 本来は vermicelli ［ヴァルミチェッリ］と呼ばれていたが、1819年に初めてパスタの呼び名として dizionario della lingua italiana di Nicolò Tommaseo e Bernardo Bellini という辞書に載った. それ以後スパゲッティと呼ばれるようになった. 現在でも南部では太めのスパゲッティはヴェルミチェッリと呼んでいる.

料理 ・*spaghetti aglio、olio e peperoncino.* (スパゲッティ トウガラシ入りガーリック・オイル) 南部で好んで食べられる. ローマの人もナポリの人も自分のところで生まれた料理としてゆずらない (以前は北部ではほとんど食べられていなかった). 輪切りにして芯を除いたニンニク、種を除いて輪切りにした赤トウガラシ、オリーブ油を合わせて火にかけ、ニンニクが色づいたら火からおろしてパセリを加え、スパゲッティのゆで湯を加え、スパゲッティを入れ、火にかけて手早く和える.

・*spaghetti alla buttariga.* (スパゲッティ ボッタルガ風味〈サルデーニャ〉) みじん切りのニンニク、オリーブ油、赤トウガラシを合わせて火にかけ、ニンニクが色づいたら火からおろし、スパゲッティのゆで湯を加え、スパゲッティを入れ、ボッタルガを半量入れて和える. 残りのボッタルガとパセリを振る. ＊ buttariga は bottarga のサルデーニャ方言.

・*spaghetti alla carbonara.* (スパゲッティ・カルボナーラ《炭焼き人風》〈ラツィオ〉) ❶ボウルに卵、ペコリーノ・ロマーノ、黒コショウを合わせてかき混ぜる. ❷グアンチャーレ (パンチェッタ) を少量のサラダ油でカリッと炒め、白ワインを加え、スパゲッティのゆで湯を加える. スパゲッティを入れ、①を加えて弱火にかけながら手早く混ぜ合わせ、盛り付けてコショウを振る. ＊炭の粉を表す粗挽きの黒コショウは必須.

・*spaghetti alla norcina.* (スパゲッティ ノルチャ風〈ウンブリア〉) 方言では 〜 alla nursina ［〜・アッラ・ヌルスィーナ］つぶしたニンニクとオリーブ油を

spaghettini ▶

合わせて火にかけて温め、火からおろしてすりおろした黒トリュフ、みじん切りのアンチョビーを入れ、かき混ぜながら弱火で温め、火からおろす．ニンニクを取り除き、ゆで湯を加えて味を調え、スパゲッティを入れて和え、パセリを振る．

・*spaghetti alla pescatora.*（スパゲッティ 漁師風〈カンパニア州ナポリ〉）❶ムール貝は鍋に入れて蓋をして火にかけ、蒸し汁は漉しておく．殻付きエビは縦半分に切り、背ワタを取る．ヤリイカは下処理をして輪切りにする．❷フライパンにオリーブ油、つぶしたニンニク、赤トウガラシを熱して色づいたらニンニクを取り出し、①とアサリを入れて白ワインを振り、ポモドリーノの実、ムール貝の蒸し汁、パセリを加えて蓋をして火にかける．アサリの殻が開いたら（水分が多ければ少し煮詰め）、スパゲッティを入れて和える．

・*spaghetti alle vongole.*（ヴォンゴレ《スパゲッティ アサリトマトソース》）．❶オリーブ油と軽くつぶしたニンニクを合わせて火にかけ、色づいたらアサリを入れて白ワインを加え、蓋をして殻を開ける．アサリの身を殻からはずし、蒸し汁は漉しておく．❷オリーブ油、みじん切りのニンニク、赤トウガラシを合わせて火にかけ、ニンニクが色づいたらアサリの身と蒸し汁、パセリ、トマトソースを入れて一煮立ちさせ、味を調える．スパゲッティを加えて和える．

・*spaghetti con rancetto.*（スパゲッティ ランチェット風味〈ウンブリア〉）オリーブ油とパンチェッタを合わせて火にかけて炒め、白ワインを加えて煮詰め、トマトソース、マジョーラム、コショウを加える．スパゲッティを入れて和え、ペコリーノを加える．＊ rancetto はウンブリア方言でパンチェッタのこと．

spaghettini（複）［スパゲッティーニ］男 スパゲッティーニ．直径 1.5 〜 1.7mm サイズのスパゲッティ．・*spaghettini di soia*. 春雨．

spaghettoni（複）［スパゲットーニ］男 スパゲッティより太いサイズのもの（南部では vermicelli または vermicelloni とも呼ぶ）．

spagnolette（複）［スパニョレッテ］女 落花生、ピーナッツの北イタリアでの呼び名．= noccioline.

spagnolino［スパニョリーノ］男 トウガラシのピエモンテ方言名．

spago［スパーゴ］（複-ghi）男 ひも．

spalla［スパッラ］女 肩肉．シャクシ（牛・仔牛の部位名）

spalmare［スパルマーレ］動 バターやクリーム状のものを塗る．溶かしバターを耐熱容器に塗る．

spannocchia［スパンノッキア］女 / **spannocchio**［スパンノッキオ］（複-chi）男 シャコのカンパニア地方での呼び名．=（⇒）canocchia.

spappolare［スパッポラーレ］動 もとの形がなくなるまで加熱する．煮崩す．ドロドロの状態にする．

▸ **spezie**

sparasi(複) [スパラズィ] 男 アスパラガスのヴェネト方言名. = asparagi.

sparasi e ovi(vovi) alla bassanese [スパラズィ・エ・オーヴィ(ヴォーヴィ)・アッラ・バッサネーセ] アスパラガスのバッサーノ風(ヴェネト). ＊ヴェネト方言名.

作り方 半熟卵をつぶして塩、コショウ、パセリ、レモン汁、オリーブ油を加えてソースを作り、ゆでた白アスパラガスの穂の上にかける.

spatola [スパートラ] 女 パレット. ・*spatola di legno*. 木製スパテラ、木べら、木じゃくし.

spätzli(複) [シュペッツリ] 男 トレンティーノ＝アルト・アディジェ地方で作られる、ニョッキに似た料理(「小さなスズメ」という意味). 専用の器具で、生地を湯に落としてゆでる. いろいろな種類がある. spätzle とも呼ぶ.

spätzli 用の器具

spazzola [スパッツォラ] 女 ブラシ、刷毛.

spazzolare [スパッツォラーレ] 動 キノコやトリュフなどをブラシ、刷毛で掃除する.

specialità [スペチャリタ] 女 特別料理、代表的料理、名物料理.

specie [スペーチェ] (単複同形) 女 種類.

speck [スペック] 男 スペック. アルト・アディジェ地方のスモークをかけた生ハム. アンティパストにする他、料理の味付けにも使われる.

料理 ・*speck alla moda di Alto Adige.* (スペックのアルト・アディジェ風前菜) スペック、ピクルス、ライ麦パン、バターを盛り合わせる. ナイフでスペックを切りながら、ピクルスと一緒につまんだり、バターを塗ったパンにのせて食べる. ＊この地方の伝統的なスペックの食べ方.

spegnere [スペーニェレ] 動 火を消す、スイッチを切る.

spellare [スペッラーレ] 動 鶏、魚などの皮をむく.

spelta [スペルタ] 女 スペルト小麦. = (⇒) farro.

spelucchino [スペルッキーノ] 男 パーリング・ナイフ. 刃より柄が長い小型のプロ用ペティ・ナイフの呼び名の一つ. = coltellino da cuoco.

spennare [スペンナーレ] 動 野禽、家禽類などの羽、毛をむしる. = spiumare.

spennellare [スペンネッラーレ] 動 刷毛で塗る.

spera [スペーラ] 女 ノアノハコブネ貝 (カンパニア方言). = (⇒) arca di Noe.

speronara [スペロナーラ] 女 アンチョビー (プーリア方言). (⇒) acciuga.

spesso [スペッソ] 形 厚い. 副 頻繁に、しばしば.

spessore [スペッソーレ] 男 厚さ.

spezie(複) [スペッツィエ] 女 スパイス、香辛料. = droghe.

spezzare [スペッツァーレ] 動 肉などをぶつ切りにする．骨などを砕く．ロングパスタなどを折る．

spezzatino [スペッツァティーノ] 男 本来は肉をぶつ切りにして煮込んだ料理．しかし最近は魚をぶつ切りにして、ソテーや煮込みにする料理の名前にも使われる．

料理 ・*spezzatino alla bolzanese.*（ボルツァーノ風仔牛の煮込み〈トレンティーノ＝アルト・アディジェ〉）仔牛肉を角切りにし、塩、コショウ、小麦粉をまぶし、サラダ油で焼き色をつける．薄切りの玉ネギとともに鍋に入れ、パプリカ粉、セージ、バターを加えて蓋をし、30分ほど弱火にかける．白ワイン、裏漉ししたトマトホールを加えて肉がやわらかくなるまで更に煮て、仕上げに生クリームを加え、塩で味を調える．器に盛り、パセリを振る．＊ハンガリー料理のグーラッシュの料理法がもとになっている．

・*spezzatino di manzo al vino rosso.*（牛肉の赤ワイン煮込み〈中北部一帯〉）牛肉をぶつ切りにして塩、コショウ、小麦粉をまぶしてソテーし、(⇒) stracotto 同様に作るが、あまり煮込みすぎない．

spianare [スピアナーレ] 動 平らにする．・*spianare la pasta.* パスタをのばす．

spianata [スピアナータ] 女 ① *spianata romagnola.* ロマーニャ地方のフォカッチャ．② *spianata sarda.* サルデーニャの薄い円形のパン．

spianata romana [スピアナータ・ロマーナ] 女 ローマの代表的なサラミ．重石をして高さ5cm、幅15cm、長さ30cmほどの長方形に成形することからこの名が付いた．4～6ヵ月の熟成でマイルドな味．= schiacciata romana.

spianatoia [スピアナトイア] 女 パスタなどの生地をのばす木製の板、および台．今はいろいろな素材のものがある．

spianatora [スピアナトーラ] 女 spianatoia のラツィオ、アブルッツォ地方の方言名．

spicchio [スピッキオ] (複-chi) 男 くし形状のもの．オレンジなど柑橘類の房．ニンニクの一片．

spiedino [スピエディーノ] 男 串、串料理．

料理 ・*spiedino di mazzancolle alla griglia.*（車エビの串焼き〈ラツィオ〉）．頭を付けたまま殻をむいた車エビを串に刺し、塩焼きにする．オリーブ油を振り、レモンを添える．

・*spiedini di anguilla.*（ウナギの串焼き〈エミリア＝ロマーニャ〉）ウナギは頭と内臓を取り、ぶつ切りにして、ローリエで挟みながら串に刺す．塩、コショウ、パン粉をまぶし、耐熱皿に並べてオリーブ油を振り、オーブンで焼く．レモン、イタリアンパセリを添える．＊クリスマス時季には全国的に食べられる（ヴェネツィアではそれ以外の時季でも食べる）．

▶ **spolpare**

spiedo [スピエド] 男 ロースター用の大きい金串．・*arrosto allo spiedo*. 金串を使ったロースト（ロースト料理全般にもこのメニュー名が使われることがある）．

spiga [スピーガ]（複-ghe）女 米、麦などの穂．

spighitti（複）[スピギッティ] 男 サルデーニャのラヴィオリの呼び名の一つ．（⇒) culurgiones.

spigola [スピーゴラ] 女 スズキ（おもに中南部での呼び名．北部では branzino、リグーリアでは luasso と呼ばれる）．

料理　・*spigola arrosto*.（スズキのロースト〈各地方〉）スズキはウロコと内臓を取り、腹に塩、コショウを振って香草を詰め、全体に塩、コショウ．オリーブ油を入れて温めたローストパンに入れ、オーブンに入れて油をかけながら火を通す．レモンを添える．

spina [スピーナ] 女 針．野菜などのとげ．魚の骨．・*spina dorsale*. 魚の背骨．

spinacino [スピナチーノ] 男 トモサンカク（牛・仔牛の部位名）．おもに詰め物をしてからローストや煮込みにする．

spinaci（複）[スピナーチ] / **spinacio**（単）[スピナーチョ] 男 ホウレン草．ビエトラにくらべ栽培、運搬などがしやすく、また色も濃いので、イタリアでは特に北部でビエトラの代わりに使われるようになった．

料理　（付け合わせ）・*spinaci alla romana*.（ホウレン草のソテー　ローマ風）ホウレン草はサッとゆでておく．フライパンにオリーブ油とつぶしたニンニクを合わせて熱し、色づいたらホウレン草を入れて炒め、塩、コショウ．戻して水気を切ったレーズン、松の実を加える．＊リグーリアでは spinaci alla ligure [スピナーチ・アッラ・リグレ]．ピエモンテでは spinaci alla piemontese と呼ばれる．いずれもニンニクの量はローマ風の半分．またピエモンテではバターを使うこともある．

spinaci della Nuova Zelanda（複）[スピナーチ・デッラ・ヌオーヴァ・ゼランダ] ツルナ（⇒ tetragonia）の別名で、直訳すると「ニュージーランドのホウレン草」．

spinaci selvatici（複）[スピナーチ・セルヴァーティチ] 男 グッドキングヘンリー、キクバアカザ．野草の一種でホウレン草が出回るまでは野菜として食べられていた．= orapi、erba buon enrico.

spinare [スピナーレ] 動 魚の骨を取り除く（おもに小骨）．

spinarolo [スピナローロ] 男 ツノザメ（魚）．

spirito [スピーリト] 男 蒸留酒、スピリッツ．

spiumare [スピウマーレ] 動 家禽、野禽の羽をむしり取る．= spennare.

spolpare [スポルパーレ] 動 果肉を取る．骨に付いた肉を取る．

spolverare [スポルヴェラーレ] 動 粉末状のものを振りかける.

spolverizzare [スポルヴェリッザーレ] 動 ①粉末状にする. ②粉末状のものを振りかける. = spolverare.

spongata di Brescello [スポンガータ・ディ・ブレシェッロ] エミリア＝ロマーニャ州レッジョ県ブレシェッロの菓子. 1454年にはすでに作られていたことを証明する文章が残っている. 当時は大変贅沢な菓子とされた. 現在はクリスマスの菓子として親しまれている.

　作り方 ナッツ類、ドライフルーツなどをハチミツで煮て冷ましたものを、円形の練りパイ生地に山のようにのせ、もう1枚の生地で覆い、焼いて作る.

spratto [スプラット] 男 ニシン科の小魚で、日本ではヨーロピアンプラット、ヨーロッパキビナゴと呼ばれている. = (⇒) papalina, gianchettu (サルデーニャ方言).

spremere [スプレメレ] 動 絞る、絞り出す (おもにレモンなどの柑橘類).

spremiagrumi [スプレーミアグルーミ] / **spremilimoni** [スプレーミリモーニ] 男 レモンスクイザー、絞り器.

spremuta [スプレムータ] 女 果物の絞り汁、生ジュース.

spressa [スプレッサ] 女 トレンティーノ＝アルト・アディジェ産の硬質チーズ. spressa delle Giudicarie は D.O.P..

spruzzare [スプルッツァーレ] 動 振りかける (ワイン、油、果汁などの液状のものや粉末状のものを).

spugnole (複) [スプニョーレ] / **spugnola** (単) [スプニョーラ] 女 アミガサ茸. 語源は「海綿、スポンジ」. 春のキノコで、かさの色が白と黒の2種類ある. 乾燥品もあり、おもにソースや煮込み料理に使われる. = morchella.

spuma [スプーマ] 女 ムース. ムース状のもの.

spumante [スプマンテ] 男 発泡性ワイン. = vino spumante.

spumone [スプモーネ] 男 セミフレッドの一種. ピエモンテで作られるマスカルポーネを使ったスプモーネが有名. 他に、プーリアではヴァニラのアイスクリームを外側に入れ、セミフレッド (チョコレート、イチゴなど) を内側に詰める作り方などいろいろある.

spuntatura (単) [スプンタトゥーラ] / **spuntature** (複) [スプンタトゥーレ] 女 豚や牛のスペアリブの、ラツィオ周辺での呼び名. 部位全体のときは単数、切り分けたときは複数になる.

spuntino [スプンティーノ] 男 軽食、スナック.

spunzale [スプンツァーレ] 男 ポロネギ. 葉玉ネギ (プーリア地方の方言名).

spurgare [スプルガーレ] 男 内臓類を水にさらして血、アクを取る. 野菜のアク抜

▶ stecco

きをする. エスカルゴのアクを抜く.

squacquerone [スクワックェローネ] 男 ロマーニャ地方のクリームタイプのチーズ (D.O.P.). ストラッキーノに似ていて、よくピアディーナに塗って食べる.

squadro [スクワードゥロ] 男 カスザメ (魚).

squalo [スクワーロ] 男 サメ、フカ. = pescecane.

squamapesce [スクワーマペッシェ] (単複同形) 男 ウロコ取りの器具.

squamare [スクワマーレ] 動 ウロコを取る.

squame (複) [スクアーメ] 女 ウロコ.

squilla [スクイッラ] 女 シャコ (学名). = (⇒) canocchia.

squisito [スクイズィート] 形 美味な、おいしい.

staccare [スタッカーレ] 動 はずす、はがす.

stacchiodde (複) [スタッキオッデ] 女 (⇒) orecchiette のプーリア州 Salento 地方での呼び名. stacchioddi とも呼ぶ.

stacciare [スタッチャーレ] 動 ふるいにかける. = setacciare.

staccio [スタッチョ] (複-ci) 男 ふるい、裏漉し器、タミ. = setaccio.

stachys [スタキス] 男 ちょろぎ. stregone、tuberina、carciofi di giappone、carciofi cinesi とも呼ばれる.

stagionare [スタジョナーレ] 動 ワイン、サルーミ類、チーズなどをねかせて熟成させる.

stagnola [スタニョーラ] 女 アルミホイル、アルミ箔. = carta argentata.

stampo [スタンポ] / **stampino** [スタンピーノ] 男 料理、菓子などに使ういろいろな型、押し型. ・*stampo per cialda*. ゴーフレット・メーカー.

stappare [スタッパーレ] 動 コルク栓を抜く.

starna [スタールナ] 女 ヨーロッパ山ウズラ.

stecca [ステッカ] (複-che) 女 スティック状のもの、棒状のもの.

steccare [ステッカーレ] 動 肉に背脂や香草などをピケする、野菜にクローブなどの香辛料を刺し込む.

steccherini (複) [ステッケリーニ] 男 シロカノシタ (キノコ). ピエ・ドゥ・ムートン.

stecchino [ステッキーノ] 男 楊枝. = stuzzicadenti.

stecchi (複) [ステッキ] / **stecco** (単) [ステッコ] 男 竹串、木製の串. 串揚げ料理 (ステッキ).

料理 ・*stecchi genovesi*. (ジェノヴァ風串揚げ) ❶仔牛ヒレ肉、脳みそ、胸腺肉をバターでソテーし、マッシュルーム、くし形切りのカルチョフィを加えて炒め、白ワインを振って少し煮詰める. 粗熱をとり、それぞれ小さく切り分けて串に

stelline ▶

刺す (一部残す). ❷残した材料を焼き汁ごとミキサーにかけ、パルミジャーノと卵を加えて混ぜ、パン粉で濃度を調整し、塩、コショウ. ❸②のソースを①にまぶして少しねかせた後、溶き卵、パン粉をつけて揚げる.

　・*stecchi alla bolognese*. (ボローニャ風串揚げ) ソテーした胸腺肉、コーンタン、モルタデッラ、黒トリュフ (スライス)、グリュイエール・チーズなどを角切りにして串に刺す. ベシャメルソース、卵の順につけ、パン粉をまぶして揚げる.

stelline (複) [ステッリーネ] 女 スープの浮き身用の小さな星形のパスタ.

stemperare [ステンペラーレ] 動 粉を液体で溶く、薄める.

stendere [ステンデレ] 動 生地などを広げる、のばす.

sterilizzare [ステリリッザーレ] 動 殺菌する、消毒する.

sterletto [ステルレット] 男 チョウザメの一種.

stiacciata [スティアッチャータ] 女 トスカーナ地方でのフォカッチャの呼び名. = schiacciata.

stinchetti (複) [スティンケッティ] 男 ①仔豚・仔羊などの小さなスネ. ②ウンブリア州の、アーモンドを使った焼き菓子.

stigghiole (複) [スティッギョーレ] 女 羊の腸 (本来は山羊の腸) で作るシチリアの料理.

　作り方 細切りのラルド、葉玉ネギ (またはポロネギ)、パセリの葉を羊の腸で巻いたものをグリルで焼く (またはソテーする).

stinco [スティンコ] (複-chi) 男 牛・仔牛・豚のスネ、スネ肉 (おもに前ズネ).

stoccafisso [ストッカフィッソ] 男 頭と内臓を取り除いたタラを丸のまま干したもので、14世紀以降にノルウェーからシチリア、ジェノヴァ、ヴェネツィアに入ってきた. ジェノヴァでは stocche、南部では stocco または pescestocco、ヴェネト、フリウリではストッカフィッソではなく方言で bacalà [バカラッ] と呼ぶ. 戻すときは木槌で叩いて身をほぐすか、数ヵ所切れ目を入れて水に浸ける. やわらかくするには水を替えながら4日〜1週間ほどかかる (大きさによる). (⇒) bacalà.

stocche (複) [ストッケ] 女 (⇒) stoccafisso のジェノヴァ方言名.

stocco [ストッコ] (複-chi) 男 (⇒) stoccafisso の南部での方言名.

stomaco [ストーマコ] (複-chi または-ci) 男 胃、胃袋. ・*stomaco di pollo*. 鶏の砂肝. = durello.

storione [ストリオーネ] 男 チョウザメ. 古代ローマの貴族たちが好んで食べた魚のひとつ. 現在はポー川にわずかに生息しているのみで保護のため禁漁である. ロンバルデイア、ヴェネト地方で養殖されている. 燻製にした製品はわりと早くから販売されている. 肉質が仔牛に似ており、いろいろな方法で調理される.

▶ **strangozzi**

storno [ストルノ] 男 ムクドリ.

stracchino [ストゥラッキーノ] 男 ストラッキーノ・チーズ. 疲れた (stracca [ストゥラッカ]) 雌牛の乳から作ったチーズという意味の呼び名.「疲れた」というのは放牧されていた山の上からおりてくる旅で疲れたということで、つまり山の上でたっぷりと青草を食べた牛の、上質な乳を使って作ったという意味. ゴルゴンゾーラ、クレシェンツァ、タレッジョ、クァルティローロなどがこの仲間.

straccetti (複) [ストゥラッチェッティ] 男 本来は牛肉を薄く切って強火でソテーした料理. ローマ発祥といわれている (最近は他に鶏、七面鳥、仔牛などでも作る).
   料理 ・*straccetti alla romana.* 牛肉の薄切りに塩、コショウをし、オリーブ油を熱したフライパンに入れて強火で炒め、少量の白ワインを振る. 皿に盛り、ルコラ、薄切りのパルミジャーノ、切り分けたポモドリーノをのせてオリーブ油を振る.

stracci (複) [ストゥラッチ] 男 ①四角く切り分けたパスタで、straccio (布の切れはし) をイメージした. 最近はひし形、三角形などに切り分けたものもある. straccetti とも呼ぶ. ②アブルッツォで作られるクレープの別称. = scripelle.

stracciatella alla romana [ストゥラッチャテッラ・アッラ・ロマーナ] ローマ風かき卵スープ. stracciato (ぼろぼろにした) からきている料理名.
   作り方 卵、パルミジャーノ、パセリ (セモリナ粉を少々加えてもよい) を混ぜ合わせ、沸騰させたブロードに入れながら混ぜる.

stracotto [ストゥラコット] 男「過度に煮込んだ」の意で、やわらかくなるまで長時間かけて煮込んだ牛肉の料理. おもに中北部で作られ、赤ワインを使う.
   料理 ・*stracotto alla piacentina.* (ピアチェンツァ風ストゥラコット〈エミリア=ロマーニャ〉) 牛肉にニンニクをピケし、タコ糸でしばって塩、コショウし、サラダ油で焼いて背脂、玉ネギ、ニンジン、セロリの各みじん切りを加え、蓋をしてオーブンに. 野菜がしんなりしたら赤ワイン、少量のトマトペースト、ローリエを加えて再びオーブンに入れ、肉がやわらかくなるまで煮込む.
   ・*stracotto d'asino.* (ロバの赤ワイン煮〈エミリア=ロマーニャ州ピアチェンツァ〉). 作り方は牛肉のストゥラコットと同じ. ポレンタを添える.

strangolapreti (複) [ストゥランゴラプレーティ] 男 南イタリアではおもにニョッキを指す名称として使われている. ナポリ周辺ではジャガイモのニョッキを方言名で strangoloprievete、プーリアの一部では strangulapreuti と呼ぶ. バジリカータ、カラブリアでは小麦粉と水で練ったニョッキが作られる. トレンティーノではホウレン草、パンなどで作られるカネデルリとほぼ同じパスタで、セージ、バターで味付ける.

strangozzi [ストゥランゴッツィ] 男 = stringozzi. ウンブリアの東南部やラツィオ

strascinare ▶

北部で作られる厚さ2～3mm、幅3～4mmのひも状のパスタ．くつひも(stringa)がstringozziの語源といわれ、またそのひもを使って反法王分子が司祭たちを絞殺(strangolare)したところから、strangozziとも呼ぶようになったといわれている．ウンブリアでも西北部のトスカーナに近い地方では、ピーチ(⇒ pici)と同じ形のパスタの呼び名になる．

strascinare [ストゥラッシナーレ] 動 ローマから南の地方で、ブロッコリー、ナバナ、チコリなどをゆでてからガーリックオイルで炒めることを意味する言葉．トウガラシを入れることが多い．例) broccoli strascinati.

strascinati (複) [ストゥラッシナーティ] 男 バジリカータ地方のパスタ．カヴァテッリのように作るが、生地を直径約1cm、長さ3～4cmの円筒形に切り分け、3本ないし4本の指先で麺台にこすりつける(trascinare)ようにして成形する．またプーリア州の一部で作られるものは、オレッキエッテに似ているが倍ぐらいの大きさの楕円形で、くぼみが浅く、より耳の形に似ている．

strato [ストゥラート] 男 層．

strattu di pumaroru [ストゥラットゥ・ディ・プマロール] = estratto di pomodoro (⇒ estratto) のシチリア方言名．単にstrattuとも呼ぶ．

stravecchio [ストゥラヴェッキオ] (複-chi) 男 長期間ねかせ熟成させたものの呼称(ワイン、リキュール、グラッパ、チーズ、生ハムなど).

Strega [ストゥレーガ] 男 アンゼリカの根のエッセンスを使い、サフランで着色した黄金色の美しいリキュール．カンパニア州ベネヴェント産．stregaは「魔女」という意味．

strichetti (複) [ストゥリケッティ] / **stricchetti** (複) [ストゥリッケッティ] 男 エミリア地方の蝶の形をした生パスタ．方言で「つまんだ」という意味．乾麺のfarfalleで代用する場合もあるが、あくまで基本は小麦粉と卵で練った生パスタ．

stridoli [ストゥリードリ] / **strigoli** (複) [ストゥリーゴリ] 男 (⇒) sileneのロマーニャ地方での呼び名．

striscia [ストゥリッシャ] (複-sce) 女 リボン、短冊．

stringozzi [ストゥリンゴッツィ] 男 = (⇒) strangozzi.

strizzare [ストゥリッツァーレ] 動 水気を絞る．

strofinare [ストゥロフィナーレ] 動 こすりつける(ニンニクなどをパンやボウルに).肉に塩などをすり込む．キノコを布でこすって掃除する．

stropparella [スットロッパレッラ] 女 ヨーロッパ産ニワムシクイ(鳥)の中部イタリアでの呼び名．= (⇒) beccafico.

strozzapreti (複) [ストゥロッツァプレーティ] 男 ロマーニャ地方とマルケ州の一部で作られるパスタ．小麦粉、塩、水を練った生地を厚めにのばして5mm幅に切

り、両手のひらでこすり合わせるようにして5〜6cm長さにちぎって作る．この地方には珍しく、卵を使わずに作る．

strucolo [ストゥルーコロ] 男 フリウリ地方で作られるストゥルーデル（⇒ strudel）．

strudel [ストゥルーデル] 男 ストゥルーデル．オーストリアの影響を受けてできた菓子（トレンティーノ＝アルト・アディジェ、ヴェネト、フリウリ＝ヴェネツィア・ジュリア）．

作り方 ❶リンゴは薄切りにして砂糖とシナモンを加えてオーブンで加熱し（本来は生のまま使う）、冷ます．❷フライパンにバターをひいてパン粉を炒め、①と戻したレーズン、松の実、レモンの皮、砂糖を加える．❸小麦粉、卵、砂糖、バター、塩を合わせてぬるま湯を加えて練った生地をねかせた後、薄くのばし、②を包んで、生地のところどころに穴を開け、溶き卵を塗り、オーブンで焼く．＊リンゴで作るのが伝統的だが、ドライフルーツで作ることもある．

strudel di carne [ストゥルーデル・ディ・カルネ] 肉入りのストゥルーデル（トレンティーノ＝アルト・アディジェ）．

作り方 ロースト（牛肉、仔牛肉、豚肉など）の残りを挽いて鍋に入れ、スーゴ・ディ・カルネ（またはローストのソース）、松の実、溶けるチーズ、ソテーしてみじんに切ったポルチーニ茸を加えて混ぜる．あとは菓子のストゥルーデル同様に作る．

struffoli (複) [ストゥルッフォリ] 男 ナポリのクリスマスの代表的揚げ菓子．ギリシャ語で「丸いもの」という意味のstroggulosが語源ではないかという説もある．

作り方 小麦粉、卵、バター（またはラード）、砂糖、すったレモンの皮、リキュールなどを練って棒状にのばし、小さく切り分けて揚げる．鍋で温めたハチミツと混ぜて器に盛り、カラースプレーを振る．砂糖漬けのフルーツを刻んで混ぜ込むこともある．

strutto [ストゥルット] 男 ラード．

struzzo [ストゥルッツォ] 男 ダチョウ．

stufa [ストゥーファ] 女 ストーブ．

stufare [ストゥファーレ] 動 煮込む（おもに蓋をして）、蒸し煮にする．

stufatino [ストゥファティーノ] 男 煮込み料理の呼び方の一つ（特に素材をぶつ切り、角切りなどにした場合）．

料理 ・*stufatino di manzo con selleri.*（牛肉とセロリのトマト煮〈ラツィオ〉）牛肉をぶつ切りにし、塩、コショウ、小麦粉をまぶしてサラダ油でソテーし、鍋に移してニンニク、玉ネギ、生ハムのみじん切り、マジョーラムを加え、蓋をしてオーブンに入れる．玉ネギがしんなりしたら白（または赤）ワイン、トマトホー

stufato ▶

ルの裏漉し、ローリエを加えてオーブンで煮込む. 仕上がる直前に、固めにゆでたセロリを加える. ＊ selleri [セッレーリ] はセロリのローマ方言名.

stufato [ストゥファート] 男 煮込み料理. 蒸し煮料理. 過形 蒸し煮した.

stuin [ストゥイン] 男 ロンバルディア州 Valtellina でソープストーンで作られた鍋. 大きいサイズのものは lavec と呼ばれている.

stuzzicadenti [ストゥッツィカデンティ] 男 楊枝. = stecchino.

stuzzichino [ストゥッツィキーノ] 男 つまみ、つき出し.

suacia [スアーチャ] (複-ce) 女 ダルマガレイ科の魚. cianchetta、zanchetta とも呼ばれる.

successivo [スチェッスィーヴォ] 形 次の.

succiola [スッチョラ] 女 ゆで栗 (トスカーナ).

succo [スッコ] (複-chi) 男 果汁、ジュース.

succoso [スッコーソ] 形 果汁の多い.

sudare [スダーレ] 動 汗をかく. ・*far sudare*. (おもに野菜を) 弱火で色づかせず炒める、スュエする.

suf [スフ] 男 フリウリのポレンタ料理の一つ. 湯または牛乳でやわらかめに煮たポレンタを盛り、冷たい牛乳または溶かしバターをかけて食べる. 他にもヴァリエーションがある.

sufficiente [スッフィチェンテ] 形 充分な.

suffritte (複) [スッフリッテ] 女 ナポリで作られる豚の内臓料理 (カンパニア方言). イタリア語では zuppa di soffritto [ズッパ・ディ・ソッフリット].

作り方 切ってアク抜きした豚の内臓 (レバー、肺、ハツ、すい臓など) をラード、オリーブ油で炒め、赤ワイン、ローズマリー、トウガラシ、ローリエ、トマトペースト、湯を加えて煮込む. トーストしたパンを添える.

sugarello [スガレッロ] 男 アジ (ヨーロッパマアジ). = suro.

sughero [スーゲロ] 男 コルク.

sugna [スーニャ] 女 ラード (ナポリ方言). = strutto.

sugo [スーゴ] (複-ghi) 男 ソース (特に煮込んだもの).

料理 ・*sugo d'agnello alla molisana*. (仔羊の煮込みソース モリーゼ風) 仔羊肉は細かく切って塩、コショウをし、オリーブ油でソテー. よく色づいたらニンニク、ローズマリーのみじん切り、ローリエを加え、白ワイン、湯で溶いたトマトペーストとトマトホールの裏漉しを加え、蓋をして煮込む.

sugo di carne [スーゴ・ディ・カルネ] スーゴ・ディ・カルネ. フランス料理のフォン・ド・ヴォーにあたるもの. = fondo bruno.

作り方 大きめに切ったスジ肉 (仔牛が主で、牛が少量) に塩、コショウ、小麦粉

をまぶし、サラダ油をひいたフライパンにほぐし入れて強火で焼き色をつける。肉を取り出し、2～3cm角に切った玉ネギ、ニンジン、セロリを炒め、赤ワインを加えて強火で煮詰める。半量になったら鍋に移し、スジ肉を戻し、トマトペースト、小麦粉、ローリエ、クローブを加えて全体が茶色になるまで炒める。湯を加えて沸騰させ、常時沸騰ギリギリの状態になる火加減に落とし、ときどき混ぜながら2～3時間煮込む。半量以下になったらシノワで漉す。

suino [スィーノ] 形 豚の。男 豚、豚肉。一般的には maiale [マイアーレ]、porco [ポルコ] と呼ばれ、料理ではおもに maiale が使われる。

supa [シューパ] 女 = sopa. (⇒) zuppa の北イタリア方言。ピエモンテには、グリッシーニを使った supa barbetta [シューパ・バルベッタ] というズッパがある。

superalcolico [スーペルアルコーリコ]（複-ci）男 アルコール度数21%以上の酒、飲み物。

superficie [スペルフィーチェ]（複-ci、-cie）女 表面。

suppa quatta [スッパ・クアッタ] 女 サルデーニャのズッパ。仔羊が使われる。

supplí [スップリ] 男 ローマ風のライス・コロッケ。語源は仏語の surpurise [スープリーズ / 驚き] といわれている（中に思いがけないものが入っているため）。モッツァレッラ入りは supplí al telefono [スップリ・アル・テーレフォノ] と呼ばれる。半分に割ると溶けたモッツァレッラが糸を引き、電話のようなので telefono（電話風）。

作り方 ・*supplí al telefono.* ❶サラダ油を熱し、仔牛挽き肉を炒め、ゆでてみじん切りにした鶏レバー、戻してみじん切りにした乾燥ポルチーニ茸を加える。白ワイン、トマトソースを加えて煮込み、塩、コショウで味を調える。❷バターで米を炒め、ブロードを加えてリゾットを作り、途中で①を加え、塩で味を調える。❸火からおろし、パルミジャーノ、卵を混ぜて冷ましておく。❹中にモッツァレッラを入れて俵型に丸め、小麦粉、溶き卵、パン粉をつけて揚げる。

suprema [スプレーマ] 形 家禽類（特に七面鳥、若鶏）のササミ、胸肉の部分を使うときのメニュー名に使われる名称。

surgelato [スルジェラート] 過 形 −18℃以下に急速冷凍した。男 冷凍食品。

suro [スーロ] 男 アジ（ヨーロッパマアジ）。= sauro、sugarello. ジェノヴァでは soi ともいう。おもに家庭で食べられる。

susina [スズィーナ / ススィーナ] 女 スモモの別称。= prugna.

sventrare [ズヴェントゥラーレ] 動 魚、野禽、家禽類の内臓を抜き取る。

svuotare [ズヴオターレ] 動 空にする、中身を抜き取る（野菜、果物の）、内蔵を取り除く。= vuotare.

T

tacchina [タッキーナ] 囡 七面鳥(雌).

　料理 ・*tacchina alla canzanese.*(七面鳥の冷製 カンツァーノ風〈アブルッツォ〉) 骨抜きした七面鳥をロール状にしてボイルし、冷まして切り分ける．そのブロードで作ったゼラチンを添える．

　・*tacchina ripiena.*(七面鳥の詰め物ロースト〈ロンバルディア〉) 栗、リンゴ、洋梨、干しプラム、クルミ、仔牛肉、パンチェッタを挽いたものを詰めてローストする．

tacchinella [タッキネッラ] 囡 若い七面鳥．生後3ヵ月(4kg前後)の小型のもので、クリスマスの時季や、家庭用として出回る．

tacchino [タッキーノ] 男 七面鳥(雄)．主産地はヴェネト、エミリア＝ロマーニャ．呼び名はジェノヴァでは bibin [ビビン]、ロンバルディアでは pollin [ポッリン]、ヴェネトでは dindo [ディンド]、dindio [ディンディオ]、ナポリでは gallinazzo [ガッリナッツォ]、tacchinu [タッキーヌ]．多くは宴会料理やクリスマス時季に使用され、現在も北から南まで広く使われる．ただし大きいので一羽丸ごとローストすることは少なく、部位に分けた状態で使用することが多い．胸肉はソテー、黄金焼き、カツレツ、インヴォルティーニなどに、もも肉は詰め物をしてジャンボネット (giambonetto) に、骨付きを輪切りにしてオッスィブーキ (ossibuchi) にするなど．

taccole① (複) [タッコレ] 囡 サヤエンドウ、キヌサヤ．= piselli mangiatutto. taccole はもともと北イタリア(おもにロンバルディア地方)での呼び名．

　料理 (付け合わせ)・*taccole alla paesana.*(キヌサヤの田舎風) 玉ネギと生ハムをオリーブ油で炒め、下ゆでしたキヌサヤを入れ、トマトソースを加えて塩、コショウ．

taccole② (複) [タッコレ] 囡 おもにアブルッツォで作られるパスタの名前．セモリナ粉と水で練り薄くのばし、約3cm×5cmのひし形や長方形に切ったもの．乾燥品もある．

tacconelle (複) [タッコネッレ] 囡 アブルッツォ、モリーゼのパスタ．taccone (継ぎあての布) が語源．作り方は taccole ②と同じで3cmほどのひし形に切ったもの．

taccozze (複) [タッコッツェ] 囡 (⇒) tacconelle の別称．

tagano [タガーノ] 男 テラコッタの浅鍋(シチリア方言)．taganu、tiano、tianu ともいう．= tegame. またアグリジェント県には、リガトーニ、卵、ラグー、チー

▸ **tagliata**

ズなどをこの器に入れてオーブンで焼いた料理 tagano di aragona がある.

tagli di carne (複) [タッリィ・ディ・カルネ] 肉の部位.

tagliapasta [タッリアパスタ] (単複同形) 男 パスタ生地用カッター、パイ・カッター. 抜き型.

tagliare [タッリアーレ] 動 切る. ・*tagliare a anelli*. リング状にする (玉ネギやピーマンなど). ・*tagliare a bastoni*. 棒状にする. ・*tagliare a bastoncini*. 細い棒状にする. ・*tagliare a dadi*. さいの目切りにする. ・*tagliare a dadini*. 小さいさいの目切りにする. ・*tagliare a cubetti*. 角切りにする. ・*tagliare a fette*. 薄切りにする. ・*tagliare a fettine*. ごく薄切りにする. ・*tagliare a filetti*. 細切りにする. ・*tagliare a filettini*. ごく細切りにする. ・*tagliare a lamelle*. 薄切りにする (特にトリュフ). ・*tagliare a listarelle*. 短冊切りにする. ・*tagliare a mezze lune*. 半月切りにする. ・*tagliare a pezzi* (= *tagliare a pezzetti*、*tagliare a tocchetti*). 角切り、ぶつ切りにする. ・*tagliare a quadretti*. 正方形にする. ・*tagliare a rondelle* (= *tagliare a dischi*). 輪切りにする. ・*tagliare a spicchi*. くし形切りにする. ・*tagliare a striscioline*. 細いリボン状にする.

tagliata [タッリアータ] 女 タリアータ (素材を薄切りにする料理. 元来牛肉のものをいった). tagliata とは「切ること」という意味のイタリア語で、もともとはフィオレンティーナ (牛肉のTボーンステーキ) のロースの部分を切り分けたものの呼び名. Tボーンの形にならない部分のロースやヒレを利用するために考えられた料理といわれている. 現在は牛肉だけでなく、鹿や仔牛などの肉やマグロなどの魚を使った料理の名にも使われている. 厚さ、調理法は材料などにより異なり、これという決まりはない.

料理 ・*tagliata di manzo con ortaggi*. (牛肉のタリアータ 野菜添え〈トスカーナ〉) 牛ヒレ肉に塩、コショウをし、オリーブ油を熱したフライパンに入れて両面を強火でサッと焼き (中は生)、白ワインを振る. 肉をそぎ切りにしてオリーブ油を塗った耐熱皿に並べ、下処理をして切り分けたカルチョフィ、ニンジン、セロリ、トマトを散らし、強火のオーブンに2〜3分入れる. 焼き汁にオリーブ油を加えて温めてかけ、ルコラをのせる. ＊店によっていろいろなヴェリエーションがある。例) グリルでサッと焼き、切り分けて皿に並べ、オリーブ油を振ってからオーブンでサッと焼く. あるいはレアに焼いて切り分け、温めた皿に盛り、レモン汁やバルサミコ酢をオリーブ油と混ぜてかけ、ルコラを盛るなど. (フィオレンティーナとの関係を重視する人は、牛のロースもしくはヒレをレアに焼き、温かい皿に盛ってそのまま出すことが多い. オーブンなどで温め返す方法は、後にミラノのレストランなどでやりはじめたもの).

tagliatartufi ▶

tagliatartufi [タッリアタルトゥーフィ] 男 トリュフ・スライサー．

tagliatelle (複) [タッリアテッレ] 女 タリアテッレ．6 〜 8mm 幅の平打ちパスタ．語源は tagliare [タリアーレ/切る]．ナポリあたりではまれに tagliarelle [タリアレッレ] という場合もある．

　　料理 ・*tagliatelle alla bolognese.* (タリアテッレ ボローニャ風ミートソース〈エミリア＝ロマーニャ〉) サルサ・ボロネーゼ (salsa bolognese. ⇒ salsa) を温め、ゆでたタリアテッレを入れ、バター、パルミジャーノを加えて和える．＊1972年4月、Accademia Italiana della Cucina は、タリアテッレ・ボロネーゼと呼ぶにふさわしいタリアテッレは幅8mm、厚さ0.6mmのサイズとすると、公証人出席の前で成文化した．

　　・*tagliatelle nere con calamaretti.* (イカ墨のタリアテッレ ヤリイカ和え〈各地方〉) フライパンにオリーブ油、つぶしたニンニクを入れて火にかけ、ニンニクが色づいたら取り出し、輪切りにしたヤリイカを入れて炒める．白ワインを振り、パセリのみじん切りを加え、塩、コショウで味を調える．イカ墨を練り込んだタリアテッレをゆで上げてフライパンに加え、ゆで湯を少量加えて手早く和え、器に盛る．＊リストランテではイカ墨のソースで和えず、食べやすく汚れにくいように、このようにパスタにイカ墨を練り込むことが多い．

tagliatelline (複) [タッリアテッリーネ] 女 細めのタリアテッレ (4 〜 5mm 幅)．

tagliatini (複) [タッリアティーニ] 男 (⇒) tagliolini や tagliatelline のおもにトスカーナでの呼び名．

tagliatutto [タッリアトゥット] 男 フードプロセッサー．= tagliaverdure．

tagliauova [タッリアウオーヴァ] (単複同形) 男 エッグ・カッター．

tagliaverdure [タッリアヴェルデゥーレ] (単複同形) 男 フードプロセッサー．= tagliatutto．

tagliere [タッリエーレ] 男 まな板．

taglierini (複) [タッリエリーニ] 男 タリオリーニ．= (⇒) tagliolini．

taglio [タッリオ] (複-gli) 男 ①カット．切れ目．切り分けたもの．・*pizza al taglio.* 切り売り用ピッツァ．②配合．・*vino da taglio.* 配合用の高アルコールのワイン．

tagliolini (複) [タッリオリーニ] 男 タリオリーニ．タリアテッレより細いもの (2 〜 3mm 幅) で、スープに使われることが多い．= taglierini．

tagliuzzare [タッリウッツァーレ] 動 細かく切る、粗みじんにする．

tajarin [タヤリン] 男 タヤリン．taglierini のピエモンテ方言名．ただし、エミリア地方とは太さ、作り方が異なる．本来卵は卵黄のみを使い、よりコシが強くなる．また幅も 3 〜 4mm と少し広い．

▶ **tarassaco**

料理 ・*tajarin al sugo di brasato.*（タヤリン 牛肉のブラザート・ソース〈ピエモンテ〉）牛肉の赤ワイン煮込み（ブラザート⇒ brasato）を作り、煮汁を漉してソースとする．ソースを温めて、ゆでたタヤリンを入れ、バターを加えて弱火にかけ、かき混ぜる．火からおろしてパルミジャーノを加えて和え、パセリを振る．＊アルバ（ランゲ地方）のパスタ．

taleggio [タレッジョ] 男 タレッジョ・チーズ（D.O.P.）．ロンバルディア州ベルガモ県、タレッジョ渓谷で作られていたところから名が付けられた．低温多湿のところで熟成され、表面に赤かびがうっすらとついたソフトタイプのチーズ．料理にもよく使われる．

tamarindo [タマリンド] 男 タマリンド．チョウセンモダマ．アフリカ原産のマメ科の植物で、果実が食用になる．

tanuta [タヌータ] 女 メジナモドキ（魚）．ヨーロッパクロダイとも呼ばれているようである．= tenuta、cantarella．

tapioca [タピオーカ] 女 タピオカ．

tappo [タッポ] 男 ビンの栓．・*tappo di sughero.* コルクの栓．

tapulon [タプロン] / **tapulone** [タプローネ] 男 タプロン（ピエモンテ州のロバ肉の料理）．＊ノヴァーラ県北部の町 Borgomanero [ボルゴマネーロ] の郷土料理．最近はイタリアでもロバ肉が手に入りにくいため、馬肉、牛肉が使われる．
作り方 バター、サラダ油、ニンニクのみじん切り、ローリエ、ローズマリーを合わせて熱し、ニンニクが色づいたら粗挽きのロバ肉（牛肉、馬肉）を加えて炒め、クローブを加えて更に炒める．赤ワインを加えて煮詰め、ブロードを加えて煮込む．

taralli（複）[タラッリ] 男 南イタリア一帯で作られるリング状のパン．塩味のものと甘い菓子仕立てのものがある．プーリアには生地を成形した後サッとゆでてから天板に並べ、オーブンで焼く作り方もある．小さいものは tarallucci [タラルッチ]、tarallini [タラッリーニ] とも呼ばれている．

tarantello [タランテッロ] 男 マグロ（特にクロマグロ）の中トロの名称．語源はマグロの水揚げがもっとも多い港、プーリアの Taranto [ターラント]．ビン詰、缶詰の加工品も多い．

tarassaco [タラッサコ]（複-chi）男 タンポポ．語源はアラブ語の tarahsaqun [タラサクン / 苦い草]．他に dente di cane [デンテ・ディ・カーネ / 犬の歯]、dente di leone [デンテ・ディ・レオーネ / ライオンの歯]、soffione [ソッフィオーネ / 吹く．綿毛を吹くところから]、piscialetto [ピッシャレット / 仏語で pissenlit．意味はおねしょ．利尿作用が強いため]、cicoria matta [チコーリア・マッタ / おかしなチコリ] ともいわれる．ゆでてからガーリック・ソテーやサラダ

253

taratufolo ▶

に．若い小さい葉はサラダに使う．ミスティカンツァには欠かせない．

taratufolo [タラトゥーフォロ] 男 (⇒) tartufo di mare のカンパニア地方の方言名．

tarocco [タロッコ] (複-chi) 男 ブラッドオレンジの一品種(シチリア産)．

tartara (alla ~) [(アッラ・)タールタラ] タルタル．タルタル風．
＊最近は魚を使ったタルタルが多くなっている．・*bistecca alla tartara.* タルタルステーキ．伝統的には馬肉で作る．

tartara (salsa ~) [(サルサ・)タールタラ] タルタル・ソース．

tartare [タルタール] (仏) 形 タルタルの．

tartine (複) [タルティーネ] 女 カナッペ．おもに食パン、ライ麦パン、黒パンを使う．

tartufo [タルトゥーフォ] 男 トリュフ．古代ローマの貴族の間ですでに珍重されていた．白トリュフ(tartufo bianco)はピエモンテ州アルバ産、エミリア＝ロマーニャ州アックワラーニャ産が有名．黒トリュフ(tartufo nero)はウンブリア州ノルチア、スポレート産が有名．その他サマートリュフ(tartufo d'estate、scorzone)があり、夏場に出回るが風味はやや落ちる．白トリュフは基本的に非加熱．黒は非加熱の他、加熱して使われることが多い．・pesto di tartufo(ペースト状にしたトリュフ)、olio di tartufo(トリュフの香りづけをしたオイル)などの加工品も多く使用されている．

tartufo di mare [タルトゥーフォ・ディ・マーレ] カブトノシコロ．マルスダレガイ科の二枚貝．日本のオニアサリ、ウチムラサキなどが似ている．

tasca [タスカ] (複-che) 女 ①絞り袋．= tasca da pasticciere、sacchetto、sac a poche．②袋状の意味に使われる．

tasca ripiena [タスカ・リピエーナ] 女 肉を袋状にして詰め物をした料理．おもに仔牛、牛肉が使われる．＊この場合の tasca は「ポケット」の意．= saccoccia ripiena．

料理 ・*tasca ripiena al forno.* (仔牛詰め物ロースト〈ピエモンテ〉)仔牛肉、生ソーセージ、パルミジャーノ、パン粉、卵、パセリ、塩、コショウ、ナツメグをフード・プロセッサーにかけて詰め物を作り、仔牛肉に包丁を入れて袋状にして詰める．タコ糸でとじて塩、コショウをし、鍋に入れてバター、サラダ油を加え、オーブンに入れ、ときどき油をかけながら焼く．途中白ワインを加える．肉を切り分けて器に盛り、ローストの汁に生クリーム、マスカルポーネ、パセリを加えて煮詰め、塩、コショウで味を調えてかける．

taverna [タヴェルナ] 女 レストランの業態の一つ．郷土色豊かな内装の店が多く、居酒屋的な店から高級レストランまであり、ほとんどが夜遅くまで営業をする．

▶ **teneroni**

tavola [ターヴォラ] 囡 おもに食事用のテーブルのときに使う名称．食卓．

tavola calda [ターヴォラ・カルダ] 囡 = (⇒) rosticceria (①)．

tavola freadda [ターヴォラ・フレッダ] 囡 冷製料理をおもにサービスする店で、バールが兼業している場合が多い（おもに北イタリアに多い）．

tavoletta [タヴォレッタ] 囡 小さなまな板、小さな板状のもの．・*tavoletta di cioccolato*．板状のチョコレート．

tavolo [ターヴォロ] 男 机．作業台．・*tavolo da cucina*．調理台．

tazza [タッツァ] 囡 ①カップ、茶碗．②分量としての1カップ．

tazzina [タッツィーナ] 囡 デミタス・カップ．

tè / thè．[テ] 男 茶．一般的には紅茶を指す．・*tè nero* 紅茶．・*tè verde*．緑茶．

tegame [テガーメ] 男 浅鍋、ソテーパン．

tegamino [テガミーノ] 男 小型の浅鍋、円形のグラタン皿．

teglia [テッリア] 囡 オーブン用耐熱容器、天板、パイ皿．

tegole (複) [テゴレ] 囡 瓦状の形に焼いたチーズ、菓子など（もともとの意味は屋根瓦）．・*tegole di Aosta*．ヴァッレ・ダオスタの菓子．薄いアーモンド・クッキーにチョコレートをコーティングしたもの．・*tegole di parmigiano*．すりおろしたパルミジャーノを、テフロン加工のフライパンで焼いたもの．

tela [テーラ] 囡 布．

telline (複) [テッリーネ] 囡 フランスナミノコ貝（ナミノコ貝の一種．学名 donax trunculus）．arselle とも呼ばれ、料理ではアサリと同様に使われる．

temperatura [テンペラトゥーラ] 囡 温度．・*temperatura ambiente*．常温．

tempia [テンピア] 囡 こめかみの部分．

tempo di cottura [テンポ・ディ・コットゥーラ] 加熱時間．（＊ tempo 男 時間．）

tenere [テネーレ] 動 （ある状態を）保つ．・*tenere in caldo*．温めておく．

tenero [テーネロ] 形 やわらかい．

teneroni (複) [テネローニ] 男 仔牛の肩肉（ネックに近い部分）．煮込んだりゆでたりすると、とてもやわらかく (tenero) なるところから．

料理 ・*teneroni di vitello alla salsa di noci*．（仔牛肩肉の煮込み クルミ・ソース風味〈ピエモンテ、リグーリア〉）❶仔牛肉を大きめに切り分けタコ糸でしばり、塩、コショウをして小麦粉をまぶし、サラダ油を熱したフライパンに入れて強火で両面をソテーする．鍋に移して玉ネギ、ニンジン、セロリのみじん切り、ローリエ、ローズマリー、バターを入れて蓋をして弱火にかける．❷ゆでたクルミの薄皮をむいて牛乳と一緒にミキサーにかける．❸①の野菜がしんなりしたら、白ワインを加え、更に②を加える．肉がやわらかくなったら取り出して器に盛り、煮

tenerume ▶

汁に生クリーム、パセリを加えて煮詰め、塩、コショウをして肉にかける.

tenerume [テネルーメ] 男 軟骨やそのまわりの肉. 野菜やその他の食材のやわらかい部分.

tentacoli (複) [テンターコリ] 男 イカ、タコの足.

termometro [テルモーメトゥロ] 男 温度計.

termos / thermos [テルモス] 男 魔法瓶.

terracotta [テーラコッタ] (複 terrecotte) 女 テラコッタ、陶器、素焼きの陶器.

terraglia [テーラッリァ] 女 陶製の鍋や食器類.

terrina [テリーナ] 女 ①テリーヌ. ②テリーヌ型.

testa in cassetta = (⇒) coppa (②).

testarelle (複) [テスタレッレ] 女 羊、山羊の頭. = testina.

料理 ・*testarelle d'agnello arrosto.*(羊の頭のオーブン焼き〈マルケ〉)背脂(またはラルド)、ニンニク、ローズマリー、セージ、マジョーラムを叩いてペースト状にし塩、コショウをしたものを羊の頭に塗り、オーブンで焼く. ＊サルデーニャ、ラツィオにも同様の料理がある.

testaroli (複) [テスタローリ] 男 テスタローリ(ルニジャーナ地方の料理). 古代ローマ時代からあるといわれている. (⇒) testo を使って焼いていたことが、名前の由来. ＊ルニジャーナ(Lunigiana)はリグーリア、エミリア＝ロマーニャ、トスカーナの3州の州境の地域を指す.

料理 ・*testaroli al pesto.*(テスタローリ ペスト・ジェノヴェーゼ風味〈リグーリア〉)小麦粉に水、塩を加えてよくかき混ぜる(クレープ生地ほどの濃度に). フライパンを熱し、少量の油を塗り、生地を流し込む(5mm厚さほどに). 蓋をして数分焼き、焼けたら台に並べて粗熱をとる. 4～5cmほどのひし形、または四角に切り分ける. 塩を加えた湯が沸騰したら火を止め、テスタローリを入れて2～3分かき混ぜる. 湯を切って皿に盛り、ペスト・ジェノヴェーゼをかける.

testina [テスティーナ] 女 仔牛・羊・山羊・豚の頭.

料理 ・*testina d'agnello al forno.*(羊の頭のオーブン焼き) 半分に割った羊の頭の切り口にパン粉、パセリ、ニンニクのみじん切り、ペコリーノ、塩、コショウをまんべんなくまぶしつけ、オリーブ油を振ってオーブンで焼く.

testo [テスト] 男 テラコッタの丸い板状のもの(焼き物に使った). 鋳物のものもある. テスタローリやピアディーナを焼くために使う.

Testun [テストゥン] 男 ピエモンテ州クーネオ県で作られる、羊乳に牛乳、山羊乳を混ぜて作るハード・タイプのチーズ. 方言名の testun はイタリア語で testardo (頑固者).

tetragonia [テトゥラゴーニア] 女 ツルナ. tetra は「四角形」の意. 葉の形からの名

前．ニュージーランド原産で spinaci della Nuova Zelanda (ニュージーランドのホウレン草) とも呼ばれる．使い方はホウレン草と同じ．

tettina [テッティーナ] 囡 牛の乳房．おもにリグーリア、ピエモンテ料理に使われる．= poppa.

tiagallo [ティアガッロ] 男 アナゴのリグーリア州ラ・スペツィア地方の方言名．= grongo.

tiano [ティアーノ] 男 テラコッタの浅鍋 (シチリア方言)．= (⇒) tagano.

tiella [ティエッラ] 囡 プーリアなど南イタリアでのオーブン用の耐熱用器、パイ皿の呼び名．また、それらを使った料理．

 料理 (例)・*tiella.* (米のオーブン焼き〈プーリア〉) 玉ネギとジャガイモは薄切りにし、サッと塩ゆでし、トマトは薄切りにする．米はゆでて五分通り火を通し、ムール貝は空煎りして身を取り出す (汁は漉しておく)．ニンニク、パセリ、ペコリーノは混ぜ合わせておく．器にこれら (塩、コショウも) を層にして入れ、白ワインとムール貝の蒸し汁をまわりから注ぎ、オリーブ油をかけてオーブンで焼く．＊スペインのパエリアの影響を受けた料理ともいわれる．

・*tiella di Gaeta.* (ガエータ風フォカッチャ〈ラツィオ〉) ラツィオ州南部ガエータで作られる、パンまたはピッツァ生地で作る料理．❶トウガラシを加えたマリナーラソース (salsa marinara)、細かく切ったゆでダコ、種を除いたガエータの黒オリーブ、パセリのみじん切り、塩を混ぜる．❷薄くのばした半量の生地をパイ皿にのせ、①の具を入れてならす．残りの生地をかぶせ、縁をつまんで閉じる．串で数ヵ所穴を開け、オーブンで焼く．＊具にはリコッタと野菜、バッカラとエンダイブなどいろいろなヴァリエーションがある．

tiepido [ティエーピド] 形 温かい、生温かい．

tigelle (複) [ティジェッレ] 囡 エミリア地方の小型のフォカッチャ．昔はテラコッタや石でできた容器で焼いていたが、今は専用の器具で焼く．最近はサラミ、ハム、チーズなどを挟んで食べるが、伝統的にはラルド、ニンニク、ローズマリーを刻んでペースト状にしたもの (cunza) を塗って食べる．モデナでは crescentine とも呼ばれている．

tigelle

timballo [ティンバッロ] 男 ①タンバル型．②タンバル型を使った料理．

timo [ティーモ] 男 タイム．香料、薬草として使われていた．防腐作用が強く、エジプトではミイラを作る際にも使われていた．また timo にはギリシャ語で「強い」、「勇気」、「雄々しい」というような意味があり、ローマ兵士は戦闘間近になると、タイムを加えた湯で入浴していたという．イタリア料理では魚料理、白身肉、野菜

timpano ▶

料理に使われる.

timpano [ティンパノ] 男 =（⇒）timballo. おもにナポリでの呼び名.

tinca [ティンカ]（複-che）女 テンチ（淡水魚）. フナに似た魚.

tirami sù / tiramisù [ティラミスー] 男 ティラミスー. マスカルポーネを使ったデザート. トレヴィーゾのレストラン「レ・ベッケリーエ」で考案されたといわれる. ロンバルディアの crema di mascarpone をアレンジしてできたもので、最初はヴェネト訛りで tira me su [ティーラ・メ・スー] といわれていたが、各地に広まるにつれて上記の呼び名になった. 意味は「私を元気にしてくれ」. ふわっとしたイメージからか、あるいはカロリーの高さからか.

作り方 卵黄と砂糖を白くなるまでホイップし、マスカルポーネを加えて更に混ぜ、砂糖を加えて作ったメレンゲを加えて静かに混ぜる. 器に少量塗りつけ、ブランデーとシロップを加えたエスプレッソ液を染み込ませたサヴォイアルディ（ビスケット. ⇒ savoiardi）を並べる. これをもう一度繰り返して2層にし、ラップフィルムをかけて冷凍庫で少し落ち着かせ、カカオ粉を振る.

tirare [ティラーレ] 動 ①引く、引き出す. ②パスタをのばす.

tirasfoglia [ティラスフォッリア]（単複同形）男 パスタ・マシン. = macchina per pasta.

toast [トーストゥ]（英）男 トースト.

tocchetti（複）[トッケッティ] 男 やや小さめの角切り. ＊四角形の菓子の、商品名としても使われている.

tocco [トッコ]（複-chi）男 ソース（リグーリア方言）. = sugo.

料理 ・*tocco di funzi*. [トッコ・ディ・フンヅィ]（キノコのソース〈リグーリア〉）= sugo di funghi. ポルチーニ茸（フンギ・セッキ、マッシュルームでもよい）、玉ネギ、ニンニク、オリーブ油、トマトホール、塩、コショウ（、松の実、バジリコ、オレガノなど）で作る. パスタ料理や肉料理などに合わせる.

todaro [トーダロ] 男 スルメイカの別称. = totano.

tofeja [トゥフェーヤ] 女 テラコッタの鍋（ピエモンテ方言）. 蓋のところが小さく、持ち手が4つ付いている. また、この鍋を使った料理の名前でもあり、各家庭で作り方は異なる.

tofeja

料理 （例）*tofeja*.（カナヴェーゼ風豚とインゲン豆の煮込み〈ピエモンテ〉）. ❶ニンニク、ローズマリーのみじん切り、塩、コショウ、スパイスを混ぜたものを、長方形に切った豚の皮にまぶしてロールにし、タコ糸でしばる. ❷土鍋（トゥフェーヤ）に①の豚の皮、ボルロッティ、豚足、スペアリブ、豚の耳、香味野菜のみじん切りを入れ、セージ、ローリエ、皮付きニンニクを入れ、材料がかぶるくらいの水を加えて塩、コショ

▶ tonno

ウをし、蓋をして、水で練った小麦粉で縁をふさぎ、3時間オーブンに入れる.
togliere [トッリエレ] 動 取り除く、取り出す.
tolto [トルト] 形 取り除いた.
toma [トーマ] 女 牛乳製のセミ・ハードタイプのチーズ. さまざまな大きさのものがある. ピエモンテで作られる toma piemontese は D.O.P.、ヴァッレ・ダオスタで作られるものは toma di Gressoney と呼ばれている.
tomaxelle (複) [トマゼッレ] 女 トマゼッレ. リグーリア地方で作られる仔牛のインヴォルティーニの料理.
tombarello [トンバレッロ] 男 ソウダガツオ. = biso.
tomino [トミーノ] 男 ピエモンテ州、ヴァッレ・ダオスタ州のチーズ. 牛乳製ソフトタイプの白かびチーズ. 直径8〜10cm の円盤形で、厚さ2cm のものが一般的.
tondeggiante [トンデッジャンテ] 現 形 丸い.
tondino [トンディーノ] 男 小皿、ソーサー.
tondo [トンド] 形 丸い、円形の.
tonnarelli (複) [トンナレッリ] 男 トンナレッリ. ラツィオ州のパスタで tondarelli (tondo/ 円形の) という名前が訛って定着した. 本来は pici のように太めのスパゲッティのような生パスタだったようだが、現在の形状はアブルッツォのキターラと同じで断面が四角い. (⇒) chitarra.

料理 ・*tonnarelli alla ciociara.*（トンナレッリ チョチャリア風〈ラツィオ〉）オリーブ油を熱し、薄切りの玉ネギと細切りの生ハムを弱火で炒める. 白ワイン、スーゴ・ディ・カルネ、ポルチーニの戻し汁、ゆでたグリーンピースを入れ、塩、コショウで味を調える. ゆでたトンナレッリを入れ、バター、ペコリーノ、パルミジャーノを加えて和え、パセリを振る. ＊他にもいろいろなヴァリエーションがある. (＊ ciociaro 形 ラツィオ州 Ciociaria [チョチャリーア] 地方の.)

tonnato (vitello 〜) [（ヴィッテロ・）トンナート] ピエモンテ、ロンバルディア地方の仔牛の冷製料理. ツナを使ったソース (salsa tonnata) で味付けする. (⇒) vitello.
tonnetto [トンネット] 男 カツオの総称. ホンガツオは tonnetto striato. 「腹部に筋模様がある小さなマグロ」の意. bonito、bonita とも呼ばれている.
tonnina [トンニーナ] 女 ①マグロの赤身を干したもの. ②タイセイヨウヤイト（スマの一種）.
tonno [トンノ] 男 マグロ. ・*tonno alalunga.* [トンノ・アラルンガ] ビン長マグロ. alalunga は「長い羽」の意. シチリアでは tonno ala lonca と呼ぶ. ・*tonno obeso.* [トンノ・オベーゾ] メバチマグロ. ・*tonno pinna gialla.* [トンノ・ピンナ・ジャッラ] キハダマグロ. おもに缶詰用. ・*tonno rosso.* [トンノ・ロッ

tonno sott'olio ▸

ソ] クロマグロ．サルデーニャ、シチリア近海、メッシーナ海峡などで獲れ、カラブリア、シチリアの料理によく使われる．中トロは tarantello [タランテッロ] といい、赤身同様料理に使われる．大トロの部分は ventresca [ヴェントレスカ] といい、どちらかといえば缶詰用．

料理 ・*tonno alla calabrese*．(マグロのカラブリア風) オリーブ油で玉ネギを炒め、タイム、パセリ、白ワイン、白ワインヴィネガー、トマトホール、トウガラシ粉を加えて煮込む．フライパンにオリーブ油を熱して塩をしたマグロの両面をソテーし、先のソースを加えて少し煮る．盛り付けてケイパーとパセリを振る．

tonno sott'olio [トンノ・ソットリオ] 男 ツナの油漬け．缶詰やビン詰で早くから全国に流通していたため、ツナとトマトのスパゲッティ (spaghetti con tonno) などは昔から各地で食べられている．また昔からシチリアと縁の深かったピエモンテには、vitello tonnato (仔牛肉のローストにサルサ・トンナータをつける料理．⇒ vitello.)、salame di tonno (ツナを裏漉し、ジャガイモのピュレー、パン粉などを合わせてサラミ状にしたもの．パテのように食べる) などがある．

topinambur [トピナンブル] 男 キクイモ、トピナンブール．アメリカ原産．ピエモンテなど北部が産地．ピエモンテ方言では topinabò [トピナボー]、ciapinabò [チャピナボー] という．冬が旬．

torcere [トルチェレ] 動 ひねる、よじる．

torcetti (複) [トルチェッティ] / **torcettini** (複) [トルチェッティーニ] 男 ヴァッレ・ダオスタの菓子．小麦粉、バター、生イースト、湯を練り込んだ生地をねかせた後棒状にし、砂糖をまぶしてリング状に成形し、オーブンで焼く．

torchio [トールキオ] (複 -chi) 男 圧搾機、圧縮機．・*torchio per bigoli*．ビゴリ (⇒ bigoli) を作るための器具．torchio bigolaro とも呼ぶ．

torcione [トルチョーネ] 男 トーション．トルション (仏)．コックが使うのは白い綿の厚い生地のもので、赤または青のラインが両側に入っているものが多い．つかみとして布巾代わりにするため、前掛けのひもにつるして使う．ウェイターやソムリエの使うものはアームタオル、トーションタオルなどと呼ばれ麻、綿で作られ、カラーヴァリエーションも多い．

torchio

torciolo [トルチョーロ] 男 牛のすい臓 (ローマ方言)．= pancreas．

torcolo [トルコロ] 男 ウンブリアの菓子．リング状にして焼いたフルーツ・ケーキのようなもの．レーズン、松の実、オレンジ、シトロンの皮の砂糖漬けなどが入る．16世紀には作られており、1月29日の San Costanzo (ペルージャの守護聖

人コスタンツォ）の祝日やクリスマス時季に食べられていたが，現在は通年作られている．

tordelli（複）［トルデッリ］男 トスカーナ地方の半月形の詰め物パスタ．＝ tortelli.

tordo［トルド］男 ツグミの総称．merlo、griva などと呼ばれるいろいろな種類がいる．秋にはブドウやネズの実を食べるので独特の香りがあり、好まれる．料理にもネズの実が使われることが多い．

toro［トーロ］男 種付け用の雄牛、闘牛用の牛．

torrefazione［トッレファッツィオーネ］女 コーヒーの焙煎、および焙煎・販売業者．

torricella［トッリチェッラ］女 ヨーロッパカニモリ貝（巻き貝の一種）．

torroncino［トッロンチーノ］男 トローネ（torrone）入りのアイスクリーム．

torrone［トローネ］男 トローネ．クリスマスの菓子で、ハチミツ、泡立てた卵白、ナッツ類で作る．ロンバルディア州クレモーナが有名だがアルバ、シエナ、ベネベントなど各地で作られている．・*torrone di Cremona*.［トローネ・ディ・クレモーナ］ルネッサンス時代の1441年、ビアンカ・マリア・ビスコンティとフランチェスコ・スフォルツァの婚礼の宴会で、料理人がクレモーナの torrazzo という塔（torre）の形にかたどって作ったため、この名前が付いたといわれる．・*torrone di l'Aquila*.［トローネ・ディ・ラクィラ］ヘーゼルナッツ、チョコレート入りトローネ．

torsolo［トルソロ］男 リンゴ、梨などの芯．キャベツなどの芯．

torta［トルタ］女 ケーキ、パイ、タルト（ケーキの総称として使われる）．

[菓子] ・*torta alle nocciole*.［トルタ・アッレ・ノッチョーレ］＝ torta di nocciole. ヘーゼルナッツの粉、小麦粉、卵、バター、砂糖、ベーキングパウダーを混ぜ合わせて焼いたピエモンテ州のケーキ．

・*torta bonissima*.［トルタ・ボニッシマ］クルミとハチミツを混ぜたものを詰め物にしたパスタ・フロッラのパイ（エミリア＝ロマーニャ〈モデナ〉）．中世から、モデナの広場にあるボニッシマ（最高の女性）と呼ばれる像に捧げるために作られた．

・*torta di paparele*.［トルタ・ディ・パパレーレ］小麦粉、卵、バター、砂糖を練ったパスタでパパレーレ（タリアテッレ）を作り、パイ皿にアーモンドなどと交互に詰めてオーブンで焼いたヴェネト州ヴェローナのケーキ．

・*torta di paradiso*.［トルタ・ディ・パラディーゾ］バター、卵黄、小麦粉、砂糖、ホイップした卵白を混ぜて焼いたロンバルディア州マントヴァのケーキ．

・*torta di ricotta*.［トルタ・ディ・リコッタ］同名のケーキがイタリア各地にあり、それぞれ作り方が異なる．サルデーニャやリグーリアのものは、卵黄、砂

torta fritta ▶

糖、バニラ・エッセンス、オレンジの皮、リコッタ、クルミ、戻したレーズン、泡立てた卵白、小麦粉、ベーキングパウダーを合わせた生地を型に流し、オーブンで焼いて粉糖をかけ、ハチミツを添える.

・*torta gianduia.* [トルタ・ジャンドゥイア] トリノ名物のチョコレートケーキ (⇒ gianduia).

・*torta sabbiosa.* [トルタ・サッビオーザ] 小麦粉、バター、片栗粉、卵、砂糖、ベーキング・パウダーを混ぜて焼いたヴェネト州のケーキ. 口に入れるとサッと溶ける砂 (sabbia) のようなケーキという意味. ＊ロンバルディア州にも同名のケーキがある.

・*torta sbrisolona.* [トルタ・ズブリゾローナ] アーモンドの粉、小麦粉、トウモロコシ粉 (細かいタイプ)、卵、バター、砂糖などを混ぜて生地はまとめずポロポロの状態でバター、小麦粉をまぶしたパイ皿に入れてならし、オーブンで焼き、冷めたら粉糖を振りかける (ロンバルディア州マントヴァ). ＊イタリア語の sbriciolata (砕いた) が語源. つなぎの卵が少なく粉々になりやすいため.

torta fritta [トルタ・フリッタ] 女 (⇒) gnocco fritto のパルマでの呼び名.

torta pasqualina [トルタ・パスクゥリーナ] 女 復活祭のトルタ (リグーリア).
作り方 小麦粉、水、少量のオリーブ油を練った生地を薄くのばし、パイ皿に4枚重ねる (油を塗りながら). ゆでたビエトラ、パルミジャーノ、マジョーラムを混ぜて入れ、リコッタを入れ、卵を割り入れて塩、コショウ、パルミジャーノを振る. 生地を4枚かぶせて縁を閉じ、穴を開け、オリーブ油を振ってオーブンで焼く.

torta rustica [トルタ・ルスティカ] 女 チーズのタルト (プーリア).
作り方 小麦粉、オリーブ油、白ワイン、塩、水でパイ生地を練る. リコッタ、ペコリーノ、モッツァレッラを合わせ、サラミ、生ハム、ボンレスハムなどを細切りにして炒めたものと卵、パセリを加えて混ぜて具を作る. パイ皿にパイ生地を敷き、具を詰めてもう1枚の生地をのせて閉じ、卵を塗ってオーブンで焼く.

tortano [トールタノ] 男 カンパニア地方で復活祭に作られるパン. (⇒) casatiello に作り方が似ているが、卵は入れず (⇒) cicoli が入る.

tortelli (複) [トルテッリ] 男 ①おもに、ロンバルディア、エミリア＝ロマーニャ、トスカーナ地方一帯の詰め物パスタの一種. 半月形、円形、正方形や長方形などのものがある.

料理 ・*tortelli di zucca.* (カボチャのトルテッリ バター、チーズ風味〈ロンバルディア州マントヴァ〉) 蒸して裏漉したカボチャ、砕いたアマレット (ビスケット)、モスタルダ、パルミジャーノ、塩、コショウ、ナツメグを合わせた詰め物をパスタ生地で包んで半月形にし、ゆでて器に盛り、パルミジャーノ、溶かしバターをかける.

②詰め物をした半月形の菓子．tortelli dolci とも呼ぶ．・*tortelli di carnevale.* ミラノ周辺で作られるカーニバルの揚げ菓子．

tortellini (複) [トルテッリーニ] 男 ボローニャ発祥の詰め物パスタ．特にクリスマスには欠かせない．カッポーネのブロードに入れて食べるのが伝統的．

料理 ・*tortellini alla panna.* (トルテッリーニ 生クリーム風味〈エミリア＝ロマーニャ〉) ❶豚肉、仔牛肉、生ハム、モルタデッラ、卵、パルミジャーノ、ナツメグ、塩、コショウをフードプロセッサーにかけて詰め物を作る．❷パスタ生地を薄くのばして3〜4cm角の正方形に切り、①をのせて三角形に折って指輪形にする．❸生クリームを鍋に入れて弱火で熱し、とろみがついたら塩、コショウ、ブランデーを加え、ゆでた②を入れてバター、パルミジャーノを加える．

tortellone [トルテッローネ] / **tortelloni** (複) [トルテッローニ] 男 トルテッリ (tortelli) より大きめのパスタ (円形で1人前1個の場合はメニューには単数で表記される)．ボローニャでは大型のトルテッリーニの形に成形し、詰め物はリコッタになる．

tortiera [トルティエーラ] 女 パイ皿．ケーキ型．耐熱の浅い容器 (おもに円形のもの)．

tortiglione [トルティッリオーネ] 男 ①らせん状のショートパスタ．②らせん状のみぞが入った管状のマカロニ．

tortina [トルティーナ] 女 小型のタルト．

tortino [トルティーノ] 男 パイ型などに入れてオーブンで調理する料理．特に卵がベースの料理が多い．

料理 ・*tortino di carciofi.* (カルチョフィと卵のオーブン焼き〈トスカーナ、ウンブリア、ラツィオ〉) カルチョフィは下処理をして切り分け、ニンニクの風味を移したオリーブ油で炒めて塩、コショウし、油ごと耐熱皿に入れる．卵、生クリーム、パルミジャーノ、パセリ、塩、コショウを混ぜ合わせて流し込み、オーブンで焼く．

tortionata [トルティオナータ] 女 ロンバルディア州 Lodi のアーモンド菓子の一種．

tortora [トルトラ] 女 キジバト．キジのように長い尾がある．

torzelle (複) [トルゼッレ] 女 ナポリ周辺で作られているケールの一種で、葉先が縮れている．日本で作られているキッチンという種類のケールに似ている．ナポリではキャベツと同様に使われている．

toscanelli (複) [トスカネッリ] 男 トスカーナ特産のやや小粒の白インゲン豆．= fagioli toscanelli．

tostapane [トスタパーネ] (単複同形) 男 トースター．

tostare [トスターレ] 動 煎る、トーストする、リゾットを作るとき米を炒める.
tostiera [トスティエーラ] 女 トースター. = tostapane.
totano [トータノ] 男 スルメイカ. トスカーナでは totanessa とも呼ばれる. リグーリアからトスカーナ沿岸にかけての地域でよく食べられる. = todaro.
tournedos [トゥールネドー] 男 (仏) トゥルヌド、トルヌード. 厚い牛ヒレ肉.
tovaglia [トヴァッリア] 女 テーブルクロス.
tovagliolo [トヴァッリオーロ] 男 ナプキン.
tozzo [トッツォ] 形 ずんぐりした. ・*carciofo tozzo*. ガク片の先が丸く幅広のタイプのカルチョフィ. 男 古くなって固くなったパン切れ.
tracchie [トゥラッキエ] / **tracchiulelle** (複) [トゥラッキュレッレ] 女 豚の骨付きバラ肉、スペアリブ (ナポリ方言).
trachea [トゥラケーア] 女 気管.
trachino [トゥラキーノ] 男 = (⇒) tracina.
tracina [トゥラーチナ] 女 トゲミシマ科の魚. = pesce ragno.
tracuro [トゥラクーロ] 男 アジ (鯵).
tramezzino [トゥラメッズィーノ] 男 食パンを三角形に切り分けた形のイタリア版サンドイッチ. 1925年トリノのカフェで作られ、それ以後イタリア各地のバール、カフェの軽食の定番となった.
trancia [トゥランチャ] (複-ce) 女 魚などを筒切りにしたもの.
trasparente [トゥラスパレンテ] 形 透明な. ・*carta trasparente*. ラップフィルム.
trattaglia [トゥラッターリァ] / **trattalia** [トゥラッターリア] 女 サルデーニャ州ヌオーロ県の仔羊の内臓の串焼き. ＊ trattaglia は frattaglie (内臓) のサルデーニャ方言. tataliu [タタリュ] ともいう.
　作り方 仔羊の内臓を串に刺して塩、コショウし、網脂で包んでケーシング用の腸を巻いてしばり、グリルまたはオーブンで焼く.
trattoria [トゥラットリーア] 女 トラットリア. 伝統的な地方料理と家庭的なサーヴィスが特徴の、いわゆる一般的なレストラン. 以前はイタリアの飲食店の7割くらいはこのトラットリアだったが、最近は減少し、ピッツェリアやファストフーズの店が増えている.
treccia [トゥレッチャ] (複-ce) 女 三つ編みに編み込んだ形のもの (パン、モッツァレッラなど).
trenette (複) [トゥレネッテ] 女 リグーリア地方のロングパスタ. ほぼ linguine [リングィーネ] と同じ. リグーリア方言の trena (くつひもなどの細いひも) が語源.
　料理 ・*trenette col pesto alla genovese*. (トゥレネッテ ジェノヴァ・ペー

スト風味〈リグーリア〉）下ゆでしたジャガイモとインゲンを、トゥレネッテがゆで上がる直前に加える．ジェノヴァ・ペースト（⇒ genovese〈pesto ~〉）にゆで湯を少量加え、ゆで上がったトゥレネッテとジャガイモ、インゲンを入れて和える．

trevigiano [トゥレヴィジャーノ] 男 トレヴィーゾ種の赤チコリ．形 トレヴィーゾ（Treviso）の．・・・ *alla trevigiana*. トレヴィーゾ風．＊赤チコリ（ラディッキオ）を使った料理を指すことが多い．

trevisano [トゥレヴィザーノ] 男 トレヴィーゾ種の赤チコリ、trevigiano のヴェネト方言．形 トレヴィーゾ風．=・・・ *a la trevisana.*

tria [トゥリーア] 女 タリアテッレと同様のパスタのプーリア、シチリアでの呼び名．

triangolo [トゥリアンゴロ] 男 三角形．三角形に成形した料理（詰め物パスタや菓子など）．

tricolore [トゥリコローレ] 形 三色の（原則としてイタリア国旗の赤、白、緑）パスタ、ニョッキ、ソースなどの名称に使われる．

trifolare [トゥリフォラーレ] 動 薄切り、または小さく切り分けたものをサッと炒める．

triglie（複）[トゥリッリエ] 女 ヒメジ．ヴェネトでは barboni、マルケ、アブルッツォでは roscioli と呼ばれる．磯で獲れるものは triglie di scoglio [トゥリッリエ・ディ・スコーリオ]、浜で獲れるものは triglie di fango [トゥリッリエ・ディ・ファンゴ] という．磯のもののほうが臭みがなく好まれる．スズキと並ぶ高級魚で、イタリアではポピュラー．料理はリヴォルノ風が特に有名．これは、スペインを追われたユダヤ人がリヴォルノにたどり着いた折りに持ち込んだトマトを使って作ったヒメジ料理で、ヒメジが広く使われるきっかけとなった．

料理 ・*triglie alla marchigiana*（*anconetana*）．（ヒメジのオーブン焼きマルケ風）三枚におろしたヒメジをレモン汁、オリーブ油、塩、コショウのマリネー液に漬け、パン粉をまぶして耐熱皿に並べ、生ハム、セージの葉、マリネー液、パセリを振ってオーブンで焼く．＊アンコーナで生まれた料理．

triidd [トゥリイッドゥ] 男 バジリカータの生パスタ（⇒）manate の別称．

trinciapollo [トゥリンチャポッロ]（単複同形）男 チキンばさみ．キッチンばさみ．

trinciare [トゥリンチャーレ] 動 ローストした家禽を切りさばく．

trippa [トゥリッパ] 女 トリッパ．牛・仔牛の胃袋．一般的には第1～3の胃袋を指す．
【トリッパの種類】＊（　）内の名前が料理材料としての名称．
①第1胃（ミノ）：rumine（chiappa、cordone、pancia）
②第2胃（ハチノス）：reticolo（bonetto、cuffia、nido di vespa）
③第3胃（センマイ）：omaso（foiolo、centopelle、millepieghe）

trippa di tonno ▶

*ラツィオ、トスカーナ、リグーリアでは第2胃（ハチノス）が、ロンバルディアやヴェネトでは第3胃（センマイ）が使われることが多い．

*イタリアでは下ゆで済みのものが売られている．煮込み、スープ、サラダなどに使用する．細かく切ってポルペッタ、クロケッタにもする．

*4番めの胃袋（赤センマイ、ギアラ）は abomaso と呼ばれている（材料名としては他に franciata, francese, ricciolotta, lampredotto などと呼ばれる）．

料理 ・*trippa alla trasteverina*.（トリッパのトラステヴェレ風煮込み〈ラツィオ〉）= trippa alla romana. 玉ネギ、ニンジン、セロリの各拍子木切り、みじん切りの生ハム、ニンニクをサラダ油で炒め、下処理をして拍子木に切ったトリッパを入れて炒め、白ワインをひたひたに加え、トマトホール、ローリエを入れて蓋をし、オーブンに入れて2～3時間加熱する（好みでクローブを入れる）．仕上げにペパーミント、塩、コショウ、イタリアンパセリを加え、ペコリーノ（またはパルミジャーノ）を添える．* Trastevere [トラステヴェレ] はローマの下町．昔隣のテスタッチョ地区に屠殺場があり、今でも内臓料理を食べさせるレストランが多い．

trippa di tonno [トゥリッパ・ディ・トンノ] マグロの胃袋．

trippaio [トゥリッパイオ] 男 トリッパを（食材として）売っている店．フィレンツェでは（一時は少なくなったが、最近また増えはじめている）、食材として売るだけではなく、トリッパをはじめとする内臓料理を食べさせる店や屋台を指す．

trippato di cardi [トゥリッパート・ディ・カルディ] カルドのトリッパート（トスカーナ料理）．

作り方 下ゆでしたカルドをソテーまたは黄金焼きにし、パルミジャーノ、バターを振りかけオーブンで焼く．*カルドを下ゆですること、パルミジャーノを多く使うことがトリッパ料理と似ていることからこの名前が付いたようだ．

trippette（複）[トゥリッペッテ] 女 干ダラの内臓．

trippino [トリッピーノ] 男 ①豚の胃袋．②ロンバルディア地方での豚の胃袋料理の名称．

tris [トゥリス] 男 3種類の料理を一つの皿に盛るときに使われる名前．例）・*~ di pasta*. 3種のパスタ料理の盛り合わせ．

tritacarne [トゥリタカルネ]（単複同形）男 挽き肉機、ミンサー．

tritare [トゥリターレ] 動 挽く、細かく刻む、みじん切りにする．

tritatutto [トゥリタトゥット]（単複同形）男 フードプロセッサー、マルチカッター．

trito [トゥリート] 男 細かく刻んだもの、みじん切り．形 細かく切った．

triturare [トゥリトゥラーレ] 動 細かく砕く、すりつぶす．

troccoli（複）[トゥロッコリ] 男 プーリア地方フォッジアで作られるパスタ．溝のあ

▶ **tuffare**

る麺棒(方言名 troccolo)で切り分ける．形状はキターラに似ている．

trofie（複）[トゥロフィエ] 囡 トゥロフィエ．リグーリア地方（特に Recco 周辺）のパスタ（もともとはニョッキの一種）．＊ truciolo（木くず、かんなくず）が語源．小麦粉に水、塩を加えて練り、ニョッキのように切り分け、手のひらの端で生地を前後に押し付けるようにころがしねじれた形に作る．現在は冷凍品、乾燥品もある．ジェノヴァでは栗の粉や全粒粉を加えて作ることもある．ペスト・ジェノヴェーゼ、または(⇒)tocco と呼ばれるソースで味付けするのが一般的．

trofie

trombette dei morti（複）[トゥロンベッテ・デイ・モルティ] クロラッパ茸．一般的にはトランペット茸と呼ばれている．= trombette da morto．

tronco [トゥロンコ] (複男-chi、複女-che) / **tronchetto** [トゥロンケット] 男 切り株のような形、筒切り、ロール状の形．・*tronco di Natale*. [トゥロンコ・ディ・ナターレ] 切り株の形をしたクリスマスケーキ．=ブシュ・ドゥ・ノエル(仏)．

trota [トゥロータ] 囡 マス、ニジマス．・*trota arcobaleno*．ニジマス．レインボートラウト．

料理 ・*trota all'astigiana*. (ニジマスのアスティ風〈ピエモンテ〉) ニジマスの腹にセージを入れ、塩、コショウをし、レモンの皮とバターをのせて白ワイン蒸しにする．取り出して盛り付け、煮汁を煮詰めて塩、コショウ、レモン汁を加えて火からおろし、バター、パセリを加えてかき混ぜ、上からかける．付け合わせを添える．

・*trote all'umbra*. (ニジマスのウンブリア風) パン粉、パセリのみじん切り、レモン汁、塩、コショウを混ぜ、半量をニジマスの腹に詰め、残りは全体にまぶす．オリーブ油で両面を焼いて器に盛り、レモン汁、オリーブ油を振り薄切りの黒トリュフをのせる．

trota salmonata [トゥロータ・サルモナータ] 囡 甲殻類のえさを食べて身がサーモン色になったマス．

trotella [トゥロテッラ] 囡 小型のマス．

tuberina [トゥベリーナ] 囡 stachys（ちょろぎ）の別称．

tubero [トゥーベロ] 男 塊茎野菜（おもにジャガイモ、トピナンブールなど）．

tubetti [トゥベッティ] / **tubettini**（複）[トゥベッティーニ] 男 小さいカーブのある管状のパスタ．おもにスープに使われる．ローマでは cazzetti d'angelo と呼ばれている．

tuffare [トゥッファーレ] 動 材料を、熱した湯やスープ、油などに一気に入れる．

tuffoli ▶

tuffoli（複）[トゥッフォリ] 男 マルケ州で作られるマカロニ．リガトーニよりやや大きめ．

tulipano di mare [トゥリパーノ・ディ・マーレ] ホヤの呼び名の一つ．= uovo di mare．

tuma [トゥーマ] 女 シチリア産の羊乳チーズ．

tuorlo [トゥオールロ] 男 卵黄、黄身．（⇒) uovo．

turbante [トゥルバンテ] 男 渦巻き状に成形したもの．

turbante cornuto [トゥルバンテ・コルヌート] 男 サザエ．

turcinuna [トゥルチヌーナ] 女 シチリア（ラグーサ）の羊腸の料理．語源は torcere（糸を寄り合わせる）で、作り方は（⇒) stigghiole と同様．

turtidduzza [トゥルティッドゥッツァ] 女 シチリアの羊の内臓料理．
　作り方 羊の内臓、ゆでた腸を小さく切り、ニンニク、オリーブ油でソテーし、赤ワイン、トマトペーストを加えて湯でのばし、パセリのみじん切りを加え、塩、コショウを振る．

turtlò（複）[トゥルトゥロー] 男 ボローニャで作られる（⇒) tortelloni の別称で、tortelli della vigilia とも呼ばれている．

tuttifrutti [トゥッティフルッティ]（無変）形 いろいろな果物（缶詰、ビン詰、ドライも含む）が入ったデザートに付けられる．

U

u'cappun magru [ウ・カップン・マーグル] 男 = (⇒) cappon magro.

uccelletti (複) [ウチェッレッティ] / **uccellini** (複) [ウチェッリーニ] 男 小型の野鳥の総称. tordi、beccafichi、merli、passeri、allodole など. 料理名の表記に使われる.

uccelletto (all' ~) [ウチェッレット (アッルチェレット)] 小鳥風. 小鳥料理のイメージから付けられた料理名. リグーリアの仔牛料理 vitello all'uccelletto (⇒ vitello)、トスカーナのインゲン豆料理 (下記参照) がある. いずれもセージを使うのが特徴 (小鳥料理にセージが使われることから). (＊ uccelletto 男 小鳥.)

料理 ・*fagioli all'uccelletto.*（インゲン豆のウチェレット風〈リグーリア〉）オリーブ油、つぶしたニンニク、セージの葉を合わせて火にかけ、ニンニクが色づいたら取り出し、トマトソース、ゆでたインゲン豆を入れる. 塩、コショウで味を調え、パセリを振る.

uccellini scappati [ウチェッリーニ・スカッパーティ] 男 仔牛ロール肉の串焼き（エミリア＝ロマーニャ）. ＊「逃げた小鳥」という意味で、本来小鳥料理であるものを、他の肉で作ることからジョークまじりで付けた名前.

作り方 小さく切った仔牛肉を肉叩きでのばし、薄切りのパンチェッタをのせてロールにして串に刺す. 軽く塩をし、ローリエまたはセージを加えてサラダ油で焼き、白ワインを振り、蓋をして火を通す. 皿に盛り、煮汁にスーゴ・ディ・カルネを加え、バターモンテしてかける. ＊ロンバルディアにも同名の料理がある. こちらはロールにするときにパンチェッタの他セージの葉も入れて巻くか、串に刺すときに間にパンチェッタとセージの葉を入れて作る. また肉の他に、仔牛のレバー、腎臓を加える場合もある.

uccello [ウチェッロ] 男 鳥、小鳥.

uliva [ウリーヴァ] 女 オリーブの実. = (⇒) oliva.

umbrici (複) [ウンブリーチ] / **umbricelli** (複) [ウンブリチェッリ] 男 小麦粉と水で練ったウンブリア地方のパスタの一種で、形状は太めのスパゲッティ. 語源は lombrico (ミミズ). umbrichelle、umbrichi とも呼ぶ. おもにペルージャ周辺での呼び方で、テルニでは ciriole、ceriole と呼ばれている. 同様のパスタにトスカーナの pici、ラツィオ北部の lombrichelli などがある.

umidità [ウミディタ] 女 湿気、湿度.

umido [ウミド] 男 煮込み調理法の呼び名、煮込み料理名. メニューには umido di …、… in umido などと表記する. 類義語に guazzetto がある. 形 湿った.

ungere [ウンジェレ] 動 （バター、油、ラードなどの）油脂を塗る.
unghia [ウンギア] 女 爪.
unico [ウニコ]（複男-ci、複女-che）形 単一の. ・*piatto unico*. 一皿料理.
uniforme [ウニフォルメ] 形 均一な、均等な.
unire [ウニーレ] 動 加える、合わせる.
unto [ウント] 過 形 バターやオリーブ油などの油脂を塗った.
uovo [ウオーヴォ]（複 le uova〈女性形になる〉）男 卵.

古い言い方では ovo [オーヴォ]（複数：ovi [オーヴィ]）、または ova [オーヴァ] という. 古代ローマ時代はゆでたものが上流階級の宴席の前菜に使われるなど、高価な食材だった. キリスト教の時代になると、卵料理は魚料理とともに、肉食をしない聖なる金曜日の重要な料理となる. 復活祭のシンボルでもあり、復活祭の料理にはかならず卵を使ったものが出される.

【関連する語】
卵黄：tuorlo. ― 卵白：albume.
卵黄 (単) rosso d'uovo. ⇒ (複) rossi d'uova.
卵白 (単) bianco d'uovo. ⇒ (複) bianchi d'uova.

料理
・***uovo all'occhio di bue***、***uovo al piatto***. 目玉焼き.
・***uovo sodo***（複：***uova sode***）. 固ゆで卵.
・***uovo affogato***（複：***uova affogate***）. ポーチド・エッグ. = ***uovo in camicia***.
・***uovo strapazzato***（複：***uova strapazzate***）. スクランブル・エッグ.
・***uova in funghetto***.（卵のフンゲット風〈フリウリ＝ヴェネツィア・ジュリア〉）❶フライパンにオリーブ油とニンニクを合わせて熱し、色づいたらニンニクを取り出し、薄切りのポルチーニを入れてソテーする. 塩、コショウをし、白ワインを振ってアルコールをとばし、トマトソース、パセリを加えて数分煮る. ❷半熟卵を縦半分に切って耐熱皿に入れ、塩、コショウ、湯を少量加えてオーブンで温め、①をかけてパセリを振る.
・***uova in tegamino alla sorrentina.***（目玉焼きのソレント風〈カンパニア〉）耐熱皿にオリーブ油を塗り、卵を割り入れて高温のオーブンに入れる. 白身が固まりはじめたらモッツァレッラを入れ、塩、コショウを振って再びオーブンに入れて焼く. トマトソースをかけ、バジリコの葉をのせる. ＊モッツァレッラが入るのがソレント風の特徴.
・***uova in trippa.***（フリッタータのトリッパ仕立て〈ローマ〉）耐熱皿にトマトソースと2cm幅に切ったフリッタータ（パセリ入り）、ペコリーノ、パセリ、ミン

トの葉を入れてオーブンで焼く.
- **uova di pesce**(複)[ウオーヴァ・ディ・ペッシェ] 魚卵. イクラ、キャヴィアなどはビン詰や缶詰に、ボラ、マグロなどのものはボッタルガに加工されることが多い.
- **uovo di mare** [ウオーヴォ・ディ・マーレ] ホヤの一種. 中が卵黄のように黄色いので「海の卵」と呼ばれている. = limone di mare、ananas di mare tulipano di mare その他 carnumme、carnummole (カンパニア)、spuenze (プーリア) などの方言名がある. おもにレモンを絞りかけたりして生で食べる.
- **Ur-paarl / Urpaarl** [ウル・パアール] 男 アルトアディジェ地方のライ麦のパン.「一対のパン」という意味の方言名で呼ばれている.
- **utensile** [ウテンスィーレ / ウテンスィレ] 男 器具、道具.
- **uva** [ウーヴァ] 女 ブドウ. uva da tavola (生食するブドウ) のおもな品種は、白：Italia、Regina dei Vigneti、Moscato、Pizzutello、Victoria. 赤：Cardinal、Isabella、Lavalee、Conegliano. 生食するのは白ブドウが多い. ほぼ一年中あるが、デザートとしてはそれほどポピュラーではない. 料理 (ジビエのローストなど) には、北部でおもにマスカット種が使われる.
- **uva passa** [ウーヴァ・パッサ] / **uva secca** [ウーヴァ・セッカ] 女 干しブドウ. 料理に使うときはぬるま湯で戻して使うことが多い. 古代ローマ時代から、甘味料として料理に多く使われてきた. おもな種類は色の淡いサルタナ (uva passa sultanina)、マラガ (uva passa di malaga). 色の濃いコリント (uva passa di corinto)、スミルネ (uva passa di smirne). 料理にはサルタナが、菓子にはコリントなどが多く使われる. 他に少量であるがズィビッボ種 (zibibbo) のブドウを干したものがある.
- **uva spina** [ウーヴァ・スピーナ] 女 グーズベリー. セイヨウスグリ. = ribes grossularia (⇒ ribes).
- **u'verdette** = (⇒) verdetto.
- **uvetta** [ウヴェッタ] 女 干しブドウの別称. = (⇒) uva passa.

V

vacca [ヴァッカ] (複-che) 囡 雌牛.
vaccinara (alla～) [(アッラ・)ヴァッチナーラ] 皮なめし職人風 (牛テールのローマ風煮込みの料理名). (⇒) coda.
vaccinaro [ヴァッチナーロ] 男 皮なめし職人、肉屋.
vaccino [ヴァッチーノ] 形 雌牛の. ・*latte vaccino*. 牛乳.
valeriana [ヴァレリアーナ] 囡 ①セイヨウカノコソウ (薬草). ②マーシュの別称.
valerianella [ヴァレリアネッラ] 囡 マーシュ. コーンサラダ. gallinella、soncino、valeriana、songin、dolcetta ともいう. 秋～冬が旬. 使われるのはほとんどローマから北部.
valigini (複) [ヴァリジーニ] 男 エミリア地方で作られるインヴォルティーニの呼び名.

　　料理 ・*valigini alla reggiana*. (仔牛のロール煮 レッジョ風) パン粉、パルミジャーノ、ニンニク、パセリ、溶かしバター、卵、塩、コショウを混ぜた詰め物を薄切り牛肉で巻いて塩、コショウをして小麦粉をまぶす. サラダ油を熱したフライパンで焼き色をつけた後鍋に移し、みじん切りの玉ネギを入れてオーブンに入れ、玉ネギがしんなりしたら白ワイン、トマトペーストを加え、途中湯を加えながらオーブンで煮込む.
　　・*valigini alla modenese* (仔牛のロール煮モデナ風) 上記のレッジョ風の詰め物に刻んだ生ハムが加わり、トマトペーストの代わりにブロードを加えて煮込む.

valigione [ヴァリジオーネ] 男 (⇒) valigini の大型のもので調理法は同じ.
valtellina casera [ヴァルテッリーナ・カゼーラ] 囡 ロンバルディア州ヴァルテッリーナ地方で作られる D.O.P. チーズ.
valva [ヴァルヴァ] 囡 二枚貝の殻.
vaniglia [ヴァニーリア] 囡 ヴァニラ. スペイン語の vanilla からきている名. ラテン語の vagina (サヤ) が語源. ・*bacche di vaniglia*. ヴァニラ・ビーンズ. ・*essenza di vaniglia*. ヴァニラ・エッセンス. ・*olio essenziale di vaniglia*. ヴァニラ・オイル.
vaniglina / vanillina [ヴァニッリーナ] 囡 ヴァニリン (香料). アイスクリーム、ココア、チョコレートなどに使われる.
vapoforno [ヴァポフォルノ] 男 スチーム・オーブン. = forno a vapore.
vapore [ヴァポーレ] 男 蒸気. ・*cuocere a vapore*. 蒸す. ・*cotto a vapore*. 蒸した. ・… *al vapore*. 料理名として「蒸した…」.

variopinto [ヴァリオピント] 形 いろいろな色の．色とりどりの．

vasca [ヴァスカ] (複-sche) 女 シンク．水槽．たらい．

vassoio [ヴァッソイオ] (複-soi) 男 トレイ．盆．大皿．

vastedda [ヴァステッダ] 女 シチリアで作られるソフトタイプの、ゴマを振ったパン（⇒ guastedda）のうち、円形のもの．小型のものはパニーノに使われる．

Vastedda della valle del Belice [ヴァステッダ・デッラ・ヴァッレ・デル・ベリチェ (ベリーチェ)] シチリア西部で作られる羊乳の D.O.P. チーズ．形がパンの vastedda に似ているため、この名が付いた．

vegetale [ヴェジェターレ] 形 植物性の．植物の．野菜の．男 植物．

vegetariano [ヴェジェタリアーノ] 男 菜食主義．菜食主義者．形 菜食主義の．菜食主義者の．・*dieta vegetariana*. 野菜食、野菜ダイエット．（＊vegan は絶対菜食主義者．）

vegetazione [ヴェジェタツィオーネ] 女 植物群．草木．・*acqua di vegetazione*. 野菜などに含まれる水分．ナス、ズッキーニなどは塩を振りかけその水分を出す．

vellutata (salsa ~) [(サルサ・) ヴェッル**ター**タ] ソース・ヴルーテ．

vellutato [ヴェッル**ター**ト] 過 形 ビロードのような．

velo [ヴェーロ] 男 ベール．薄い膜状のもの．ふるいに張る馬の毛で編んだ網．・*zucchero a velo*. 粉糖．・*tagliare a velo*. ごく薄く切る．・*velo di olio*. フライパン、鍋の底にひいた（薄い膜状ぐらいの）少量の油．

velocemente [ヴェローチェメンテ] 副 手早く．

vendemmia [ヴェンデンミア] 女 ワイン用ブドウの収穫、および収穫期．

venere [ヴェーネレ] 女 アサリの別称．学名の venerupis から付いた呼び名．・*venere chione*. ヨーロッパワスレ（マルスダレガイ科の貝）．= (⇒) fasolaro.

veneta (alla ~) [(アッラ・) ヴェ**ー**ネタ] ヴェネト風．

veneziana [ヴェネッツィ**アー**ナ] 女 ブリオシェの一種．

veneziana (alla ~) [(アッラ・) ヴェネッツィ**アー**ナ] ヴェネツィア風．（＊veneziano 形 ヴェネツィアの．）

ventaglio [ヴェンタッリオ] (複-gli) 男 ①扇子．扇子の形にした料理．うちわ．②ホタテ貝．

ventresca [ヴェントゥレスカ] (複-sche) 女 ①マグロのトロの部分、およびその油漬け．= ventresca di tonno. ②豚のバラ肉、パンチェッタのトスカーナ、ウンブリア地方での呼び名．= ventresca di maiale.

ventricina [ヴェントゥリ**チー**ナ] 女 アブルッツォ地方のサラミの一種．

ventriglio [ヴェントゥリッリョ] (複-gli) 男 砂肝．= durello.

verace [ヴェラーチェ] 形 本当の. · *vongole veraci*. ヨーロッパアサリ. (⇒) vongole. · *polpo verace*. マダコ (吸盤が2列平行に付いている).

verbena odorosa [ヴェルベーナ・オドローサ] 女 レモンバーベナ (香水木). = (⇒) cedrina, erba luigia.

verde [ヴェルデ] 形 緑. 緑の. 熟れていない. · *salsa verde*. サルサ・ヴェルデ. ゆでた肉や魚などに合うソースの一種. ニンニク、オリーブ油、ワインヴィネガー、パセリ、その他を合わせて作る. 地方によりヴァリエーションがある. 男 緑色.

Verdello [ヴェルデッロ] 男 レモンの一品種名. 皮が緑色.

verdetto [ヴェルデット] 男 プーリア州バーリ地方で作られる羊料理. 復活祭に食べられる. = u'verdette.
　作り方 ぶつ切りの仔羊肉に塩、コショウをし、オリーブ油でソテー. 薄切り玉ネギを加えてソテーし、白ワインを振ってオーブンで火を入れる. グリーンピースを加え、卵、ペコリーノ、パセリを合わせて流し、余熱で火を通す.

verdone [ヴェルドーネ] 男 アイ茸. = colombina verde.

verdura [ヴェルドゥーラ] 女 野菜の総称. 料理のメニュー、リチェッタに使われることが多い. (⇒) ortaggi.

vermicelli (複) [ヴェルミチェッリ] 男 ①やや太めのスパゲッティ (直径2mm以上) の南イタリアでの呼び名. もともとはスパゲッティという名が付く以前の名前. (⇒) spaghetti. ②ヴァーミセリ (スパゲッティより細いパスタ). 本来はvermicellini という呼び名だが、英語化するときに間違えた.

vermut / vermouth [ヴェルムートゥ] 男 ヴェルモット.

verruch / verruc [ヴェルーク] 男 コールラビ (cavolo rapa) のプーリア方言名. capu di murtu (testa di morto) という呼び方もある.

versare [ヴェルサーレ] 動 注ぐ、かける.

verza [ヴェルザ] 女 チリメンキャベツ. = cavolo verza.

verzata [ヴェルザータ] / **verzada** [ヴェルザーダ] 女 チリメンキャベツを使ったロンバルディア地方の料理.
　作り方 キャベツはサッとゆがいてからリボン状に切る. 玉ネギ、ニンジン、セロリは刻んで鍋で炒め、キャベツを加えて炒め、ブロードを加えてやわらかくなるまで煮る. サルシッチャを焼いて加えてなじませ、塩、コショウで味を調える. ＊トマトを加えてもよい. スープ仕立てにする場合はブロードの量を増やし、サルシッチャは食べやすい大きさに切る. トーストしたパンとパルミジャーノを添える.

verzotto [ヴェルゾット] 男 チリメンキャベツを使ったインヴォルティーニ (ミラノ風ロールキャベツ). = polpett de verz.

▶ **virtù**

vescia [**ヴェッシャ**] (複-sce) 囡 ホコリ茸.

vescica [**ヴェッシーカ**] (複-che) 囡 膀胱.

vescichetta [**ヴェッシケッタ**] 囡 イカのスミ袋.

vezzena [**ヴェッツェナ**] 男 トレンティーノ=アルト・アンディジェ州トレント県 Altopiano di Vezzena で作られる牛乳のチーズ. 6〜8ヵ月の熟成でテーブル・チーズとして食べられる. 18〜24ヵ月熟成したものはグラーナ・チーズと同じ使われ方をする.

vignarola [**ヴィニャローラ**] 囡 パンチェッタ、葉玉ネギ、カルチョフィ、ソラ豆、グリーンピース、ローメンレタスなどを炒め煮して作るローマ地方の春野菜料理. おもに前菜として食べられる.

vinaccia [**ヴィナッチャ**] (複-ce) 囡 ブドウの搾りかす.

vinaigrette [**ヴィネグレット**] (仏) 囡 ソース・ヴィネグレット.

vincisgrassi [**ヴィンチスグラッスィ**] 男 マルケ州マチェラータのラザニア料理. 1781年に最初に作られたときは princisgrass または pincisgrassi と呼んでいた. 作り方 ❶みじん切りのパンチェッタ、香味野菜、ニンニクをサラダ油で炒め、スーゴ・ディ・カルネ、パッサータを加える. 下ゆでして切った鶏レバー、砂肝、仔牛脳、胸腺肉、ローリエ、クローブを入れて煮て、味を調える. ❷耐熱皿に溶かしバター、①の煮込みソース、ゆでたラザニア、ベシャメルを層にして入れ、最後にベシャメル、パルミジャーノ、溶かしバターを振ってオーブンで湯煎焼きにする.

vincotto [**ヴィンコット**] 男 ブドウ果汁を煮詰めたもので、おもにプーリアでの呼び名. = mosto cotto、saba、sapa.

vino [**ヴィーノ**] 男 ワイン.

vinsanto / Vin Santo [**ヴィン・サント**] 男 ヴィンサント. トスカーナ地方のデザートワイン.

violino [**ヴィオリーノ**] 男 ヴァルテッリーナ地方で山羊、羊のもも肉または肩肉で作られる生ハム.

virtù [**ヴィルトゥ**] 囡 アブルッツォ州テーラモ地方の春のミネストローネ. 別名 cucina [**クチーナ**] ともいう. 7人の清純な乙女が作ったという伝説があり、7種類の豆と7種類の野菜、7種類のパスタを入れて7時間かけて作るといわれている. 作り方 ❶インゲン豆、レンズ豆、チェーチ、ソラ豆、グリーンピースをそれぞれゆでておく. ❷豚足、豚の皮を香草を加えた湯でゆでて取り出し、細かく切る. ゆで汁は濾してブロードとして取っておく. ❸別鍋にオリーブ油と玉ネギ、ニンジン、セロリ、ニンニク、パセリ、バジリコのみじん切り、トウガラシを入れて炒め、トマトホールを加えてサッと煮た後、ビエトラ、ホウレン草、エンダイブな

visciola ▶

どの葉物野菜、②の豚足と豚の皮を加えて煮込み、②のブロード、①の豆類を加え、湯を加えて水分を調整する. ❹数種類のパスタを入れて更に煮込み、パスタに火が通ったら塩で味を調えて器に盛り、ペコリーノ・アブルッツェーゼまたはパルミジャーノを添える.

visciola（単）/ **visciole**（複）［ヴィッショレ］女 チェリーの一品種名. 同種のものに（⇒）amarena、marasca がある.

vite［ヴィーテ］女 ブドウの木.

vitella［ヴィテッラ］女 仔牛. 1歳未満のミルクで育った雌牛. 生体で220kg未満.

vitello［ヴィテッロ］男 仔牛. 1歳未満のミルクで育った雄牛. 生体で220kg未満. 一般的には生後6〜8ヵ月で屠殺される場合が多い.

料理 ・*vitello all'uccelletto*［ヴィテッロ・アッルチェレット］（仔牛のウチェレット風〈リグーリア〉）仔牛もも肉（またはヒレ肉）を小さく切って、肉叩きでのばし、塩をして小麦粉をまぶす. サラダ油を熱したフライパンにセージの葉とともに入れてソテーし、白ワインを振り、スーゴ・ディ・カルネを加えてバターモンテする（レモン汁、パセリのみじん切りを加えることもある）. ＊仔牛のソテー料理だが、小鳥（uccelletto）の料理を作るときのようにセージの葉を使うところから名付けられた. 切り身をロール状に丸める方法もある.

・*vitello arrosto alla romana*［ヴィテッロ・アロスト・アッラ・ロマーナ］（仔牛のロースト ローマ風）❶溶き卵、パルミジャーノ、塩、コショウを混ぜ合わせ、サラダ油を熱したフライパンで焼いてフリッタータを作る. ❷仔牛肉を広げ、パンチェッタを並べ、ホウレン草のバターソテー、①のフリッタータをのせて巻き、タコ糸でしばって塩、コショウをする. 浅鍋に入れてオリーブ油を振り、ローズマリーを加えてオーブンに入れ、ときどき返しながら1時間ほど焼き、白ワインを振る. ❸火が通ったら肉を厚めに切り、焼き汁（濃い場合は湯で調整）をソースとしてかける. ＊ rollè［ロッレ］、rotolo［ロートロ］とも呼ばれる.

・*vitello tonnato*［ヴィテッロ・トンナート］（仔牛ロースト肉のサルサ・トンナータ風味〈ピエモンテ、ロンバルディア〉）❶裏漉したツナとアンチョビー、マヨネーズ、レモン汁、ブランデー（足りなければ塩少量）をよく混ぜて、サルサ・トンナータ（salsa tonnata）を作る. ❷薄く切った仔牛のローストの片面に、①のソースをつけて皿に並べ、ケイパー、ピクルス、赤チコリ、レモンを添える. ＊ vitel tonnè［ヴィテル・トンネー］とも呼ぶ（本来はマヨネーズでなく、ゆで卵の黄身の裏漉しとオリーブ油を混ぜたものを使う）.

vitellone［ヴィテッローネ］男 1歳以上2歳未満の仔牛.

vitigno［ヴィティーニョ］男 ブドウの苗.

vivace［ヴィヴァーチェ］形 生きのいい. ・*fuoco vivace*. 強火.

vivanda [ヴィヴァンダ] 囡 食料．食物．料理．
vivo [ヴィーヴォ] 形 生きている、生きのいい．・*fuoco vivo*. 強火．
vodka [ヴォドカ] (露) 囡 ウオッカ．
volatile [ヴォラーティレ] 男 鳥類全般．
volatili da cortile (複) [ヴォラーティリ・ダ・コルティーレ] 家禽類．「庭先で飼う鳥」という意味．
vol-au-vent [ヴォロヴァン] (仏) 男 ヴォロヴァン．折りパイで焼いたケースに詰め物をした料理．= sfogliatella.
volpina [ヴォルピーナ] 囡 ボラの別称．ヴェネトでの呼び名．=(⇒) cefalo.
voltare [ヴォルターレ] 動 裏返す．
vongole (複) [**ヴォンゴレ**] / **vongola** (単) [**ヴォンゴラ**] 囡 アサリ．・*vongole veraci*. ヨーロッパアサリ．アサリのうち地中海の在来種で粒も大きめ．殻の色も灰色や濃いめの茶色で身も大きく色も濃い．水管が二股に分かれているのが大きな特徴で、別名 cornuta (角がある) とも呼ばれている．現在、アドリア海側ではほとんど獲れず、以前日本から移入されたアサリが多く市場に出回っている．
vruccole (複) [ヴルッコレ] 男 ブロッコリーのナポリ方言名．
vuotamele [ヴオタメーレ] (単複同形) 男 リンゴの芯抜き器．
vuotare [ヴオターレ] 動 =(⇒) svuotare.
vuoto [ヴオート] 形 カラの (中身がない)．男 真空．・*sotto vuoto*. 真空の．

W

wafer [ヴァフェル] (英) 男 ウエハース.
worcester [ウォルチェステール] 女 ウースター. · *salsa worcester*. ウースター・ソース.
würstel [ヴューステル] (独) 男 ウィンナーソーセージ、フランクフルトソーセージなどのドイツ風ソーセージのイタリアでの呼び名.

Y

yogurt [ヨーグルトゥ] 男 ヨーグルト.

Z

zabaglione [ザバッリョーネ] / **zabaione** [ザバイオーネ] / **zabajone** [ザバイヨーネ] 男 ザバイオーネ．ピエモンテ州のデザート．
　作り方 卵黄、砂糖、マルサラ酒を合わせて湯煎にしながら泡立て、カップまたはグラスに盛る．＊他にザバイオーネをベースにしたバヴァロア、ジェラート、セミフレッドなどがある他、最近は料理のソースとして砂糖抜きのザバイオーネも作られる．オリジナルはシチリアという説もある．

zafferano [ザッフェラーノ] 男 サフラン．アブルッツォ州ラクィラが産地として有名．他にプーリア、カラブリア、シチリア、サルデーニャなどでも産する．サフランを使用する料理としてはミラノ風リゾットが有名だが、アラブ、スペインの影響の強いサルデーニャ、シチリアの料理によく使われる．

zafferano di'India [ザッフェラーノ・ディンディア] 男 ターメリックの別称．= curcuma.

zafferanone [ザッフェラノーネ] 男 サフラワー（紅花）の別称．= cartamo.

zaleti（複）[ザレーティ] 男 ヴェネト地方のクッキー．ポレンタ粉、小麦粉、レーズン、卵、バターなどを混ぜて作る．その色から、gialletti（「黄色い小さなもの」の意）のヴェネト方言が名前になった．

zampa [ザンパ／ツァンパ] 女 仔牛・豚・羊などの足の部位．

zampanella [ザンパネッラ] 女 ① =（⇒）borlenghi．② panzanella のアブルッツォ方言名．

zampetta [ザンペッタ／ツァンペッタ] 女 / **zampetto** [ザンペット／ツァンペット] 男 仔牛・豚・羊などの足の部分．=（⇒）piedino.

zampone [ザンポーネ／ツァンポーネ] 男 ザンポーネ．エミリア・ロマーニャ州モデナ発祥のサルーミの一種．豚の前足の骨を抜き、豚の肩肉、ノド肉、バラ肉、脂、皮を挽いたものを合わせてコショウ、シナモン、クローブ、ナツメグ、タイム、ローリエ、ニンニク、塩で味付けたものを詰めて作る．モデナ産は I.G.P. 認定．同様の詰め物を腸に詰めて作るのがコテキーノ（⇒ cotechino）．＊ザンポーネが初めて作られたときに、豚の皮を使い円筒形に作られたものがコテキーノまたはマニコット（⇒ manicotto）と呼ばれていたが、これが腸詰めに替わると、一般的なコテキーノの名のほうが定着した．マニコットはそのまま豚の皮で作るものの名として残っていたが、今は作られていない．現在豚の皮で作られているのは、三角形の（⇒）cappello del prete だけである．＊これらの加工品はいずれも、大晦日にレンズ豆と一緒に食べる習慣がある．本来は生のものをゆでて食べるが、現

在は加熱済みのレトルトパック入りのものが多くなっている.

zelten [ツェルテン / ゼルテン] 男 ツェルテンまたはゼルテン（トレンティーノ＝アルト・アディジェ地方の菓子）. クリスマスに食べられるナッツ、ドライフルーツ入りの焼き菓子. 形や作り方にはいろいろなヴァリエーションがある.

zenzero [ゼンゼロ] 男 ①生姜、ジンジャー. イタリア料理ではほとんど使われなかったが、最近は、日本料理の影響で使われるようになった. ②トウガラシ（トスカーナ方言名）.

zenzero giallo [ゼンゼロ・ジャッロ] 男 ターメリックの別称. = curcuma.

zeppole (複) [ゼッポレ / ツェッポレ] 女 ゼッポレ. イタリア南部一帯で3月19日のサン・ジュゼッペの祝日に食べられる揚げ菓子. = zeppole di San Giuseppe. ナポリではシュー生地をドーナツ状に形作って揚げ、粉糖を振る、中央にカスタード・クリーム、アマレーナ・チェリーのジャムを詰めるなどいろいろなヴァリエーションがある.

zeppoline (複) [ゼッポリーネ / ツェッポリーネ] 女 ゼッポリーネ. カンパニア地方で作られる海草入りフリッテッレの他、菓子もある.

zibibbo [ズィビッボ] 男 シチリアのパンテレリアで作られる、甘口ワインのモスカートの原料となるブドウ. 干しブドウもある.

zimino (in ~) [(イン・)ズィミーノ] ビエトラを加えて煮込むリグーリア、トスカーナの魚料理. 中世、死者の命日に作ったエジプト豆とビエトラのスープ（ceci in zimino）に由来する料理名. … in inzimino ともいう.（* zimino 男 ビエトラまたはホウレン草、ニンニクなどで作るソース. = inzimino.）

料理　・*seppie in zimino.*（甲イカのズィミーノ〈リグーリア、トスカーナ〉）みじん切りの玉ネギ、セロリ、ニンジン、ニンニクをオリーブ油で炒め、下処理をして短冊に切った甲イカ、みじん切りのパセリを入れてサッと炒め、白ワイン、トマトソース、ゆでてみじん切りにしたビエトラを加えて煮る. 塩、コショウで味を調える. *ビエトラの代わりにホウレン草を入れてもよい.

zingara (alla ~). [(アッラ・)ズィンガラ / ツィンガラ] ジプシー女風. 本来はフランス料理のソース名なので、イタリア創作料理に付けられる料理名.（* zingara 女 ジプシー女. 形 ジプシー女の.）

zinurra [ズィヌーラ] 女 自生のカルチョフィのカラブリア方言名. およびそれをゆでて塩、コショウ、オリーブ油、パセリで調味したもの.

zippulas (複) [ツィップラス] 女 サルデーニャでカーニバルの時季に作られるゼッポレ（zeppole）. ドーナツ状またはうず巻き状にして揚げ、砂糖をまぶす.

zite (複) [ツィーテ / ズィーテ] 女 / **ziti** (複) [ツィーティ / ズィーティ] 男 管状のロングマカロニ. カットしたものも売られている.

▶ zucchino

料理 ・*zite alla napoletana.*（マカロニ ナポリ風）ラグー・ナポレターノ（ragù napoletano. ⇒ ragù）を温め、ゆでたツィーテを加えて弱火にかけながらかき混ぜてなじませる。器に盛り、パルミジャーノを振る。

zolletta ［ゾレッタ／ツォレッタ］ 囡 角砂糖。

zucca ［ズッカ／ツッカ］（複-che）囡 カボチャ。フリウリでは coce ［コーセ］、リグーリアでは ciuca ［チューカ］、南イタリアでは cocozza ［ココッツァ］、cucuzza ［ククッツァ］と呼ばれている（cucuzza は、シチリアでは特産の長いズッキーニの呼び名でもある）。おもな種類に、日本のカボチャに似た zucca marina di chioggia、zucca mantovana、細長いタイプ（バターナッツスカッシュ）の zucca violina、zucca napoletana などがある。・*zucca spaghetti vegetali*. そうめんカボチャ。・*zucca bottiglia*. ひょうたん。

料理 ・*zucca fritta alla mostarda.*（揚げカボチャのモスタルダ風味〈北部〉）皮をむき、1.5cm 厚さに切ったカボチャを素揚げして皿に並べる。オリーブ油にセージの葉（またはローズマリー）を入れて熱し、モスタルダ、白ワインヴィネガー、塩、コショウを加え、カボチャにかけて 2～3 時間おく。

zuccheriera ［ズッケリエーラ／ツッケリエーラ］ 囡 砂糖入れ。

zucchero ［ズッケロ／ツッケロ］ 男 砂糖。・*zucchero semolato*. グラニュー糖。・*zucchero a velo*. 粉糖。・*zucchero bruno*. ブラウンシュガー。・*zucchero in zollette*. 角砂糖。・*granella di zucchero*. パール・シュガー。

zucchetta ［ズッケッタ／ツッケッタ］ 囡 ズッキーニ。＝（⇒）zucchina. ・*~ da pergola*. ツル棚（pergola）で栽培される品種で南イタリア作られている。おもに緑色で 60cm ぐらいの細長いタイプが多い。ナポリやシチリアでは cucuzzella と呼ばれている。

zucchina ［ズッキーナ／ツッキーナ］ 囡 ／ **zucchino** ［ズッキーノ／ツッキーノ］ 男 ズッキーニ。ペポカボチャの一種。春から秋が旬の野菜で南イタリアのイメージが強いが、現在は改良種も多く、イタリア全土で栽培、消費されている。丸いタイプや黄色いタイプなども多く出回るようになった。調理法のヴァリエーションも多く、汎用性の高い野菜である。・*zucchina trombetta di Albenga*. リグーリア州アルベンガ特産。30～60cm の長さがあり、バターナッツスカッシュの一種。形状から trombetta（ラッパ）と呼ばれている。

料理 ・*zucchini a scapece.*（ズッキーニのマリネ〈カンパニア、カラブリア〉）ズッキーニを輪切りにし、塩を振って水分を少し抜いた後油で揚げ、塩を振る。熱いうちに皿に並べ、ミントを散らし、白ワインヴィネガー、ニンニク（好みで赤トウガラシ）を合わせて沸騰させたものをかける。＊南部一帯にある料理で、ローマ時代からある古いもの。

・***zucchini in agrodolce.***（ズッキーニの甘酢風味〈シチリア〉）多めのオリーブ油につぶしたニンニクを入れて火にかけ、色づいたら取り除く．細切りのズッキーニを入れて強火で炒め、焼き色がついたら弱火にし、戻したレーズン、みじん切りのアンチョビー、松の実、白ワインヴィネガー、砂糖、塩、コショウ、パセリを加える．

・***zucchini ripieni in umido.***（ズッキーニの詰め物 トマト煮〈マルケ、ラツィオ〉）❶合挽き肉、パン粉、ペコリーノ、ニンニク、卵、パセリ、塩、コショウ、ナツメグを合わせて詰め物を作り、横半分に切って芯抜きで中を抜いたズッキーニに詰める．❷鍋にオリーブ油と薄切りの玉ネギを入れて火にかけ、しんなりしたら①を入れて炒め、白ワイン、トマトホールを加えて蓋をして弱火で煮る．塩、コショウで味を調え、切り分けて皿に盛り、ソースをかける．

zuccotto [ズッコット／ツッコット] 男 ズッコット．トスカーナ地方の菓子．セミフレッドの一種．歴史上最初のセミフレッドであるといわれる．形が zucchetto（聖職者用の半球帽．トスカーナ方言で zuccotto）に似ていることからこの名が付いた．作り方には多数のヴァリエーションがある．

作り方 （例）スポンジ生地を1cm厚さの直角三角形に切り、型（ボウル）に敷き詰め、アマレット酒入りのシロップをかける．ナッツと削ったチョコレートを加えたクリームと、チョコレート・クリームの2種を層にして入れ、スポンジで蓋をしてシロップをうち、冷凍庫で冷やし固める．型から抜き、粉糖とカカオを縞にして振る．

zuf [ツフ] 男 ⇒ suf.

zuncà = (⇒) giuncata.

zuppa ① [ズッパ／ツッパ] 女 ズッパ．スープの一種．原則としてトーストした（あるいはしない）パンを加えて作る、または添える．下記の料理の他にもトスカーナの ribollita、ヴェネトの (⇒) sopa coada．リグーリアの ciuppin など各州を代表するズッパが多数ある．

料理 ・***zuppa alla frantoiana.***（フラントイオ風ズッパ〈トスカーナ〉）❶鍋にオリーブ油と玉ネギとパンチェッタのみじん切りを入れて炒め、小角に切ったセロリ、ニンジン、ジャガイモ、ズッキーニ、キャベツ、黒キャベツなどの野菜を加え、蓋をして弱火で炒める．❷トマトホール、ゆでたボルロッティの裏漉し、豆のゆで湯を加えて煮込む．パセリ、レモンの皮、ニンニク、タイムのみじん切りを加えて15分ほど煮込み、塩、コショウで味を調える．❸トーストしたパンを入れたスープ皿に注ぎ、トスカーナ産のオリーブ油を振る．＊オリーブ油の生産で有名なルッカのスープ．フラントイオはオリーブ油の搾油場の意．

・***zuppa alla pavese.***（パヴィア風卵入りズッパ〈ロンバルディア〉）耐熱皿に

▶ zuppa

トーストしたパンを入れ、卵を割り入れ、ブロードをかけ、パルミジャーノを振ってオーブンで温める．＊1525年のチェルトーザ・ディ・パヴィアにおける戦闘中、フランス軍のフランソワ1世のために農民が作ったという話がある．

・*zuppa alla valpellinese.*（ヴァルペリーナ風ズッパ〈ヴェッレ・ダオスタ〉）❶チリメンキャベツをゆでた後、パンチェッタとともにサラダ油で炒め、塩、コショウをする．❷耐熱皿にトーストしたライ麦パンを敷き、スーゴ・ディ・カルネを少量振り、①と生ハム、薄切りにしたフォンティーナ・チーズをのせて、再びパンをのせる．これをもう一度繰り返し、上からブロードをかけ、オーブンで焼く．残ったブロードを添えて供す．

・*zuppa di pesce.*（魚介のズッパ〈各地方〉）❶魚介はそれぞれ下処理をし、必要なものは食べやすく切っておく．❷鍋にオリーブ油、ニンニク、赤トウガラシを入れて火にかけ、ニンニクが色づいたらトマトホール、白ワイン、パセリを加える．❸②にカサゴ、ホウボウ、タコを入れ蓋をして10分ほど煮た後、スカンピ、車エビ、シャコを入れ、最後にイカ、マテ貝、ムール貝、アサリを加え、蓋をして貝の殻が開くまで煮る．魚介を皿に盛り、ソースを調整して注ぎ、パンを添える．

・*zuppa di verdure.*（野菜のズッパ）= minestra di verdure.

zuppa② [ズッパ/ツッパ] 囡 ケーキの一種．シロップで生地を湿らすことからこの名が付いた．

菓子 ・*zuppa inglese.* [ズッパ・イングレーゼ] ズッパ・イングレーゼ．トスカーナ発祥の菓子．最初は zuppa del duca [ズッパ・デル・ドゥーカ]（公爵のズッパ）と呼ばれていた．昔からトスカーナには多くのイギリス人が入植しており、彼らが好んでこの菓子を食べたともいわれる．❶スポンジ生地を8mm厚さに切って型（ボウル）に貼り付け、アルケルメスを加えたシロップを含ませる．❷カスタード・クリームと、カカオを加えたクリームの2色のクリームとスポンジ生地を、シロップを振りかけながら交互に詰めていく．❸皿にのせて返し、型から抜く．好みのデコレーションをする．

・*zuppa a due colori.* [ズッパ・ア・ドゥエ・コローリ]（2色のズッパ）エミリア＝ロマーニャのズッパ・イングレーゼは、スポンジ生地の代わりにサボイアルディを使い、クリームは普通のカスタード・クリームとカカオ入りを使う．

・*zuppa inglese alla napoletana.* [ズッパ・イングレーゼ・アッラ・ナポレターナ]（ナポリ風ズッパ・イングレーゼ）シロップにはアルケルメスではなくラム、マラスキーノが入り、中はカスタード・クリームのみか、アプリコット、アマレーナのジャムが入る．メレンゲで仕上げオーブンで焼き色をつける．

・*zuppa romana.* [ズッパ・ロマーナ]（ローマ風ズッパ）スポンジ生地を8mm

zuppiera ▶

厚さに切って型(ボウル)に貼り付け、アルケルメスを加えたシロップを含ませる. カスタード・クリーム、イチゴ、生地、シロップを2回繰り返して詰め、皿にのせて返し、型から抜く. ホイップした砂糖入りの生クリームを絞り、イチゴを飾る.
* zuppa inglese alla romana とも呼ぶ.

zuppiera [ズッピエーラ/ツッピエーラ] 女 スープ入れ、スープチューリン.

zurrette [ツーレッテ] 男 サルデーニャ州東部、ヌーオロ県の羊飼いの料理.
作り方 羊の血に、砕いたカラザウ(サルデーニャの薄いパン)、ペコリーノ・サルド、玉ネギ、ミントのみじん切りなどを混ぜ、羊の胃袋に詰めて塩ゆでする. 切り開き、取り分ける.

Giapponese ▶ Italiano

和 － 伊

Giapponese ▶ Italiano
和 － 伊
(主要な食材)

＊おもなもの．原則として単数表記

＝ 肉 ＝
Carne

アヒル　　anatra domestica 女

イノシシ　　cinghiale 男 / cignale 男（トスカーナ方言）

ウサギ（穴ウサギ）　　coniglio selvatico 男

ウサギ（家ウサギ）　　coniglio 男

牛　　bue〈4歳以上〉男 / manzo 男 / vacca 女（雌）

ウズラ　　quaglia 女

馬　　cavallo 男

ガチョウ　　oca 女

カモ　　anatra 女

カモシカ（シャモア）　　camoscio 男

キジ　　fagiano 男

キジバト　　tortora 女

仔牛　　vitello 男（雄）/ vitella 女（雌）

仔羊　　agnellino da latte（乳飲み仔羊）/ agnello 男（生後3～4ヵ月）/ agnellone 男（生後半年以上）

仔豚　　porchetto 男（乳飲み仔豚）/ maialetto 男 / porcellino 男

仔ヤギ　　capretto 男

シカ　　cervo 男

七面鳥　　tacchino 男 / tacchinla 女

タシギ　　beccaccino 男
ダチョウ　　struzzo 男
ツグミ　　tordo 男
鶏　　pollo 男 / gallina 女（雌）
野ウサギ　　lepre 女
野ガモ　　anatra selvatica 女
ノロジカ　　capriolo 男
ハト　　piccione 男
羊　　ovino 男 / castrato 男（去勢羊）/ montone 男（雄）/ pecora 女（雌）
ヒバリ　　allodola 女
豚　　maiale 男 / porco 男
ホロホロ鳥　　faraona 女
モリバト　　colombaccio 男 / palombaccio 男（ウンブリア方言）
ヤギ　　capra 女
ヤマウズラ　　pernice 女
ヤマシギ　　beccaccia 女
ヨーロッパヤマウズラ　　starna 女 / pernice grigia 女
ライチョウ　　pernice bianca 女
ロバ　　asino 男

= 内 臓 類 =
Frattaglia

アカセンマイ（ギアラ）　　abomaso 男 / franciata 女 / ricciolotta 女 / francese 男 / lampredotto 男（トスカーナ方言）
胸腺肉　　animella 女
サガリ　　lombatello 男

小腸　　pagliata 女 / pajata 女（ローマ方言）

心臓（ハツ）　　cuore 男

腎臓　　rognone 男 / argnone 男 / arnione 男（トスカーナ方言）

砂肝　　durello 男

センマイ　　foiolo 男 / centopelle 男 / millepieghe 男

タン（舌）　　lingua 女

腸　　intestino 男 / 小腸：～ tenue または piccolo ～ / 大腸：～ crasso または grande ～

テール（尾）　　coda 女

脳ミソ　　cervello 男 / cervella 女

肺　　polmone 男 / corata 女

ハチノス　　bonetto 男 / nido di vespa（または nido d'ape）/ cuffia 女

ハラミ　　lombatello sottile 男

脾臓　　milza 女 / meusa 女（シチリア方言）

ミノ　　chiappa 女 / ciapa 女（ミラノ方言）/ pancia 女

レバー　　fegato 男 / fegatino 男（家禽、野禽、ウサギなど）

＝　畜肉加工品　＝
Salume

グアンチャーレ　　guanciale 男

クラテッロ　　culatello 男

コッパ　　coppa 女 / capocollo 男（中南部方言）

コテキーノ　　cotechino 男

サラミ　　salame 男

サルシッチャ　　salsiccia 女

ザンポーネ　　zampone 男

スペック speck 男
ソーセージ（ウィンナー、フランクフルトなど） würstel 男
生ハム prosciutto crudo 男
パンチェッタ pancetta 女 / ventresca 女（トスカーナ、ウンブリア方言）/ rigatino 男（トスカーナ方言）
ブレザーオラ bresaola 女 / brisaola 女
ベーコン pancetta affumicata 女
ボンレスハム prosciutto cotto 男
モルタデッラ mortadella 女
ラルド lardo 男 / lardo salato 男

= 魚介 =
Pesce

アカザエビ（スカンピ） scampi 男
アクキガイ（アッキガイ） murice 男
アサリ vongola 女 / arsella 女（リグーリア方言）
アジ suro 男 / sugarello 男
アナゴ grongo 男
アマエビ gamberetto boreale 男 / gamberetto rosa 男
アワビ orecchia di mare / orecchia marina 女 / abalone 男
アンコウ rana pescatrice 女 / coda di rospo 男
イカナゴ cicerello 男
イシモチ ombrina 女
イセエビ aragosta 女
イワシ sarda 女 / sardina 女
イワナ salmerino 男

ウツボ　　murena 女

ウナギ　　anguilla 女

ウルメイワシ　　aringa rotonda 女

エイ　　razza 女 / arzilla（ローマ方言）

エスカルゴ（カタツムリ）　　chiocciola 女 / lumaca 女

オヒョウ　　halibut（英）男

オマールエビ　　astice 男

海藻　　alga 女（または alga di mare）

カエル　　rana 女

カキ　　ostrica 女

カサゴ　　scorfano 男

カジキ　　pesce spada（または pescespada）男

カタクチイワシ、ヒシコイワシ　　acciuga 女 / alice 女（おもに南部方言）

カツオ　　tonnetto 男 / bonito 男 / bonita 女

カニ　　granchio 男

カマス　　luccio di mare / aluzzo 男（ナポリ方言）

カワカマス　　luccio 男

カワハギ　　pesce balestra 男 / pesce porco 男

カンパチ　　ricciola 女

キンメダイ　　berice rosso 男

クルマエビ　　gambero imperiale 男 / gambero reale 男

コイ　　carpa 女

コウイカ、モンゴウイカ　　seppia 女

サケ（サーモン）　　salmone 男

サザエ　　turbante cornuto 男

サバ　　sgombro 男 / lacerto 男（おもにトスカーナ方言）/ maccarello 男（ローマ方言）

ザリガニ　　gambero d'acqua dolce/ astaco 男

サワラ　　sgombro macchiato 男

シイラ　　lampuga 女 / corifena 女 / capone 男 /（シチリア、カラブリア方言）

シタビラメ　　sogliola 女

シナノユキマス（コレゴヌス）　　lavarello 男

シマガツオ　　pesce castagna 男

シャコ　　canocchia 女 / pannocchia 女

シラウオ　　pesce ghiaccio 男

白子　　lattume 男 / figatello 男

シラス　　bianchetto 男 / neonata 女

スズキ　　spigola 女 / branzino 男（おもに北部方言）

スルメイカ　　totano 男 / todaro 男

セミエビ　　magnosa 女

ソウダガツオ　　biso 男 / tombarello 男

タイ　　dentice〈ヨーロッパキダイ〉男 / orata〈ヨーロッパヘダイ〉女

タコ　　polpo 男

タチウオ　　pesce sciabola 男 / pesce spatola 男 / pesce bandiera 男

ダツ　　aguglia 女

タラ　　merluzzo 男 / merlano 男

トコブシ　　occhio di bue

ドジョウ　　cobite 男

トビウオ　　pesce volante 男

ナマコ　　cetriolo di mare / oloturia 女

ナマズ　　pesce gatto 男

ニジマス　　trota 女

ニシン　　aringa 女

ハガツオ　　palamita 女

ハタ　　cernia 女

ハマグリ　　clam 男

ヒメジ　　triglia 女

ヒラマサ　　ricciola del pacifico / seriola 女

ヒラメ　　　rombo 男

ビン長マグロ　　　alalunga 女（または tonno alalunga）

フグ　　pesce palla 男

ブリ（イナダ、ハマチ、ワラサなど）　　　seriola 女

ホウボウ　　　gallinella 女（または gallinella di mare）/ capone 男 / cappone 男

ホタテガイ　　　cappasanta 女 / capasanta 女 / conchiglia di San Giacomo

ホヤ　　limone di mare / uovo di mare / 日本のマボヤは ananas di mare

ボラ　　muggine 男（おもにトスカーナ、サルデーニャ方言）/ cefalo 男 / volpina 女（ヴェネト方言）

マキガイ（総称）　　　chiocciola di mare / lumaca di mare

マグロ　　　tonno 男

マテガイ　　　cannolicchio 男 / cappalunga 女

マトウダイ　　　pesce San Pietro / pesce sampietro 男

マナガツオ　　　pampo 男

マンボウ　　　pesce luna 男

ムールガイ　　　mitilo 男 / cozza 女 / peocio 男（ベネツィア方言）

ヤガラ　　pesce flauto 男

ヤリイカ　　　calamaro 男

= 野菜 =
Ortaggio

アーティチョーク（カルチョフィ）　　　carciofo 男

アカタマネギ　　　cipolla rossa 女

アカチコリ　　　cicoria rossa 女

アスパラガス　　　asparago 男

アンディーブ（ベルギーチコリ）　　　cicoria belga 女 / cicoria di Bruxelles / indivia belga 女

イラクサ　ortica 女

エシャロット　scalogno 男 / scalogna 女

エンダイブ　indivia riccia 女 / cicoria riccia 女

エンダイブ（スカローラ）　scarola 女

エンドウマメ（グリーンピース）　pisello 男

オカヒジキ　barba di frate / agretto 男（ローマ方言）

オクラ　bamia 女 / gombo 男

ガーデンクレス（コショウソウ）　crescione inglese 男

カタバミ　acetosella 女

カブ　rapa 女

カボチャ　zucca 女

カラシナ　foglia di senape / verde di senape

カリフラワー　cavolfiore 男

カルド　cardo 男

キクイモ（トピナンブール）　topinambur 男

キクゴボウ（西洋黒ゴボウ）　scorzonera 女

キャベツ　cavolo 男 / cavolo cappuccio 男

キュウリ　cetriolo 男

ギョウジャニンニク　aglio serpentino 男

ギンナン　noce di ginco (ginko / ginkgo)

クレッソン（ウォータークレス）　crescione 男 （または crescione d'acqua）

クロキャベツ（カーヴォロ・ネーロ）　cavolo nero 男

コールラビ　cavolo rapa 男

コタマネギ　cipollina 女

ゴボウ　radice di bardana

サツマイモ　patata dolce 女 / patata americana 女 / batata 女

サヤインゲン　fagiolino 男 / fagiolo mangiatutto 男

サヤエンドウ　taccola 女 / pisello mangiatutto 男

サラダナ　　insalata lattuga 女 / lattuga cappuccina 女

シーアスパラガス（厚岸草）　　asparago di mare / salicornia 女

シブレット（チャイブ）　　erba cipollina 女

ジャガイモ　　patata 女

ショウガ（根ショウガ）　　zenzero 男 / radice di zenzero

スカンポ（オゼイユ）　　acetosa 女

ズッキーニ　　zucchina 女 / zucchino 男

セイヨウゴボウ（サルシフィ）　　scorzobianca 女

セイヨウワサビ（レフォール）　　rafano 男 / cren 男 / barbaforte 男

セロリ　　sedano 男 / selleri 男（ローマ方言）/ accia 女（カラブリア、シチリア方言）/ acciu 女（シチリア方言）

セロリアック（根セロリ）　　sedano rapa 男

ソラマメ　　fava 女

ダイコン　　ravanello 男 / ravanello giapponese 男 / ramolaccio 男 / rafano bianco 男 / daikon 男

タマネギ　　cipolla 女

タンポポ　　tarassaco 男 / dente di leone / piscialetto 男

チコリ（総称）　　cicoria 女

チリメンキャベツ　　verza 女 / cavolo verza 男

ツルナ　　tetragonia 女

ツルムラサキ　　basella alba 女 / 茎が赤紫のものは basella rubra 女 / spinacio rampicante 男

トウガラシ　　peperoncino 男 / spagnolino 男（ピエモンテ方言）/ zenzero 男（トスカーナ方言）

トマト　　pomodoro 男

ナス　　melanzana 女 / marignano 男（ローマ方言）/ mulignana 女（ナポリ方言）/ milinciana 女（シチリア方言）/ petonciano 男（トスカーナ方言．昔の呼び方）

ナタネ　　colza 女

ナバナ　　cima di rapa / broccoletto 男（ローマ方言）

ニラ　　erba aglina 女 / erba aglio 女 / erba cipollina cinese

ニンジン　　carota 女

ニンニク　　aglio 男

パースニップ　　pastinaca 女

ハクサイ、チンゲンサイ　　cavolo cinese 男 / cavolo di pechino

ハタマネギ　　cipollotto 男

ハツカダイコン（ラディッシュ）　　ravanello 男 / rapanello 男

ビーツ（アカカブ）　　barbabietola rossa 女

ビート（サトウダイコン）　　barbabietola da zucchero

ピーマン（パプリカ）　　peperone 男

フェンネル（ウイキョウ、フィノッキ）　　finocchio 男

フダンソウ　　bietola 女 / bieta rossa 女〈レッドチャード〉

ブロッコリー　　broccolo 男

プンタレッラ　　puntarella 女

ホウレンソウ　　spinacio 男

ホップの若芽　　germoglio di luppolo

ボラーゴソウ（ルリジサ）　　borragine 女

ポロネギ　　porro 男

マーシュ（コーンサラダ）　　valerianella 女 / valeriana 女 / soncino 男

ムラサキキャベツ（アカキャベツ）　　cavolo rosso 男

メキャベツ　　cavolino（cavoletto）di Bruxelles

モヤシ　　germoglio di soia（複）

ラディッキオ　　radicchio 男

ルコラ　　rucola 女 / rughetta 女（ラツィオ方言）

ルコラ・セルヴァティカ　　rucola selvatica 女 / ruchetta 女 / rughetta 女（ラツィオ方言）

ルタバガ　　rutabaga 女

レタス　　lattuga 女

レンコン　　radice di loto

ローメンレタス　　lattuga romana 女

＝ キノコ ＝
Fungo

アイタケ　　verdone 男 / colombina verde 女
アミガサタケ (モリーユ)　　spugnola 女 / morchella 女
アンズダケ　　cantarello 男 / finferlo 男 / gallinaccio 男
エリンギタケ　　cardoncello 男 / cardarello 男
カラカサダケ　　mazza di tamburo
カンゾウタケ　　lingua di bue
シバフタケ (ムースロン)　　gambasecca 女
タマゴダケ　　ovolo 男
チチタケ　　peveraccio giallo 男
ツルタケ　　bubbola 女 / bubbolina 女
トリュフ　　tartufo 男
ナメコ　　famigliola gialla 女
ナラタケ　　chiodino 男 / famigliola buona 女
ハラタケ　　prataiolo 男
ヒラタケ　　orecchione 男 / gelone 男
ホウキタケ　　manina 女 / ditola 女
ポルチーニ　　porcino 男
マイタケ　　griffo 男 / grifone 男 / grifolo 男
マッシュルーム　　champignon 男

= 香草 / スパイス =
Erba aromaticha / Spezia

アニス	anice 男
エストラゴン	dragoncello 男 / estragone 男
オレガノ	origano 男
ガーデンルー	ruta 女
カモミール	camomilla 女
カルダモン	cardamomo 男
クミン (シード)	cumino 男 / comino 男
クローブ (丁字)	chiodo di garofano
コショウ	pepe 男
コリアンダー (シード)	coriandolo 男
コリアンダー (葉)	prezzomolo cinese 男
サフラン	zafferano 男
サマーセイボリー	santoreggia 女
サラダバーネット	pimpinella 女
シナモン	cannella 女 / cinnamomo 男
ジュニパーベリー (ネズの実)	ginepro 男
ショウガ (ジンジャー)	zenzero 男
セージ	salvia 女
セルフィーユ	cerfoglio 男
ターメリック	curcuma 女
タイム	timo 男
ディル	aneto 男
ナツメグ	noce moscata 女
バジリコ	basilico 男
パセリ	prezzemolo 男

パセリ（縮葉）　　prezzemolo riccio 男
八角（スターアニス）　　anice stellato 男
バニラ（ヴァニラ）　　vaniglia 女
フェンネル　　finocchietto 男
フェンネル（シード）　　semi di finocchio（複）
ベイリーフ（ローリエ）　　alloro 男 / lauro 男
マジョーラム　　maggiorana 女
ミルト　　mirto 男
ミント　　menta 女
レモンバーム　　melissa 女
ローズマリー　　rosmarino 男

= 豆 =
Legume

インゲンマメ（白、カンネッリーニ）　　fagiolo bianco 男 / fagiolo cannellino 男
インゲンマメ（ウズラマメ、ボルロッティ）　　borlotto 男
ウチワマメ　　lupino 男
エジプトマメ（ヒヨコマメ）　　cece 男
エダマメ　　fagiolo verde di soia / soia verde 女
クロメマメ　　fagiolo dell'occhio
ダイズ　　soia 女
レンズマメ　　lenticchia 女

= 穀類 =
Cereale

アワ　　miglio 男
オオムギ　　orzo 男
カラスムギ　　avena 女
コムギ　　grano 男
コメ　　riso 男
スペルト小麦　　farro 男
ソバ　　grano saraceno 男
トウモロコシ　　mais 男 / granoturco 男
ライムギ　　segale 女

= 果物 =
Frutta

アヴォカド　　avocado 男
アカスグリ（レッドカラント／グロゼイユ）　　ribes rosso 男
アプリコット　　albicocca 女
イチゴ　　fragola 女
イチジク　　fico 男
オレンジ　　arancia 女
カキ　　kaki 男 / cachi 男
カクタスペアー　　fico d'india
カシス（クロスグリ）　　ribes nero 男
キウイフルーツ　　kiwi 男

キンカン	kumquat 男 / fortunella 女
グーズベリー	uva spina 女
クリ	castagna 女
グレープフルーツ	pompelmo 男
クロイチゴ	mora di rovo
ココナツ	cocco 男
サクランボ (チェリー)	ciliegia 女
ザクロ	melagrana 女 / granata 女
シトロン	cedro 男
スイカ	anguria 女 / cocomero 男
スターフルーツ	carambola 女
セイヨウヤマモモ	corbezzola 女
ナシ (和梨)	nashi / pera giapponese 女
ナツメヤシ (デーツ)	dattero 男
ネクタリン	nettarina 女
パイナップル	ananas 男
パッションフルーツ	frutto della passione / granadilla 女
バナナ	banana 女
パパイヤ	papaia 女 / papaya 女
ビワ	nespola del Giappone / nespola giapponese 女
ブドウ	uva 女
プラム (スモモ)	prugna 女
ブルーベリー (ミルティーユ)	mirtillo 男
ホオズキ (食用)	alchechengi 男
マルメロ	mela cotogna 女 / pera cotogna 女
マロン	marrone 男
マンゴー	mango 男
マンゴスチン	mangostano 男
ミカン	mandarino 男

メロン　　melone 男

モモ　　pesca 女

ヨウナシ（洋梨、西洋梨）　　pera 女

ライチ　　licci 男 / litchi 男

ライム　　limetta 女

ラズベリー（フランボワーズ、キイチゴ）　　lampone 男

リンゴ　　mela 女

レモン　　limone 男

= ナッツ / ドライフルーツ =
Frutta secca

アーモンド　　mandorla 女

カシューナッツ　　acagiù 男 / anacardio 男 / noce d'acagiù

クルミ　　noce 女

ピーナッツ　　arachide 女 / spagnoletta 女（おもに北部方言）/ nocciolina（または nocciolina americana）女

ピスタチオ　　pistacchio 男

プルーン（干しプラム）　　prugna secca 女

ヘーゼルナッツ　　nocciola 女

松の実　　pinolo 男

レーズン（干しブドウ）　　uva passa 女 / uva secca 女 / uvetta 女

= その他 =

網脂　rete 女 / retina 女 / omento di maiale
オリーブ油　olio d'oliva / olio di oliva
カカオ　cacao 男
角砂糖　zucchero in zollette
片栗粉　fecola di patate
寒天　agar-agar 男
きな粉　farina di soia
牛乳　latte 男
グラニュ糖　zucchero semolato 男
コーンスターチ　amido di mais / maizena 女
粉ゼラチン　gelatina in polvere
米粉　farina di riso
砂糖　zucchero 男
サワークリーム　panna acida 女
塩　sale 男
シロップ　sciroppo 男
酢 (ヴィネガー)　aceto 男
澱粉 (デンプン)　amido 男
生クリーム　panna 女
ハチミツ　miele 男
バルサミコ酢　aceto balsamico 男
パン粉　pane grattugiato 男
粉糖　zucchero a velo
マスタード　senape 女 / salsa di senape

Tagli di Carne

肉の部位

Vini DOCG

DOCG ワイン

肉の部位

MANZO【牛】

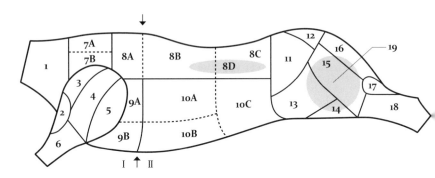

mezzena［メッゼーナ］ 牛・仔牛の半丸枝肉（半分に割った枝肉）
（Ⅰ）**quarto anteriore**［クヮルト・アンテリオーレ］ カタ（8本めと9本めの肋骨の間で切り分けたときの前の部分. フィレンツェでは5本めと6本めの間で切り分ける）.
（Ⅱ）**quarto posteriore**［クヮルト・ポステリオーレ］ トモ（Ⅰで切り分けたときの後ろの部分. ロース＋トックリ）.

1　**collo**［コッロ］ ネック
2　**brione**［ブリオーネ］ ニノウデ
3　**fusello**［フゼッロ］ トウガラシ
4　**cappello del prete**［カッペッロ・デル・プレーテ］ ミスジ
5　**fesone di spalla**［フェゾーネ・ディ・スパッラ］ 肩サンカク
＊2～5　**spalla**［スパッラ］ シャクシ
6　**geretto anteriore**［ジェレット・アンテリオーレ］ 前ズネ
7　（A）**reale**［レアーレ］
　　（B）**bianco costato di reale**［ビアンコ・コスタート・ディ・レアーレ］
　　＊（A）＋（B） 肩ロース

8 (A) **costa della croce** [コスタ・デッラ・クローチェ] リブロース
(B) **costata** [コスタータ] ロース
*ロースはミラノでは肩側から数えて9～13本めの肋骨の間の部位 (こちらが一般的). フィレンツェでは6～13本めの肋骨の間の部位を指す.
(C) **controfiletto** [コントゥロフィレット]、**lombo** [ロンボ]、**rosbif** [ロスビフ] ヒレ下
(D) **filetto** [フィレット] ヒレ
*(B)＋(C)＋(D) 一本ロース (ウラツキ)

9 (A) **bianco costato della croce** [ビアンコ・コスタート・デッラ・クローチェ] スペアリブ
(B) **punta di petto** [プンタ・ディ・ペット] ブリスケ
*(A)＋(B) 肩バラ

10 (A) **bianco costato di pancia** [ビアンコ・コスタート・ディ・パンチャ] バラ
(B) **pancia** [パンチャ] バラサキ
(C) **scalfo** [スカルフォ] ササミ
*(A)＋(B)＋(C) トモバラ

11 **scamone** [スカモーネ] ランプ
12 **codone** [コドーネ] イチボ
*11＋12 ランイチ
13 **noce** [ノーチェ] シンタマ
14 **spinacino** [スピナチーノ] トモサンカク
15 **fetta di mezzo** [フェッタ・ディ・メッゾ]、**controgirello** [コントゥロジレッロ] ナカ肉
16 **magatello** [マガテッロ]、**girello** [ジレッロ] シキンボウ
17 **pesce** [ペッシェ] ハバキ
18 **geretto posteriore** [ジェレット・ポステリオーレ] トモズネ
19 **rosa** [ローザ]、**fesa** [フェーザ] 内もも
*11～19 **coscia** [コッシャ] トックリ

*各部位の名称は、ミラノでの呼び方を中心に、料理本に多く出てくるものを記した (以下同じ).

VITELLO 【仔牛】

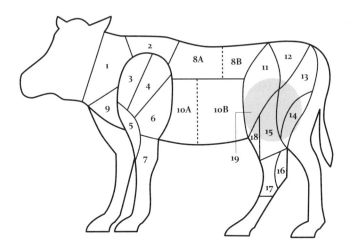

1 **collo** [コッロ]　ネック
2 **reale** [レアーレ]　肩ロース
3 **fusello** [フゼッロ]　トウガラシ
4 **cappello del prete** [カッペッロ・デル・プレーテ]　ミスジ
5 **brione** [ブリオーネ]　ニノウデ
6 **fesa di spalla** [フェーザ・ディ・スパッラ]　肩サンカク
7 **gerretto anteriore** [ジェレット・アンテリオーレ]　前ズネ
*3～7 **spalla** [スパッラ]　肩
8 (A) **costoletta** [コストレッタ]、**lombatina** [ロンバティーナ]　ロース
　(B) **nodino** [ノディーノ]　Tボーン
　・**controfiletto** [コントゥロフィレット]　ヒレ下
　・**filetto** [フィレット]　ヒレ
　＊(A)＋(B)　**lombata** [ロンバータ]　一本ロース
9 **fiocco** [フィオッコ]　ブリスケ・肩バラ
10 (A) **punta di petto** [プンタ・ディ・ペット]　トモバラ
　(B) **pancetta** [パンチェッタ]　ササミ
　＊(A)＋(B)　バラ
11 **scamone** [スカモーネ]　ランプ

12 codone [コドーネ]　イチボ

＊11＋12　ランイチ

13 sotto fesa [ソット・フェーザ]、controgirello [コントゥロジレッロ]、fesa italiana [フェーザ・イタリアーナ]　ナカ肉
14 magatello [マガテッロ]、girello [ジレッロ]　シキンボウ
15 noce [ノーチェ]　シンタマ
16 pesce [ペッシェ]、piccione [ピッチョーネ]　ハバキ
17 geretto posteriore [ジェレット・ポステリオーレ]　トモズネ
18 spinacino [スピナチーノ]　トモサンカク
19 fesa francese [フェーザ・フランチェーゼ]　内もも

OVINO【羊】, CAPRA【山羊】

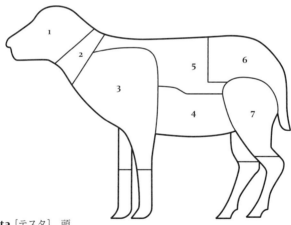

1 testa [テスタ]　頭
2 collo [コッロ]　ネック
3 spalla [スパッラ]　肩
4 petto [ペット]　バラ
5 carrè [カッレー]　ロース
6 sella [セッラ]　鞍下肉、腰肉
7 coscia [コッシャ]、cosciotto [コッショット]　もも

SUINO【豚】

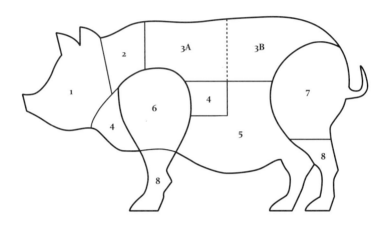

1. **musetto**［ムゼット］ カシラ
2. **coppa**［コッパ］、**capocollo**［カポコッロ］ ネック＋肩
3. （**A**）**arista**［アリスタ］、**quadrello**［クゥドゥレッロ］、**carrè**［カッレー］ 肩ロース＋ロース
   （**B**）**lonza**［ロンザ/ロンツァ］ 鞍下肉 腰肉
   ＊内側にヒレ肉がある．Tボーンにカットした場合は **nodino**［ノディーノ］と呼ぶ．
   ＊（**A**）＋（**B**）**lombata**［ロンバータ］、**lombo**［ロンボ］ 一本ロース
4. **costina**［コスティーナ］、**puntina**［プンティーナ］ スペアリブ（骨付きのバラ肉）
5. **pancetta**［パンチェッタ］ バラ
6. **spalla**［スパッラ］ 肩
7. **coscia**［コッシャ］、**cosciotto**［コッショット］、**prosciutto**［プロシュット］ もも
8. **zampetto**［ザンペット］、**piedino**［ピエディーノ］ 足

POLLAME 【家禽 (鶏)】

1 **petto** [ペット] 胸肉
2 **filetto** [フィレット] ササミ
3 (A) **sopracosia** [ソプラコッシャ] (関節から上部)
  (B) **fusello** [フゼッロ] (関節から下部)
  ＊ (A) + (B) **coscia** [コッシャ] もも (全体)
4 **ala** [アーラ]、**aletta** [アレッタ] 手羽
＊ **carcassa** [カルカッサ] ガラ

DOCG ワイン（Vini DOCG）

＊2016年1月現在（74品目）
＊Lison はフリウリとヴェネトの2州で生産されているが、1品目として扱われている．

Abruzzo【アブルッツォ州】（1）
Montepulciano d'Abruzzo Colline Teramane
　　　モンテプルチアーノ・ダブルッツォ・コッリーネ・テラマーネ

Basilicata【バジリカータ州】（1）
Aglianico del Vulture Superiore　アリアーニコ・デル・ヴルトゥレ・スペリオーレ

Campania【カンパニア州】（4）
Aglianico del Taburno　アリアーニコ・デル・タブルノ
Fiano di Avellino　フィアーノ・ディ・アヴェッリーノ
Greco di Tufo　グレコ・ディ・トゥーフォ
Taurasi　タウラージ

Emilia Romagna【エミリア＝ロマーニャ州】（2）
Colli Bolognesi Classico Pignoletto
　　　コッリ・ボロニェージ・クラッシコ・ピニョレット
Romagna Albana　ロマーニャ・アルバーナ

Friuli Venezia Giulia【フリウリ＝ヴェネツィア・ジュリア州】（4）
Colli Orientali del Friuli Picolit
　　　コッリ・オリエンターリ・デッル・フリウリ・ピコリット
Lison　リゾン
Ramandolo　ラマンドロ
Rosazzo　ロザッツォ

Lazio【ラツィオ州】(3)

Cannellino di Frascati　カンネッリーノ・ディ・フラスカーティ
Cesanese del Piglio　チェザネーゼ・デル・ピーリオ
Frascati Superiore　フラスカーティ・スペリオーレ

Lombardia【ロンバルディア州】(5)

Franciacorta　フランチャコルタ
Oltrepò Pavese Metodo Classico　オルトレポー・パヴェーゼ・メトド・クラッシコ
Moscato di Scanzo o Scanzo　モスカート・ディ・スカンツォ、またはスカンツォ
Sforzato o Sfursat di Valtellina
　　スフォルツァート、またはスフルサット・ディ・ヴァルテッリーナ
Valtellina Superiore　ヴァルテッリーナ・スペリオーレ

Marche【マルケ州】(5)

Castelli di Jesi Verdicchio Riserva
　　カステッロ・ディ・イェージ・ヴェルディッキオ・リゼルヴァ
Conero　コーネロ
Offida　オッフィーダ
Verdicchio di Matelica Riserva　ヴェルディッキオ・ディ・マテリカ・リゼルヴァ
Vernaccia di Serrapetrona　ヴェルナッチャ・ディ・セーラペトローナ

Piemonte【ピエモンテ州】(17)

Alta Langa　アルタ・ランガ
Asti　アスティ
Barbaresco　バルバレスコ
Barbera d'Asti　バルベーラ・ダスティ
Barbera del Monferrato Superiore　バルベラ・デル・モンフッェラート・スペリオーレ
Barolo　バローロ
Brachetto d'Acqui o Acqui　ブラケット・ダックイ、またはアックイ
Dogliani　ドリアーニ
Dolcetto di Diano d'Alba　ドルチェット・ディ・ディアーノ・ダルバ

Dolcetto d'Ovada Superiore o Ovada
　　ドルチェット・ドヴァーダ・スペリオーレ、またはオヴァーダ
Erbaluce di Caluso o Caluso　エルバルーチェ・ディ・カルーゾ、またはカルーゾ
Gattinara　ガッティナーラ
Gavi o Cortese di Gavi　ガヴィ、またはコルテーゼ・ディ・ガヴィ
Ghemme　ゲンメ
Nizza　ニッツァ
Roero　ロエーロ
Ruché di Castagnole Monferrato　ルケ・ディ・カスタニョーレ・モンフェラート

Puglia【プーリア州】（4）
Castel del Monte Bombino Nero
　　カステル・デル・モンテ・ボンビーノ・ネーロ
Castel del Monte Rosso Riserva　カステル・デル・モンテ・ロッソ・リゼルヴァ
Castel del Monte Nero di Troia Riserva
　　カステル・デル・モンテ・ネーロ・ディ・トロイア・リゼルヴァ
Primitivo di Manduria Dolce Naturale
　　プリミティーヴォ・ディ・マンドゥリア・ドルチェ・ナトゥラーレ

Sardegna【サルデーニャ州】（1）
Vermentino di Gallura　ヴェルメンティーノ・ディ・ガッルーラ

Sicilia【シチリア州】（1）
Cerasuolo di Vittoria　チェラスオーロ・ディ・ヴィットリア

Toscana【トスカーナ州】（11）
Brunello di Montalcino　ブルネッロ・ディ・モンタルチーノ
Carmignano　カルミニャーノ
Chianti　キャンティ
Chianti Classico　キャンティ・クラッシコ

Elba Aleatico Passito o Aleatico passito dell'Elba
　　エルバ・アレアティコ・パッシート、またはアレアティコ・パッシート・デレルバ
Montecucco Sangiovese　モンテクッコ・サンジョヴェーゼ
Morellino di Scansano　モレッリーノ・ディ・スカンサーノ
Suvereto　スヴェレート
Val di Cornia Rosso　ヴァル・ディ・コルニア・ロッソ
Vernaccia di San Gimignano　ヴェルナッチャ・ディ・サン・ジミニャーノ
Vino Nobile di Montepulciano　ヴィーノ・ノビレ・ディ・モンテプルチアーノ

Umbria【ウンブリア州】（2）

Montefalco Sagrantino　モンテファルコ・サグランティーノ
Torgiano Rosso Riserva　トルジャーノ・ロッソ・リゼルヴァ

Veneto【ヴェネト州】（14）

Amarone della Valpolicella　アマローネ・デッラ・ヴァルポリチェッラ
Colli Asolani Prosecco o Asolo – prosecco
　　コッリ・アゾラーニ・プロセッコ、またはアゾーロ・プロセッコ
Bagnoli Friularo o Friularo Bagnoli
　　バニョーリ・フリウラーロ、またはフリウラーロ・バニョーリ
Bardolino Superiore　バルドリーノ・スペリオーレ
Colli di Conegliano　コッリ・ディ・コネリアーノ
Colli Euganei Fior d'Arancio　コッリ・エウガーネイ・フィオール・ダランチョ
Conegliano Valdobbiadene Prosecco
　　コネリアーノ・ヴァルドッビアーデネ・プロセッコ
Lison　リゾン
Montello o Montello rosso　モンテッロ、またはモンテッロ・ロッソ
Piave Malanotte　ピアーヴェ・マラノッテ
Recioto della Valpolicella　レチョート・デッラ・ヴァルポッリチェッラ
Recioto di Gambellara　レチョート・ディ・ガンベッラーラ
Recioto di Soave　レチョート・ディ・ソアーヴェ
Soave Superiore　ソアーヴェ・スペリオーレ

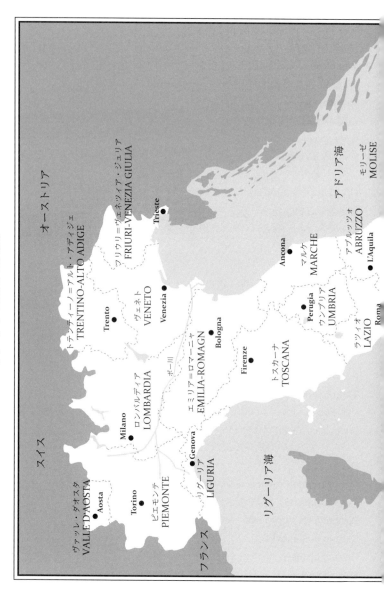

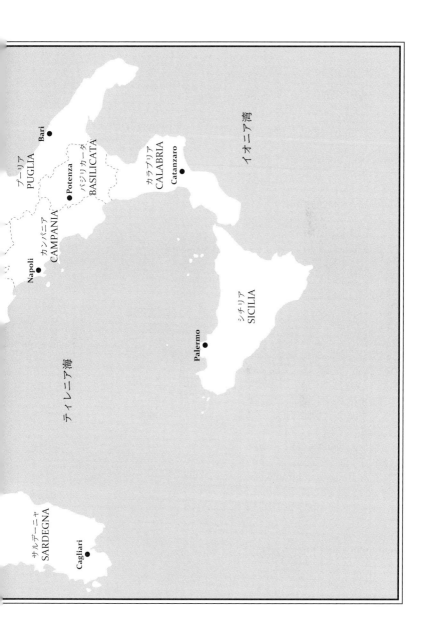

主要参考文献

『新版　イタリア料理教本』（吉川敏明著／柴田書店）

『ホントは知らない　イタリア料理の常識・非常識』（吉川敏明／柴田書店）

『ハーブ図鑑110』（日本ヴォーグ社）

Jeanne Carola Francesconi
LACUCINA NAPOLETANA　(Newton ComptonEditori)

Livio Jannattoni
La cusina romana e del Lazio (Newton ComptonEditori)

Ottavio Cavalcanti
UOMINI CIBI STAGIONI　(Edizioni TS)

Vocaborario della lingua italiana　(Zanichelli)

Grande enciclopedia illustrata della gastronomia
(Selezioni　dal　Readers　digest-Milano)

Le ricette regionale italiane
(Anna　Goselli　della　Salda　／Casa　editrice　SOLARES)

i Funghi　(Editoriale　Del　Drago)

Due fette di salame　(Riccardo　Di　Corato／idea　Libri)

La cucina dei genovesi　(PAOLO　LINGUA／Franco　Muzzio　Editore)

La cucina veneziana
(AMEDEO SANDRI e MAURIZIO FALLOPPI／　Franco Muzzio Editore)

La cucina milanese
(MARCO GUARNASCHELLI GOTTI／Franco Muzzio　Editore)

La cucina del Piemonte　(GIOVANNI GORIA／Franco Muzzio Editore)

Cucine di Sardegna　(GIUSEPPINA PERISI／Franco Muzzio Editore)

La Cucina fiorentina　(ALDO SANTINI／Franco Muzzio Editore)

著者紹介

吉川 敏明　（よしかわ　としあき）

　1946年、東京都新宿区生まれ。1964年に早稲田実業高等学校を卒業し、ホテルニューオータニ入社。1966年にローマのE.N.A.L.C.（エナルク／国立職業訓練学校）に入学し、卒業後にローマのリストランテとホテルで修業する。1969年に帰国して1971年より「カーザ・ピッコラ」（東京・麹町　現在は閉店）のシェフを務め、1977年に独立してリストランテ「カピトリーノ」（東京・西麻布）を開く。1989年の「日本イタリア料理協会」発足時に初代会長に就き、都合6年間を務める。2008年、31年間にわたる店の歴史を閉じ、現在はイタリア居酒屋「エル・カンピドイオ」を営業するかたわら、料理界きっての博学を生かし、料理講習会や執筆活動を通じイタリア料理の啓蒙に努める。

　著書に『新版 イタリア料理教本』、『ホントは知らない イタリア料理の常識・非常識』（柴田書店刊）などがある。

エル・カンピドイオ
東京都世田谷区桜丘1-17-11
TEL　03-3420-7432
（営業は　木・金・土・日・月の夜のみ）

イタリア料理小辞典

初版印刷　2017年5月10日
初版発行　2017年5月25日

著者ⓒ　吉川 敏明　(よしかわ　としあき)

発行者　土肥 大介

発行所　株式会社柴田書店
　　　　東京都文京区湯島3-26-9　イヤサカビル　〒113-8477
　　　　電話　営業部　　　　　03-5816-8282 (注文・問合せ)
　　　　　　　書籍編集部　　　03-5816-8260
　　　　URL　http://www.shibatashoten.co.jp

印刷　藤原印刷株式会社
製本　株式会社 渋谷文泉閣

本書掲載内容の無断掲載・複写(コピー)・引用・データ配信等の行為は固く禁じます。
乱丁・落丁本はお取替えいたします。

ISBN978-4-388-06237-9
Printed in Japan